老年教育百人谈

百名校长谈老年教育

郑汉华　主编

中国科学技术大学出版社

内 容 简 介

为了系统总结"十三五"期间安徽省老年教育取得的进展、积累的经验、涌现的典型,更好地推动"十四五"老年教育高质量发展,安徽省老年大学协会精心策划并组织全省老年大学(学校)的校长、教师、学员畅谈在老年大学(学校)工作、学习的体会,会同安徽老年开放大学(安徽老年教育研究院)编辑整理成《老年教育百人谈》,包括三个分册。在《百名校长谈老年教育》分册中,来自全省各老年大学(学校)的校长们回顾了本校创办历史、办学过程及办学成就,阐述了对老年教育及老年大学(学校)的地位、作用等的深刻认识,总结出成功的办学经验、办学方法及规章制度等,对今后各地老年大学(学校)的建设和发展有重要的借鉴意义。在《百名教师谈教学体会》分册中,来自全省各老年大学(学校)各个专业的教师们谈教学经验及心得体会,讲述了教学准备过程中的艰辛、教学过程中遇到的困难和问题以及收到较好教学成果的喜悦等,书中介绍的教学方法及其效果,对老年大学(学校)教师有较大借鉴意义。在《百名学员谈老有所学》分册中,来自全省各老年大学(学校)的学员们根据自己在学校的所见所感所得,并结合自身变化和当下的时代发展背景,讲述了自己老有所学、老有所得、老有所为的心路历程,书中讲述的故事,对当代老年人如何充分利用退休空闲时间丰富自己的精神文化生活具有一定的参考意义。

图书在版编目(CIP)数据

老年教育百人谈/郑汉华主编. ——合肥:中国科学技术大学出版社,2022.9
ISBN 978-7-312-02806-9

Ⅰ.老… Ⅱ.郑… Ⅲ.老年教育—研究 Ⅳ.G777

中国版本图书馆 CIP 数据核字(2022)第 073949 号

老年教育百人谈

LAONIAN JIAOYU BAI REN TAN

出版	中国科学技术大学出版社 安徽省合肥市金寨路96号,230026 http://press.ustc.edu.cn https://zgkxjsdxcbs.tmall.com
印刷	安徽省瑞隆印务有限公司
发行	中国科学技术大学出版社
开本	787 mm×1092 mm 1/16
印张	81
字数	976 千
版次	2022 年 9 月第 1 版
印次	2022 年 9 月第 1 次印刷
定价	228.00 元(全三册)

老年教育百人谈

组 编

安徽省老年大学协会

安徽老年开放大学

安徽老年教育研究院

◆

编 委 会

主 编

郑汉华

副主编

朱 彤

编 委

方 文　谢荣华　钱自海　江 丽　李 杨

前　言

党的十八大以来，以习近平同志为核心的党中央高度重视老龄工作。党的十九届五中全会提出"实施积极应对人口老龄化国家战略"。2021年在重阳节来临之际，习近平总书记做出重要指示，强调要贯彻落实积极应对人口老龄化国家战略，把积极老龄观、健康老龄化理念融入经济社会发展全过程。习近平总书记的重要指示精神，为新时代老年教育工作指明了方向。2021年11月，中共中央、国务院出台了《关于加强新时代老龄工作的意见》，提出将老年教育纳入终身教育体系，依托国家开放大学等建国家老年大学。

安徽省委、省政府高度重视老年教育发展。2021年10月14日，省委书记郑栅洁到合肥市包河区老年大学进行老龄工作调研时强调，要认真贯彻习近平总书记关于老龄工作的重要指示精神，全面落实积极应对人口老龄化国家战略；在11月召开的安徽省第十一次党代会上，明确提出要"办好老年教育"。2022年5月25日，省委、省政府部署全省"暖民心"行动，"老有所学"作为十项行动之一。这是贯彻落实习近平总书记关于老龄工作重要指示精神和以人民为中心的发展思想,以最大力度、最实举措满足老年人终身学习需求的重要决策。我省1998年进入老龄化社会(65岁及以上人口占比达到7%),目前已进入中度老龄化阶段。根据2021年5月公布的第七次人口普查数据,我省60岁及以上人口占全省总人口比例为18.79%,其中65岁及以上人口占15.01%。老年教育如何在严峻的老龄化形势下抓住发展机遇,创建良好的人口环境,对我国"十四五"时期的经济社会发展乃至全面建设社会主义现代化国家进程都将产生重大而深远的影响。

"十三五"期间,我省老年教育工作在省委、省政府的高度重视和领导下,创新体制机制,整合社会资源,积极扩大老年教育供给,老年教育治理体系和能力有了较大幅度的提升,不少工作在全国有创新、有特色、有亮点。2020年11月13日,我省颁布《安徽省老年教育条例》,这是全国为数不多的省级老年教育地方法规。我省还先后出台了《关于加快"十三五"期间老年教育发展的实施意见》《关于积极推进老年大学(学校)建设与发展的若干意见》《关于进一步加强全省基层老年教育工作的若干意见》和《安徽省老年教育机构办学指南》等一系列政策文件,围绕老年教育管理体制与保障措施、资源配置与整合利用、办学标准制定与实施、教师队伍建设与培训、课程开发与利用、教育质量管理与指导等问题做出明确规定,从制度层面引导老年教育健康发展。老年大学(学校)作为老年教育的主要载体,在满足老年人多样化学习需求、引领老年人健康养老、再融入社会和服务社会等方面发挥了重要的平台作用。据不完全统计,截至2021年年底,我省各级各类老年大学(学校)有8700所,接受各种形式老年教育的老年学员有140万人左右。针对老年学员的调查显示,老年人到老年大学(学校)学习的愿望十分强烈,对多样化、个性化、高质量老年教育的需求与日俱增。

为了系统总结"十三五"期间安徽省老年教育取得的进展、积累的经验、涌现的典型,更好地推动"十四五"老年教育高质量发展,安徽省老年大学协会精心策划并组织全省老年大学(学校)的校长、教师、学员畅谈在老年大学(学校)工作、学习的体会,会同安徽老年开放大学(安徽老年教育研究院)编辑整理成《老年教育百人谈》(包括《百名校长谈老年教育》《百名教师谈教学体会》《百名学员谈老有所学》三个分册)。

在《百名校长谈老年教育》分册中,来自全省各老年大学(学校)的校长们回顾了本校创办历史、办学过程及办学成就,阐述了对老年教育及老年大学(学校)的地位、作用等的深刻认识,总结出成功的办学经验、办学方法及规章制度等,对今后各地老年大学(学校)的建设和发展有重要的借鉴意义。在《百名教师谈教学体会》分册中,来自全省各老年大学(学校)各个专业的教师们谈教学经验及心得体会,讲述了教学准备过程中的艰辛、教学过程中遇到的困难和问题以及收到较好教学成果的喜悦等,书中介绍的教学方法及其效果,对老年大学(学校)教师来说有较大借鉴意义。在《百名学员谈老有所学》分册中,来自全省各老年大学(学校)的学员们根据自己在学校的所见所感所得,并结合自身变化和当下的时代发展背景,讲述了自己老有所学、老有所得、老有所为的心路历程,书中讲述的故事,对当代老年人如何充分利用退休空闲时间丰富自己的精神文化生活具有一定的参考意义。

作者们的文章切合实际,有真情实感,值得老年大学(学校)的领导、教师与学员阅读与学习;值得公众通过本书了解老年教育与老年大学(学校)的情况;值得将本书推荐给身边的老年人阅读,使他们知道老年人的生活也可以是丰富多彩的。本书也为与老年教育相关的领导决策提供了一手的资料。本书内容翔实,言之有物,可以帮助我们提高对老年大学(学校)和老年人学习的价值的认识,欣赏和尊重老年人对社会的贡献。

本书的编辑出版,是在安徽省老年大学协会统一领导下,由各市老年教育委员会(简称"老教委")负责组织实施和遴选推荐的。高开华同志在担任安徽省老年大学协会副会长期间,为本书的编写做了大量工作。正是这些老领导和老同志的全力支持和热情参与,使最基础的组稿工作得以顺利完成。在此,我们向所有关心、指导、帮助、参与本书编辑出版工作的单位、领导、专家、教师、学员一并表示诚挚的感谢!

由于时间紧,加上我们的水平有限,书中难免有所疏漏,欢迎读者批评指正。

编　者
2022 年 7 月

目　　录

前言 …………………………………………………………… （ⅰ）

以培养"三有"老人为目标　奋力打造新时代"四好"
　　老年大学 ……………………………………………… 夏小飞（1）
老年大学教学质量评价标准体系的探讨 ……………… 余小平（7）
坚持城乡统筹　推进老年教育 ………………………… 许忠杰（13）
办好城市社区老年学校的定位与走向 ………………… 缪有淮（19）
关于办好基层老年学校初探 …………………………… 芮成清（23）
坚持不懈推进老年教育高质量发展 …………………… 王　权（26）
《条例》保驾护航　老年教育行稳致远 ………………… 王勇生（31）
奋力实现老年教育第二次创业 ………………………… 戴永洲（36）
积极推进与经济社会高质量发展相适应的老年教育事业 …… 郑贤刚（39）
浅谈老年教育工作的体会与感悟 ……………………… 王有宏（44）
浅谈如何当好一名老年大学校长 ……………………… 吴和平（48）
肥西县基层老年教育情况调研报告 …………………… 黄雅玲（52）
新时代　新校区　新作为 ……………………………… 任士朋（61）
用心用情做好老年教育工作 …………………………… 胡海鹏（65）
办好老年大学是新时代的需要 ………………………… 高兰海（68）
宿州市老年大学的教学管理实践与探索 ……………… 陈殿魁（70）
浅谈我们在办学中的几点做法 ………………………… 何顺明（77）
"三个课堂"有机结合　搞活老年大学教学工作 ……… 毛学武（82）

打造有特色的老年大学 …………………………… 张秀珍（87）
不辱使命狠抓落实乘势而为　不断加快推进市老年大学
　　建设发展 ……………………………………… 欧阳宏伟（92）
做好新时代老年教育工作探究 ………………… 马志强（100）
大力发展老年教育　服务全民终身学习 ……… 赵　彪（105）
老年教育发展与研究 …………………………… 孟祥斌（113）
在老年教育的丰富实践中拓新前行 …………… 王康健（118）
只有创新，老年教育才有希望 ………………… 段克祥（121）
对淮南老年教育工作的思考 …………………… 孙　巍（126）
坚持高标准、特色化　实现老年大学高质量发展 …… 葛广秀（131）
把握老年学员的特点　为老年教育注入新的活力 …… 赵迎光（136）
着力建设新时代"高新实"的农村老年学校 …… 李　宏（140）
加快发展基层老年教育事业 …………………… 程勋来（146）
以创建示范校为抓手　推动老年大学办学规范化 …… 张尽忠（152）
老年大学实行专业课程学制化之我见 ………… 张信军（160）
沿着老年教育的道路前进 ……………………… 龚金龙（162）
县域老年教育工作之我见 ……………………… 唐仁凤（170）
我们的实践与思考 ……………………………… 夏文蔚（174）
墙内墙外花竞香　老年教育结硕果 …………… 傅守乾（180）
浅谈如何做好老年大学教学管理工作 ………… 刘　见（185）
科学管理促发展 ………………………………… 岳　华（194）
提升老年教育品质　打造老年教育品牌 ……… 周培发（197）
思路、精神和工作艺术 ………………………… 王国信（201）
坚持"六个完善"办好老年大学 ………………… 王　琦（205）
浅谈如何做好乡镇老年学校常务副校长工作 … 李庆春（210）
从霍山老年大学看老年教育的发展 …………… 谭录林（215）
加快县域老年大学（学校）发展之管见 ………… 周瑞祥（219）
化解主要矛盾　普及老年教育 ………………… 周永海（223）
浅谈如何当好乡镇老年学校校长 ……………… 周万仓（226）
努力办好基层老年教育　积极应对人口老龄化 …… 朱恒炉（231）

老骥伏枥多壮志　一颗红心永向党	王道应(235)
我们是怎样做好基层老年教育工作的	许佑琦(239)
县区老年教育的现状及发展	黄其勇(244)
爱老敬老,倾心做好老年教育工作	邓培宏(249)
抓规范化建设　促高质量发展	汪永年(253)
发挥"五个作用"　夕阳这边正红	姚　成(256)
"党建+"加出老年大学发展新活力	祝　莉(261)
规范管理服务,深化教学改革	贾相帅(265)
积极调整老年大学的"两个失衡"	苏鉴钢(269)
在学习党史中明了高校老年教育的工作动力与思路	任宏权(276)
开拓创新　推动全县老年教育快速崛起	张厚福(280)
老年大学需要什么	田运和(285)
浅谈如何做好现阶段老年教育工作	陈淑英(288)
老年文化艺术教育在老年教育中的地位	石明玉(293)
芜湖老年大学新探索	王沧江(297)
浅谈抓好老年大学工作的有效途径	洪　伟(302)
坚持"三个课堂"　办好老年教育	何贤清(306)
政治统领校园文化建设　更好满足学员多元化需求	朱能雨(311)
论积极拓展老年教育的社会功能　推进老年人的 　　再社会化	盛茂山(316)
坚持"四有"基本要求　夯实做好老年教育	许仁斌(322)
"十三五"期间镜湖区老年教育事业得到长足发展	李学红(327)
脚踏实地　服务需求	周建华(333)
脚踏实地　勤勉办学	吴国平(338)
在老年大学工作的10年	沈东南(343)
建设具有皖南特色的现代化老年大学初探	杨其高(349)
浅谈办学过程中的一点体会	杨益清(354)
也谈老年教育	吴建国(356)
对老年教育的四点认识	袁心玲(361)
当好家门口老年大学校长的几点体会	朱锦武(364)

坚持"五聚焦五提升" 推进学校高质量发展 ……………	杨义和（369）
基层老年教育工作思考 ……………………………………	檀少杰（373）
石台县老年大学建设的实践与思考 …………………………	徐丽玲（380）
做好老年教育工作的实践与思考 ……………………………	胡南亭（386）
立足"三有"目标 办好新时代老年大学 …………………	胡爱国（393）
桑榆萦怀涵夕晖 ……………………………………………	王　春（399）
办好老年大学的实践与思考 …………………………………	聂万健（406）
浅谈老年教育与公民道德建设 ………………………………	柴　新（410）
县级老年大学应拓展"休闲教育" …………………………	胡春波（415）
校长、教师、班长是老年精神教育的"三套马车" ………	王正光（420）
以不断创新的理念办好老年教育 ……………………………	昝建亮（425）
用"三园"思路办老年大学 …………………………………	姚邦藻（431）
用心用情做好老年教育工作 …………………………………	方有功（437）
老年大学课程设置与教学 ……………………………………	吴国安（443）
找准"坐标" 增强"三力" ………………………………	江赛霞（448）
拓展第二课堂 激发办学活力 ……………………………	毕玉宝（450）
安徽老年开放教育实践探索和创新发展 ……………………	朱　彤（455）
安徽高校老年教育发展的几个问题 …………………………	张树文（461）
按需施教　量力而行 ………………………………………	何玉好（468）
倾情投入　探索前行 ………………………………………	李　静（474）

以培养"三有"老人为目标 奋力打造新时代"四好"老年大学

夏小飞

习近平总书记指出:"老年是人的生命的重要阶段,是仍然可以有作为、有进步、有快乐的重要人生阶段。"安徽省委老干部局及安徽老年大学坚持以习近平新时代中国特色社会主义思想为引领,以培养有作为、有进步、有快乐的"三有"老人为目标,认真落实时任省委书记李锦斌同志2018年2月来校调研时提出的老年大学要建设好、管理好、使用好、服务好的"四好"要求,在奋力推动老年大学高质量发展的征程上,不断迈出新的坚实步伐。

(一)围绕"建设好"的要求,着力打造功能齐全、设施完备、环境优美的学习活动场所

在省委、省政府高度重视和各有关方面共同努力下,2017年10月,安徽老年大学新校区建成并投入使用。新校区位于合肥市滨湖新区塘西河公园内,占地面积70.6亩(4.7公顷),校舍建筑面积近3万平方米,分教学区、活动区、后勤保障区及户外活动区四个区域,功能齐全、设施完备。新校区采用现代徽派园林建筑风格,运用集中供冷、供暖设备,利用太阳能、雨水回收、室内照明和温度自动控制等智能化设计,建有应急呼救系统、自动门禁系

统、远程视频教学系统、全区背景音乐系统、泳池地暖恒温系统以及新型教学设备,突显了地域文化特色,体现了绿色环保要求,较好地满足了老同志集中学习和活动的需求。

新校区启用以来,我们进一步加强了设施设备的维护管理和改造升级,及时有效地解决了影响老同志学习和活动的设施设备建设及使用中的问题。加强校园绿化的改造提升,按照移步易景、园中有园的理念,对园区花木进行移栽和补种,并增建老同志课余休闲场地——沁心园:进一步打造了风景优美、环境宜人的老同志学习活动场所。

为方便居住在老城区的老同志就近学习、就近活动,新校区建成后,位于合肥市红星路和芜湖路的两个老校区继续保留,形成"一体两翼"的办学格局,并着力加强老校区基础设施建设,对教学和活动设备进行更新维护,对室内外环境进行改造和升级。经过全面改造,老校区面貌焕然一新。

(二)围绕"使用好"的要求,着力打造老有所教、老有所学、老有所乐、老有所为的平台

安徽老年大学新校区启用后,我们把扩大规模、丰富内容、提高质量、增进社会效益有机结合起来,着力打造"教、学、乐、为"的平台。

安徽老年大学新校区开设的班级增加到140多个,在校学员8000多人次,比新校区启用前增加5000多人次。2018年以来新校区累计招收学员4万多人次。

1. 寓教于学,加强建好老同志思想政治教育主阵地

注重把思想政治教育融入日常教学活动中,通过丰富多样、生动活泼的形式对老同志产生潜移默化的影响,让老同志在开心愉快的学习活动中接受思想政治教育。开展习近平新时代中国

特色社会主义思想进课堂、进班级活动,印发学习辅导材料,邀请专家学者、先进模范作报告。先后围绕庆祝党的十九大胜利召开、改革开放40周年、新中国成立70周年、建党100周年开展文艺汇演、歌咏及文体比赛、书画摄影展览、演讲、朗诵、征文、座谈、知识竞赛、主题党日等一系列活动。例如,围绕庆祝建党100周年,组织学员拍摄MV《永远跟党走》,举办党史知识竞赛、征文活动,承办全省老干部系统庆祝建党100周年文艺晚会、书画展、主题党日活动,极大地凝聚了广大老同志的爱党爱国热情,更加坚定了听党话、跟党走、同心共筑中国梦的信心和决心。

2. 按需施教,推动教学工作再上新台阶

坚持把老同志需求和时代要求相结合,不断提高教育教学质量。增开智能手机、朗诵、萨克斯、古筝、写意山水画、中国传统文化、历史、太极剑、健身气功等新课程。树立名师成就名校的理念,选优配强师资力量,健全师资人才储备库,开展教学工作培训、优秀教师评选表彰以及教师节庆祝会、教师节给教师"送一束鲜花"、春节慰问等活动,很多教师表示能在安徽老年大学任教感到很自豪。为进一步强化教学管理,提升教学水平,进一步完善教学大纲、教学计划,推动自编教材编写,优化教材选用,落实班主任随堂听课服务、教务长及教学管理处人员随机听课、教学质量评估等制度。成立教研组,上好公开课,与兄弟老年大学开展教学交流。开辟第二课堂,邀请吴雪、王佛生等书画名家进行专题讲座,举办防诈骗、消防安全知识等讲座,组织时装班校园走秀、摄影班实地拍摄、书画摄影展览、教学成果展演、体育健身比赛、诗词朗诵等活动。组建了艺术团、民乐团、合唱团。在省级老同志活动区设置书法和摄影课程,组织省级老同志摄影、书画实地教学活动。面对疫情,积极组织开展在线教学,组织教师录制网上教学课件,并开通"云课堂""网上老年大学"。安徽老年大学荣获了中国老年大学协会颁发的战疫教学荣誉证书。

3．加强交流，积极组队参加各类演出比赛活动

近年来，安徽老年大学选送的节目分别获全国老年大学文艺汇演银奖，安徽省老年文化艺术节服饰比赛金奖、舞蹈比赛冠军，安徽省读书朗诵电视大奖赛第一名，省属和中央驻皖单位驻村帮扶工作图片微视频评选一等奖及其他一系列奖项，应邀参加省电视台老年春晚、《老爸老妈》栏目、省直机关群众歌咏大会等多种演出活动，产生了良好的社会影响。

4．灵活多样，促进老干部活动健康有序开展

安徽老年大学加挂省老干部活动中心牌子，不断拓展老同志开心愉快活动的内容和形式，新老活动区每天都吸引数百位老同志前来参加各种活动，特别是乒乓球、台球、棋牌、游泳等热门活动。坚持日常活动与比赛活动相结合，有效激发了老同志的活动热情。分别举办省直机关离退休干部乒乓球、羽毛球、台球、飞镖、象棋、围棋、扑克、麻将等比赛和新春游艺等活动，承办安徽省离退休干部门球赛、台球赛、安徽省老年运动会台球赛、省直机关运动会台球赛，组团参加华东地区老干部斯诺克邀请赛，并举办裁判员培训活动。坚持自发活动与组织活动相结合，成立老干部乒乓球队、台球队、网球队，建立书画院。坚持自办活动与接待省直各厅局组织老同志前来集体活动相结合，自新校区建成使用以来已接待40多批次。经过多方的努力，目前老干部活动中心已基本形成"日常活动天天有、集体活动不间断、节日活动少不了、大型活动掀高潮"的良好局面。

5．以学促为，拓展老同志服务社会新途径

鼓励、支持老同志利用所学、所获，参与到各类社会公益服务活动中，把老同志的优势发挥好、力量凝聚好、潜能挖掘好，促使他们更好地为党和人民事业增添正能量。成立安徽老年大学志

愿者服务队,组织引导老同志在自觉自愿、量力而行的前提下,通过多种途径为"三大攻坚战"、群众性精神文明建设、基层社会治理、青少年思想道德教育等献余热、做贡献。开展文化扶贫进乡村活动,为肥西县长庄村的乡亲们送上专场文艺演出;支持老同志开展为宿松县隘口村和柳坪村贫困户"送衣被、过暖冬、献爱心"活动;参与消费扶贫行动,销售金额达 20 多万元;组织老同志赴贫困地区拍摄精准扶贫的动人场景,并在校园举办专题摄影展;支持老同志开展到敬老院送温暖、到社区免费传授摄影技术、送戏曲等传统文化进中小学校园等活动。办好校报、网站、微信公众号,广泛宣传老同志事迹。广大老同志在校园里"聚是一团火"、出了校门"散是满天星",展示了桑榆未晚、"皖情筑梦"的风采,彰显了服务社会的崇高价值追求,为党和人民事业不断增添正能量。

(三)围绕"服务好"的要求,着力营造老同志温馨舒适的家园

我们坚持以老同志为中心的办学理念,把让老同志满意作为服务标准,强化精准服务、温暖服务;遵循老同志的特点,注重服务中的细节,努力为老同志创造温馨舒适的精神家园。

1. 注重服务的温馨度

健全服务规范,从一张笑脸、一声您好等细节入手,营造尊老敬老的浓厚氛围。把老同志的需求作为第一信号,定期召开征求老同志及教师意见座谈会,组织问卷调查活动,并随时随地听取老同志的意见与建议,做到老有所需、我有所应。

2. 注重服务的安全度

制订校园安全应急预案,组织开展消防、防摔倒、防溺水演练。有台阶的地方都设置了醒目的提示。建立卫生室,聘请省直

机关医院的医生全天候坐班巡诊,随时为老同志提供医疗保健服务。随时做好车辆应急保障服务。精准精细落实常态化疫情防控措施。

3. 注重服务的便捷度

协调合肥公交集团延伸设立 60 路公交线"塘西河公园站"。开办食堂,想方设法改善伙食,让中午不回家的老同志不出校门就能享受满意的餐饮服务。

(四)围绕"管理好"的要求,着力提升规范化、科学化水平

我们始终把制度、队伍、作风建设作为推进规范、高效管理的重要抓手,坚持高标准、严要求、高质量,不断提升管理水平,努力为老同志创造管理一流的学习活动场所。

1. 健全落实制度体系

及时做好规章制度的立、改、废工作,形成涵盖管人、管事、管物等各方面、各环节体现科学管理、规范管理要求的制度体系,并汇编成册。加强监督检查,确保制度落实。

2. 建优建强工作队伍

高度重视老年大学干部队伍建设,鼓励干部到为老服务第一线锻炼,加强省委老干部局机关与老年大学干部之间的交流轮岗。干部队伍结构有明显改善,其整体素质得到老同志的充分认可,干部干事创业的积极性得到激发。

3. 树立发扬严实作风

健全基层党组织,充分发挥支部战斗堡垒作用,扎实开展"不忘初心、牢记使命"主题教育、党史学习教育及"三个以案"警示教育,持续反"四风"、改作风,树立老干部工作无小事的理念,对老同志提出的意见建议立行立改,不改彻底不放过。

安徽老年大学以培养"三有"老人为目标,努力打造新时代"四好"老年大学,受到老同志的广泛好评,但我们深知,为老服务无止境,践行初心使命永远在路上。2019年12月,时任省委书记李锦斌同志做出批示:"服务用心用情,管理精准精细,应予表彰。望再接再厉,提升水平,让老同志有多多的幸福感。"我们将深入学习贯彻习近平新时代中国特色社会主义思想,按照省委的部署要求,更加用心用情、精准精细地为老同志服务,让老同志有多多的幸福感,为新阶段现代化美好安徽建设贡献老年大学的力量。

(作者系中共安徽省委组织部副部长、省委老干部局局长、省老年大学协会副会长)

老年大学教学质量评价标准体系的探讨

余小平

2016年国务院办公厅出台的《老年教育发展规划(2016—2020年)》标志着我国老年教育进入了快速发展时期。与此同时,教学质量的评价亦成为重中之重,成为规范办学、提高办学效率的有效手段,评价标准的构建亦成为各省市老年教育实现从量到质飞跃的措施之一。

一、基本概念辨析

老年大学的教学质量,在一定程度上是由老年学员的满意度所反映的。教学质量评价是指对教师的教学业务水平、教学方式方法、教学效果、教学态度、学员学习质量和教学管理质量等方面进行的综合评价。教育测量学的基本内容之一是如何评价教学质量,但至今还没有统一的标准来衡量一门课程的教学质量。老年大学教学质量的评价标准体系,主要表现在评价目的明确、评价原则的贯穿、评价组织的合理性、评价内容及指标的科学性、评价方法的可行性等方面。据此,才能完成对一门课程教学质量的有效评估。

二、老年大学教学质量评价标准体系存在的问题

现今,我国老年大学发展已有30多年的历史,各省市老年大学在提升教学质量方面做出了一些努力,但由于各学校之间差异、重视程度和地区发展水平等因素的影响,各地区的教学质量评价体系也存在很大的不平衡性,其中存在的问题也较为突出,具体表现如下:

1. 评价原则不明晰

评价原则对于教学活动现实的或潜在的价值做出判断具有十分重要的引领作用,而现实情况是,大多数老年大学的教学质量评价标准体系没有明确的评价原则,评价内容基本是想到什么就添上什么,毫无根据可言,这不仅造成评价内容的不科学或者评价内容的重复和冗余,也使得评价标准没有可信度。

2. 评价内容及指标欠科学

评价内容及指标是教学质量评价标准体系的核心部分,也是构建评价标准体系的重中之重。据了解,大多数老年大学的教学质量评价内容及指标都是掺杂在其他评价中的,并没有专门针对教学质量而设计的评价标准体系,评价指标较为简单,缺少顶层设计和科学排布。

3．评价方式和评价主体单一

评价方式是对教学质量进行评判的措施的集合,评价方式的单一会导致收集到的信息不全面、对教学质量的评价不客观。现如今大多数老年大学以问卷的形式进行定量评价,在问卷上设置评价内容并匹配相应的分数,以填写者最后填的总分作为教学质量评价的依据。定量评价往往只关注可测性的品质与行为,处处、事事都要求量化,强调共性、稳定性和统一性,有些内容勉强量化后,只会流于形式,并不能对评价结果做出恰如其分的反映。

除此之外,评价主体的固化亦是问题的一个方面。从教学质量评价产生之初,评价主体多为学员,偶尔涉及班主任,但是不加区别、不分时间地一直沿用过去的评价主体,其结果的科学性是有待商榷的。随着时代的变化,评价方式宜多样化发展,评价主体也宜多元化,这才能让评价标准体系更有代表性和可信性。

三、构建老年大学教学质量评价标准体系的意见建议

为了使教学质量评价真正落到实处,教学质量评价标准体系能发挥应有之义,笔者提出以下意见建议以供参考。

（一）树立明确、有指导性的评价原则

除了具备教学评价基本的客观性、整体性、指导性和科学性的原则之外,因老年教育在教育体系中处于特殊的地位,它的教学质量评价体系、评价原则还需有自己的特点。

1．以学员为本的原则

中老年学员是老年大学的教育对象,他们心智成熟、阅历丰富,能够较为客观准确地对教师、对教学给予一定的评价。以学员为本的原则一方面是充分发挥学员在评价中的重要地位,另一

方面是通过充分征求学员的意见以促进学校各方面的发展。

2. 公平公正的原则

公平公正的原则要求教学质量评价过程应该公开透明,让评价的细则、评分的过程、评价的流程等全方位地处于阳光之下,并通过多形式从多角度展开评价,避免受评价结果的误差的影响,防止部分意见左右评价,使最终评价结果令人信服。

3. 促进发展的原则

对教学质量进行评价要谨记一切以促进被评价者的发展为宗旨,通过评价获得相关的信息,帮助学校做出正确的决策,采取相关措施调控学校教学管理,提高教学管理水平,提高教师的教学质量,提升学校的办学水平。

(二) 设计科学合理的评价内容和指标

为了构建科学合理的评价标准体系,可以分别从教师教学评价、学员学习评价、教学管理评价三个方面来搭建一个全面客观的评价体系,其中,教师教学评价占总分值的50%,学员学习评价占20%,教学管理评价占30%,评价内容和指标随着评价主体或目的的变化可适当调整。

1. 教师教学评价的内容和指标

教师教学评价的内容和指标如下:

(1) 教学态度:仪表庄重、精神饱满,按时上下课,严格要求学生;备课认真,教材、教案、讲稿齐全,讲课熟练。

(2) 教学内容:讲课内容精练、主次分明、深广度适宜、理论联系实际;注意教学内容前后联系,使内容具有系统性,能反映最新成果;条理清晰、重点突出、讲透难点。

(3) 教学方法:采用适宜的教学手段和方法(利用录像、幻灯片、模型、实物插图等);采用启发思维能力的讲解方法(运用设疑、提问、对比、图解等方法,以及由浅入深、由表及里的分析归纳方法)。

(4) 能力表达:普通话标准,语言表达清楚,结论明确,板书工整、字迹清楚、字体规范,注重师生交流,课堂控制能力强。

(5) 教学效果:讲课有特色,能吸引学生的注意力,使学生基本能理解和掌握所授内容,能提高学生的分析和解决问题的能力。

2. 学员学习评价的内容和指标

由于老年教育的特殊性,对学员的学习评价不能和全日制教育一样采用考试的方式进行,可以采用学员自评的方式作为评价的参考。

《中华人民共和国老年人权益保障法》规定:"国家和社会应当采取措施……实现老有所养、老有所医、老有所为、老有所学、老有所乐。"由此,我们可以确定老年学员学习质量的评价内容和指标体系为:老有所为、老有所学、老有所乐。这三个指标的内涵是:

(1) 老有所为:老年学员愿意用自己长年积累的知识、技能和经验,参与社会事业,继续为我国社会主义物质文明和精神文明建设做出新的贡献。

(2) 老有所学:根据社会的需要和本人的爱好,老年学员能够学习掌握一些新知识和新技能。

(3) 老有所乐:通过学习活动,丰富了老年人的物质文化生活,使老年人幸福、愉快地安度晚年。

3. 教学管理评价的内容和指标

为了让评价主体能更直观地评价,可选取教务处工作、班主任工作、班长工作、临时党支部工作四个方面的内容作为评价的指标,具体内容如下:

(1) 教务处工作：计划周密，未雨绸缪，能统筹协调好各方面关系。

(2) 班主任工作：细心负责，耐心协调，关心师生，服务周全。

(3) 班长工作：上传下达，协调学员、教师和班主任之间的关系，服务教学。

(4) 临时党支部工作：起到引领示范作用，关心学员，积极在学校的指导下开展党建活动。

（三）采用多样化的评价方式和多元化的评价主体

评价方式多样化体现在多种评价方法的运用中，具体到本文所提的教学质量评价，涉及的评价方式可以有问卷调查法、访谈法(包含个人访谈和座谈会)、日常观察法等，包含了定量和定性评价，能更加全面地反映被评价者的情况。

具体到本文所提的教学质量评价，考虑到老年教育实际情况，包含的主体可以有学员评价、教师评价、班主任评价三个方面，同时学员和教师评价包含自评和互评两个环节，这样才能反映出教师教学质量、学员学习质量、教学管理质量的概貌。

"道虽弥，不行不至；事虽小，不为不成。"提高教学质量是办好老年大学的重要标志。在科学客观的教学质量评价标准体系的指导下，不断去发现问题、改进问题，才能有针对性地改进、完善教学，不断提升办学质量，增强老年大学的凝聚力和吸引力。

（作者系合肥市老教委副主任、合肥老年大学常务副校长）

坚持城乡统筹　推进老年教育

许忠杰

自党的十八大以来,老年教育作为终身教育体系的重要组成部分,在建设学习型社会中的地位越来越重要。如何站在新的起点上,以党的十九大精神为指导,推进老年教育健康、可持续发展,既是一个新课题、新任务,也是一种新使命。本人认为,如今老年教育的内涵和外延都发生了很大的变化,老年教育不仅仅是当初单为机关离退休干部设立的教育,而是已延伸到不同身份、不同职业的城镇老年人教育;更进一步,不仅城镇需要开展老年人教育,农村同样也需要开展老年人教育。只有做到"两手抓两手硬",统筹谋划,协调推进,才能真正实现全民意义的老年教育。结合肥东实际和我近3年的工作体会,就坚持城乡统筹、推进老年教育,谈五点看法。

（一）坚持城乡统筹,推进老年教育,认识到位是基础

无论是从我国开展老年教育最早的山东省来看,还是从我县开展老年教育28年来的实践来看,老年教育已受到全社会的广泛关注。因此,发展老年教育既是建设学习型社会的重要举措,也是满足老年人多样化学习需求、提升老年人生活品质、促进社会和谐的必然要求,也是我们党在思想文化领域中的一个重要

阵地。

1. 要充分认识老年教育是适应人口老龄化趋势的需要

据第七次全国人口普查资料，2020年全国60岁及以上人口为2.64亿人，占总人口的18.7%。就肥东而言，2020年60岁及以上人口为18.58万人，占总人口的21%，高出全国老年人口比例2.3个百分点。面对这一老龄群体，老年教育显得尤为重要，必须重视，积极应对。

2. 要充分认识老年教育是建设社会主义现代化国家的需要

党的第十九届五中全会通过的《中共中央关于制定国民经济和社会发展第十四个五年规划和二〇三五年远景目标的建议》提出："'十四五'时期是我国全面建成小康社会、实现第一个百年奋斗目标之后，乘势而上开启全面建设社会主义现代化国家新征程、向第二个百年奋斗目标进军的第一个五年。"实现这个宏伟目标，就需要建立无人不学、无时不学、无处不学的全民学习、终身学习的学习型社会，就需要提高全体社会成员的素质和创造能力。可以说，这个过程包括了老年人的全面发展和老年教育全面发展的学习过程。

3. 要充分认识老年教育是助推乡村振兴的需要

党的十九大提出"实施乡村振兴战略"，明确了"产业兴旺、生态宜居、乡风文明、治理有效、生活富裕"的总要求。农村工作是全党工作的重中之重，深入实施乡村振兴战略，农民是主体力量。而目前在农村从事农业生产经营的大多数是中、老年人，他们文化程度不高，生产技能缺乏。因此，可以利用乡村、社区老年学校这块阵地，加强对他们的思想道德教育、文化素养提高、科技知识传授等工作，调动其参与乡村振兴的积极性和主动性，助推乡村经济发展和乡风文明建设。

4. 要充分认识老年教育是完善终身教育体系和建设学习型社会的需要

随着社会的发展,老年人已不完全是要享受安逸生活,更需要享受教育,在教育中提高自我、完善自我,实现人生价值。做好老年教育,则可以实现老年人活到老、学到老的愿望,使他们做到"政治坚定、思想常新、理想永存"。

(二)坚持城乡统筹,推进老年教育,党政重视是关键

做好老年教育工作,只有各级党政领导高度重视,把办好县级老年大学和乡镇、村、社区老年学校作为老年教育的一项系统工程统筹来抓,才能推进其健康、协调发展。

1. 要建立健全县级老年教育领导组织和办事机构

老年教育是社会性的工作,加强领导、协调配合尤为关键。近年来,我县将原来的老干部教育领导小组调整为老年教育委员会,由县委副书记任第一主任,县委常委、组织部部长任主任,老年大学校长任常务副主任,人大、政府、政协各有一名分管或联系的副职领导任副主任,县委办、政府办、发改委、教体局、财政局、民政局、卫健委、人社局等部门主要负责人为成员,具体负责对老年教育工作的指导、协调和督查,并适时分析老年教育工作形势,研究和解决工作中出现的重大问题。委员会下设办公室,配备两名工作人员,负责日常工作联系、协调和办理。此外,聘请县委书记为老年大学名誉校长。这样就做到了有人问事、有人管事、有人干事。

2. 要党委、政府把老年教育工作列入重要议事日程

主要领导对老年教育心中有位置,才能做到经常关心过问,做到有部署、有要求、有指导。近几年来,我县每年将老年教育相关工作列入县委常委会或县政府常务会议议题,进行讨论研究和

决定。先后以县委办、县政府办名义印发年度工作要点和进一步加强老年教育工作的实施意见,将目标任务分解落实到部门、单位和乡镇、开发园区。这充分表明老年教育的地位在日益提高。

3. 要规范基层老年教育机构和老年学校设置

这是老年教育能否向农村发展、能否在基层延伸的重要前提。从2019年起,我们做到"两个明确"。首先,明确乡镇老教委和老年学校为"一个机构、两块牌子"。工作人员交叉兼职;实行聘用制,所聘人员年龄不超过68岁,聘用3~5人;全县共配备专职老教委主任4人,交叉任职16人,管理人员85人;聘任乡镇书记为名誉校长。其次,明确村、社区老年学校校长人选。原则上聘用退下来的村、社区书记或主任为校长,聘任在职书记为名誉校长。通过这样的明确要求和聘用计划,一方面促使乡镇、村、社区的老年学校领导人员能够落实,有人负责办学;另一方面也保证基层学校能真正办起来、办得好,避免了基层老年学校"只挂牌、不开学"的现象。

(三)坚持城乡统筹,推进老年教育,资金投入是保障

老年教育的平台是县级老年大学和基层老年学校。如果没有一定的经济支撑,则难以办好。因此,必要的资金投入是推进城乡老年教育的基本保障。

1. 要建立完善的办学经费保障制度

县级老年大学、乡镇老年学校的办学经费和老年教育的工作经费要列入本级当年财政预算,随着学员增加和社会发展逐年增加,对学校添置设备提供专项资金保证。对村、社区办的老年学校,凡集体经济有实力的,则自行保障;没有经费来源的,由所在乡镇纳入财政预算,予以补助。最近几年,我县一部分基层学校能够正常办学,主要靠补助支持。

2. 要鼓励社会力量办学

老年教育是非义务教育,应当鼓励企业家、社会有识之士投资兴办老年教育。例如,在社会个人力量开办的养老院、老年公寓里,既可将入院的老人作为需要生活照料的服务对象,也可视他们为教育对象,由院里兴办老年学校,根据入院老人的兴趣、爱好,开设相关课程。这样既能健康养老,又能以文养老。2019年,我县丰盛爱心老年公寓兴办的老年学校就是一种尝试,颇有成效。

(四)坚持城乡统筹,推进老年教育,督查考核是动力

老年教育是非全日制教学,抓得紧,教学可正常进行;反之,则教学很难正常进行。因此,必须通过督查考核,强化其工作,促进其发展。

1. 加强调研督查

以县老教委牵头组织人员每学年每学期选择3~5个乡镇的若干村、社区,对老年教育工作和办学情况进行调研,按照领导重视、机构建立、人员落实、制度制定、经费保障、办学规模、办学效果等方面情况综合进行分类。根据不同类型学校的情况,加强正常督查、重点督查,促进工作改进,缩小办学差距,保证办学正常。

2. 加强目标考核

将老年教育工作和基层学校办学情况纳入县目标考核范围,每年制订考核内容、考核标准、项目分数报县目标考核办纳入年度考核。由县老教委组织实施,通过实绩考核,促进各级重视老年教育,提高办学效果。

(五)坚持城乡统筹,推进老年教育,创新发展是目的

做好老年教育,同样也需要创新。要注重从四个方面创新。

1. 方法创新

随着社会老龄化程度加快,普及老年教育已是大势所趋。而互联网技术的广泛应用,有利于扩大老年教育的覆盖面。目前,我们要更加充分地利用远程教育、网家家、先锋在线等途径,来满足不同群体、不同地区老年人的学习需求,从而推动城镇老年教育与农村老年教育协调发展,达到普及老年教育的目的。

2. 教学创新

师资队伍建设是县级老年大学、基层老年学校发展的关键。从我县目前情况来看,师资力量很薄弱,教师不固定,聘用形式多,教育水平难提高。因此,要适应新时期老年教育的发展,就要以县级老年大学为龙头,建立一支门类齐全、结构合理、素质较高的老年教师队伍,为老年教育提供师资保障。要建立教师人才库和教师来源基地,逐步建立专业教师、兼职教师、聘用教师相结合的教师队伍。同时要加强教师的业务培训。

3. 活动创新

"文化养老"是以沟通思想、交流感情、发挥专长、服务社会为内容,满足老年人精神需求为目的的生活方式。"老有所学、老有所教、老有所乐、老有所为"是老年人精神层面的需求,发展老年教育是"文化养老"最有效的途径。因此,在组织活动中要充分发挥老年人的主体作用,引导老年人参与到各项活动和学习的组织、管理中来,激发其自我教育、自我服务、自我管理的主动性。

4. 管理创新

要不断完善老年教育的管理方式,改进工作方法。把尊重老年人、关心老年人、服务老年人作为老年教育工作的出发点和落脚点。坚持以老年人为本,满足老年人的需求,维护老年人的利益。要把老年教育事业作为"朝阳产业"来发展,更新观念,创新机制,促进老年教育事业健康可持续发展。

在奋力起航"十四五"新征程的大好时机,老年教育既面临挑战,更恰逢大好发展机遇。只要我们抓住机遇,乘势而上,坚持城乡统筹,就一定能推进老年教育事业全面、协调、创新发展。

(作者系合肥市肥东县老教委常务副主任、肥东老年大学校长)

办好城市社区老年学校的定位与走向

缪有淮

镇西社区占地面积1.8平方千米,常住人口2.1万,隶属于安徽省合肥市肥东县店埠镇,是县内16个城市社区之一。毗邻县、镇老年大学,距离省、市老年大学也只有半个多小时的车程。在优越的教育资源覆盖下,要办好社区老年学校首先要找准自己的定位,努力办出自身的特色。否则,生存尚虞,遑论发展?

在镇老教委和社区党委、居委会的领导下,镇西社区老年学校自2012年建校以来,因地制宜,不断创新,经过近10年的努力,背靠大树,吸纳众长,竭力承接省、市、县、镇老年大学优越资源的溢出效应,形成了一套较为成熟的管理方式,2017年被合肥市教育局认定为"终身学习体验点",2018年被评为全国"优秀学习型社区",2020年被评为"老年大学省级示范校"。

一、找准定位

城市社区是城区内居民稠密集居的共同体,相对于农村社区而言,居住在这里的老年人有着不同的生活方式,他们空闲时间充裕,收入相对稳定,文化水平较高,社会群体比较活跃,多措并举的养老模式是他们的刚需。

特定的人文环境,决定了城市社区的老年学校既不能东施效颦、生搬硬套正规的城市老年大学的教学方法,又不能效仿"老年活动中心"松散的管理模式。它的定位应当是:以文化养老为核心,以普惠性、适老性、开放性、规范化、社会化为特色,集心养、娱养、文养、康养为一体的活动平台。

在多年的教学实践中,我们注重坚持以下五个原则。

(一)普惠性原则

社区老年学校要树立服务社会、服务老年人的办学宗旨。在教学实践中,我们注意到,上一级老年大学有很多热门专业使众多求学者趋之若鹜、一座难求。我们便根据自身的条件,注意承接上一级老年大学的溢出资源。近几年,我们先后开设舞蹈、健身、书、画等专业,使求学困难的老年朋友转而到社区入学。同时降低入学门槛,招生"有教无类",不分性别、年龄、学历,也不论是不是本社区的居民,只要身体条件允许,来者不拒,免费入学,并且可以跨班跨科,不设学习年限,没有毕业离校的限制,有不少建校时在读的学员,现在仍在学习。

(二)适老性原则

社区老年学校必须紧密结合老年人特点,不拘一格办教育,开设深受老年人喜欢的课程。

2017年,应老年朋友的要求,我们开设了乒乓球班,请老师传艺,同时在室内增设棋牌桌,旁边还设有按摩椅、跑步机等健身器材,每天至少开放4小时。虽然这根本不像正规课堂,但却吸引了辖区内接送孙子辈上下学的老年人,乒乓球打累了,可以轮换参加棋牌活动休息。其中有好几对老夫妻,他们既健身又娱乐,技艺精进,学员于丽军还在"2019年全县老年人乒乓球赛"中荣获第三名。

2020年因为疫情,老年学校停课,为弥补不足,当年7月19日,我们成立了全县第一支户外"徒步队",每周二、周六早晨活动。社区为"徒步队"配发了音箱,并由领导亲自授旗,老年人兴致很高,当天就有120多人报名。这种活动不需要教师和教材,实在不能算是"上课",但是,只要老年人喜欢就是我们的办学目标。队员们打着队旗,呼喊着口号,精神抖擞地坚持活动,兴趣一直不减。

随着互联网的普及,老年朋友迫切要求了解智能手机的常用操作,我们及时开办远程教育课,编写了"智能手机操作学到手,教学三步走"的教案,并发表在2020年第11期中国《老年教育》杂志上得以推广。

同时,我们适时举办科普、普法、健康、党史讲座,在节日举办搓元宵、包粽子、包饺子、讲故事活动,平时组织老年朋友参加巡逻、文明创建等社会活动,有效地丰富了老年朋友的精神文化生活。疫情防控期间,有18位老党员捐款2800元,体现了他们的责任与担当。

(三) 开放性原则

镇西社区现有60岁及以上老年人3500多人,社区老年学校的课堂能容纳的人毕竟很少,要拓展老年教育受益的覆盖面,必须拆掉"围墙",办出社区老年学校独有的特色来。在社区领导的精心谋划下,疫情爆发前的每年春节前,都在社区小剧场举办庐剧汇演(政府购买服务),每天下午和晚上演出2场连本戏,每年演出50多场。现代化的音响设备、LED背景屏吸引了众多老年人,演出时过道上都站满了人,老年观众平均达1.06万人次/年。与此同时,小剧场设立"周末影院",每周六晚上免费播放电影,观众达5000人次/年。这两项活动均被评为"肥东县志愿者服务文化品牌"。在2017至2019年3年间,老龄人口受益者达3.2万人次。

(四)规范化原则

学校建有临时党支部,党员虽然组织关系保留在原单位,但在学校也要过组织生活。学校拥有专兼用教室、会议室、小剧场、图书室、办公室和室外活动场所1210平方米,有专兼职教师6人、储备库教师7人。对教学计划、学员花名册、点名册、课程表、教案和总结等的管理一丝不苟。学校教务处编写各科教学讲义共120讲、15.4万字,先后开设戏曲舞蹈、健身、书法、绘画、时政(远程教育)、乒乓球课,另有广场舞、徒步、棋牌比赛等活动。

(五)社会化原则

经费是办学的保证,城市社区老年学校的建制决定了经费来源必须多元化。2017年以来,社区教育经费年支出分别是18.33万元、23.16万元、18.83万元,在疫情影响下的2020年仍然达到10.5万元。经费来源中,政府购买服务占48.7%,社区财政支出占38.4%,企业赞助占8.9%,志愿者义务奉献占4%。社区的教育经费通过不同投资主体、运营主体的参与得到了保证。

二、明确走向

未来十年,中国老龄人口的比例将会大幅度增长,如果把老年教育比作宝塔型的话,社区老年教育则处于宝塔的根基。2014

年,中共中央、国务院《关于加强老龄工作的决定》明确提出,要将社区老年教育作为扩大老年教育覆盖面和受益面的发展走向。由此可以预见,老年教育社区化是一种必然趋势,办好社区老年学校,我们守土有责!当前和今后一段时间,社区老年学校应当在现有的基础上,不断扩大老年教育的增量,提高质量,最大化地满足老年人"将教育办到家门口"的愿望。

值得关注的是,在老年学校的学员中,绝大多数是女性,男性学员不足10%。根据调查,相对于女性而言,男性老年人中,退休前任职干部的多,高学历的多,有才华的多,在各领域有建树的多,备受社会瞩目,退休后自尊、自恋感较强。针对这一情况,我们准备增设解读《民法典》、网络技术知识、智能科技、文学名著等老年人感兴趣的讲座,不定期地开展读书、参观、展演、游学、志愿服务等活动以及书画、摄影和征文比赛,让更多的老年人逐步走出自我空间,在现代养老文化的浸润中满足情感和心灵的需要,提升晚年生活的幸福指数。

(作者系合肥市肥东县店埠镇镇西社区老年学校校长)

关于办好基层老年学校初探

芮成清

2008年1月30日,习近平出席在京老同志迎春茶话会并讲话,他指出,要高度重视和切实改善老干部的精神文化生活,办好老干部活动中心和老年大学。这是习近平第一次明确提出要办好老年大学。2016年10月,国务院办公厅印发《老年教育发展规划(2016—2020年)》,2017年3月,《安徽省人民政府办公厅关于加快"十三五"期间老年教育发展的实施意见》印发,其中规定,要建立健全"县(市、区)—乡镇(街道)—村(居委会)"三级社区老年教育网络。

瑶海区老年教育与瑶海区经济同步发展,区委、区政府高度重视,落实政策,加大投入,学校加强管理。截至2020年底,13个镇街开发区、66个村居全部建立老年学校,实现建校全覆盖;学员2.35万人,占区老年人口20%以上;区老年大学和红旗社区老年学校被评为"老年大学省级示范校",13个基层老年学校被评为"老年大学市级示范校"或"信得过学校",形成了以区老年大学为示范、镇街开发区老年示范校为主体、社区老年学校为基础的三级老年教育网络,方便老年人就近学习。特别是瑶海区老年大学自1994年在全市县区率先建校以来,学校从无到有,不断壮大,从最初的48名学员借教室上课,发展到现在36个教学班、1802名学员,在3000多平方米的现代化教学场所上课,初步实现了"办成深受老年人喜爱,具有鲜明特色的老年大学"的目标。

通过调研,基层老年学校确实存在一些问题:体制机制不健全,老年学校机构设置、人员编制和教学管理未理顺;投入不足,致使一些老年学校场地不够,条件简陋;师资力量薄弱,课程设置简单,管理松散等。为办好基层老年学校,确保基层老年学校高质量持续发展,本人建议:

1. 坚持思想政治建校

办学思想是一个学校的灵魂、立身之本。首先坚持政治立校,加强老年学校党组织建设,发挥党组织和党员学员的先锋模范作用,把习近平新时代中国特色社会主义思想贯彻老年教育始终,把"增长知识、丰富生活、陶冶情操、促进健康、服务社会"的办学宗旨和"老有所学、老有所乐、老有所教、老有所为"的办学方针落到实处。突出党性教育,推进思政课、时政课、法治课及省市区情课的研究,引导老同志的思想始终与党中央保持高度一致,更加自觉地做到政治坚定、思想常新、理想永存。要加强党的建设,健全老教委组织,各级书记兼任老年学校名誉校长,副书记兼任老教委主任,配齐配强老年学校校长,争取社会各界对老年学校的支持。

2. 完善顶层设计

老年教育不可能像普通教育、职业教育或成人教育那样规范,但也不能没有规范,否则老年学校无法运行。因此要进行顶层设计,对老年学校体制机制、机构、学制等加以确定,对老年学校隶属关系和人员编制、待遇等加以明确,以供基层遵循。

3. 加大学校投入

一是加快校舍投入。政府将老年学校建设列入经济社会发展规划,按老年人口增长比例,科学规划建设老年学校,以解"一座难求"的困境。积极兴建老年学校,也可整合社会资源、闲置场地进行建校。二是加快学校软硬件投入。在财政上把老年学校办学经费列入预算,按时拨付;临时性大型活动经费则实报实销,确保必备的软硬件设备配齐。三是加大师资投入。采取"专兼结合,以兼为主"的方式,配强师资队伍。老年学校教师在职称评定、学习进修等方面与普通学校同等待遇,整合教育、社会力量充实老年学校教师队伍。

4. 加强学校管理

一是制度管理。建立健全各项制度,严格落实各项制度,确保教学、财务、安全等不出问题。二是教学管理。关键要抓好教师、教材、教学管理、教学满意度等要素。授课难度要小,课程进度要慢,课堂出勤要多,师生要融洽;教材内容要贴合学员特点,政治性、知识性、趣味性、娱乐性都要有;教学方法要灵活,由课堂教学向课外教学、社会教学等第二课堂延伸。三是发挥省、市示范校作用。在特色课程、精品课程、地方课程、校本课程和品牌课程上下功夫,提高教学质量。四是创新思路。积极开展老年远程教育和线上教育等,加强校园文化建设,丰富学员校内外生活。

5. 加强理论研究和考核

老年教育是"夕阳工程""朝阳事业",是全新的开放教育,又是不同于一般学校的特殊教育。办好基层老年学校肯定会遇到方方面面的问题,这就需要我们不断进行老年教育理论性和应用性研究,为基层老年学校规范化、制度化、法制化、整体化和高质量发展提供借鉴。要把对基层老年学校的考核列入经济社会发展之中,以促进新时代基层老年教育高质量发展。

(作者系合肥市瑶海区老年大学校长)

坚持不懈推进老年教育高质量发展

王 权

长丰县老年大学始建于1991年6月,至今已有31年历史。31年来,尤其是党的十八大以来,在县委、县政府的正确领导下,我们认真贯彻落实习近平总书记重要讲话精神,按照国务院老年教育"十三五"规划要求,毫不动摇地坚持政治建校这个根本原则,着力推进老年大学高质量发展,从而蹚出了具有长丰特色的老年教育新路子。目前,县老年大学校舍建筑面积4800平方米,设有44个教学班、36门课程,拥有专兼职教师22人、学员2000多人次。同时,为适应发展需要,拥有1.3万平方米的现代化长丰县老年大学南部分校正在设计规划,建成后,可容纳学员1万多人。2018年,我校被评为"老年大学省级示范校"。

(一)始终抓牢政治建校不动摇

老年教育是国家教育事业和老龄事业的重要组成部分,是老年思想文化创新的重镇,加强政治建设对把稳老年大学建设方向极为重要。只有政治过硬、方向正确,才能筑牢办学根基,推动多元、特色发展,从而真正实现"老有所教、老有所学、老有所为、老有所乐、老有所安"。为此,在办学的过程中,我们始终抓牢政治建校这个根本,坚持"三力"齐发,"硬核"推进高质量发展。

1. 提升领导力,老教工作实现"五个到位"

实践中,我们积极争取县委主要领导始终把老年教育事业发展放在心上,抓在手上,发力在精准上。县委书记亲任县老年大学名誉校长,县委副书记任县老教委第一主任。不仅如此,县委常委会每年坚持1~2次专门听取县老教委、县老年大学工作汇报,县委办公室每年都以正式文件转发县老教委、县老年大学工作要点。党的领导力的加强,促使老年教育工作实现了责任压实到位,任务部署到位,方案细化到位,举措落实到位,资金保障到位。

2. 强化组织力,党建带校建血脉畅

县老年大学成立了临时党委,依照"哪里有党组织,哪里就是党支部"原则,下设7个临时党支部,选举学校各处室负责人任支部书记。临时党组织建立后,长流水不断线地组织党员学员开展各种主题教育活动,并坚持不懈地推动党的创新理论生动活泼进课堂、全面准确进教材、融会贯通进头脑,让党建工作内涵更丰、血脉更畅、开花结果。

3. 激活思想力,把政治内容融入教学中

我们坚持把学习宣传贯彻习近平新时代中国特色社会主义思想作为思政课的首要任务,把培育和践行社会主义核心价值观作为德教课的重要内容,进一步强化政治引领,开展思想政治教育。2021年以来,我们紧抓建党100周年历史契机,把党史学习教育与思想政治工作紧密结合,引导老年学员从党史学习教育中激发信仰、获得启发、汲取力量,深刻理解中国共产党为什么"能",马克思主义为什么"行"、中国特色社会主义为什么"好",从而不断坚定"四个自信",增强做中国人的志气、骨气、底气。

(二)始终抓强夯实基石不放松

从长丰县老年教育的发展历史来看,多年来一直存在不平衡、不充分问题,而要扩大县级老年教育的增量,必须在整合资源、夯实基石、规范管理上狠下功夫,推动实现教育阵地"建好用活"、教育流程"规范有效"、教育服务"精准普惠"。依据以上认识,我们在推进老年教育进程中,走出了"四步"好棋。

1. 补齐校舍短板,让老年人"一座好求"

县老年大学校舍面积自建校以来,一直保持在3000平方米左右。近几年来,伴随着小康社会的全面建成和老龄社会的"大驾光临",老年人的终身学习欲越来越强,3000平方米的校舍已无法满足"老教"所需。为此,我们发扬"小卒过河往前拱"的精神,"拱"着县政府将相邻的青少年活动中心移址他处,所属办公楼归"我"所有,从而解除了"一座难求"之忧。不仅如此,针对新崛起的合肥北城人口众多,老年人无学可上的实际,2020年,我们发挥县老年大学人大代表作用,适时向县人大常委会提交了《关于兴建长丰县老年大学南部分校的议案》,议案引起县政府的高度重视,目前,该分校已进入设计阶段,预计总投资达1亿多元。

2. 夯实师资基石,让老年人学有师教

我们采取从在职教师中选,从社会上聘,从"乡土博士"中挖的方法,组成老中青三结合教师团队。要求教师摒弃急于求成的功利思想,做到教书要写教学大纲,上课要有备课笔记,将"最优大脑"植入教师队伍中。

3. 规范教学管理,让老年人乐于上学

近年来,我们加大力度,规范教育教学管理。首先,县老年大学降低学习费用,利用信息化手段开辟网上报名,网上报名人数占比达50%。其次,开展评学评优,制定出台优秀教师、班长、学员评选条件和评选方法,采取公开、公平、公正的方式,每年评选出优秀教师、优秀班长、优秀学员100多名。再次,开展横向交流,实施"借智登高"。通过到兄弟县考察学习,对标对表找差距,聚焦聚力抓改进,以此提升了管理水平,优化了学习环境,让老年人乐于上学。

(三)始终抓好质量立校不含糊

我们在办学的过程中,始终抓好质量立校这个核心,努力实现课程设置科学化、教学形式多样化、教育内容适用化,不断提高教学质量和管理水平,切实让"增长知识、丰富生活、陶冶情操、促进健康、服务社会"的办学宗旨落地生根。

1. 课程求新求需,打造特色品牌

在课程设置上,我们根据老年人的特点和学习需求,课程由十八大之前的10多门发展到现在的30多门,新增的课程均为适应老年学员意愿、因地制宜、因人制宜、因需制宜而设的。2019

年,县老年大学根据学员需求,成立了丰韵艺术团,拥有团员42人。艺术团成立后,注重在多出精品力作上进行全方位打造,成为县老年大学的特色品牌。

2. 不断丰富第二、第三课堂内容,多形式开展各种活动

2019年,为庆祝新中国成立70周年,与县老教委联合举办了"挥毫泼墨贺华诞"书画展以及文艺演出活动,参加了由县委、县政府主办的"壮丽70年,奋斗新时代"合唱比赛,出版了《丰土墨韵》书画作品集,并先后两次举办教学成果展演、展示。2021年,为庆祝建党百年华诞,庆祝建校30周年,我们推出了露天大型文艺演出、线上合唱比赛、老年书画展,继续出版《丰土墨韵》书画作品集,充分展演、展示教学成果。不仅如此,我们还大力开展游学活动,每年2~3次组织学员赴革命根据地开展红色教育,传承红色基因。

3. 强化智慧教学,推进远程教育

党的十九大将"善于运用互联网技术和信息化手段"作为增强改革创新本领的重要内容,这也是老年教育实现精准、便捷服务的有效路径。为此,近几年来,我们采取集中培训、参观学习、督查督导等方式,全方位推进远程教育,促使线上教学蓬勃发展,多点开花。尤其是近两年,为应对疫情防控需要,我们不仅自己录制了3门课程对外传输,同时按照市老教委要求,推出了30多门课程的线上直播教学,让老年学员停课不停学,并大力开展了智慧助老行动,帮助80%以上老年学员能够融入智慧社会,共享智慧社会便利。

4. 推进"三化"工程,做好宣传工作

县老年大学成立了宣传处,开办了专门网站和微信公众号以及《丰土丹枫》报。在具体运作的过程中,我们创新方法和思路,要求通讯员必须在"三化"上取得突破,着力做大做强老教工作宣传。所谓"三化",即在宣传策划上做到常态化、定向化、多元化,确保角度新、内容实、有高度,力求从新闻"富矿"中挖出真金来。

"长风破浪会有时,直挂云帆济沧海。"2021年是中国共产党百年华诞,全面建设社会主义现代化国家、向第二个百年奋斗目标进军的新征程已经开启。面向未来,我们要坚持以习近平新时代中国特色社会主义思想为指导,全面贯彻落实习近平总书记对老龄工作和教育事业的重要指示,毫不动摇坚持政治建校这个根本,拼搏奋斗,勇攀高峰,在立足新发展阶段、贯彻新发展理念、服务构建新发展格局的进程中谱写老年教育高质量发展的华彩篇章!

(作者系合肥市长丰县老年大学校长)

《条例》保驾护航　老年教育行稳致远

王勇生

老年教育在中国经过了近40年的发展,摸着石头过河,从无到有、从小到大,蓬勃发展到世界瞩目的"以党和政府为社会提供公共服务,由党和政府的职能部门直接办学,即党和政府公办老年教育已成为具有独特优势的中国模式,目前正影响着世界老年教育的发展"。发展老年教育不仅成为我国积极应对人口老龄化、实现教育现代化、建设学习型社会的重要举措,更是满足老年人多样学习需求、提升老年人生活品质、促进社会和谐的必然要求。

2021年,是"十四五"开局之年。恰逢其时,在安徽省老年大学协会的积极推进下,《安徽省老年教育条例》(以下简称《条例》)于2021年1月1日正式实施。《条例》的实施,标志着安徽老年教育步入了法治化、规范化的轨道,对全省老年教育发展做出了方向性、战略性和全局性的规定,这是贯彻落实习近平总书记关于加强老龄工作重要讲话和指示精神、增强全社会应对人口老龄化的思想观念、积极开展应对人口老龄化行动的一项重要举措。

《条例》实施以来,我们庐江老年大学及时组织学校教职员工认真学习,专题召开全县乡镇分管老年教育工作负责人会议,邀请省里专家对《条例》进行解读;将《条例》编印成册,分发至全校教师、班长以及全县乡镇负责人、县相关领导及有关部门负责人。

《条例》厘清和解决了目前老年教育存在的诸多现实问题,且十分关注、重视基层老年教育。《条例》明确要求"改善各级各类老年教育机构办学条件,形成以基层需求为导向的老年教育供给结构,优先发展城乡社区老年教育",这为各级党委、政府关心、重视、解决好当前镇、村老年教育发展不平衡、不充分的问题提出了具体的法律规定和要求,打通了基层老年教育的"最后一公里"。"十三五"期间,在各级党委、政府的关心和支持下,老年教育得到长足发展,这种发展主要集中在县级以上的城市,乡镇(街道)、村(居委会)老年教育相对滞后,有一部分乡镇(街道),尤其是村(居委会)老年教育还是空白,其根本原因在于其不在体制内,要人没人,要钱没钱,有的乡镇负责人甚至以工作忙为理由,放弃了对老年教育的关心和支持。众所周知,现在留在农村的大都是老年人和儿童,从某种意义上讲,如果忽视了对农村老年人的思想、文化教育,就是忽视甚至是放弃了农村思想、文化教育的阵地,这一阵地必须抢占。《条例》要求"把老年教育纳入国民经济和社会发展规划以及教育事业发展规划,建立健全老年教育管理制度,将政府举办的老年教育机构经费纳入同级财政预算",这无疑将长期处于体制边缘的基层老年教育纳入了"体制"内,为各级党委、政府大力推进老年教育提供了法律依据和经费保障。老年教育也由此成为各级党委、政府必须完成和履行的工作任务、所需承担的法律责任。

《条例》解决了老年教育的主管问题。一直以来,老年教育的归属没有一个统一口径,使得基层老年教育在其区域内往往处在相对尴尬地位,这就使得老年教育的管理体制和运行机制"因主管不确定"而无法建立健全,影响老年教育的进一步拓展和持续发展。《条例》明确了"县级以上人民政府教育行政部门主管本行政区域内老年教育工作",由教育行政部门主管老年教育,具体落实了老年教育是国家教育战略的组成部分,同时为老年教育管理体制及运行机制的建立健全提供了法律依据和政策保证,也为整合当地教育资源、支持发展老年教育事业提供了组织保障。老年教育究竟由谁主管,在县级以上城市来看似乎问题不大,但对基层老年教育工作情况就有所不同了。老年教育在基层往往无场地、无人员、无设备、无资金、无课程、无教师,即使乡镇(街道)、村(居委会)领导重视老年教育,但总是心中无底,腰杆不硬,口气不足,工作起来,有"无婆家、无娘家"之空落。《条例》不仅解决了各级老年教育"婆家""娘家"问题,更重要的是根除了一些基层领导干部对老年教育可有可无的错误认识。《条例》颁布以来,我们多次与县教体局联系对接,县教体局按照《条例》要求,将老年教育纳入全县终身教育的战略规划,同时明确全县所有教师在老年学校代课,不仅合法,而且是职责所在。他们还主动登门,探讨社区教育与老年教育的有机结合,明确在场地、人员、经费、教师等方面共有共享。

《条例》既是法规,又是老年教育的纲领性文件。因此,我们庐江老年教育在县委、县政府的正确领导下,全面贯彻、落实《条例》精神,倾力打造具有地方特色的庐江老年教育体系,近期着重抓好以下三个方面。

1. 建立健全老年教育管理体制和运行机制

2021年年初,在县委、县政府的直接领导下,完善了新的老年教育委员会:县委副书记任主任,县委组织部部长和县人大、县政府、县政协分管负责人及县老年大学校长任副主任,县老年大学常务副校长兼任办公室主任,发改委、财政局、教体局、人社局、民政局、编办等单位为成员。重新调整和确认镇级老教委机构和人员,充实镇、村老年学校工作人员,要求每个镇、村都要配备一名专职副校长负责本镇、村老年学校的日常工作。将老年教育工作列入镇、村领导干部岗位绩效考核,真正将基层老年教育抓紧、抓实、抓细,彻底改变镇尤其是村老年学校忽冷忽热的状况。明确镇、村老年教育具体目标,即镇老年学校原则开设6~7个班,村老年学校开设2~3个班。加强镇、村老年学校与县老年大学的交流沟通,共享教材、教学、教师资源。

2. 抓好"三为主",发挥正能量

随着退休队伍的壮大,老年教育要与时俱进,适应新一代退休人员的新思想、新发展、新要求。2021年我们以庆祝中国共产党建党100周年为契机,提倡"以娱乐为主,以学习新知识为主,以鼓励、激发老年人人生价值二次实现为主"的"三个为主"老年教育形式,开展系列庆祝活动,极大地激发了老年人的生活热情和政治热情。组织开展全县老教系统的诗、书、画、摄影比赛;组织开展了"教师谈教学体会、学员谈老有所学"的征文比赛活动,将获奖作品编印成册;组织开展了全县老教系统文艺汇演,积极参加合肥市老教委、合肥市武术协会举办的太极拳、太极剑比赛,选送优秀作品参加合肥市老干部局书画、摄影展以及参加第二届国际老年大学线上艺术大赛。首次参加全国精品课评选,选送了"诗词欣赏""京剧老生"精品课。通过开展系列活动,极大地调动了老年朋友的积极性、创造性,以充分发挥其"正能量"。

3. 加强基层老年教育和思想文化建设的融合发展

基层老年教育本质上是农村思想文化建设的重要组成部分,因此在普及、发展基层老年教育时,务必要将基层思想文化建设资源进行整合,相融兼顾地开展基层老年教育,使老年教育在农村有根基、有活力、有生机。多年的工作实践,让我们深切感受到一方面老年教育在继承和发扬中华历史文化传统方面具有不可忽视的积极作用,另一方面要重视和关注老年人在思想文化建设和历史文化传承中的重要作用。老年人在国家的经济建设中的确是"退休"了,但老年人在思想文化建设上、在历史文化传承上却是一支不可或缺、不可替代的力量。下一步,我们将坚持历史文化传承课程的开设,一直以来我们坚持京剧老生班、京剧青衣班、黄梅戏班、庐剧班、诗词班、诗词研讨班等的开设,为传承优秀文化传统做出老年教育的贡献。同时,我们组织和鼓励学员参加各类展览和比赛,让老年人在历史文化传承发挥积极作用方面。《条例》保驾护航,老年教育行稳致远。"十四五"期间,老年教育必将迎来更加灿烂的春天。

(作者系合肥市庐江老年大学校长)

奋力实现老年教育第二次创业

戴永洲

巢湖市老年教育经过近30年的发展,基本格局已形成。市、乡、村三级老年大学(学校)基本得到普及,老年人受教率达22.3%。

随着社会的进步与发展,老年学员对老年大学(学校)的企盼越来越高。老年大学(学校)如何发展,才能最大限度地满足老年学员的要求?老年远程教育势在必行。老年远程教育是老年教育现代化的必由之路。如果说办老年学校是老年教育的首次创业,那么实现老年远程教育就是老年教育的第二次创业。

(一)提高认识补短板

"十三五"期间,巢湖市老年教育在办学率和入学率上都已达标,但老年远程教育是短板,乡镇(街道)、村(社区)几乎是空白。

2019—2020年,因受新冠肺炎疫情的影响,全市200多所老年大学(学校)全面停课,老年学员们对老年大学(学校)何时开学翘首以待。如何做到停课不停学,使老年学员随时、随地可学,市老教委经过多次研究并报请市委、市政府同意,决定在全市城乡老年大学(学校)全部建成老年远程教育网络,并要求将其作为老年教育的二次创业硬仗来打,努力办好没有围墙的老年大学(学校),为老年教育现代化打下基础。

(二)科学规划定方案

为了切实有效地抓好老年远程教育网络建设工作,市老教委成立了"巢湖市老年远程教育网络建设工作领导组",具体工作由市老教办承担。

2020年4月,市老教办经过多次调查研究,与市直有关部门多次沟通协调后,召开乡镇(街道)老教办主任会议,征求意见,统一思想;迅速拿出了《巢湖市老年远程教育网络建设实施方案》(以下简称《方案》),报请市分管负责人同意,形成文件下发到各乡镇街道。《方案》强调,推行老年远程教育一定要积极稳妥,不等、不靠、不要、不观望。具体目标是"两年三步走,实现城乡全覆盖"。同时还提出"五个落实",即任务落实、条件落实、经费落实、人员落实、培训落实;提出"五个要求",即提高认识、加强领导、分步实施、扎实推进、务求实效。

(三)三级分担保投入

网络建设需要购置设备,资金从哪来?市老教委通过调研,与市财政部门和乡镇(街道)沟通,提出资金投入采取市、乡镇(街道)和村(社区)三级分担的原则:市财政按网络建设总投入资金采取以奖代补的方法承担40%,乡镇(街道)承担40%,村(社区)承担20%。这个方案得到了市领导和市财政部门的认可。市老教委及时将文发至各地,极大地调动了乡镇(街道)及村(社区)两级的积极性。各地在设备购置、安装调试过程中,你追我赶、争先恐后。在不到3个月的时间内,全市乡镇(街道)和村(社区)老年大学(学校)网络开通率就达到95%。

（四）严格验收提质量

为了保证网络质量，市老教委成立"网络教育质量验收小组"，对设备中关键的电脑和投影仪提出具体要求，要求网络畅通，音响效果好，图像清晰，"三员"（辅导员、联络员、通讯员）能熟练操作。在检查中对设备型号、购买时间逐一登记存档，并在设备上贴上"老年远程教育专用"标签。

验收程序如下：由乡镇（街道）老教委统一向市老教委报请验收报告，市老教委组织网络质量验收组逐一验收，对验收不合格的，提出整改意见，完善后再验收。在验收过程中，有的老年学校连续验收4次才合格。

在验收过程中，验收组跑遍了全市200多所老年大学（学校）。验收合格后，市老教委及时按照《方案》，将40%的奖补资金补助到校。

（五）管好网络出效益

老年教育网络建成后，关键是如何管好、用好、充分发挥好其作用。为此，市老教办制定了《巢湖市老年教育网络管理的有关规定》（以下简称《规定》）。《规定》对网络设备的管理、"三员"的职责、组课的要求等方面做出了明确要求。为了做好网络管理和应用工作，市老教办聘请安徽老年开放大学教师，对市老年大学、乡镇（街道）和部分村（社区）网络教育"三员"进行培训；各乡镇（街道）也对辖区内老年学校"三员"进行分期、分批培训。目前，市老年大学、乡镇（街道）和村（社区）老年学校网络教育普遍展开，线上线下教育红红火火，校长、教师和学员们的反映都非常好。

（六）奋力推进创新高

为了进一步办好老年远程网络教育,市老教委在网络建设搞得好的烔炀镇召开了全市老年远程教育网络建设现场会,在会上通报了全市老年远程教育网络建设的情况,搞得好的乡镇(街道)在会上做了典型经验介绍。会议决定:下一步,在全市乡镇敬老院、社会民间养老机构及各类社会养老服务机构中开通网络教育,使网络教育普惠更多的老年人,真正实现"人人皆学、处处能学、时时可学",办好没有围墙的老年大学,开启老年教育的新征程,使更多的老年学员做一个新时代的时尚老人。

（作者系合肥市巢湖市老教委副主任、巢湖市老年大学副校长）

积极推进与经济社会高质量发展相适应的老年教育事业

郑贤刚

老年教育是我国教育事业和老龄事业的重要组成部分。党的十九届五中全会通过的《中共中央关于制定国民经济和社会发展第十四个五年规划和二〇三五年远景目标的建议》提出,积极开发老龄人力资源,发展银发经济,实施积极应对人口老龄化国家战略。我们一定要认真贯彻落实,积极推进与经济社会高质量发展相适应的老年教育事业。

一、老年教育发展概况

随着全国各地对老年教育发展的探索与实践,老年教育总体呈现出积极稳健、不断向好的发展态势。以蜀山区"十三五"老年教育发展为例,在区委、区政府的高度重视和大力支持下,经过全区上下的共同努力,全区老年教育工作取得了明显成效。一是坚持老年教育工作"三纳入"。区委、区政府将老年教育工作纳入经济社会发展规划,作为重要民生工程,作为年度目标任务考核内容,多方面保障,全力推进,建立健全了"党委领导、政府主导、部门联动、社会参与"的领导体制和工作机制。二是强化基层办学资源整合。统一调配使用老年学校、社区教育、终身教育、文化活动、党群活动服务中心、社区治理等资源,扩面增量,走出了一条教师、场地、工作人员、经费、活动等多元化发展之路。三是树立市场办学理念。用市场换资源,用市场换发展,培育出了"政府主办、政府购买服务项目化运作、与辖区企事业单位合办、与社会养老机构联办、与街道社区共办"等多种办学模式。四是注重办学质效。持续改善办学条件,加强教师队伍、教材及教学建设,实行教师绩效管理,发挥班长在学员管理中的独特作用;合理设置课程,满足老年人多样化多层次学习需求。五是坚持政治建校。全区29所省、市级"示范校"全部建立了党组织,实现党的组织建设和党员活动全覆盖,保证正确的办学方向。六是打造出了具有蜀山特色的老年教育品牌。相比2016年,办学条件有了显著改善,办学规模逐年扩大,办学质效明显提高,老年教育的满意度和社会影响力大大提升。全区12个镇街、开发区全部开办了老年学校,84个社区(村居)共办老年学校68所,在城市社区实现了全覆盖,其中29所老年学校被评为省、市级"示范校"。全区校舍面积增加了62%,教师数量增加了54%,学员数量增加了141%,老年教育入学率达 25%。区老年大学 2018 年整体搬入新校区,校舍面积 3500 平方米,提前 3 年达到省政府规定的目标,在校学员 3500 人、教师 56 人、开班 89 个,均翻了 3 倍,是全市县区中最多的,先后两次荣获"老年大学省级示范校"称号。

尽管老年教育工作持续快速发展,但总体而言,老年教育工作发展的不平衡不充分与新时代老年人多样化精神文化需求的矛盾在今后相当长的一段时间内都难以得到根本解决,快速改善的办学条件依然跟不上老年人的受教需求。对老年教育的认识仍需进一步提高,老年教育的领导体制和工作机制需要进一步完善,老年教育的法规制度保障需要进一步强化,老年大学标准建设体系还缺乏统一性、规范性,基层老年教育资源力量不足,发展不平衡,城乡差别悬殊,供求矛盾十分突出,这些问题需要在今后的工作中认真对待。

二、积极推进老年教育事业的建议

人口老龄化不仅是老年人问题、养老问题,更是社会问题。发展老年教育事业、办好老年大学,是形势之需、发展之义,是老人需求、社会关注、子女关心的大事,需要统筹考虑,上下联动,部门配合,社会参与,整体推进。

1. 提高各级领导对人口老龄化和积极推进老年教育事业的认识

实施积极应对人口老龄化国家战略,是党的十九届五中全会确定的重大决策,事关国家发展全局,事关亿万百姓福祉。发展老年教育是积极应对人口老龄化的重要举措,是满足老年人多样化学习需求、提升老年人生活品质、促进社会和谐的必然要求和重要的民生工程。要广泛开展人口老龄化国情教育,加强舆论宣传和引导,增强全社会的老龄意识及对经济社会发展影响的预判,特别是要提高作为决策者和组织推动者的各级领导对人口老龄化的认识,不断提高其政治站位和全局观念,增强推进老年教育事业的自觉性和坚定性。

2．加强老年教育事业的顶层设计,健全法规制度保障体系

以习近平新时代中国特色社会主义思想为指导,认真落实党的十九届五中全会精神,坚持以人民为中心的思想,把老年教育纳入国民经济和社会发展及教育事业发展规划,尽快出台《老年教育法》,明确目标要求、工作任务和保障措施。要进一步理顺和明确各级老年大学协会的关系和职责,发挥其组织协调、指导和服务作用。建议成立中国老年大学,培育高层次老年教育人员。尽快制定老年大学标准建设体系,促进规范办学。要加强老年教育理论研究,为科学决策提供支持。

3．进一步理顺老年教育的领导体制和工作机制

坚持"党委领导、政府主导、部门联动、社会参与"的原则。各级党委要建立以分管领导任主任的老年教育委员会,发挥组织领导和行政推动作用,各级政府要明确教育行政部门主管本行政区域内的老年教育工作,避免多头管理,编制、老干部、发展改革、财政、税收、土地、规划、民政、人社、文旅、卫生健康等部门要按照各自职责做好老年教育工作,形成办学合力。地方党委政府要将老年教育纳入重要民生工程和年度目标任务考核,同经济社会工作同安排、同检查、同考核。

4．突出老年大学的政治属性,提升其教育功能

老年大学是老年教育的重要载体,是党和政府联系老年人的桥梁和纽带,是党组织团结凝聚老年群体,大力弘扬社会正气的重要阵地。要坚持政治建校原则,加强党组织建设和思想政治工作,让老年学员牢固树立"四个意识",坚定"四个自信",做到"两个维护",引导老年群体不忘初心,牢记使命,促进"学、乐、康、为"

的有机统一,保证正确的办学方向。要提升老年大学的教育功能,同时考虑到新时代老年人多样化需求,坚持教育、文化、健康、娱乐等功能并重,让老年朋友走进校园就快乐,做"有作为、有进步、有快乐"的新时代老人。

5. 注重资源整合,推动创新发展

坚持不求所有、不拘形式,但为所用理念,不分部门、不分条块、不分体制内外,统一调配所属及辖区社会资源,实行教学场所、师资、人员、经费、活动等多元化发展,老年教育、社区教育、终身教育、文化馆、党群活动服务中心、文旅游学、教养结合等一体化推进,利用政府购买服务、项目化运作等多种方式兴办老年教育。

6. 强化基层基础,破解乡镇街居和社会办学难题

坚持质量并举,注重办学实效,既要解决地区间、城乡间发展不平衡不充分问题,注重镇街村居、社会办学,解决"一座难求"的问题,扩大老年教育资源的有效供给,方便老年人就近便捷上学;又要解决老年教育不适应经济社会发展和老年人个体发展需求的问题,满足多样化多层次需求。在加大政府支持老年教育力度的同时,运用市场机制办法,引导社会力量发展老年教育事业,如规划部门在房地产开发审批中预留街居办学用房,土地部门在优惠供应办学用地,税收部门在社会办学单位税收减免,金融部门在办学贷款融资支持方面给予倾斜,等等。着力让老年人享有平等教育的机会和权力,使老年朋友获得更多的幸福感和获得感,享受到经济社会的快速发展给老年人带来的红利和福祉。

7. 加强教师队伍、教材及教学建设,不断提高办学质效

教育行政部门要出台老年教育教师管理办法,鼓励支持大、中学教师到老年大学兼职教学,或从事志愿服务,其工作量纳入教师职称评审和绩效考核,依法保证其合法权益。要加快老年大学教材统编和使用进程,编制统一规范的教学大纲,依纲教学,实行学员学制管理,解决老年大学学员入学不毕业问题。要依需求合理设置课程,规范学校管理。要大力发展"互联网+"老年教育模式,实行线上与线下教育相结合,加强老年教育督导,办好老年人满意的老年教育。

（作者系合肥市蜀山区老教委副主任、老年大学校长）

浅谈老年教育工作的体会与感悟

王有宏

（一）对当前老年教育工作的形势有了深刻的认识

在职工作时偶尔听说老年教育,认为就是老年人在一起唱唱歌,跳跳舞,解决孤独感,刷点存在感,消磨消磨时间。从事这项工作后,我改变了原先对老年教育工作的认识。

1. 各级党委、政府如此重视老年教育

（1）我区各级党委、政府均将老年教育工作纳入了议事日程,每年区委常委会要听1~2次专题汇报,帮助解决老年教育存在的困难和问题,2021年我区新调任的区委副书记上任只有7个工作日就专程到老年大学来听取工作汇报,充分体现区委对老年教育工作的关心和重视。

（2）区政府每年投入上百万,并纳入财政预算。近几年中央到地方各级都在压缩政府开支,但老年大学的预算一直没有减少。乡镇、村居也均保证老年教育的投入。

(3) 在人员安排上,除安排两名副校长外,还一次性解决了区老年大学 4 名政府购买服务人员,基本保证了老年教育教学管理的需求。

我区各街、镇、大社区及村居对老年教育均做到了"三保障",即经费有保障、场地有保障、人员有保障。

2. 人民群众(尤其是中老年人)对老年教育资源的渴望是如此强烈

我到任后当年的秋季开学就出现了"一座难求"的现象,大班额也较普遍,多的班居然一个班有 100 多名学员,很多专业都无法满足群众的需要。这也从一个侧面反映了我们国家的发展进步,社会的和谐稳定,人民生活的多姿多彩。不仅区老年大学是这样,街镇也不同程度地存在这种现象。

3. 老年教育目前已如此规范

(1) 各级学校特别是县区级以上的学校均有比较规范的教学场地、人员和教学设备。

(2) 经费均纳入了财政预算,这从根本上保证了教学的正常开展。

(3) 有了全国的统编教材,各级学校也有自己的特色教材。

(4) 教学均有计划、有大纲,我区还开展了督导评估和教育视导,这对规范化管理、提高教学质量起到了很好的推动作用。

(二)目前存在的主要问题

1. 群众对优质老年教育资源的期盼与政府的有效供给还存在着一定的差距

随着人民群众生活水平的提高、老龄化步伐的日益加快,老年群体的生活需求和精神需求也发生了质的变化,他们已不再满足吃的有营养、穿的要漂亮,退休后他们不想被社会的进步所淘汰,而是想有更加丰富多彩的晚年生活。然而在老年教育方面,政府虽然做了很大的努力,但资源与供给不均衡、不充分、不优质的现象还存在,政府在满足群众需求方面还存在着差距。

2. 管理人员的临时性和学校管理的长期稳定性的矛盾

我区老年大学的管理人员均为退休人员和政府购买服务人员,因为学校没有编制,造成人员流动性过大,管理人员缺乏长期作战的思想,工作人员的积极性和主动性不足,缺少长期扎根的思想,这严重制约了学校管理的长期稳定和持续发展。

3. 教师的临时性与教学的系统性的矛盾

老年大学的教师全部是聘用人员,教师的业务能力、教学水平、工作态度等都不尽相同,目前对教师的招聘、考核还没有一个完善的制度及标准,大部分基层学校教师资源匮乏,优秀的教师更是难求,而且流动性也比较大。从我区老年大学授课教师来分析,43名教师中,退休人员占60%,自谋职业占40%。自谋职业的教师的收入主要靠代课,报酬的高低直接影响着他们的去留。教师的流动性、随意性比较大,给学校的教学工作带来了较大影响,这一点在基层学校尤为突出。

4. 管理人员专业知识的匮乏与学校发展的矛盾

目前的老年大学开设的专业及课程较多,但缺乏专业的管理人员,而现有的管理人员大多对老年教育工作不太专业,对老年教育的研究也只是浮在表面,缺乏深度和广度,参加有关管理方面培训的机会也比较少。因此管理服务水平相对不高,不仅影响了老年学校的教学质量,也影响了学校高质量发展。

(三) 老年教育工作的对策

针对存在的问题,我认为要从以下几个方面用力:

1. 要主动作为，争取党委、政府的支持，扩大优质规范化资源的有效供给

随着人口老年化进程的加快(20世纪60年代至70年代是我国人口快速增长的阶段，那时出生的人现在都逐步进入了退休行列)，人们生活水平的进一步提高和观念的更新，使老年人渴望融入社会，其享受优质老年教育的需求将更加迫切，这就要求我们不但要在现有基础上挖掘潜力，扩大有效供给，而且要更新观念，将着力点放在基层，使广大老年朋友在家门口就能享受到优质的老年教育，全力推进创建省市级示范校，使基层学校潜能得以进一步的释放。

2. 培养一批热爱且潜心于老年教育的专业人才

首先，要提高各级领导特别是村居领导对老年教育工作重要性的认识，使他们知道老年教育是我们党工作的一个重要方面，不但思想上要重视，而且行动上要全力支持。其次，要有一批热爱且潜心于老年教育的工作者，特别要注重发挥基层"五老"的作用，使基层老年教育工作者全身心地投身于老年教育。

3. 要进一步充实、完善教师库

2020年，为解决基层老年教育教师资源匮乏问题，我们建立了教师库，但还不够完善，还有待提高。在完善教师库的同时，继续办好师范班，为基层培养有能力、有水平、留得住的乡土教师。

4. 加强学习，提高对老年教育的认识、理解和从事老年教育的能力，跟上时代的步伐

打铁还需自身硬，要想办好老年大学，首先必须要有懂业务、肯奉献、勤钻研的管理队伍，这就要求我们要不断学习，提高自身的能力，要跟上时代的步伐，永远保持进取的心态。

(作者系合肥市包河区老年大学校长)

浅谈如何当好一名老年大学校长

吴和平

老年大学作为老年教育的重要载体,要维护好、发展好,取决于多种因素,但关键一点是要有一个好的当家人。"火车跑得快,要靠车头带。"笔者多年从事老年教育工作,依本人浅见,当今老年教育因其自身的特殊性,发展路径不同,政出多门,办学模式呈多样化,管理手段各有不同。作为一校之长,拥有对学校人、财、物的管理权,要管好用好,校长的难题不少。我认为要当好一名校长,应从以下几个方面去加强自身的建设。

(一)要公平、公正、客观

当一名好校长,必须做到公平、公正、客观。从事老年教育的授课老师都来自于各行各业的精英,大多数为兼职,学员中老干部、老党员、老职工占大多数。特殊的教师队伍和学员群体,决定了校长在与他们接触的过程中,必须把尊重放在首位,要善于与他们交朋友,用心用情为他们服务。当然,社会上的一些不正之风不可避免也会渗透到校园。如少数教师或学员提出的过高要求,教师选聘的透明度,教学资源的分配,管理制度执行的尺度,等等,都会在具体应对或落实过程中因人为因素而造成偏差。遇到此类问题,校长应该在自己的职责范围内勇于抵制不良风气和纠错。如果得过且过,图一时安定而无底线地迁就甚至迎合,那就会乱了章法,校长个人的威信就会一步步丧失。如何做到公平、公正、客观,我认为有这样几点。

1. 校长个人的政治思想素质、道德素质、人格素质是前提

"打铁还须自身硬。"一个蝇营狗苟、浑浑噩噩,缺乏事业心和责任感的人是难以胜任校长之职的。面对特殊的教师队伍和学员群体,校长在管理工作中要谦虚、谨慎、包容、大度、低调、务实。例如,校长不可能事事超过别人,看到教职人员在某些方面比自己强,要坦然接受,用人所长,而不能想办法去边缘化甚至压制。校长的能力怎么样,教职人员心中都跟明镜似的,一些曾经担任过领导的学员也会有这样那样的评价,所以校长不要怕被"揭短"。承认自己的短处,不仅不会丧失自己的威信,相反教职人员和学员会认为你客观,做人实在。当一个好校长,就应该树立正确的名利观。校长不能好出风头,与教职人员争名利。学校搞好了,名誉出来了,脸上最有光的首先是校长。教职人员感悟到校长的人格魅力,确信校长公道正派,自然心气顺,就会干劲足,这同样是对校长工作的最大支持。

2. 建立一套行之有效的管理机制是法宝

以制度管人、管事,才能体现公平、公正、客观。事实上,凡办学时间较长的老年大学都有一套管理办法或好的习惯做法。问题是作为校长本人不能把自己置身于制度的管理之外。因为这些制度或多或少是"我"主导制定的,是为"我"服务的,就对别人严格要求,对自己失之于宽,这是万万要不得的,这种做法也会给自己带来许多麻烦。如果校长把学校的制度当成一种财富、一种治校法宝,带头率先垂范,坚持制度面前人人平等,就实现了"依规治校"。同时校长要处理好"管"与"不管"的关系,在许多具体事务上放权到基层,不大包大揽,不直接插手,这不仅为自己推掉了许多琐碎的事务和纠纷,腾出精力抓大事,更重要的是,上下权责分明,大家各司其职、各负其责,学校的各项工作就会步入正轨,规范有序。

(二)要勤政廉政

1. 要勤政

如果一个校长作风拖沓,就会误事,也会在教职人员和学员中失去威信。因此,校长处理问题要果断、及时。要做到这一点,首先要全方位地了解情况,不能道听途说,不能偏听偏信。不勤政就难以静下心来深入思索,就不可能掌握全面情况。一旦决策失误,或因决策失误而朝令夕改,也会损害校长威信。再者通过勤政,校长可掌握第一手情况,及时发现许多问题,就能及时应对并快速解决问题。通过勤政,校长还可以提高个人综合能力,从而在处理问题时游刃有余,增加与教职人员和骨干学员合作沟通的机会,相互学习、传导好的教学管理理念,自然也会增强自己在他人心目中的威信。校长的"勤"还应体现在勤于思考上。校长要经常琢磨事,谋划学校的发展。校长要勤于笔耕,要将关于治校的所作所为所想及时总结,以此来丰富自己的管理经验。

2. 要廉政

守土有责,守土负责,守土尽责。目前,大多数老年大学的校长由从领导岗位上退下来的老同志担任。但不能因为自己是退休干部或处在二线岗位,就放松对自己的要求。对党纪国法要有敬畏之心,要守住底线。要克服惯性思维,带头遵守党和政府出台的一系列廉政新规定。要把心思用在教学管理上,少些迎来送往,与教学无关的应酬应尽量避免参加。要洁身自好,安平守正。

(三)要有多方面的过人之处

老年大学校长所处的特殊位置,决定了校长必须是个多面手,其威信的树立须有真功夫。

1. 要有一套切实可行的办学思路

找准学校发展的着力点,使学校有所发展,办出特色。要注意针对外部环境的不断变化,顺势而为。

2. 要有过硬的领导才能

老年大学的校长要有较高的哲学水平,善于与各界人士打交道。要具有较强的分析问题、解决问题的能力,看人、看事要准,注意透过现象看本质。要识人之本,知人善任。不管是多么复杂的事情,校长要有抓住本质、提纲挈领的功夫。

3. 要有较强的政策水平

面对是各行业精英的授课老师和人生阅历丰富的学员,校长的言谈举止不能随波逐流,不能犯政策性、方向性的错误。所制定的制度规定要与时俱进,不断地得到修改完善,既依法依规,又合情合理,并确保修订过程程序到位,尽可能做到无懈可击。校长还要有大局观,要当好指挥员,决策前谨慎,决策后大胆;目标要明确,要有前瞻性;工作思路要清晰,布置工作要及时;要讲原则,讲效果,讲方法。要针对老年教育的特殊性,把人性化和可操作性结合起来考虑。

4. 要注意加强自身修养

"三人行,必有我师。"所谓高手在民间,老年大学也是藏龙卧虎之地。校长不要好为人师,面对每一位老师、每一位学员要既有尊重,又有分寸,不能情绪化,不能动不动就"摆谱"。要宽以待人,不能要求每个人都有完美的德行修养,不能抱着挑剔的眼光看人,这样无形中就会与人产生隔阂,滋生不安定因素,影响校园的和谐氛围。

(四)要有创新精神

创新是发展的动力和源泉。作为老年大学的校长同样不能因循守旧,不思创新。随着经济的发展、社会的进步,老年人的需求更加丰富多样,如果按部就班,满足于已有成绩,不思进取,学校对老年人的吸引力就会下降。作为校长要注意在教学管理中培养新的增长点和兴奋点,搭建新平台,拓宽教学面,这样既可以缓解、克服授课老师的职业倦怠,又可以进一步激发学员的学习热情,保持老年大学旺盛的生命力。

(作者系合肥市巢湖老年大学常务副校长)

肥西县基层老年教育情况调研报告

黄雅玲

一、肥西老年教育工作现状

1. 基本情况

肥西县位于省会合肥市西南。全县有12个乡镇,其中3个建制镇;有4个园区,1个5A级景区。全县有276个村居、社区,其中村民委员会154个、农村社区居委会101个、城镇社区居委会21个,常住人口96万余人。

2. 全县老年教育得到初步发展,形成一定规模

截至2021年12月底,全县已建老年学校127所,在校学员17273人;其中县老年大学1所,有学员2466人;乡镇老年学校

12所,有学员5421人;园区学校2所,有学员221人;村居、社区老年分校78所,有学员7326人;敬老院(养老中心)老年分校20所,有学员1860人。初步建立了县—乡镇—村居、社区三级网络,教学面积达到17368平方米。其中,县老年大学拥有教学用房3800平方米,乡镇(村居、社区)、园区老年学校面积达到13568平方米;均配齐了课桌、课椅,配有电脑设备等;有的乡镇还建有老年人活动室和图书阅览室、老年活动广场。同时,办学经费纳入同级财政预算,均能得到保障。

表1 老年教育工作基本情况一览表

已建老年学校（所）		学员在读人数(人)			管理人员(人)	教师人数(人)	经费来源	教学场地面积(平方米)	
		总数	离退休人员	其他人员					
113		17273	4625	12648	279	183	政府拨款	17368	
其中	县老年大学	1	2466		4	26	纳入财政预算	其中	3800
	乡镇老年学校	12	5421		56	54	实报实销		3670
	园区老年学校	2	200		6	6			
	村居、社区老年分校	78	7326		153	78	实报实销		4978
	敬老院（养老中心)老年分校	20	1860		60	20	实报实销		4920

3．教学内容呈现多元化

县老年大学教学内容较为丰富,开设了时政、文史、书画、保健、音乐、舞蹈、戏曲、器乐等 26 门课,共 36 个班。乡镇老年学校一般都开设 8~10 门课。

4．组织有保障

老年教育领导班子初步形成,成立了县、乡镇两级老年教育委员会,乡镇老年学校配齐领导班子,每个学校都配备了校长。全县有 279 人在各级老年学校服务,聘请了 183 名教师在老年学校上课。

5．老龄化程度

根据民政部门提供的数据,到 2019 年底,全县 60 岁及以上老年人口 14.2 万,占总人口的 17.8%,高出全省平均 0.51 个百分点,老龄化程度高于全国平均水平。

由表 2 可以看出,60 岁及以上老年人口绝大多数居住在农村,这说明农村老年教育既是重点,又是难点,对于我们发展老年教育事业既是挑战,也是机遇。

表 2　2017 年肥西县老年人口情况一览表

年末 60 岁及以上老年人口数（万人）	年末 65 岁及以上老年人口 按（年龄分组）					年末 60 岁及以上老年人口（按城乡分组）	
	65 岁及以上	70 岁及以上		80 岁及以上		城镇（万人）	乡村（万人）
	合计（万人）	合计（万人）	其中女性（万人）	合计（万人）	其中女性（万人）		
13.6	10.8	6.7	3.0	2.1	1.2	2.2	11.4

6. 老年学校学员呈低龄化

目前在校学员许多不到60岁,特别是"60后"退休人员的加入,壮大了老年学校入学人数,提高了入学率。但真正是60岁及以上的老年人,实际进入老年学校学习的比较少,农村60岁及以上的老人进校的就更少了。

7. 老年教育开始向村居、社区延伸

目前,条件好的乡镇村居、社区也开始建立老年学校、分校以及教学点。截至2021年12月底,全县有276个村居、社区,已建村居、社区老年学校92所,占总数的33.33%;全县有乡镇敬老院(养老中心)26所,办起老年学校分校20所,占总数的76.92%。

8. 乡镇老年学校管理队伍现状

肥西县12个乡镇老年学校都配齐了领导班子,几乎全是退休人员,经过两年的连续调整,领导班子的年龄结构有所改善,但是年龄偏大的问题仍然存在。其中年龄在55~65岁的人都算是年轻人了。

表3反映出乡镇老年学校管理人员年龄结构成呈纺锤形:60岁以下人数较少,60~70岁有42人,他们是乡镇老年教育的中坚力量。从表3中还可以看出女同志所占比例很小。

表3 乡镇老年学校管理人员年龄结构一览表

年龄	60岁以下(人)		60~65岁(人)		66~70岁(人)		71~75岁(人)		76~80岁(人)		合计
	5		26		16		9		2		
人数	男	女	男	女	男	女	男	女	男	女	58
	1	4	23	3	14	2	8	1	2	0	

9. 择校现象

在老年大学招生中也出现了一些新情况,即许多农村老年人

(多指"60后")舍近求远,不愿在当地上老年学校,而是乘车到县老年大学来上课。这反映出几个原因:其一,县老年大学办学水平较高,开设课程多,教师教学水平高,学校环境好。其二,新型健康老年人求知欲强。农村"50后""60后"新型老年人中,有些人文化程度较高,要求也高,所以都想到县城上学。其三,说明了有些乡镇、村居(社区)老年学校教学活动开展得不够理想。

二、主要做法

(一)坚持政治建校,把握老年教育发展方向

始终坚持政治建校,把思想政治建设放在首位,以习近平新时代中国特色社会主义思想和先进文化充实学员精神世界。县老年大学组织学员赴南京雨花台烈士陵园学习参观,开展爱国主义教育。党的十九大召开后,学校向学员发放十九大报告单行本1000余本,先后两次举办宣讲十九大报告会以及学员学习十九大精神座谈会,500多名学员参加了学习十九大报告知识竞赛。全县各基层学校每学期都把法治教育、道德教育作为每个学员的必修课,将其纳入教学计划。在取缔邪教组织的斗争中,学校及时召开座谈会,揭批邪教组织反社会、反人民、反科学、反政府的本质。县老年大学学员没有一人参与邪教组织的传播活动。

老年大学(学校)始终把发挥正能量、有为社会、反哺社会抓在手中。近几年,县老年大学组织校艺术团先后到全县12个乡镇、22个敬老院慰问演出,组织书法班学员送春联到乡镇、村、社区;校志愿者服务队参与到县城文明创建活动中。丰乐镇老年学校组织老年人巡回田间、地头,义务宣传秸秆禁烧和暑期防留守儿童溺水等志愿服务活动。三河、严店两乡镇成立精神文明宣传队,协助政府征地拆迁等工作。花岗镇老年学校开展"大手牵小

手"和"共筑中华梦"活动。这些活动的开展,使学、乐、为融为一体,让每个学员都能在求知中增知,求乐中增知,求健中增知,服务社会,有为社会。

(二)坚持质量立校,促进老年教育健康发展

1. 课程设置

把满足广大学员的精神文化需求作为办学的根本出发点和落脚点,不局限于传统的文艺、健身型教学项目,而是向更深、更广的领域拓展,把发展的目标定位在提高艺术修养及提升精神、文化品位的方向上。近年来,学校与时俱进,先后增设古筝、电子琴、葫芦丝、摄影、中阮、时装等课程。由于学员文化程度差异较大,入学时间也不同,学校根据实际情况,将电脑、电子琴、时装、葫芦丝、二胡等课划分为基础班和提高班,坚持以人为本,按需分层设置课程。

2. 教师队伍

加强教师队伍建设,以请名师创名校为发展战略。县老年大学每当开设新课时,校长都亲自到教育、卫生、文化等部门求助支持,亲自延聘名师。学校对教师从政治上尊重、思想上关怀、工作上支持,为他们营造了教书育人的良好环境,稳定了教师队伍。如今基本形成了一支高素质的教师队伍,先后任教的教师有20多位。他们中有的一干就是十几年,深受学员们喜爱和尊敬。

3. 课堂教学

坚持"三个课堂"协调发展,搞活第一课堂,丰富第二课堂,拓展第三课堂。搞活第一课堂:学校根据学员们的年龄、文化程度、性格和兴趣爱好,开设音、体、美、舞、器乐、文史、保健等专业,达到教书、育人、健身、养生之目的。丰富第二课堂:开展送书画、歌舞下乡,到乡村、社区演出文艺节目。为进一步巩固第一、二课堂

所学到的知识,学校鼓励老年学员们走向社会、走向大自然,鼓励学员参加社会公益活动,拓展第三课堂。

通过学习和实践,学员们也取得了可喜成绩。一些学员在国家级和省市刊物上发表了作品。书画班有12位学员被吸收为省老年书画联谊会会员,有5位学员被吸收为合肥市老年书画研究会会员,有88位学员被吸收为县老年书画研究会会员,有60多幅作品在省市获奖。据不完全统计,师生们创作发表的诗词、文章及参展书画作品达3000多件,其中有230多件在省内外各种展赛中获奖。

(三)坚持文化兴校,丰富老年人精神文化生活

用先进文化丰富校园文化生活,占领学校这个阵地,是坚持老年大学正确办学方向的关键。

1. 抓校园文化环境建设

制作校园文化宣传专栏,对教学楼走廊、教室进行文化装饰,布置书画展,形成浓厚的文化氛围。

2. 抓文化社团组织建设

成立校艺术团、爱心小组、老年大学志愿者服务队,开展多种公益活动,传播正能量。学校艺术团成立以来,多次参加全县重大演出活动,为繁荣肥西群众文化、促进社会稳定和谐做出了贡献。目前一大批学业有成的学员已成为各老年活动组织和社区文体活动的骨干,展现了当代老年人的精神风貌和社会价值。

3. 抓重要节日的文体活动

利用重大节庆日开展文体活动。每年举办"七一"文艺演出,增强对中国共产党的感情,明确没有中国共产党就没有新中国,教育大家永远跟党走,永远听党话。

4．丰富老有所为内容

学校以各种活动为载体,积极带领和推动学员传承中华民族扶危济困的优良传统和乐于奉献的美德,争当弘扬社会主义核心价值观的排头兵。参加县里的中心活动,每年演出20多场次;寒假期间组织学员送文化下乡,将戏送到社区、乡村、敬老院,春节前组织书法班师生深入乡镇义务书写春联;成立校志愿者服务队,主动与县文明办联系,参与县城文明创建工作;成立爱心小组,开展爱心捐助活动:为4名贫困学子圆了大学梦,为重症女童捐款,帮助其治病渡难关。

5．因地制宜,探索老年教学形式

根据许多老年人喜欢旅游的特点,学校在有条件的时候,尝试开展"游学结合"的老年教育活动,积极与旅行社联合,组织老年人去人文资源和自然资源丰富的地区旅游,将旅游过程与学习过程结合起来,以丰富老年人的业余生活。

三、存在的问题

1．教育基础薄弱

一是硬件投入不足。许多乡镇老年学校的教学场地达不到规定标准,没有配备必要的教学设备,因此制约了老年教育事业的发展。

二是软实力跟不上。基层老年教育管理队伍人员老化,部分管理者不懂老年教育,没有进取精神,且思想固化,工作思路不明。另外,基层老年学校教师难求,许多课程找不到合适的教师授课,且课程设置不合理,教学内容单一,从而影响了老年人的学习兴趣。

2．发展不均衡

现有老年教育资源远远难以满足不断增长的老年教育的需要。教育资源分布失衡,存在着城乡差异和人群差异。就目前情况看：县级老年教育优于乡镇，建制镇、经济繁荣、交通便捷的乡镇优于偏远、经济发展较缓慢的乡镇，靠近城郊、市区的村镇、社区优于偏僻的农村，乡镇所在地优于基层村落。

四、几点建议

1．加强老年教育的顶层设计

建立健全党委领导，政府统筹，教育部门牵头，组织、民政、文化、老龄部门密切配合，其他相关部门共同参与的老年教育管理体制。将老年教育作为社区教育和学习型社会建设的一项重要工作来抓。

2．建立适合老年教育的队伍

一是加强师资队伍建设。建立老年教育师资库，加快培养一支结构合理、数量充足、素质优良，以专职人员为骨干、与兼职人员和志愿者相结合的教学和管理队伍。

二是加强各级老年学校的管理队伍建设。可从退休干部中，返聘一批有政治觉悟、热心老年教育又有工作能力的老同志参与教学管理。争取在职人员进入老年教育领域。制定进退机制，对个别年龄偏大、体弱多病、责任心不强、业务能力低的乡镇、村（社区）老年学校班子成员要及时调整，并为老年教育事业健康有序发展注入生机和活力。

3．要抓好老年教育教材体系建设

当前老年教育教材短缺表现得很突出，是困扰老年教育进一步发展的重要问题，应当加以重视并给予解决。省、市、县老年大学可以联合力量，结合各个层次老年人的特点，编选专业配套、质量较高的教材，以保证老年教育质量。

（作者系合肥市肥西县老年大学副校长）

新时代　新校区　新作为

任士朋

濉溪县老年大学始建于1994年3月,至今已走过27年辉煌而艰辛的历程。其间,老年大学经历了艰难开创起步、积极探索前进、快速健康发展三个阶段。近年来,学校规模逐渐扩大,办学条件逐步改善,教学内容逐年扩展,教学质量不断提高,现已成为全县老年人思想、政治、文化教育的重要阵地和延年益寿的乐园。早在2009年学校就荣获安徽省委老干部局、安徽省老年大学协会授予的"老年大学省级示范校"称号。

27年来,学校已办26届班次(2020年度因受疫情影响停学停课),毕业学员累计达1.5万人次。目前,学校有中高级职称和社会专业技术职称的教师26名;现设立23个学科,开办60个班,在校学员2256人次。

随着社会的发展、生活条件的提高、老年人口的快速增加,为扩大老年教育覆盖面,满足老年人求知、求乐、求健的需求,县委、县政府于2017年年初果断决定,在县城河西项目区"惠民工程"中建立新校区。后经中标的中南设计院多次设计论证,于2017年底,由县城投公司融资5300多万元,交由中标的中冶十七局负责建设,并按协议于2019年11月建成交验。我校于2020年7月搬迁至新校区办公。

新校区占地 21.4 亩（约 1.43 公顷），校舍建筑面积 9200 多平方米；有教学楼 6 层，设立教室 17 个；建有一处圆形多功能会议厅，内设 358 个座位，可在里面召开大型会议，举办大型活动；同处还建有 4 个训练厅，每个厅的面积均为 208 平方米。

我县老年大学能有今天的大发展，首先是县委、县政府高度重视，在项目建设上指定专人督办，在经费上给予倾斜；其次是县直有关部门、社会各界尤其是原县老干部局给予了鼎力支持；最后还要特别感谢那些已经离开老年大学的老同志，他们的倾力工作和最长情的陪伴帮助，给予了我们一路前行的力量。

2021 年是第十四个"五年规划"开局之年，为了促进其间的老年教育高质量发展，我个人作为老年大学的负责人认为，应从以下几个方面做出努力。

（一）身为老年大学的负责人要有一种较高的境界

老年教育是终身教育的最后环节，与其他各类教育相比，其显著特征是没有"功利色彩"。但作为一名从县级领导岗位退下来的老同志，我只要在岗一天，就要爱岗一天。只要需要我的地方，我就要努力绽放，用心用力用情，发出属于自己的光芒。要有宽阔的心胸。"心底无私天地宽"，有了宽阔的心胸，做人交友、想事干事就能一路畅通、心情愉悦。要向善而行，将正向思维、换位思维、包容思维形成习惯，由此，于己、于人、于家庭、于学校的利弊取舍就会截然不同。

（二）要有一个清晰的工作思路

要事事皆入脑，看得准，想得全，做得到，有规范，不拖沓。工作中不要总是"走一步算一步"，要善于提前做计划，列摆出"工作要点"和完成工作任务的时间表。

(三)要开拓进取

老年大学是实施老年教育的专门场所,生源范围广,层次差异性大,所以,我们要努力实现"老有所学,老有所乐,忘老则老不至,好乐则乐常来"这个目标。

1. 要不断根据老年人的需求调整课程

我们要及时掌握老年人的求学需求信息,尽可能设置贴近实际、贴近生活、符合老年人学、乐、为需求的新学科课程。如电脑班,我们原来开设3个班,学员仍有报不上名的,而目前只需开设1个班就足够了。电脑热变成了智能手机热,我们就开设了2个智能手机班。由于老年人的视力不好,原开设的手工剪纸班学员越来越少,达不到开班人数,故我们就停止了这门课程的开设。还有的班报名人数较少,我们就将几个学科合并办班。

2. 要加强教学管理

要创新办班模式,实行"小班化""精品化"。要鼓励老师自编教材,督促他们科学制订教学大纲、教学计划。在班级管理模式上应建立"班级—班长—班委—学员"的组织结构。要制定相应的班级、学员管理制度,在教学过程中,始终以学校制度为行事原则,让老年学员看到学校散发出的科学、理性之光。

3. 要加强日常管理

老年大学的学员年龄较大,且文化程度、职业经历、政治思想、身心素质等差异较大。作为一名老年教育工作的管理者,必须对老年学员发自内心地尊重,热情地欢迎他们重回学校、再进课堂,不断点赞他们的学习热情。要容得下个性各异的老年学员的不同习惯,能耐心回应他们提出的问题。要经常深入课堂或活动场所,主动服务,使学员觉得校长是位可亲可敬的好朋友。要充分发挥老年学员的"艺术细胞"和某些"天分",激发他们人生的潜能,给他们带来极大的快乐和继续前进的动力。

4．要厚爱教师

在工作上,虚心倾听教师的意见、建议;在生活上,如有的教师生病住院了,要带着礼品去看望,用情感凝聚师心;在待遇上,除给一定的课时费,还有适量的班主任补贴、加班费;每年共度教师节,给年龄较大的教师祝寿等。要尽力创造让教师安心、舒心任教的环境与条件,不断增强教师的获得感和幸福感,使广大教师乐教善教、甘守讲台,为老年教育做奉献。

5．要进一步扩大老年人享受教育权力的覆盖面

要认真落实好皖教职成〔2020〕3号文件精神和《安徽省老年教育条例》,注重整合镇文化馆、公园、广场、风景区以及村(居)委会党群活动中心、敬老院、养老服务中心等资源,用于支持老年教育的发展。

新时代开启新征程,新征程呼唤新作为。一校之长务必不断提高政治站位,凝聚师生员工的共识,切实增强老年大学的"教育功能""乐健功能",为新时代培养更多紧跟形势、适应社会需求,有作为、有进步、有快乐、更健康的风范长者而不懈努力!

(作者系淮北市濉溪县老年大学副校长)

用心用情做好老年教育工作

胡海鹏

教育是国之大计,党之大计。作为教育重要组成部分的老年教育,任重而道远。2021年是开启建设社会主义现代化国家新征程和"十四五"规划的开局之年,是中国共产党成立100周年。站在"两个一百年"奋斗目标的历史交汇点上,我们肩负新使命,满怀新希望,翘首新征程。

(一) 坚持党管教育,确保老年大学是增添正能量的重要阵地

要办好老年大学,必须深入学习贯彻习近平总书记关于老干部工作、老龄工作、老年教育的重要论述,坚持从思想上、政治上办学,把老年大学建成"精神家园、知识学园、健康乐园、和谐校园",以优质的教育创造老年人美好的生活,让党和政府放心,让老同志满意。

2018年,经报市直机关工委批准,我校成立了临时党委,由市委老干部局局长、老年大学校长担任党委书记,老干部局副局长、老年大学副校长担任党委副书记。临时党委下设8个临时党支部,选任一批党性强、作风好、有奉献精神的老党员作为临时党支部负责人,把学员中的党员编入临时党支部开展活动,确保老党

员"退休不褪色、离岗不离党、流动不流失"。

（二）坚守立德树人，建设品学兼优的教师队伍

老年大学教师面对的老年学员，阅历丰富，见多识广，有很强的是非分辨能力，对教师的"挑剔"也胜过别类学生。同时，因为生理原因，老年人的接受能力、理解能力、记忆力等都有所退化，有些思想已经形成固有观念，需要教师有更多的耐心去细心地、慢慢地引导，传授正确的知识。

因此，我们对教师队伍的把控非常严格，制定了《亳州市老年大学教师管理办法》，严格招聘标准，聘请了一批本地高校、职业技术学院的教授及高级讲师和社会上各专业领域专家型人才来校任教。同时，我们注重在教学实践中不断提高教师素质，提高教师待遇，充分调动任课教师的积极性。每个学期我们都召开两个座谈会：一个是教师座谈会，教师之间相互交流教学经验；另一个是班长座谈会，主要是请班干部为学校和教师提意见和建议。通过相互交流和沟通，达到提高教学水平的目的。

（三）坚持改革创新，着力提高教育质量和服务保障水平

新年度、新开局，老年大学必须坚持改革创新，实现以下两个转变：

1."教育的品质"向"品质的教育"转变

老年大学开启了"精品化"的办学模式，践行"以质强校"办学理念，在办学模式、教学模式等主面进行积极的探索和实践。例如，每学期期末学校发放学员调查表，掌握学员对班级教育质量的思想动态，及时调整班级人数和办学模式；教师也能从中及时了解学员的短板和需求，从而提供更优质的教育服务，使课堂氛

围更加活跃,老年学员更加积极,学习能力得到提高,合作精神进一步加强。在师生的互动过程中,教师的一言一行也在深刻地影响着老年学员的思维和行为。

2."单一教育"向"混合式教育"形式转变,课程设置突出地方特色

在原有课程设置的基础上,学校增设了很多具有地方特色的课程,深受广大学员的欢迎。亳州是国家级历史文化名城,历史文化底蕴深厚,名人辈出。亳州是商汤王建都之地,又是道家鼻祖老子、庄子的家乡;是曹操、华佗故里,又是我国四大药都之首;还拥有东汉建安文学代表人物"三曹"。因此,挖掘、搜集与亳州相关的教学内容是老年大学义不容辞的责任。在诗词教学方面,我们设置了以曹操、曹丕、曹植这三位建安文学代表人物诗篇为主的诗词班。

华佗五禽戏是中国传统健身方法,被国务院命名为第三批国家级非物质文化遗产。为了使老年学员更系统、更规范地学习五禽戏,我校聘请了全市知名的五禽戏老师任教,先后设置了4个五禽戏班、2个五禽剑班,班班人员爆满。我校五禽戏表演队多次在省内外的比赛中,荣获团体和个人大奖。

二夹弦是流传于苏、鲁、豫、皖四省边界地区的地方戏曲,发展于亳州地区。它汲取了梆子、花鼓、琴书等民间戏曲的营养,逐渐形成了自己的唱腔体系,被国务院命名为第二批国家级非物质文化遗产。2018年,我校首次设置二夹弦班,那富有弹性韵味儿的特色唱腔吸引了不少爱好戏曲的老年学员,到2019年秋季学期,已增加到2个基础班和1个中级班。2020年我校增设1个梆剧队。

亳州剪纸最早可追溯到南北朝时期,它运用粗细线的结合、阴阳交替的手法等,将我国北方剪纸的粗犷浑厚和南方剪纸的纤

巧秀丽融为一体，逐步形成了刚柔相济、玲珑剔透、生动自然、朴实优美的地方特色。2018年，在亳州市剪纸协会的大力支持下，我校设立剪纸班，由我市知名剪纸专家任教，目前已成为我校较热门的班级之一。

"志不求易者成，事不避难者进。"只要我们坚持以习近平新时代中国特色社会主义思想为指导，积极转变思路，主动创新办法，共同把工作推进好，我们就一定能够把老年大学办得更好。

（作者系中共亳州市委组织部副部长、市委老干部局局长、市老年大学校长）

办好老年大学是新时代的需要

高兰海

我从繁忙的工作岗位上退下来，一直从事老年教育工作，算来已近10个年头。

随着老龄人口的增多，中国已进入老年化社会，老年人的各种需求也越来越多。为了让老年人能更好地享受社会文明的发展成果，在物质条件已逐步提高的基础上，也要更好地满足老年人的精神需求。因此，办好老年大学也是新时代的需要，意义十分重大。

近几年来，各级党委、政府都非常重视老年教育工作，各地还把老年教育列入组织部和老干部局的一项重要工作。老年教育也是适应改革开放、社会经济发展、人口老龄化趋势的需要而产生的一项新兴事业,同时,发展老年教育也是构建和谐社会的需要。

利辛县虽然是国家级贫困县,但对老年大学的投入只增不减。利辛老年大学目前设15个专业,每年培训学员3000人次。2019年获"老年大学省级示范校"称号。经过近几年的努力,我们把老年大学真正办成了老年人更新知识的课堂、健身养心的场所、开心娱乐的园地、广交朋友的平台、智力开发的基地。

这些年,我校树立政治建校观念,重视意识形态工作,不断加强学员的思想政治教育,强化思想引领,讲好思想政治课,发挥正能量,确保正确的办学方向;建立健全学员临时党组织,按照"关系在单位、活动在学校、奉献在社会"的原则,充分发挥学员临时党组织的战斗堡垒作用和先锋模范作用,引导学员释放正能量,传递好声音。我们力争把老年学校建设成为老同志思想政治引领的重要阵地、发挥作用的广阔舞台、文化养老的精神家园,使广大学员增强"四个意识",坚定"四个自信",做到"两个维护"。加强教学管理,不断提高教学质量和办学水平。抓好课程设置、教学计划等工作,推动学校教学管理的标准化、规范化建设,充分发挥县老年大学示范引领作用,以期在"十四五"期间,使全县各乡(镇)、村(社区)老年学校逐步达到规范化。

近期,我们及时对本校办学环境、教学设施、教室和活动场地、制度建设、办学规模、机构设置、课程设置、经费投入、师资队伍建设、资源整合利用等进行认真研究,特别是对疫情防控工作进行全面布置,为老年教育的更好发展做好工作。

(作者系亳州市利辛老年大学校长)

宿州市老年大学的教学管理实践与探索

陈殿魁

宿州市老年大学创建于1989年,办学30多年来,在市委、市政府的关心与重视下,在安徽省老年大学协会的有力指导下,在市老教委及市委老干部局的关心领导下及历届校领导、师生员工的辛勤努力下,秉承"集聚快乐、传递幸福、乐学康为、颐养天年"的办学宗旨和"学、乐、为"有机结合的教学方针,不断规范办学管理,持续提升办学水平,开拓进取,各项工作都取得了较大进步,充分发挥了老年教育主阵地作用。我校先后被评为老年大学省级示范校、全国示范老年大学和全国老年教育宣传工作先进单位等。我校能与时俱进、常办常新,与学校重视教学管理体系建设是分不开的。现就教学管理方面,谈谈我校的做法。

第一部分 教学管理框架

(一)教学体系结构

以人为本设置专业,利用优势创建特色。

目前,学校设有4个教学系,分别是声舞艺术与器乐、卫生保健与体育、书画摄影文史和计算机及远程教学。系下设有49个专业、74个教学班,由40名专任教师实施教学。

由于老年大学的师资来源于社会,他们的文化层次参差不齐、经历阅历各不相同,所以在专业设置上采取以人为本、贴合实际的做法,根据教师和学员的情况稳步开设专业。在聘请教师时区别于普通院校,不把学历、职称证书作为必备条件,只要有一项娴熟的业务专长,有一定的教学方法,受到学员的欢迎,我们就长期聘用。在教学过程中采用宽松粗放式的管理方法,不统一要求教师必写教案,也不要求必有纸质、电子教材,开学前统一填写"学期教学进度表"即可。根据学员的爱好和需求,专业的开设也是由本地的、民族的向外地的、西洋的渐次开放。随着手机功能的普及,许多老年人不会使用智能手机,就在计算机专业内开设智能手机班,讲授微信通信、网上购物等知识和技能,结果报名的学员每期爆满。即使是同一专业,根据学员原有基础、入学年限的不同采取了分层次教学的方法,如葫芦丝、交谊舞、拉丁舞、柔力球等专业分别设有低、中、高多个层次的教学组,适应了不同水平学员的要求,达到了共同学习、不断提高的目的。

在专业设置上,我校充分利用地方文化的优势。宿州市是全国的"书画之乡",许多人在退休前就是书画爱好者,老年大学开设了山水、花鸟、书法专业,聘请市区的国画家、书法家到校任教。学员在课堂上学到了系统的书画理论知识,在专家的指导下学习创作,还成立了"巾帼书画院",定期举办画展,不断与兄弟学校、地区联展,同时在教学楼各层走廊大厅内,镶挂一些宿州市著名书画家的肖像、简介及本校师生的书画作品。

在专业设置上,我校还提出了一个口号:"保护非遗专业,发展特色专业,扶持创新专业"。本校有三个非物质文化遗产专业。第一个是"宿州十番锣鼓",教师任义是传承人;第二个是"民间剪纸",教师尤彩霞是传承人;第三个是"淮北花鼓戏",教师吕金玲是传承人。每逢市区各类会议庆典,我校的"十番锣鼓"必被邀请到场;老年大学教学楼内墙上,都有优秀的师生剪纸作品被镶挂在镜柜之中;在城乡的广场、公园里都有练唱地方戏老年人的身影。他们培养了很多的学员,将"非遗文化"推向社会,推向未来。书画、柔力球、广场舞是本校的特色专业,计算机、摄影、葫芦丝是本校的精品专业,学员个人或团体在全省、全国的巡展及演出比赛中多次获奖,赢得荣誉。萨克斯黑管、铜管、非洲手鼓是本学期新引进的西洋创新专业,能否在我校开花结果,学校将会密切关注,大力支持。

(二)教学管理结构

发掘人才组建机构,上下联手共同管理。

老年大学的现有在职编制人手太少,如何管理好这庞大的教学队伍是一个必须解决的问题。老年大学的学员来自各个行业和部门,这是一支藏龙卧虎的人群。他们退休前不乏是部门领导、单位业务骨干。我们关注了一些之前从学校退休的老同志,他们有着丰富的教学经验和管理组织能力,于是从中遴选了8位专家并组建了教学听课小组,请他们参与管理、出谋划策,听取他们的建议,制定了一整套具有可操作性的《教学管理实施细则》和《教师教学考核实施细则》。虽然我校对于任教教师资格、备课教案可以粗放式管理,但教学原则、教学过程的规律还是必须遵循的,教学效果更是必须要考核的。制定两个细则的依据就是国家重点、示范老年大学评估条目及老年大学先进教师评选条件。按照这两个细则将校级领导、教师、各教学班干、教学听课小组统一起来,实行明确的管理分工,从每学期的开学到结束,对每学年的教学总结评估均上下联手、各司其职,共同参与教学管理,效果不错。

第二部分　教学管理实施细则

（一）每学期开学前的准备

1. 制定本学期招生简章、周事历、教学工作计划

（1）招生简章（略）。

（2）周事历。① 学期教学周起讫日期；② 大型活动预定日期及节假日。

（3）教学工作计划。① 教师任课表；② 课程总表及教室场地分配；③ 各系（专业）教学管理人员的任命及分工；④ 全学期教学检查、督导的方法及时间；⑤ 教师考勤、考核、教学报酬、奖惩规定。

2. 召开各类会议，做好开学准备工作

（1）校务教学工作会。① 宣布周事历及教学工作计划；② 明确各系（专业）负责人的分工职责；③ 通报本学期教学管理的具体规定实施计划。

（2）全体教师会。① 宣布周事历及教学工作计划；② 填写本学期教学课程进度表；③ 宣布、讲解对教师考核的项目及考核办法；④ 本学期大型教学活动的布置与分工（如重阳节、期末教学成果汇报演出等）；⑤ 各系（专业）间的合作及协调事宜。

（3）各教学班班长会。向各系（专业）教学管理人员发放本学期各专业教学日志，按要求每次课后及时填写，学期末上缴到学校，及时反映学员要求，反馈班级教学动态。

（4）各班通讯员会议。通报每期《宿州老年教育》刊物的版面、栏目设置、事先约稿、征收稿件。

（二）学期中的教学管理

（1）各系(专业)负责人对照教师填写的教学进度表,不定期地检查各班教学进度。

（2）教学听课小组深入班级听课,认真填写听课记录,及时做出评议上报学校。

（3）分别召开各教学班长及学员代表座谈会,收集学员对学校教师的评议、建议,了解各班教学情况。

（4）征求教师的意见,倾听他们对学校的要求建议。

（三）学期结束阶段的教学管理

（1）由各系(专业)负责人到教学班发放"教学调查问卷",指导全班学员认真填写,并随堂收缴。

（2）对全班的教学问卷进行定量统计、分析,给每一位教师做出客观的分数考评,作为奖惩评优的依据。

（3）根据各教学班的教学日志,统计教师学期教学课时。

（4）收集全学期各系(专业)承担(参与)社会活动(比赛)的情况及获得的成绩(名次),作为学校入档、教师评优的依据。

（5）撰写本学期教学工作总结。① 总结本学期教学工作计划执行情况;② 根据教学听课小组的评估及学员调查问卷,统计结果,分析本学期全校及教师个人的教学强弱项、成绩及存在问题,找出原因,明确今后的努力方向;③ 总结本学期学校特色专业、精品专业的教学措施和成果,加大《宿州老年教育》对其宣传力度,增强国家示范校对外的示范力度和辐射影响;④ 提出下一学期学校教学工作的设想。

第三部分　对教师考核的实施细则

（一）对教师教学考评的量化标准（满分100分）

1. 由学校负责考核评价20分（共4项，每项5分）

（1）政治立场，遵纪守法，为人师表，职业道德。

（2）热爱老年教育工作，以提高学员素质为己任。

（3）出勤率高，不迟到，不早退，不旷课。

（4）有一定的教学研究成果（有公开课、示范课，编写校本教材，撰写教学研究论文，指导组织学员参加比赛、演出等）。

2. 由教学听课小组评价40分（共4项，每项10分）

（1）教师的知识技能基本功扎实，能胜任专业教学工作。

（2）课堂教学目标明确，讲课示范清晰，教学方法得当。

（3）组织教学能力强，课堂纪律良好，师生关系融洽。

（4）教学过程有特色、有创新，教学效果良好，完成本次课目标。

同时也让每位任课教师展示一次本学期的教学成果，如声乐、器乐、舞蹈、健身、戏剧类的学员进行课堂表演；书画、摄影、剪纸类的学员展示本学期的成果作品；语言类的学员则随堂朗诵或主持讲话（相当于普通学校的期末考试）。

3. 学员对教师的评价40分（共8项，每项分3个等级，分别为5分、4分、3分）

（1）教师的知识技能水平。

（2）课堂教学组织能力（课堂纪律）。

（3）每次课的教学目标是否明确。

（4）教师的讲课及示范。

(5) 教师对学员的个别辅导及纠正。

(6) 学员的学会程度。

(7) 教师与学员的关系。

(8) 学员认为的整体教学效果。

每项表格后分"好""一般""较好",由学员随堂打"√"确认,问卷背面可附具体的书面意见。问卷的统计结果就是学员对教师的评价。

(二)对教学考评结果的统计和分析

完成对每位教师三种途径的考核后,由学校将考评结果统计成具体的分数值(取平均分),再逐条逐项分析,通过纵向、横向的比较,总结出全校及每位教师的教学情况,以明确今后的努力方向。统计结果可以公布,也可以不公布,但一定要纳入学期工作总结,归入学校教学档案及教师个人档案之中,永久保存。

老年教育是全民学习、终身学习中的重要环节,是终身教育体系中不可分割的重要组成部分,办好老年大学也是广大老年人的共同愿望。我们要不断总结经验和不足,建设好、管理好老年大学教师队伍,提升教学管理水平,为广大老年朋友提供一个"老有所学、老有所乐、老有所为"的温馨家园。

(作者系宿州市老年大学校长)

浅谈我们在办学中的几点做法

何顺明

砀山县老年大学在"不忘初心、牢记使命"思想指导下,坚持"博学修身、怡心健体"的校训,根据新时代的要求结合本校实际情况,与时俱进,创新发展。因教学有序、管理规范、软硬件符合上级要求,于2019年1月被安徽省老年大学协会授予"老年大学省级示范校"称号;于2020年9月被中国老年大学协会批准为"中国老年大学协会会员校";2020年10月被授予"安徽省老年开放大学远程教育共建点";2021年4月被中国老年大学协会授予"全国老年大学信息化建设优秀单位"称号。我们在办学中具体做法如下。

(一)认真落实"两建立"

1. 建立临时党组织

为加强党对老年大学的领导,依据上级《关于进一步加强和改进离退休干部工作的实施意见》及关于成立临时党组织和政治办学的要求,报经上级党组织批准,于2018年5月24日成立了中共砀山县老年大学临时党总支委员会,下设器乐系、文体系、文史综合系、声乐系、书画系5个临时党支部。临时党组织的建立标志着在新时期老年大学置于党的直接领导下,使学员中的共产党员有了归属感,促其自觉积极地发挥模范带头作用,影响和带动广大学员积极自觉地学习,坚定不移地跟党走,共同释放正能量,确保和促进了学校健康、稳定地发展。

2. 建立学员管理委员会

为发挥学员的主人翁作用,进一步有组织、有领导、有计划、有制度地实施对老年大学课程的设置、教学质量的提高、各项规章制度的落实及开展各项活动的管理和监督,充分发挥和体现学员公平、公正、民主管理学校的作用,于2019年3月底成立了砀山县老年大学学员管理委员会。学委会制定了5项10条工作章程,设立了学习、宣传、生活、安全4个部,在学员中择优选配了学委会正副主席、各部部长及各部委员,共由14人组成,在校委会的领导下开展工作。学委会按照工作计划,每天自行组织委员们对全校的学习、规章制度的执行和安全卫生等进行认真检查、督促,切实有力地保障了学校各项工作健康有序的开展,不仅带动和发挥了广大学员自觉参与自我管理的热情和积极性,而且在管理工作上给校领导有力支持,起到了分忧解难的作用。

(二)配齐配强两个队伍

1. 配齐配强教师队伍

要办好老年大学,关键要有一支教学能力过硬的师资队伍。俗话说:"师父领进门,修行在个人。"关键是教师拿什么把学员领进门,怎么才能使老年学员坐得住、听得进,有东西可学。

(1)首先我们狠抓了教师的选配,学校领导亲自到当地学校和社会各界调查、寻访、考察,择优聘请了24位具有较高业务水平、经验丰富、热心老年事业的教师。其中,退休教师8人,在职教师5人,其他8人;中专以上学历16人;党员8人。要求教师发挥专长,认真备课,使教学内容贴近老年、贴近生活,使学员乐于听、学,确保教学质量。

(2) 教师要为人师表,严格遵守学校各项规章制度,要全身心地把自己当作学校的一员,自觉按教师职责要求自己,加强自身修养,善于总结教学中的好方法、好经验,与其他教师相互学习交流、相互支持、共同提高。

(3) 教师要有为老年事业尽心尽力、勇于奉献的忘我精神,不计报酬乐于施教,要谦虚、宽容、耐心地引导学员。学员对教学从心里感到满意,就是对教师最好的评价。例如,音乐班教师张子兵、舞蹈班教师曹莉,在完成本职工作的同时兼职老年大学音乐和舞蹈课十几年,始终认真、忘我工作,教学成果突出,深受学员好评,分别于2020年1月和2021年1月被安徽省老年大学协会授予"全省老年大学系统优秀教师"称号。

(4) 要求教师认真听取和对待来自班长会议上反映教学工作的意见和建议,同时将自己对学校、班长和学员的要求及教学方面的设想等及时沟通,以利教学。

2. 配齐配强班长队伍

老年大学的班级管理是学校管理的基础工程,班长是完成班级管理和教学任务的重要保证,是构建和谐班集体的引领人。本校择优选配30位班长,其中中专以上学历19人,党员14人。

(1) 要求班长具备较高的思想政治素质,加强自身道德品质的修养,待人诚恳,宽容大度,要顾大局、识大体,具有无私奉献的精神,勇于担当责任,做各项工作的带头人。

(2) 要善于团结和沟通,做学员与教师和学校的纽带,认真听取学员的反映,及时把学员中对教学的意见、建议和好人好事及时反馈给教师和学校领导,以利改善教学。

(3) 要以学员身份融于班集体中,增强班级凝聚力、吸引力、战斗力,使全班成为乐于学习、团结奋进、遵纪守法、按章办事的先进集体。

（三）认真上好每一课

要求教师和班长互相协调，统一步调，认真上好每一堂课，使广大学员始终以贵在参与的精神认真学习好每门课程内容，并积极活跃在每个场合。在建立优良的学习风气中，大家和睦相处、团结友爱、互相学习、互相尊重、互相帮助，欢欢乐乐地在老年大学这个大家庭里共同提高，并展示自己的夕阳年华和价值观，尽情地释放自己的正能量。

（四）实施"三评"

为把学校办成政治稳定、思想进步、遵纪守法、健康文明、团结和谐、树有先进、学有榜样、释放正能量的老年大学，结合本校实际情况对学员、班长、教师依据评选条件进行"三优"评比。在每学期结业前，以班为单位组织学员开展严肃认真的评比；班长和教师的评比由学校掌握的情况和学员评比意见综合评比；学员评比按班级人员比例明确名额，当场投票，按得票择优评选，这样不仅评出了优秀者，也评出了团结，评出了好思想、好作风，而且充分体现了公正、公平、相互谦让的高尚风格。

（五）坚持学期结业汇报展示

为充分展示每学期学习成绩，我们由以往由领导单一做总结报告的形式，改为由校领导用20分钟对学期工作综合点评后，由各班学员组队登台表演汇报，书法、绘画及摄影班则选最优秀的作品张贴在会议大厅供大家评审。这不仅展示了学习成绩，而且也检验了教学效果，进一步促进了学员们的学习热情。

（六）与时俱进,积极创造条件,使信息化教学设备跟上时代发展

我们认为随着社会新科技日新月异的发展,作为县级老年大学,要始终把信息化建设放到重要的议事日程上,以适应新形势下的教学需要。为此,我们在新校舍建成使用后,及时研究,先后组建了一支人员相对稳定、高素质的专兼职相结合的信息化管理队伍,配备了计算机软件高级工程师。在经费困难的情况下,先后对音乐、诗词、书法、戏曲、电脑等教室一次性升级配备了多媒体教学设备,配齐了三员(辅导员、信息员、联络员)队伍。学校设计了砀山县老年大学标志,开通了学校微信公众号、网上老年大学空中课堂、抖音官方账号等,实现了线上直播教学、学员线上报名、学员风采展示等。

（七）紧跟形势及时开展智慧助老培训

2020年底,针对不少老年学员不会使用智能手机,在生活中遇到许多不便的问题,我们当即决定,在已开设智能手机课的基础上,扩大智能手机知识的学习面,及时组织全校31个班的50位正副班干、289名学员骨干及社区活动点的42位队长,总计381人,先后分两批进行智能手机知识培训,使他们学会使用智能手机,能在网上收看直播课程、浏览新闻、听音乐、看视频、网上购物、网上支付、网上购票等。我们还发动他们利用学到的知识,对广大学员开展辅导,使学员们体会到了信息化时代给生活带来的方便和甜头。

通过以上几项行之有效的做法,砀山县老年大学已经形成了学员、班干、教师融为一体的氛围,全校学员和教职员工都以老年大学为家,以身为大学的一员为荣,在快乐中享受生活,在活动中

增长知识,收获健康,不仅起到文化养老和文化兴校的作用,也扩大了老年大学的社会影响和吸引力,得到社会各界的广泛好评。砀山县老年大学已经成了老年人向往、社会各界一致赞赏、洋溢着老年人阳光气息的乐园。

(作者系宿州市砀山县老年大学副校长)

"三个课堂"有机结合 搞活老年大学教学工作

毛学武

随着老年教育事业的发展,各地都在不断探索研究教学理念和方法。自从中国老年大学学会原会长张文范提出老年大学教学中"三个课堂"问题后,引起了全国老年大学的共鸣。他认为,这是老年大学发展中一个重要的理念创新。所谓"三个课堂"即指:第一课堂是教师通过讲解、板书、示范,向学员传授知识、技艺;第二课堂是围绕第一课堂的教学内容,开展校内文化活动,是课堂学习内容的补充、消化与实践活动;第三课堂是根据第一、第二课堂社会实践的需要,把所学的知识技能反哺社会、服务社会,体现老年群体的社会价值。当前,还有少数人只重视第一课堂,忽视第二、第三课堂,他们认为,第一课堂是硬任务,学校不上课不行,而第二、第三课堂搞不搞无所谓。所以,教学只在教室里进行,关门教学,显得机械、没有生气,对社会影响不大。老年大学为什么要开展第二、第三课堂？这是由老年大学办学宗旨所决定的。老年大学的办学宗旨是增长知识、丰富生活、增进健康、陶冶情操、服务社会，其中包含了为老年人欢度晚年而设定的学、乐、为兼顾的办学理念。老年大学不像全日制国民教育或在职培训那样，以获取知识为主要目的，为谋求学历、招工、招聘而学习。老年大学的教学是以人为本，在自愿学习的基础上，享受晚年的快乐生活，是以人性化、个性化、多样化、非职业化为学习特征。许多课目操作性较强，可在生活中应用，学员通过学习应用而提高学习兴趣，并不是强制性学习。由于老年人记忆力差、反应迟钝，必须反复学，结合实际操作应用，才能学深、学透。有了成绩，学员就有了成就感，就能从中得到乐趣，得到身心锻炼和素质提高，也能培养个人兴趣和爱好。搞好教学的重要一条就是必须让学员练起来。学员学习如果只是停留在课堂上听一听、看一看，只能满足一时之兴趣，不反复练习，想发展提高是不可能的。第三课堂就是为学员搭建老有所为的平台，学员们通过服务社会实现人生价值，产生社会影响，也显示了老年教育的成功，推动社会和谐稳定、进步发展。

泗县老年大学除了抓好第一课堂教学管理外，同样注重第二、第三课堂工作，把校园文化氛围搞得有声有色，积极参与社会服务，提升了学校在社会上的影响力。我们主要抓了以下几项工作。

（一）加强校园文化建设

2019年我校提出，加强校园文化建设，争创一流老年大学的口号。校园文化是以学员为主体，以校园为主要空间，以校内外文化活动为主要内容。校园文化代表老年大学的形象，反映校风、学风、学校品位，展示学员的精神风貌。校园文化侧重于文化性、精神性活动,在巩固发展教学成果的同时提高学员文明与道德的内涵。

(二)抓好校园物质文化建设

物质文化建设属于校园文化建设的硬件,包括校舍建筑、道路环境、教学设施。这与各地经济发展有关,但要积极争取在力所能及的情况下,为学员提供一个舒适优美的学习环境,潜移默化地激发学员的爱校热情。

(三)加强思想文化建设

要把社会主义核心价值观融入老年教育的全过程,塑造良好的校风,建设和谐校园。学校经常组织时政报告会,让学员了解国内外大事和党的路线、方针、政策。学校定期出校刊《泗县老年》、黑板报以及诗词、书画、摄影专栏,交流学习成果、践行办学宗旨。学校开展了"提倡遵纪守法之风,做守规矩的人"的活动,除了开会做报告外,还组织各班学习讨论,学员写出心得,在校报上刊登。学员之间团结友爱、互助互学,形成了以爱校和遵守纪律为荣的风气,提高了学员文明向上的自觉性。

(四)推进制度文化建设

良好的校风离不开制度文化。在制订制度的过程中要有价值观念、素质要求、作风规范等精神要求与具体规定结合起来,把软文化与硬制度融于一体,有激励也有制约作用,在执行制度的同时也得到文明的服务。

(五)建立社团组织

为了有组织地开展第二、第三课堂活动,学校分别成立了有关社团组织。如成立艺术团,设立团长、副团长、艺术总监各1名,在统一指挥下各艺术专业分开训练,统一排练,集中演出。每逢节日和县内重大政治活动,艺术团招之即来,来之能演,并演出水平来。

诗词、书法、绘画班分别成立诗社、书社、画社,除自己正常活动外,还经常与县诗词学会、书画研究会联合开展活动。学员的作品不仅在班内展览,还刊登在校刊、校报、专栏上,激发了学员的创作热情。班里还成立学习小组,开展互教互学活动。不是上课时间学员也到校切磋交流,复习巩固所学的知识技艺,相互提高。这样既丰富了课余生活,也活跃了校园文化生活。诗词班经常举办诗歌朗诵会,艺术团经常在校内演出。学校还成立了夕阳红志愿服务队,经常开展公益活动。在充分调动学员自我管理积极性的基础上,校园文化活动能正常有序地开展。

(六)搞教学成果展示

在学期结束前,各班都要搞教学成果展示,既自娱自乐,也检验学习成果。如音乐、戏曲、二胡、电子琴、柔力球、健身球、太极拳班都在大礼堂进行表演,全体学员参加观看。文学班搞散文朗诵,诗词班举办诗歌朗诵会,书法、绘画、诗词、摄影班各办一个专栏,汇集学员的作品集中展示。这样既检验了学习成果,也给学员提供了一个才艺展示的机会和平台。

(七)参加社会活动

老年人虽然退休了,但有的还具有很大的潜能,他们的专长一旦发挥出来还可以为社会做不少事情。老年大学的第三课堂就是学员们用所学的知识服务社会。如我校的艺术团除了在校内演出外,还到街头、乡下、广场、敬老院演出。每年的春节活动和县里的一些重大政治活动,老年大学都参加并演出,此外,还参加省、市文艺汇演,拿到很多奖项。我县出版的《古今诗人咏泗州》《当代诗人咏泗州》《雪枫颂》等书有三分之一是老年大学学员的作品。多年来,老年大学学员在各级刊物上发表诗词5000多首,有21人出版个人著作44本;集体获得30多项奖励,学员个人获得奖项300多项。有人说我校是泗县的文艺演出基地、诗词创作基地。每年我县的文艺演出、书画展、诗歌朗诵会、武术表演都有学员参加。有的学员以所学的知识为社区服务,做一些公益事情。有的学员在学校学会太极拳、舞蹈、健身球后,就到广场去教市民。这些都是发挥余热、老有所为、服务社会的第三课堂。

"三个课堂"可归纳为五项活动:一是课堂活动,二是校园文化活动,三是学科活动,四是社团活动,五是社会活动。这是老年大学教学工作内容的基本概括,也是老年教育特色的体现。"三个课堂"的教学理念明确了老年大学的教学方向。只有"三个课堂"齐头并进,才能把老年大学办成更新知识、文化娱乐、老有所为、延年益寿的乐园。要充分认识到老年大学不是单一性的求知场所,在安排课程和开展活动中要知识性与思想性、趣味性、实用性兼顾。第二、第三课堂是老年大学教学工作的重要组成部分,均被列入学校教学计划,每学期有布置、有检查、有总结。"三个课堂"是一个有机体,特别是第二、第三课堂相互交融,必须有机结合起来,动起来,全面抓起来,才能把老年大学教学工作搞好、搞活。

(作者系宿州市泗县老年大学校长)

打造有特色的老年大学

张秀珍

作为萧县老年教育的引领者和实验基地,萧县老年大学按照"一个载体、两个面向、开拓创新"的工作思路,以加强党的建设确保办学的政治方向,以教学管理的规范化建设夯实基础,以富有特色的校园文化彰显活力。全校出现了班子团结向上、教学秩序井然、师生关系和谐、教学成果丰硕、社会影响力大增的可喜局面,助推了县域经济和文化建设,成功地实践了"老有所学、老有所为、老有所乐"的办学宗旨。

一、一个载体

以各种活动为载体统领老年大学各项工作。老年教育的规律和老年学员的特点,决定了老年教育不能死守课本、课堂,而要寓教于乐、寓学于各种具体活动之中,要以活动反推教学、以活动促进教学质量和管理水平的提高,让老年学员在活动中有所作为、在活动中有所奉献。萧县老年大学在规划党建、教学、校园文化建设、志愿者等各项工作中,都以活动为引领,少说教,多活动,以活动凝聚正能量,传播正能量。如在临时党小组活动中,诗书画系每逢春节,或走上街头,或到贫困村为群众写春联;在志愿者公益活动中,艺术系党员带头到圣泉敬老院义务演出,到张庄寨镇武楼村、青龙镇张鲁庄村文化扶贫、送戏下乡，等等；每逢月末各系各班都要组织教学成果汇报展示，诗歌咏唱、书画点评、模特走秀精彩纷呈……校领导班子成员及全校师生人人有任务、个个有角色，各种活动热烈有序，气氛活跃，向社会展现出新时代老年人向上、向善的精神风貌。我们还把校园文化推向社会。2018年参与大型公益演出38场次；2019年参与30场次；2020年克服疫情影响，参与大型演出5场次。2021年全校开展以"学党史、颂党恩、跟党走"为主题的庆祝伟大的中国共产党诞辰100周年系列活动。超前启动、精心策划，先后组织150多名师生三赴红色教育基地、总前委旧址重温入党誓词，为胜利居委会群众送去一场精彩大戏。拍摄了快闪短片《唱支山歌给党听》，街头巷尾一时传为佳话。同时还开展了诗歌、书画、摄影比赛及大型展览，展出优秀诗歌100多首，书、画、摄影300多幅，尽情讴歌伟大的中国共产党。2021年6月18日，老年大学艺术团在龙河艺术空间上演了一场2小时的大型演出，观众如潮，县电视台进行了现场直播，产生了巨大的社会影响，把庆祝建党100周年活动推向高潮。

实践证明，以活动为载体，推动老年教育是行之有效的措施。

二、两个面向

（一）以校园文化为支撑，面向县域文化建设，助推文化事业发展

萧县老年大学引导学员根据所学专业，先后成立了书画研究院、红杏诗社、绿城艺术团、夕阳红合唱团、摄影之家、太极俱乐部等文化团体，推动校园文化蓬勃发展；鼓励老年学员走出自娱自乐的小天地，奔向社会大舞台，主动对接新时代火热的社会生活，在老有所为中实现人生价值，展示夕阳风采，奉献和谐社会。

1. 输出校园文化,辐射文化正能量

萧县老年大学放宽视野,打造展示平台,引导老年学员从写写画画、蹦蹦跳跳、吹拉弹唱、自娱自乐的初级阶段走向社会大舞台,对接火热的社会生活,讴歌新的时代。学校主动联系宣传、文旅、卫健、教体、电视台等部门,请他们到校观摩指导,让他们了解老年大学校园文化建设的水平和实力;通过不同文艺形式的表演,向社会宣传社会主义核心价值观,推动精神文明建设,展示我校老年教育成果。如2018年4月28日,由安徽省委宣传部、宿州市委市政府主办,安徽演艺集团、安徽广播电视台和萧县县委县政府联合承办的,2018"文艺扶贫、携手小康"惠民演出走进萧县活动,在凤祥体育场举行。我校独具地方特色的国家级非遗项目渔鼓道情《齐心共圆中国梦》被提名参加演出,并获得一致好评,成为全市唯一一支与省级演艺团队同台演出的队伍。又如,2018年5月,我校艺术团应中华健身舞蹈协会、香港特别行政区元朗区议员周永勤的邀请,参加了在香港举办的第二届中华民族传统文化邀请赛,表演的模特舞《美丽传奇皇藏峪》获一等奖,通过演出,也向香港特别行政区推介了皇藏峪景区和萧县书画作品。还有夕阳红艺术团承接县委举办的庆祝改革开放40周年、庆祝中国共产党99周年华诞,县政府举办的第三届伏羊文化节等专场演出等,都获得了社会的高度评价。现在县委、县政府每逢重大节庆活动,都有老年大学的专场演出;省、市、县三级电视台春晚节目都有萧县老年大学艺术团的身影。老年大学每年都要面向社会组织大型义务演出30多个场次,受惠群众达万人。此外,老年学员还活跃在"全民健身"、"敬老文明号"创建等大型活动现场,成为萧县文化建设中一道亮丽的风景线,充分显示了老年教育的文化作为。

2. 挖掘地方特色文化遗产，为文化强县贡献力量

"渔鼓说唱"是萧县唯一的国家级非物质文化遗产，濒临失传，险于灭绝。2017年，萧县老年大学成立专门团队对"渔鼓说唱"进行抢救性挖掘：一边寻找老艺人整理词曲、录音定调，一边编排节目、试验演出；在此基础上，邀请有关专家召开研讨会，对节目在保留原有特色的基础上进行充实、提高；将其由原来的独唱改成群唱，增加了道具，添置了服装，投入经费2万多元。经过反复打磨提高，这一古老的说唱艺术焕发了青春。渔鼓道情《齐心共圆中国梦》公演后受到各界好评，被社会公认为"最有萧县味"的节目，并成功登上2019年安徽省电视台老年春晚舞台，获得最佳人气奖。2021年安徽省老年大学协会春晚导演组指定萧县老年大学创作《唱唱我们的小康生活》，并成功参演，获得领导的高度评价，之后代表安徽省登上了央视十七频道《农家院里过大年》春晚栏目，为安徽争得了荣誉。原创舞蹈《画乡渔鼓情》获得省老年大学系统文艺汇演一等奖。在庆祝中国共产党百年华诞之际，我校的渔鼓道情《渔鼓声声话时代》代表宿州市参加省委老干部局举办的"'伟大的旗帜'——庆祝中国共产党成立100周年文艺晚会"，并获最佳节目奖。如今，萧县老年大学艺术团已成为萧县文化界一张亮丽的名片，成为县域文化建设新的增长点。

（二）围绕中心工作，面向县域经济建设，激活发展动力，助推地方经济发展

发展老年教育，办好老年大学，是助力地方中心工作顺利开展的一个重要平台，老年学员则成为助力地方中心工作开展的有力助手。萧县老年大学围绕中心，服务社会，发挥专长，为县域经济发展添砖加瓦。

1. 服务于脱贫攻坚,开展文艺扶贫

萧县是国家级贫困县,脱贫攻坚工作是党和政府的中心工作。老年大学发挥专长,积极为脱贫工作助力。一是在全校开展扶贫捐助活动,2017年至2019年共捐款3万多元,捐衣物1000多件,都及时送到贫困户手中。二是开展文艺扶贫、送戏下乡活动。夕阳红艺术团在2017年11月冒着严寒排练,打造出一台演出时长达两小时且具有时代精神的精彩节目,分别到圣泉乡陶楼行政村、张庄寨武楼村、青龙镇张鲁庄村、龙城镇人民村和李台村等地义务演出,为贫困村群众在春节前送去了文化大餐,受到群众的一致好评。

2. 开展校企联姻,实现共同发展

萧县老年大学注重校园文化建设,学校艺术团编演的节目质量高,内容丰富,社会演出频次高,影响大,但受缺少资金的制约,遭遇发展瓶颈。萧县县委、县政府招商引资的重点客商绿城集团,在萧县投资巨大。老年大学主动与其沟通协商,签订合作协议,成立了"萧县老年大学绿城艺术团",并于2017年5月揭牌。根据协议,艺术团每年为绿城"岱湖世纪城"项目,在城乡演出11场,绿城集团每年拨付艺术团20万元经费,形成了校企结合、互利双赢、共同发展的良好局面,既推动了萧县城市建设和经济发展,也为创建"老年大学省级示范校"奠定了经济基础。

3. 扩大景区知名度,助推旅游经济

萧县著名风景名胜区皇藏峪,原名黄桑峪。传说刘邦当年落难藏身此地,逢凶化吉,遇难呈祥,创立了大汉王朝。后来此地就更名为"皇藏峪",是全国唯一以皇帝藏身处命名的4A级景区。根据民间传奇故事,我校投入2万多元购买服装、聘请专家指导,经过反复提炼、加工,编排了模特舞《美丽传奇皇藏峪》。2018年10月模特舞参加在广西南宁举办的全国老年大学系统文艺汇演,获得铜奖。每逢春秋两季旅游高峰期，我校在皇藏峪景区搭起舞台，为游客义务演出，反响强烈，皇藏峪景区为老年大学艺术团赞助经费5万元。随着节目在省、市、县三级电视台的播放，在更大范围、更高层次上宣传了萧县，提高了皇藏峪景区的知名度和美誉度，使景区迅速红火起来，推动了萧县旅游经济的发展。

萧县老年大学精准管理规范第一课堂，解放思想活跃第二课堂，面向新时代丰富第三课堂，在突出地方特色、彰显老年教育活力方面进行了一些有益的探索，在积极应对老龄化社会、摸索基层方案方面迈出了可喜的一步。随着小康社会的全面建成，相信老年教育一定会有更加美好的前景。

（作者系宿州市萧县老年大学校长）

不辱使命狠抓落实乘势而为　不断加快推进市老年大学建设发展

欧阳宏伟

多年来，市委、市政府对我市老年大学建设和老年教育高度重视，始终把发展老年教育作为老年人权益保障的一项重要工作，列入议事日程。市、县区也逐步把老年教育纳入终身教育体系和教育发展规划。老年教育事业得到不断发展，老年大学建设初具规模。随着我市老年教育的深入发展，在各级党委、政府的重视和支持下，在市老年大学的带动指导下，各级各类老年教育相继开办,1990年后五河、怀远、固镇三县和部分乡镇分别成立了老年大学或学校。2014年起,蚌山区、龙子湖区、淮上区和禹会区(与电大合办)也先后开办了区级老年大学。一些乡镇、社区也结合实际把老年学校建设和活动场所及文化站充分结合起来,还利用银龄远程网络、党员先锋网等媒体,开办了不同形式的老年教育。2020年疫情期间我们本着"停课不停学"的原则,及时创建开办了"蚌埠市网上老年大学",老年教育覆盖面和办学规模不断扩大,对实现"老有所学、老有所乐、老有所为"和维护社会和谐稳定,发挥了积极作用。

一、市老年大学建设基本情况

在蚌埠市委、市政府领导的高度重视下,1987年蚌埠市老年大学正式创办,2002年增设了南山分校,2013年以来又在禹会区大庆社区和龙子湖建新社区及高新区文锦路、文竹苑社区先后设立了教学点。30多年来,经过历任领导人的努力,蚌埠市老年大学由初期的3个专业班、学员130人次,发展到如今有125个专业班级、每学期学员近7000人次。目前,学校由市委老干部局主办,设老年大学办公室负责日常服务保障工作,现有3名编制人员。领导班子由1名校长、2名兼职副校长组成,学校以志愿服务的形式聘请了11名老同志协助进行教学管理工作。2019年开始,学校财政拨款111万,学费收入108万,共计219万,开设了学制班级(6年)、研修班级(2年)和表演班级(每届调整)等,涉及近50个专业。

二、市老年大学办学开展情况

在市委老干部局的领导及各部门的大力支持下,我们紧紧围绕"增长知识、丰富生活、陶冶情操、促进健康、服务社会"的办学宗旨,坚持"教、学、乐、为"相结合的教学方针,大力推进教学手段的创新,不断加强软硬件设施建设,积极改善办学条件,优化教学资源,广泛开展各项教学教研活动。

(一) 创新机制,规范办学

1. 一体两翼,规范办学

近年来,学校坚持政治立校、文化兴校和反哺社会的办学理念,实行以规范办学为主体、科研强校与社团兴校为两翼的"一体两翼"发展战略,构建了每个专业6年学制和科学的教学管理体系。学校实现了教学"五有"目标:有"学员为本"的教育理念,有科学的专业课程设置,有地方特色和时代特征的精品课程,有完整的教学计划,有独立编著的优秀教材。在管理上发挥三级管理模式的作用,强化班长及班委在一线服务管理的积极作用、作为桥梁纽带的协调作用;强化系主任上传下达组织实施作用,有效宣传实施学校的有关政策、制度和举措;召开教师座谈会,举办专业之间的教学研讨和教学观摩活动,开展教学与学习交流。每届还进行评比、表彰"优秀教师""先进工作者""文明班级""优秀班长""五好学员"的活动,较好地促进了教学质量和水平的进一步提高。利用校报、诗刊等相关媒体宣传载体,及时有效地刊登、刊载学校教学、活动和身边的好人好事,大力宣传工作动态,充分展示教学成果和优秀作品。每年编印发行4期校刊、2期诗刊和1期《涂山拾风》。

2. 健全体制,依章管理

学校制定了一系列管理规章制度,实行校、系、班三级管理体制;教育引导工作人员增强以人为本、服务为先意识,提升服务管理水平;结合实际需要选配热爱老年教育事业、工作责任心和能力较强的退休人员,分别担任教务、宣传、校艺术团的系主任及管理员工作,努力做到工作人员分工明确,服务、保障和管理到位。学校设办公室、教务处、总务处、宣传处,并借鉴高校管理办法,以系管理为主,协助学校抓好行政和教学的管理。根据"老年大学省级示范校"标准化建设要求,在学校、系科、班级三级管理体制中,努力做到立足"三个点"、倡导"三强化":① 系科点:系主任要强化政治意识、大局意识、核心意识和看齐意识,完善、健全系主任例会制度,确保学校校令畅通;② 班级点:班长要强化责任意识、管理意识、协调意识和安全意识;③ 教学点:执教老师要强化课程意识、教材意识,确保每学期按时完成教学计划。为满足老同志求学需求,解决老同志上学难的问题,市老年大学大胆创新学制,构建6年制普通班与研修班和表演班学习相匹配的专业体系,实行各专业6年制毕业制度,做到了"进得来、出得去",并形成专业循环、学科平衡发展的良好态势,让更多的老同志共享老年教育成果。

3. 尊师重教,优化师资队伍

我们通过学员介绍、老师推荐、本人自荐和社会公开招聘等方式不断收集整理教师信息,筛选优化师资资源。按照事业用人、感情待人和适当待遇留人的机制,吸收积累了一批适应老年教育特点的优秀教师,并能够发挥其专业特色教师引领和专家魅力吸引的独特作用,激发老年学员的学习热情。我们知道一支强而有力、教学能力水平较高的教师队伍,是老年大学的立校基础、兴校之本,因此,我们牢牢把住教师入口关,倾力寻觅政治水平高、专业性强、知识面广、教学经验足且乐于奉献并具感召力、亲和力的专家教师,做到每届(2年)与聘用教师签订权利义务对等协议,颁发教师聘用证书。在教学的实施与组织过程中,课前要求教师严格按照各专业课程的设置,准备教学纲要,撰写教学计划,由学校教务部门审核通过后,依据备课教案实施教学;课中进行跟踪、督查,支持解决教与学的衔接问题,处理教与学的矛盾;课后开展评教、评学活动,对教学实施综合考核评估,评估结果适时反馈给教师,并归入教师教学档案。同时还遴选适量符合老年教育专业兴趣特色的中青年教育工作者,建立教师信息库,充实了教师后备力量,进一步加强了教师队伍建设。经过多年努力,我们已经建成一支以高校在职与退休教授、国家级或省级书画家与教练员、社会各界能人为骨干的教师队伍。目前学校有87名兼职教师,他们教学经验丰富,业务能力强,其中有8名教师荣获"全省老年大学优秀教师"称号。

(二)加大投入,服务保障到位

努力提高服务保障水平,不断改善办学条件,优化教学资源,是提高教学质量和水平的关键环节。平时学校总务处注重加强教学场所、设施、器材和学习环境的管理与维护,及时维修、增配教学所需设备器材;教学上给教师和工作人员配发辅助教具文具,诸如配发U盘、激光教鞭、掌上电脑等用于教学管理的多媒体工具,所有理论性教室都安装了教学监控和投影设备。学校始终坚持教学第一、服务至上的办学思想,狠抓服务与保障作为提高办学水平、提高教学质量的主要环节,并且常抓不懈,取得了良好成效。学校为每届毕业学员颁发毕业证书,免费为毕业班级照毕业照,并给每位毕业学员印发一张合影照片以作留念。2015年,学校引进了教务教学网上管理系统,课程设置、班级系制管理、学员上课考勤和学员缴费注册以及信息统计,均做到了电教、算化管理;十七届新学期,大胆采用了微信网络报名系统,下大力气解决了老同志排长队报名问题。在重大活动、重要节点,学校及时将各类劳务费、辅导费和活动费合理发放到位,调动了教师积极性,进一步促进了教学质量和水平的提升。

（三）搭建平台,弘扬正能量

近年来,市老年大学始终坚持以习近平新时代中国特色社会主义思想为统领,增强"四个意识",坚定"四个自信",做到"两个维护",紧紧围绕"四个全面"战略布局,把为党的事业增添正能量贯穿在教学和各项活动中,已成为为党的事业增添正能量的有效平台。全校开展培育和践行社会主义核心价值观的教育,定期组织班长骨干学习习近平新时代中国特色社会主义思想、学习十九大报告,以及听取"形势报告"、开展"道德讲堂"、解读"十三五"规划等,组织老同志开展以"展示阳光心态,体验美好生活,畅谈发展变化"为主要内容的为党的事业增添正能量活动。市老年大学参与了蚌埠市"开埠百年""一节两会""温馨蚌埠 欢乐珠城"等活动,每年举办"庆七一""离退休老同志迎新春茶话会"等多场大型文艺演出,近5年组织学员深入基层演出近200场次;市老年大学艺术团的舞蹈节目两次荣获全国老年大学文艺演出金奖。学校多次组队参加全国及全省老年大学系统的书法摄影展、时装表演、体育舞蹈大赛(并获奖)以及文艺展演活动,参加全市老干部"镜头中的蚌埠"摄影展、"我看蚌埠这几年"征文比赛,举办了校园合唱节、《实践与思考》《中国梦、老年梦》《涂山拾风》文集征文等,以及庆祝新中国成立70周年、建党100周年系列活动,充分展示了老同志的本色美、作风美、心态美,引导老同志以美好的心态感染、鼓舞身边人,在喜闻乐见的形式中充分释放正能量。结合重大节日,学校还组织开展形式多样、丰富多彩的校园文化活动,并坚持课内课外相结合、校内校外齐呼应,开展第二、第三课堂活动。学校以点带面、试点先行探索,建立了4个临时党组织,组建了校艺术团和有关专业研究学会,还专门成立了"夕阳红"志愿者队伍,有计划、有组织地引导临时党组织、"夕阳红"志愿者、学员班队、艺术团、兴趣小组和研究学会,深入社区、街道、敬(养)老院、福利院和驻蚌部队等场所,进行慰问、书画展示和义演等不同形式的反哺社会活动。每个学期班级之间都要开展学习成果展示、交流和联谊活动,营造了和谐校园、求知校园和快乐校园的浓郁氛围。学校有200多人加入全国、省、市书协、美协、影协和诗词学会,成为会员理事。市老年大学的学员们犹如一朵朵蒲公英,把新文化、新知识、新技艺的种子播撒到了社会的各个角落。通过这些活动,老年学员实现了自我价值,得到了他人认可,也获得社会尊重,心情愉悦。为社会做贡献,为党和人民事业增添正能量,也是老同志最大的幸福!

30多年来,市委、市政府给予了大力关心和支持,几代蚌埠老年教育人做出了辛勤的努力和奉献,学校先后被评为"老年大学省级示范校",荣获市、省及国家级"敬老文明号"称号、全省老年教育先进单位,教育质量和水平稳步提升。学校为10余万老年学员圆了老有所学梦,使他们成为身体健康、心理阳光、知识丰富、情操高尚的时代老人,为我市精神文明建设、文明城市创建和经济社会发展做出了应有的贡献。

随着我市社会老龄化持续攀升,老年教育发展与老年大学建设还远远不能适应老龄化社会的需求。特别是近几年老年大学的发展与兄弟地市相比,存在较大差距,在硬件设施上更是相对滞后。面对新形势,针对新问题,着眼新要求,必须谋求新发展。

三、市老年大学发展中存在的不足

近年来,我市经济社会快速发展,作为皖北地区和淮河流域中心城市,我市老年大学的建设水平与省内兄弟市、与中心城市的定位相比存在明显不足和差距,与全国文明城市持续发展的需要和老龄化社会的要求不相适应,主要表现在:校舍面积体量小、体制不完善、编制人员少以及办学能力和水平存在不足;受人力、财力等条件制约,市老年大学在现代老年教育理论研究应用、教学管理、教材编写等方面存在不足;由于兼职老师待遇偏低、年龄偏大、流动性强、运用现代教学手段能力弱等,影响了教学稳定性和教学质量持续提升;等等。

目前,校舍面积扩大和体制编制问题已提到议事日程及解决过程中。在市委老干部局的领导下,争取了市委、市政府的关心、重视、支持,由市城投出资在张公湖畔购买了一栋7000平方米的房屋,租赁给市老年大学作为过渡校区,现正处于设计装修阶段,即将投入使用,从而能够基本缓解市老年大学校舍面积不足、办学规模小与社会需求大的矛盾。关于管理人员和专职教师问题,校领导和局领导已以书面报告的形式向市委、市政府提出了建议,进一步争取市委、市政府的关心、重视,努力增加专业教职人员,不断加强管理人员与兼职教师队伍建设。一是争取增加学校专业管理工作人员编制,建立规范的部门管理体制,设立岗位职责,明确分工和责任。二是积极争取教育部门、协调人社和文化等部门支持,出台了《关于进一步促进老年教育师资队伍建设的通知》,积极支持、鼓励或广开渠道向老年大学输送兼职教师,在职教师在老年大学工作,同样享受评聘职称、培训等与其他学校同等的待遇。

老年教育是终生教育的最后阶段,能更好地满足众多老年人对美好生活的向往与追求,对于增强全市老年人的幸福感、获得感具有不可替代的重要作用,对于巩固和提升我市精神文明创建工作具有巨大的推动作用。

(作者工作于蚌埠市老年大学)

做好新时代老年教育工作探究

马志强

党的十九届四中全会提出"构建服务全民终身学习的教育体系"重要举措,《中国教育现代化2035》对构建服务全民终身学习的教育体系进行了重点谋划,推出国家学分银行等顶层制度设计。习近平总书记也曾提出构建衔接沟通各级各类教育、认可多种学习成果的终身学习立交桥。在学习型社会制度架构中,老年教育工作是重要组成部分。进入新时代,科学技术突飞猛进,给老年教育工作带来了发展机遇,同时也使老年教育工作面临着严峻挑战。在当前形势下,推进老年教育工作健康、可持续、快速发展,是一个迫切需要解决的新课题。笔者结合工作实际,认为做好新时代老年教育工作应坚持"四到位"。

(一)与时俱进,坚持思想认识到位

老年人是党和国家的宝贵财富。随着全面建成小康社会,老年事业越来越受到全社会的广泛关注,老年教育工作作为加强老同志思想政治建设、满足老同志精神文化生活需求的重要载体,作为党在思想文化领域中的一个重要阵地,理应受到高度重视。

1. 做好老年教育工作是适应人口老龄化趋势的需要

21世纪是我国的人口老龄化世纪。从2011年开始,我国进入人口快速老龄化阶段,预计2050年老年人口达到峰值4.87亿左右,占我国总人口的34.9%,并且这种高度老龄化的人口结构状态会延续到本世纪的后半期。为此,2019年11月,中共中央、国务院印发《国家积极应对人口老龄化中长期规划》,系统谋划未来30年应对人口老龄的总体方案。老年教育作为一个新课题,已摆在我们面前。面对这一重大的社会问题,我们无需回避,必须认真面对。

2. 做好老年教育工作是全面建成小康社会的需要

要实现党的十九大报告提出的"决胜全面建成小康社会"宏伟目标,需要建成无人不学、无时不学、无处不学的全民学习、终身学习的学习型社会,需要提高全民的综合素质和创造能力。可以说,决胜全面建成小康社会的过程,是推动社会和人全面发展的过程,也是促进全民学习、终身学习的过程。这其中包括推动老年人的全面发展和促进老年教育工作的全面发展。老年教育工作作为学习型社会建设的重要组成部分,备受社会各界关注,进而需要进一步思考,如何确立怎样的老年教育工作目标,才能在全面建成小康社会和老年人自身发展之间找出一个结合点,以便于老年教育工作的全面协调、可持续发展。

3. 做好老年教育工作是完善终身教育体系和建设学习型社会的需要

习近平总书记强调:"要积极看待老龄社会,积极看待老年人和老年生活,老年是人的生命的重要阶段,是仍然可以有作为、有进步、有快乐的重要人生阶段。"据此,培养有作为、有进步、有快乐的新时代"三有"老人是新时代老年教育工作的培养目标。社会在发展,人类在进步,老年人更需要享受教育,更需要在教育中完善自我,实现人生的价值,而做好老年教育工作,可以实现老年人活到老、学到老的愿望,使他们做到"政治坚定、思想常新、理想永存"。

（二）加强协调，坚持组织领导到位

做好新时代老年教育工作，需要一个良好的发展环境，更需要各级领导的关心和支持。因此，各级党政领导要高度重视，将办好老年大学、做好老年教育工作作为造福老年人的一项系统工程来抓，切实抓紧抓好。

1．领导重视，真抓实干

各级党委、政府要把新时代老年教育工作列入议事日程，摆到重要位置，主要领导要经常关心过问，做到有部署、有考核、有奖惩。

2．成立组织，狠抓落实

要专门成立新时代老年教育工作领导小组，由分管领导担任组长，相关部门负责人为成员，加强对老年教育工作的指导、协调和督查，定期分析老年教育工作形势，及时研究和解决老年教育工作中的突出问题，督促有关部门抓好落实。

3．密切配合，齐抓共管

各级组织和老干部工作部门要认真履行职责，财政、人力社保、教育、文化、民政、老龄等部门要通力配合，形成党政重视、多方参与、社会支持，多层次、多渠道、多形式做好新时代老年教育工作的新格局。

（三）健全保障，坚持资金落实到位

新时代老年教育的中心工作就是办好老年大学，没有一定的经济支撑，难以办好一所学校。有的地区重视程度不同，造成财政支持程度不同，直接影响了当地老年大学发展；有的地区对老年大学的财政预算倾斜的差异大、随意性大，导致资金到位率

不高。

1. 完善制度,经费到位

各级党委、政府应建立完善的老年大学经费来源制度,保障老年大学的正常运转,特别是要把老年教育经费列入各地当年财政预算,随着老年学员人数逐年增加,对老年大学、老年学校的开办、设备添置提供专项补助。

2. 拓展渠道,社会扶持

组织、民政和老干部工作部门要号召和动员一些社会组织、知名企业和爱心人士,对老年大学进行定点帮扶、结对互助,关心、赞助老年教育事业。

3. 以人为本,自给自足

老年教育是非义务教育,受教育者需要个人投资。随着人们生活水平的提高和老年学员人数的增多,老年大学可以经过发改、物价等部门审批后,适当向老年学员提高收费标准,学费应该全额返还学校,用以弥补办学经费不足。

(四)大胆实践,坚持工作创新到位

创新是一个民族进步的灵魂,是一个国家兴旺发达的不竭动力,做好新时代老年教育工作,同样也需要创新。

1. 方法创新

随着人们生活水平的改善和社会老龄化程度加快,普及老年教育已是大势所趋,势在必行,而互联网技术的广泛应用,有利于扩大老年教育的覆盖面。目前,可依托广播电视、远程网络平台等途径,满足社区和行动不便的老年人及农村偏远的地区的老年人的学习需求;注重功能转化,必须正确处理老年人的休闲娱乐、强身健体等功能,促使老年教育网络化的形成,达到普及老年教育的目的。在具体工作中,民政、教育和老干部工作部门要加强团结协作,整合老年教育资源,形成老年教育资源的共享机制;调动社会资源,采取联办、助办、公办等形式和建、挤、借等办法,扩大办学规模,形成县、乡镇(街道)、村(社区)三级办学网络。

2. 教学创新

有的区(县)老年大学的师资力量相对薄弱,学校无编制,教师主要从社会、教育、卫生、文化和体育等部门聘任兼课。要适应新时代老年教育的发展,就必须完善教师队伍建设,提高教育教学水平。① 建立一支门类齐全、结构合理、素质较高的老年大学教师队伍,为老年教育提供师资保障。② 要加强对老年大学教师的业务培训,建立教师人才库和教师来源基地,逐步建立专业教师、兼职教师和聘用教师相结合的教师队伍。③ 要结合各层次老年人的特点,编选专业配套、质量较高的教材。

3. 活动创新

"文化养老"是以沟通思想、交流情感、拓展个性、发挥专长、服务社会为内容,满足老年群体精神需求为目的的生活方式。"老有所学、老有所教、老有所乐、老有所为"是老年教育的工作方针,是老年人精神层面的需求,与"文化养老"内容是一脉相承的,可以说,发展老年教育是"文化养老"最有效的途径。通过学校网站、宣传栏、展厅等媒介展示学员作品及校外体验和志愿服务活动,鼓励老年学员走出校门,融入社会,发挥余热。

4. 管理创新

要不断完善老年教育管理方式,改进工作方法,提高教学质量,把尊重老年人、关心老年人、服务好老年人作为新时代老年教育工作的出发点和落脚点。坚持以老年人为本,重视老年人的身心发展规律和特点,树立"点滴进步,即有所获"的思想,循序渐进地开展教学活动。进一步更新观念,创新机制,充分利用整合现有资源,激发老年教育活力,促进新时代老年教育工作健康、快速发展。

（作者工作于蚌埠市龙子湖区老年大学）

大力发展老年教育　服务全民终身学习

赵　彪

我国是世界上老龄人口绝对数最大的国家。如何应对人口老龄化和老龄人口高龄化带来的一系列问题的挑战，是我国在构建和谐社会进程中的题中要务。而大力发展老年教育，则是妥善解决这一严峻挑战的必然选择。虽然当前我国老年教育还不健全，存在很多问题需要解决，但是从终身教育的理念出发分析我国国情和借鉴发达国家老年教育的经验，对老年教育的发展会产生积极的作用。

一、发展老年教育的重要意义

（一）老年教育是满足老年人精神需求的必由之路

党的十九届五中全会提出实施积极应对人口老龄化国家战略，把应对人口老龄化作为当前和今后一个时期关系全局的重大战略任务进行统筹谋划、系统施策。据统计，到 2018 年，全国各地共有 7 万多所老年大学和老年学校，有学员 700 多万人，而且一些老年大学还借助远程教育向农村延伸，加上远程教育的学员，共有1000多万人。老年人不仅把老年大学当作学习的场所，更将其当作一个与社会沟通的场所。面向老年人的大学，并不只是一个教授知识和技能的场所，同时它还发挥着结识更多朋友、扩大社会交际网的作用。老年人在退休后容易感到孤独，老年大学便是一个老年人与社会的交点及其呈现活力的平台。

（二）老年教育是构建终身教育体系的必然要求

老年教育源于法国教育家保罗·朗格朗20世纪所提出的终身教育理念。他认为把人的一生机械地分为学习期和工作期，前半生的时间用来积累知识，后半生一劳永逸地使用知识是毫无科学根据的，教育应当贯穿于人的一生，成为一生不可缺少的活动。教育在纵向上应该贯穿人的一生，在横向上应该打通各级各类教育之间的沟通和衔接；教育不是结束于学校教育，学校教育仅是终身教育的起始。由此可见，老年教育是终身教育不可或缺的一环，是终身教育的最后一环，具有不可替代性。

（三）老年教育是解决人口老龄化问题的重要途径

发展老年教育是实现教育公平的重要步骤。在学习型社会中，人人都有学习的资格，在学习机会面前人人平等，不仅青少年有资格学习，老年群体同样也有资格学习，因此老年教育是促进教育公平建设的重要内容。发展老年教育可以实现老年人的全面发展。老年教育让老年群体有机会进行更多的社会交往、参与更多的社会实践，从而更紧密地与社会联系在一起，发挥出自己的余热，使自己在人生的最后一个阶段有更加充实完备的人生。

二、五河县发展老年教育的主要做法

近年来，县委认真落实全省"十三五"老年教育发展规划，全县老年教育事业取得了长足发展。五河县老年大学创办于1993年,注册学员1800余人次。建校28年来,学校始终坚持"增长知识、丰富生活、陶冶情操、促进健康、服务社会"的办学宗旨,坚持"尚和笃学,康乐有为"的办学理念,始终把校园文化建设放在重要位置,努力把老年大学办成老同志增长知识的阵地、愉悦身心的乐园。学校先后被评为省、市级老年教育先进集体,2013年成功创建安徽省"老年大学省级示范校"。2018年再次通过"老年大学省级示范校"建设验收,成为蚌埠市唯一的一所老年大学省级示范校。

(一) 提高政治站位,加强组织领导

县委始终坚持以习近平新时代中国特色社会主义思想为指引,认真贯彻中央及省委、市委关于老年教育事业发展的部署要求,推进我县老年教育工作。

1. 强化领导,纳入教育规划

建立健全党委领导、政府统筹,教育、组织、民政等部门密切配合,相关部门共同参与的老年教育管理体制。把老年教育纳入全县经济社会发展规划及教育和老龄事业发展规划,统筹开展全县老年教育工作,定期研究、解决老年教育发展中的重大问题。结合县域实际提出落实加快发展老年教育的具体实施方案和举措,并抓好组织实施。县直各相关部门按照职责分工,加强沟通、协调,通过规划编制、政策制定、指导监督,共同推进老年教育的发展。

2. 完善机制,加强投入与保障

发挥好老年教育组织、老年大学协会以及基层老年协会在推进老年教育事业中的重要作用。加强老年教育基础设施建设,将其作为政府的养老工程、民心工程和德政工程予以高度重视、大

力推进。2012年,县政府投资700余万元,建筑面积5400平方米的县老年大学新楼建成,为老年大学创造了一流的办学硬件。18个城镇社区全部挂牌建立社区学习点(老年开放学习点),建设比例达100%,14个乡镇均挂牌成立社区学院(老年开放学校),建设比例达100%。

3. 整合资源,持续统筹推进

整合利用乡镇综合文化服务中心、敬老院、福利院、学校、村级文化服务中心等现有公共活动场所,对199个行政村中的100个行政村挂牌建立社区学习点(老年开放学习点),建设比例达50.25%。

(二)坚持目标导向,落实重点任务

瞄准老年教育"十三五"目标任务,坚持问题导向,创新开展老年教育工作,推进老年教育重点任务落地见效。

1. 优先发展城乡村(居)老年教育

整合利用现有的村(居)党群服务中心、社区教育机构、乡镇文化站等教育资源,以及文化馆、全民健身活动中心、社区文化活动中心、社区科普学校等,开展多种形式的老年教育活动。关注发展农村老年教育,强化对农村独居老人的教育服务。

2. 多元化开展老年教育

推进图书馆、文化馆、科技馆、公共体育设施等向老年人免费开放。充分发挥广播电视、报纸杂志、门户网站等媒体作用,开设贴近老年人生活的专栏专题,丰富老年人的精神文化生活。整合利用社区居家养老资源,在社区老年人日间照料中心、托老所等社区居家养老场所内,开展形式多样的老年教育学习活动。

3. 提高县老年大学办学质量

县老年大学面向社会办学,规范教学管理,科学设置课程,丰富教学内容,创新教学形式,不断满足老年人多层次、多元化的学习需求。近年来,五河县老年大学根据"展示阳光心态、体验美好生活、畅谈发展变化"主题活动安排,组织策划系列活动。如2018年纪念改革开放40周年、2019年庆祝新中国成立70周年大型广场文艺演出都取得了空前的成功,产生了良好的宣传效果。据不完全统计,县老年大学办学27年来,师生创作的书画作品参加省、市、县美展的有千余幅,在国家和省、市报刊发表的书画作品130余幅、诗词作品300余首,有相当一部分作品获奖;参加县级以上文体展演、各类比赛获奖46次;有近200名学员被吸收为市级以上相关专业协会会员,并有多人获得相关荣誉称号。

(三)注重统筹结合,强化保障措施

紧盯老年教育突出问题,强化县委统筹、政府承办的职能,推进老年教育良性发展。

1. 调整充实领导班子

及时调整县老年大学领导班子建设,选好、配强学校领导班子,努力培养一支热爱老年教育事业、守纪律、懂规矩和忠诚、干净、担当的优秀老年教育工作干部队伍。

2. 加强资金投入保障

县政府将县老年大学的办学经费专项列入财政预算,并随我县经济社会发展和办学实际需要,逐步增加拨款指标。学校购置教学设备、举行重大活动等都有相应的专项拨款,办学经费得到了充分保证。2012年新教学楼投入使用后,县财政为老年大学划拨了40万元的设备购置专款购置教育教学设备。2016年划拨40万元专款用于改建厕所和购置设备。2020年划拨18万元用于外立面修缮。现在县老年大学专项预算为28万元。

3. 定期进行绩效考评

县教体局牵头组织成立专家组,对各乡镇社区学院(老年开放学校)、社区学习点(老年开放学习点)进行实地评审,遴选优秀者参加市级评审,对评审成绩突出的单位予以经费奖补,按不低于 2 万元的标准支持社区学院(老年开放学校)建设,按不低于 5000 元的标准支持社区学习点(老年开放学习点)建设。2019 年,城关镇吴家嘴(社区)学校被蚌埠市教育局授予"蚌埠市示范老年(社区)学校",获得奖励 30000 元;城关镇西苑社区、淮河社区老年(社区)学习点被授予"蚌埠市示范老年(社区)学习点",各获得奖励 5000 元。

(四)强化主动作为,宣传贯彻《条例》

2020 年 11 月 13 日,《安徽省老年教育条例》(以下简称《条例》)在安徽省第十三届人民代表大会常务委员会第二十二次会议通过后,我县立即组织学习宣传,针对条例要求筹备贯彻落实。

1. 注重宣传引导,扩大《条例》知晓度

《条例》颁布后我县立即立即着手组织宣传,通过会议、展板、宣传明白纸以及新媒体等多种形式加强宣传,争取扩大《条例》知晓率。

2. 坚持谋划在先,下好贯彻《条例》先手棋

积极筹备专题会议研究,征求贯彻《条例》的意见与建议,及时调整县老年教育委员会成员,对于完善县、乡、村(居)三级老年教育体制进行研究,对于引导社会力量以及鼓励公办学校、文化机构、教育基地等参与老年教育工作进行研讨等。

三、当前老年教育中存在的主要问题

老年教育虽然经过 30 多年的发展,但在规划管理、资源建设、城乡布局等方面还存在一些问题。

1. 老年教育资源共享机制尚未有效形成

老年教育涉及内容较多,目前教育行政部门的主动作为还不够,还需要上级主管部门进行明确督导;虽然文化、财政、民政等部门共同参与管理,却难以形成统筹管理老年教育的合力。老年教育工作管理的单一性,使有限的老年教育资源"闲置"与"短缺"共存。

2. 合力推进老年教育投入保障需进一步加强

老年教育是社会的公益性事业,尤其是乡镇、村(社区)的公益性更为突出,这就需要政府及各有关部门为发展老年教育提供必要的经费保障。县老年大学虽然有专项经费支持,但是却没有机构编制,因而教师队伍流动性大,教学活动的正常开展得不到有效保障。

3. 乡镇、村(社区)两级老年教育发展缓慢

在乡镇、村(社区)建成娱乐型的"麻将摊、象棋馆"容易,建设学习型的老年教育学习点有点难。受到老年人教育文化水平、生活习惯及学习场地等的限制和传统文化思想的影响,这两级老年教育工作发展缓慢。

四、下一步工作建议

2021年是"十四五"规划开局、起步之年,也是实施乡村振兴战略的关键之年,更是《条例》颁布落实的开局之年。要乘势而上,增强发展老年教育事业的紧迫感和责任感,坚持以扩大老年教育供给为重点,以创新老年教育平台为抓手,以提高老年人生活质量为目的,整合资源、激发活力,提升基层老年教育发展水平,让老年人共享改革发展成果,进一步实现"老有所教、老有所学、老有所为、老有所乐"。为此,提出如下建议:

1. 发挥老年远程教育的推动作用,提升老年教育现代化水平

作为终身学习的老年教育已经从传统的课堂教育拓展到网络远程教育,远程教育的作用越来越明显。2020年春节,受疫情影响,老年大学延期开学,"空中课堂"应运而生,老年大学坚持开展"停课不停学"的教学活动,满足了学员学习的需求。

2．完善办学体系,扩大老年教育优质供给

目前,老年教育的优质供给还不能满足老年人经常性参与教育活动的需要,城乡之间发展也很不平衡。要高标准办好县老年大学,推进老干部系统老年大学发展,不断扩大招生规模,依托老年开放大学建设老年教育师资库,加强师资队伍和学习资源的共享配送,解决乡镇老年教育资源不足的问题,从而实现区域老年教育资源的共商、共建、共享。

3．办好家门口的老年大学,打通老年教育"最后一公里"

家门口的老年大学具有政府统筹、社会合作和多元办学的特点,发挥了社会力量参与办学的聚集优势,这种"开放便利、灵活多样"的特点,体现了"整合社会资源,激发社会活力"的思想。要突破老年教育的瓶颈,扩大老年大学对社会的开放,在学校与社会双向需要的结合点上,改善办学条件,利用社区闲置场所或党员服务中心,开办各类老年教育兴趣班。要大力开发志愿服务,组织专业教师定期到社区为老年兴趣班授课,不断增强老年大学服务社会的功能。

4．加大投入保障,推进《条例》落地见效

① 要加强乡镇村居场所建设。农村和城市社区都没有专用的老年教育活动场所,建议把老年人学习活动场地建设纳入民生工程,以适应人口老龄化的需求。② 要明确老年大学机构职能。老年大学没有法人地位,没有编制,建议明确县级老年大学的管

理机构、职能、编制,更好更专业地服务老年人。③ 要发挥教育行政部门牵头抓总作用。充分发挥教育行政部门牵头抓总作用,各级部门发挥职能作用,将《条例》贯彻落实情况纳入政府目标考核,督促《条例》贯彻落实。

(作者系蚌埠市五河县老年大学校长)

老年教育发展与研究

孟祥斌

固镇县第七次全国人口普查结果显示,60岁及以上人口为89336人,占全县人口的17.82%,其中65岁及以上人口为74850人,占14.93%。与2010年第六次全国人口普查相比,60岁及以上人口的比例上升3.15个百分点,65岁及以上人口的比例上升4.43个百分点,且老龄化进程逐年加快。特别是人口高峰期实行计划生育的独生子女父母一代正步入老年,加速了人口老龄化进程。如何满足快速增加的老年人口对于教育和学习服务的需求,成为现行教育系统的巨大挑战和全新任务。

老年教育是终生教育的后期阶段,也是建设学习型社会的重要内容。发展老年教育事业对于不断提高老年人的生活质量、提升老年人的生存发展能力、保障老年人更好地享受改革发展的成果、构建社会主义和谐社会等具有重要意义。

一、我县老年教育现状

1. 老年人学习需求强烈

老年人想进入老年大学学习的愿望强烈,但由于办学资源不足等诸多因素,造成"一座难求"的现象,很多老年人无法进入老年大学学习。还有一些老年大学在校学员希望长期学习,不愿离开学校,在我县老年大学中,有的学员已在校学习了近20年。

2. 老年大学是开展老年教育的主体及重要形式

我县目前有一所老年大学。县老年大学建校于1992年,以"老有所学,增长知识;老有所乐,陶冶情操;老有所养,促进健康;老有所为,服务社会"为办学宗旨。经历了29年的发展历程,由最初的1个班、十几名学员,发展到6个专业、10个班、400余名学员。县老年大学校舍面积5058.4平方米,经费来源包括两个方面:一是政府拨款,占经费来源的85%;二是学员交纳学费,占15%。我县老年大学从无到有、从小到大、从不完善到较完善,取得了丰硕的成果,但仍无法满足广大老年人多方面、多层次的学习需求和日益增长的精神文化需求,客观形势要求老年教育的发展必须加快步伐。

3. 充实生活、提升生活质量是老年人学习的主要原因

与带孙子、做家务、打麻将相比,参加老年大学、老年学校的学习无疑更能增加老年人与他人交流的机会、融入社会的体验。通过学习新的知识、丰富自己的头脑,老年人可以达到精神上的愉悦。老年人通过学习提升自己的生活质量,增强主观幸福感,实际上也就是在为国家、为社会做出贡献。

二、老年教育的困境

1. 管理认识缺位,体制机制不健全

目前发展老年教育的问题是,各级党委和政府以及相关部门对老年教育都很重视,但老年教育没有按照继续教育和终身教育的理念,纳入全民所有制事业单位解决机构设置、人员编制和经费投入的相关规划。由于这种宏观摆位、战略布局上的缺陷,导致了老年教育的发展缺乏制度保障,因为体制机制不健全,使老年教育发展迟缓,困难重重。

2. 经费投入不足,硬件设施不完善

经费和硬件设施是开展老年教育工作的基础条件。但政府在老年大学建设上的经费投入不足,普遍存在"重小轻老"现象——幼儿园遍地林立,而老年大学(学校)却是凤毛麟角。现有的老年大学存在办学规模不大、办学场地不够、办学条件简陋、硬件设施不完善等问题。以我县老年大学为例,现有校舍面积只有5058.4平方米,其中还包括老干部活动中心,这无疑制约了我县老年教育事业的发展。

3. 师资短缺,教育质量无保障

发展老年教育需要建设一支高素质、专业化、热情高、服务好的师资队伍。从事老年教育的教师待遇相对较低甚至有些是无偿劳动,专业教师通常不愿"低就"接受老年教育教师职位的聘任。老年教育的教师基本为兼职,且数量缺乏,稳定性和持续性差。我县老年大学聘请的教师通常没有固定工资,截至2019年都是按两节课70元的标准给付报酬。由于待遇较低,对专业教师的吸引力小,导致老年教育往往难以找到好教师,且教师队伍人员不稳定,从而也就无法保障教学质量。

三、老年教育发展举措

1. 整合社会资源,扩大老年教育覆盖面

老年教育是政府切实维护老年人合法权益的公益性行为。为解决老年大学"一座难求"的问题,各地老年大学纷纷挖潜扩容。但在目前的形势和未来的趋势下,仅仅依靠政府是不够的,要积极构建政府投入与社会力量支持相结合的多渠道老年教育发展体系。应动员社会力量,吸纳社会各类资金,鼓励企事业单位、社会团体及公民捐资助学,形成老年教育投资主体多元化的办学格局。政府则在税收、教学用地等方面提供优惠政策,让更多关注老年教育的企业家、慈善机构和大专院校等参与办学,为老年人提供更多的接受终身教育的机会。老年教育是非营利性的公益事业,企业等单位通过对老年教育事业提供支持,可以获得良好的社会声誉,而其在提高社会效益的同时,往往也可收获经济效益。

2. 规范办学,推进老年教育健康发展

老年教育是一项利国利民的公益事业,是老年人享受终身教育权利的场所,是落实"老有所为"的重要途径,是丰富老年人的晚年生活、实现健康老年化的主渠道。各级党委、政府要加强对老年教育工作的规划、领导、组织和管理。首先,依法发展老年教育。完善与人口老龄化趋势相适应、与社会发展相协调、与终身教育体系相衔接的老年教育法律、政策体系,对老年大学、老年学校的隶属关系、资金来源、机构设置、人员编制、办学规模、课程设置、考核机制等做出明确规定,使老年教育工作从"人治"走向"法治"。其次,健全老年教育的体制与机制。成立由政府相关领导及老干部、教育、文化、民政等部门负责同志组成的老年教育工作领导小组,由领导小组主管老年教育工作,以便统筹利用各种资源开展老年教育工作。

3. 强化师资队伍建设，提高老年教育水平

注重加强老年教育师资队伍建设，使他们具备从事老年教育工作的职业素养和专业技能，造就一支职业化、专业化的老年教育师资队伍。重视对老年教育志愿者的培养，鼓励他们为老年教育事业服务，为构建社会主义和谐社会服务。老年教育从业教师应当热爱老年教育事业，对老年学员给予充分的尊重、关心和帮助，掌握老年心理学和老年教育学等基本的专业知识，同时熟悉所授课程的专业知识。要规范管理师资队伍，在招聘条件中明确应聘对象的职责、任职年限、工资待遇以及应达到的教学效果等。加强对教师的各方面考核，促进其教学水平的不断提高。此外，也可临时聘请一些法律、政策、医疗卫生、生活保健等方面的专家、学者，为老年学员普及相关知识；还可以在老年学员中发现、选拔有一定特长的人，为其他人讲授相关知识，互教互学，教学相长。

4. 改革管理理念，满足多样化需求

随着时代的快速进步和社会的发展变化，老年人的思想观念和文化素养不断提高，对老年大学教育的教学要求也越来越高。目前的老年教育事业缺乏对老年教育规律的探索，缺乏相对科学、系统、完整的教学管理经验和做法；在课程设置上，由于受专业师资、管理人员的专业素养和教学场所等主客观条件制约，还不能充分满足老年学员的社会化、个性化需求等。老年教育必须在教学管理、教学内容、教学方法、教学评估等方面按照现代化的要求实施改革。在教学的组织实施上，关注老年群体需要的特有的多样性、不同的层次性和完善发展自身的递进性，按需施教，充分发挥老年学员学习的主动性和自主性，引导学员达到价值的自我实现；在教学内容的安排上，突出社会发展的时代性和老年人

的需求性,把技艺学习、知识更新、文化熏陶有机地结合起来,使他们更多地"知",更熟练地"会",更有效地"为";在教学方法上,规范教学大纲和计划,严格按大纲、计划实施课堂教学。更多地运用现代化多媒体教学手段,丰富课堂教学形式,并把课堂教学与社会实践有效地结合起来,搭建参与社会活动的平台,使他们与社会紧密地联系在一起。将所学的知识技艺应用于实践活动,真正做到"老有所学、老有所为",实现更高层次的"老有所乐"。

(作者系蚌埠市固镇县老年大学校长)

在老年教育的丰富实践中拓新前行

王康健

我于1996年4月被市委调任阜阳市老年大学校长。担任校长期间,正值国务院《老年教育发展规划(2016—2020年)》、安徽省人民政府办公厅《关于加快"十三五"期间老年教育发展的实施意见》和《阜阳市人民政府办公室关于加快"十三五"期间全市老年教育工作发展的意见》相继出台。在贯彻落实目标任务的过程中,阜阳市老年大学迎来了大发展机遇,跨上了新台阶。学校顺利通过"老年大学省级示范校"的考核验收,获评"全国示范老年大学"。

学校的办学条件不断改善,办学规模不断扩大。"十三五"期间,学校办学经费由原来每年财政预算经费50万元增加到每年

120万元;教学面积由原来3800平方米增加到现在7000平方米;现已开设8个系、18个专业、162个教学班、10个远程教育班,共6670名学员。教学设施集课堂教学、远程教学、网络教学、视频教学于一体,配齐相应的现代化教学设备,引进信息管理系统,教室全部安装空调等,校园内外绿树成荫,景色宜人,集绿化、美化、亮化于一身,为学员提供了舒适、宽敞、明亮、温馨的学习环境,学校已发展成为多学科、多层次、综合性老年大学。

学校形成了自己的办学特色,教育教学丰富多彩。学校确立了"以人为本、内涵发展、强化特色、打造品牌"的办学理念,形成了求知进取,康乐有为的校风,爱心耐心、敬业严谨的教风,勤思多学、再塑自我的学风;发扬了"团结奋斗、求实创新、主动作为、志在一流"的办学精神;建设了以文明和谐、奋发向上为特色的校园文化。学校领导班子以退休老同志为主体,思想开阔,敢于创新,勇于实践,善于管理,倾情奉献;始终坚守"做好服务、抓好管理、办好学校"的职责,始终坚定办好学校的信心不动摇、干好工作的标准不降低,抓好教学质量不放松,志在老年教育,心系师生群众。培养了一支素质较高、热爱老年教育工作、有专长、有教学经验、有敬老情怀的教师队伍。培养锻炼出一支认真负责、无私奉献的班长队伍。三支队伍,加上爱校如家、以校为荣的广大学员的真心支持,使学校具有很强的凝聚力和向心力,在教育教学上,每年不断出彩出新。从办学之初学员只限地(市)直机关退休人员到开启开放式办学之门,面向社会老人;从第一课堂"保姆式"教学,发展到现在的第二、三、四课堂互动互补,相得益彰,实现了教学形式的多样化;从专一课堂教学到"教、学、做"合一的教学方法的灵活性,用真情对待学员、用温暖团结学员、用活动凝聚学员;从校内联欢、自娱自乐,发展到与市直单位、兄弟市(县)老年大学同台联欢,携手共进。与此同时,学校还办有校刊、网站,成立了合唱团,开展了形式多样的有益活动,让每一个学员各展所长。"迎着初升的太阳,怀揣心中的梦想,走进明亮的教室,编织美丽的憧憬,收获无尽的幸福",这是老年大学学员们学习生活的真实写照。

学校社会效益成果丰硕,传递了正能量。每逢重大节日和国家庆典,学校都要组织大型文艺汇演,举办书法、绘画、剪纸、摄影展览,学校每年都要组织送春联下乡、文艺演出和健身表演进社区等各种形式的为基层服务活动,组织老年学员发挥自身政治、经验、威望等优势,为现代化实力阜阳、大美阜阳建设提建议、献良策、做贡献。阜阳市老年大学已成为老年朋友的学园、乐园、精神家园和服务社会的平台,在这里他们收获了成就感、满足感和幸福感。

回首"十三五"期间,阜阳市老年大学每发展前进一步,都离不开安徽省老年大学协会的指导和帮助,离不开市委、市政府领导的重视与支持,离不开有关部门和社会各界的关心与帮扶,离不开校委会、临时党委领导班子的奉献与付出,离不开全校师生的大力支持与努力,共同谱写了一曲波澜壮阔的创业之歌、奋斗之歌、发展之歌。

走进新时代,阜阳市老年大学势头正火;面向未来,阜阳市老年教育事业,前景光明。站在"十四五"开局之年的起点上,老年大学新一轮发展其时已至,其势已成。如何解决老年教育发展的"梗",引领新时代老年教育跨上新台阶?如何进一步提升教育教学水平,让高质量的教育浸润老年人的心灵?如何进行更有效的管理,为老年人学习打开便利之门,让终身学习成为晚年最好的生活方式?老年教育征程漫漫,唯有奋斗。我们将永葆初心,永担使命,秉承"求真务实,严谨规范"的作风,弘扬"自强不息,追求卓越"的精神,为实现文化底蕴深厚、办学特色鲜明、教育教学一流的名校目标继续奋斗,为完成"十四五"阜阳市老年教育事业的发展任务增光添彩,再立新功。

(作者系阜阳市老年大学校长)

只有创新,老年教育才有希望

段克祥

界首市老年大学创办于1993年,2019年被评定为"老年大学省级示范校"。近年来,校领导班子和全体教师、学员共同努力,不断加强学校管理、改进教学方式,在各方面"更上一层楼",取得了可喜的成果。

老年教育的蓬勃兴起,是我国社会发展的产物,是现代文明的反映;是老年人不甘落后、自强不息,希望提高生活质量和生命质量,不断完善自我,提升自尊、自信、自强、自立人格的反映;是追求人生价值,继续承担社会责任、做出贡献的反映。随着社会的不断进步和人口老龄化的加剧,老年教育将会得到更加快速的发展。

老年大学将会越来越成为广大老年人所向往的场所。到老年大学去学习,将会成为我国社会普遍性的老年人生活方式和行为方式。

党的十九届五中全会明确提出了"全面推进健康中国建设,实施积极应对人口老龄化国家战略",为此,要坚持以习近平新时代中国特色社会主义思想为指导,学习好、宣传好、贯彻好全会精神,抓机遇、强内功、促发展,为实现全市老年教育高质量发展和社会和谐稳定做出努力。

多年的办学经验,让我认为,老年教育发展应重点做好以下几个方面的工作。

(一)积极办好一所老年大学,为老年教育搭建一个平台

我校固定校舍教学面积3000平方米,有乒乓球室、棋牌室,有多媒体教室(配有音响和调音台、平板电视和投影仪),另有舞蹈教室、电脑教室、图书室、器乐室、综合教室等。设有办公电子信息平台,通过邮箱接收老年大学学员的投稿。

老年大学经过多年的发展壮大,现已开设舞蹈、瑜伽、唱歌、器乐、豫剧、京剧、国画、书法、摄影、二胡、电子琴、健康养生、文学欣赏、诗词写作、时政等课程。有些学科还分为初级班与中级班。现有学员658人。

我校有一个由舞蹈班、音乐班学员组成的文艺队。别的班也跟进编创节目,在校内、校外演出,参加重大节日纪念日的演出。文艺队参加节日联欢和文化扶贫、慰问留守儿童等校外演出每年不少于5次,其他各班校外演出每年共计10余次。

创办作为宣传平台的《校讯》,报道学校动态,发表教师的教学心得,发表学员赞扬老师、表扬学员、谈学习体会的稿件。

倡导形成良好的校风、教风、学风。校园环境优美,文化氛围浓厚,卫生整洁,安全设施齐全,持续保有省"文明单位"称号。

(二)发展老年教育,必须注重教学创新

创新是一个民族的希望,也是老年教育发展的必由之路。

我县老年教育以老年大学为龙头,多举措、多途径加强老年大学教师队伍建设,努力形成门类齐全、结构合理、素质较高的老年教育教师队伍。我校现有专职教师22人,兼职教师5人,师资队伍的年龄结构和知识结构合理,有完整的教案,有丰富的教学经验,并不断调整和充实教学内容,改进教学方法,取得了良好的教学效果。

教师在教学中热情高涨,努力把所教课程打造成精品课程。有些教师为了丰富教课内容,利用假期到外地参加培训,把所学知识及时引入教学,将自编教材每学期各编一本打印发给学员,并写出"教学心得",为以后的教学奠定坚实的基础。

为了提升教学质量,学校比较关注多媒体教学。时政专题教师使用笔记本电脑利用多媒体课件进行授课。摄影班教师利用投影仪集中审稿点评,为学员在线播放。文学欣赏、书法国画班利用名家网络讲课视频,作为传统课程的补充。

为扩大教学影响,提高教学质量,各班都有第二课堂。摄影班组织学员走出校门,到本市风景点(界洪河风景带、颍南植物园、明珠广场、王集海棠公园)采风,实地指导学员取景、用光等拍摄技术,使学员很受益。京剧班每年与周边县市京剧协会共同举办"票友联谊演唱会",我校主办"豫皖两省京剧票友联谊演唱会",邀请河南省周口市和周边县市票友们联袂演唱《追韩信》《武家坡》《锁麟囊》《杜鹃山》《红灯记》等经典剧目唱段。我校学员组织"界首市老年诗词协会",每年开展"诗词进校园"活动,先后走进界首中学、界首一中、阜阳市工程技术学校、回民小学,与各校师生代表共聚一堂吟词诵诗。

为推动教师把课备好、讲好,提高教学质量,校领导班子成员跟班听课,编排"跟班听课分工表",正副校长、教务处工作人员随时听课并且做笔记,课后进行评议。

为检查教学效果,我们在期末举行教学成果展示,如"学员书法绘画作品展"和"学员摄影作品展",或以班为单位举办舞蹈、瑜伽、形体、豫剧、京剧、合唱、二胡等"期末汇报演出",对本学期的教学成果进行一次检验和比赛。这是学校的一场盛会,每个学员都有机会展示才艺,校领导班子成员都参加汇演观赏,大大激励了师生的工作和学习积极性。

(三)要注重教育管理的创新

加强老年教育工作者队伍建设,必须创新工作机制,不断提高管理服务水平,建立健全制度,充分利用和整合现有资源,提升办学效益。

从上课时间来说,考虑到老年人行动迟缓,我校上课上午从九点钟开始,下午从三点钟开始。考虑到有些老年学员上台阶不便,教学楼专门修有坡道。茶炉房每天不间断免费供应开水。还为老年学员办理公交老年卡,方便他们出行。

为提升老年教育工作人员的业务水平和工作能力,每学期都让工作人员参加省市老年大学协会各类业务交流培训会议,或到外县市老年大学去参观学习。

在教学方面,开学前制订教学计划、编印课程表,开学后学员填写个人信息,还由班长领取"教学日志",在上课后认真填写。认真保存规范的教学档案(如各班的《教学日志》、教师自编教材、教学小论文)、教师档案和学员档案。

我市与河南省相邻,当地群众特别是广大老年人爱听豫剧。我校持续多年开办豫剧班,聘请豫剧教师教唱著名豫剧的经典唱段,聘请二胡、梆子等乐师伴奏,使豫剧班越办越红火。不少学员在校内汇报演出中争相登台,还经常在老师、班长带领下在各社区进行"周末大舞台"献演。

老年大学学员文化程度参差不齐,学习课程有早有晚、有长有短,我们实行分层次教学以适应学员的不同水平和要求,提高办学效果。豫剧、二胡、瑜伽、舞蹈等学科分设了初级班和中级班。国画、书法等学科老师注意在教学内容、教学方法上照顾班内不同层次的学员需求。

(四)尽可能多地举办活动,激发学员的学习热情

我们的做法是,组织舞蹈班、唱歌班、豫剧班部分学员到农村进行"文化扶贫"慰问演出,重阳节到"老年公寓"为老人演出,配合公安局开展"交通安全"宣传演出,组织国画书法班学员在"五一"劳动节配合市总工会举办书画展,举行经典诵读、新春诗会与金秋诗会。有纪念重大节日的文艺汇演机会,大家都积极参加各类汇演,还获得了许多奖励。这些都鼓舞了学员们的学习热情,亲身体验到了老有所学、老有所为、老有所乐。2018年我校文艺队的舞蹈《梨花颂》在阜阳清河广场参加阜阳市文化局举办的展演,获得二等奖;我校文艺队的舞蹈《谁说女子不如男》参加省文化厅举办的"美好安徽舞起来"首届广场舞大赛,荣获三等奖;2019年5月我校演出队在市委宣传部、文明办举办的"培育和践行社会主义核心价值观暨城乡环境综合整治文艺调演"中表演的舞蹈《争创环境文明花》荣获二等奖;我校舞蹈一班在安徽省广场舞大赛中获三等奖,在我市宣传部、文明办举行的庆祝建党95周年"经典诵读汇演"中获一等奖,形体班获二等奖;瑜伽班获界首市文化局、体育局授予的"全民健身"优秀奖,还参加过省春晚表演;我校乒乓球队在市体育局、乒乓球协会举办的国庆乒乓球比赛中获男子团体甲级第一名。

近几年,我校持续保有省"文明单位"称号。界首市文学艺术界联合会授予我校"群众文化活动先进单位""文艺创作先进

单位"。

老年大学为老年人提供了一个继续体现人生价值的平台,学员们积极参与社会活动,勤动脑动腿,为社会多做贡献,也使自己充满活力。"盈缩之期,不但在天;养怡之福,可得万年。"

办好一所老年大学,将使老年教育永葆青春,让每一位老人在这里健康永年。我们会继续努力,把老年大学越办越好!

(作者系阜阳市界首市老年大学校长)

对淮南老年教育工作的思考

孙 巍

改革开放以来,中国人口老龄化进程逐步加快。据第七次人口普查公报显示:淮南市60岁及以上人口为63.6万人,占全市总人口的20.98%;65岁及以上人口为49.65万人,占全市总人口的16.37%。随着人口老龄化的快速攀升,淮南市已经进入中度人口老龄化社会。发展老年教育,办好老年大学,是应对人口老龄化,服务老年群体,落实中央和省市的政策法规,特别是习总书记对老龄工作的一系列批示、指示和讲话精神的必然要求。

一、老年教育发展现状

国务院办公厅下发的《老年教育发展规划(2016—2020年)》提出,要"优先发展城乡社区老年教育","建立健全'县(市、区)—

乡镇(街道)—村(居委会)'三级社区老年教育网络,方便老年人就近学习"。在各级党委、政府的关心重视下,"十三五"期间,淮南老年教育蓬勃发展,截至2020年底,全市共创办老年教育机构183个,其中,市县区老年大学16所,高校创办老年大学1所,乡镇(街道)老年学校44所,行政村(居委会)社区老年学习点122个,全市老年大学(学校)建筑总面积约3.62万平方米,在校学员1.48万人。基本形成"市、县、乡、村"四级老年教育办学网络。形成"党委领导、政府统筹、社会参与、因地制宜、齐抓共管"的老年教育领导体制机制。

二、老年教育发展成果

1. 完善一个体系

在市委、市政府的高度重视下,建立了完善的市、县区、乡镇老年教育组织体系。调整了市老年教育委员会组成人员,充实了办公室人员,加强了队伍建设,使老年教育工作更具活力,更具凝聚力,更具创造力。按照统一部署,全市县区全部建立老年教育工作委员会,较好地推动了我市老年教育工作健康有序地向前发展。

2. 建立两个机制

一是建立了以政治立校为目的、以政治引领为要求的老年大学离退休党建机制,使办学方向得到保证,办学方针得到体现。二是建立了和高校共建、共享、互助的战略合作机制,使工作更具科学化、规范化。

3. 突出三项工作

一是高质量地完成了"老年大学省级示范校"的验收工作。2018年底,淮南老年大学及寿县、凤台县、田家庵区、谢家集区5所市县(区)老年大学一次性顺利通过省级示范校验收,使我们的办学水平和能力得到了很好的提升。二是制定出台了《关于切实做好"十三五"后期全市老年教育工作的实施意见》,通过九个方面来规范下一步工作,使我们全市老年教育工作有目标、有方向、有保障。三是抓好基层老年教育试点工作。按照《安徽省人民政府办公厅关于加快"十三五"期间老年教育发展的实施意见》要求,在优化老年教育整体布局的情况下,在寿县迎河镇、潘集泥河镇进行试点,从目前来看试点效果不错,下一步将在试点基础上全面推开。

三、对老年教育发展的思考

党和政府对老年教育十分重视,随着建设学习型社会的推进及终身教育体系的形成,新时期,老年教育应坚持"老有所教、老有所学、老有所为、老有所乐、老有所安"的办学宗旨,努力构建覆盖广泛、灵活多样、特色鲜明、规范有序的老年教育新格局。

(一)提高认识,深刻领会发展老年教育的重大意义

1. 做好老年教育工作是构建社会主义和谐社会的要求

老年人是社会人群中的重要群体之一,他们与千千万万个家庭紧密相连;老年群体中人才济济,尤其是离退休干部,他们社会阅历丰富,有较高的社会威望和影响力,在维护社会稳定、支持改革发展、关心下一代方面具有不可替代的重要作用,在这个群体中大力发展教育,不仅有利于提高老年群体的整体素质,而且有利于促进社会和谐发展。

2. 做好老年教育工作是适应人口老龄化形势的要求

据第七次人口普查数据显示,淮南市60岁及以上人口为63.6万人,占全市总人口的20.98%,其中65岁及以上人口为49.65万人,占总人口的16.37%。随着老龄人口的不断增加,老

年人对精神养老、文化养老的需求更加迫切,加快发展老年教育事业愈加显得重要。

3. 做好老年教育工作是进一步推进养老服务发展的要求

《国务院办公厅关于推进养老服务发展的意见》指出,"建立全国老年教育公共服务平台,鼓励各类教育机构通过多种形式举办或参与老年教育,推进老年教育资源、课程、师资共享,探索养教结合新模式","确保到2022年在保障人人享有基本养老服务的基础上,有效满足老年人多样化、多层次养老服务需求,老年人及其子女获得感、幸福感、安全感显著提高"。

(二)搭建平台,充分发挥老年大学的阵地作用

1. 搭建政治学习平台,把广大老年学员凝聚在党的周围

坚持"政治立校",把政治建设作为老年教育的首要任务来抓,将思想政治内容贯穿于老年教育的全过程和各个环节。结合重大事件、重要纪念日,举办学习报告会和大型文艺汇演,激发师生爱党、爱国、爱校的政治热情。加强离退休党组织建设,用先进的理论武装老年学员,用正确的舆论引导老年学员,让党组织成为老年大学组织老年人、教育老年人、服务老年人、凝聚老年人的坚强战斗堡垒。

2. 搭建"老有所学"平台,促进老年教育稳步发展

老年大学作为老年教育工作的主要阵地,要始终做到建设好、管理好、使用好。加强教学场地建设,完善配套设施;严格选聘专业知识扎实、教学经验丰富、热爱老年教育事业、有奉献精神的教师,加强教师的思想政治建设;因材施教,寓教于乐,实行传统、现代、特色课程三结合的教学模式,通过精准化设置课程,满足老年人多样化的学习需求;建立一套科学完善的规章制度,坚持依法治校、依制度治校,努力做到从"以人管人"向"依制度管

人"转变。

3. 搭建"老有所为"平台,为老年人发挥正能量创造条件

在不断丰富老年人精神文化生活的同时,充分发挥老年人在维护社会稳定、美化城市建设、发挥正能量等方面的积极作用,使老年学员成为引领家庭和睦、传播优秀文化、净化社会风气和促进社会和谐的一支重要力量。依托离退休党组织,成立志愿服务队,结合教学活动,引导学员利用所学所长,开展志愿服务,使老年人从融入社会、参与社会、服务社会中得到幸福感和获得感。淮南老年大学于2019年成立"幸福家园"志愿服务队,围绕脱贫攻坚、文明城市创建、弘扬传统文化、抗击疫情等方面,开展了一系列活动,从"老有所学"到实现了"老有所为",为党和人民的事业增添正能量,2019年10月被安徽省教育厅遴选为"全省终身学习品牌项目",2019年12月又被评为"全市终身学习品牌项目"。

(三)持续发力,积极推进老年教育工作的创新发展

1. 在离退休党建工作上加大力度

当前,离退休党建工作是老年教育工作的一项重要任务,一些老年大学在这方面进行了有益的探索,做了许多工作,为离退休党建工作拓展了空间、丰富了形式、充实了内容,成为离退休党员加强思想理论武装、锤炼党性意志的重要课堂。离退休党组织可以结合自身实际,通过专题党课、支部学习、座谈讨论等形式,让党性教育融入日常、抓在经常,发挥党组织在教学中的保障作用及学员党员在管理中的模范带头作用。

2. 在整合老年教育资源上加大力度

优先发展城乡社区老年教育,完善基层社区老年服务体系,整合利用现有的社区教育机构、县级职教中心、乡镇文化站等教育资源,开展老年教育活动。以县区老年大学为中心,向基层扩

展延伸,兴办街道(镇)分校、社区(村)教学点,把老年大学办到老年人的家门口,最大限度地满足老年人就地、就近、就便入学。积极探索在各类养老院、福利院、敬老院等养老服务机构中设立老年课堂的固定学习场所,推动老年教育与养老服务融合发展。

3.在推动老年远程教育上加大力度

远程教育是老年教育的重要形式和发展趋势,是实现老年教育现代化和高质量发展的必然要求和重要目标。通过充分结合"互联网+"等现代信息技术手段,积极利用安徽老年远程教育网等电教资源,搭建远程老年教育网络,并积极向县区、乡镇延伸,努力构建起老年教育信息化的远程教育网络平台。

加快发展老年教育,时代有需求、国家有部署、人民有期盼,责任重大、使命光荣、前景美好。我们仍需积极探索新时代老年教育发展新模式,立足本职、立足自身,切实增强老年教育发展动力,激发老年教育活力,推进淮南老年教育事业的创新发展。

(作者系淮南老年大学专职副校长)

坚持高标准、特色化 实现老年大学高质量发展

葛广秀

寿县老年大学成立于1992年4月。初建时,学校占地面积2000多平方米,校舍建筑面积958平方米,开设5个班级,有100

多名学员。建校 29 年来,在县委、县政府的正确领导下,学校不断发展壮大,现占地面积已达 5500 平方米,校舍建筑面积 4500 平方米,开设 42 个班级,涉及 28 个学科,入学人数达 768 人,每周听课学员达 2740 人次。2018 年,寿县老年大学荣获"老年大学省级示范校"称号。总结近 30 年的办学历程,我认为办好县级老年大学必须重视以下几个方面。

(一)党政领导的重视是学校高质量发展的关键

寿县老年大学在"十三五"期间,认真学习领会贯彻《国务院办公厅关于印发老年教育发展规划(2016—2020 年)的通知》精神,坚持"党委领导、政府主导、社会参与、全民行动"的老龄工作方针。寿县县委、县政府首先在组织上做了保证。每届县委、县政府都由县委书记、县长担任寿县老年大学的名誉校长。县委常委会每年都听取老年大学校长的工作汇报一次;县委常委、组织部部长每年多次到老年大学调研工作,现场解决问题。县政府把老年教育工作列入全县社会经济发展规划;县委书记或县长每年到老年大学做一次全县社会经济发展形势报告。学校的办学经费有了保障。建校初期,每年县财政拨款 1.5 万元。2017 年县财政将每年 32 万元办学经费列入财政预算。2018 年县财政局派人到老年大学深入调研,从 2019 年起,我校的办学经费上升到 52 万元,并列入财政预算,有了基本的经费保障。

(二)高水平的师资队伍是办好老年大学的前提

高质量发展老年大学的希望在教师,教师是办好老年大学的根本,是提高教学质量的关键。寿县老年大学自建校起,就一直创造条件建立一支结构合理、业务精良、专兼结合、相对稳定、有后备储存的教师队伍。学校创办之初,没有固定的师资来源,主要是从离退休和社会贤达中聘请,随着学校的壮大和形势需要,我们意识到选聘教师是至关重要的基础性工作,特别是在申创"老年大学省级示范校"的过程中,寿县老年大学致力于教师队伍的优化。教师的选聘坚持较高标准、结构合理和较严格选聘程序,并立足自身实际,联合教育等部门,结合查看档案、走访和个别谈心、试讲面试等多种形式,将那些热心老年教育事业、不计名利得失、符合老年大学教学实际的优秀教师充实到寿县老年大学教学第一线。每次教师聘任都要召开全体教师大会,由校长亲自颁发聘书。教师离任,学校会组织慰问,时刻体现学校的关怀。目前寿县老年大学教师结构合理,离岗和新进教师的流动形成了良性循环。在广大教师中既有德才兼备、风范昭人的诗词教师孙世观、象棋教师傅宝胜、电脑教师葛广林,也有较年轻的书法教师邵军、摄影教师林伟、中国画教师葛中宝、文史教师王继林等。对教师队伍规范化管理和人性化关怀,让学校发展充满了勃勃生机。

(三)开设特色课程是学校吸引学员的有效手段

《老年教育发展规划(2016—2020年)》指出,要因地制宜开展老年教育,鼓励结合当地历史、人文资源和民俗民风等特点,推动老年教育特色发展。寿县是国家历史文化名城,文化底蕴厚重,寿县老年大学文史班教师王继林参照寿县的人文历史,编写了40多万字的《文史十讲》,使学员听起来既学习了历史,又了解了家乡历史上一些鲜为人知的人和事,增加了学习的趣味性。"寿州锣鼓"是寿县非物质文化遗产,很受广大学员的欢迎,学校组建的锣鼓队积极参与校内外的各种文艺演出和政策宣传活动,每次都是以开场锣鼓的形式出现。寿春古城是楚国的最后一个国都,汉时是淮南国的国都,八公山下有"梨乡雪海"的八公山万亩梨园,园内有著名的赵国战将廉颇墓,是凭吊历史文化的胜景所在,这些都为我校的诗词、摄影、绘画班提供了绝好的素材。每年春季,诗词班会到这里参加县诗词协会举办的诗会,摄影班组织全班学员采风,拍摄亮丽的摄影作品,绘画班的学员会根据实景创作出美妙的绘画作品。寿县又是为数不多的中国书法之乡,每逢春节,书法班的学员到一些机关为老年人书写春联。寿县老年大学旗袍秀班把旗袍和寿春古城特色结合起来,穿着旗袍在古城墙上行走,成了一道靓丽的风景。

(四)开展示范校创建是推进办学规范化的有力抓手

2013年寿县老年大学获得"老年大学市级示范校"的光荣称号。2014年秋,寿县老年大学搬进新校区,各项工作蒸蒸日上。2016年开始了创建"老年大学省级示范校"的准备工作,成立了创建筹备组,各小组根据示范校的标准找差距,提出整改方案。在管理上,按规范化的要求,建章立制,制定了7项职责、13项制度、3个守则。2018年县委、县政府两办下文,成立了县委常委、组织部部长为组长的创建领导组,县政府再次拨款80万元,安装了5层电梯,并在有关教室安装了投影仪、空调等,更换了桌椅,在教学质量方面向各位老师提出了更高的要求,要求他们要认真编写教学大纲和教材,认真备课。学校组织人员对创建工作进行了自查自评,对不足之处再进行补缺,最后寿县老年大学以接近满分的成绩通过省评审组验收,使老年大学在规范化、科学化、现代化的建设上又上了一个新台阶。

(五)加强管理队伍建设是推动学校发展的有力保障

作为校长,我深知老年大学是党的学校,寿县老年大学是在党的阳光照耀下成长起来的。老年大学的政策落实必须紧紧依靠党的领导,老年大学的人、财、物等各项政策才能执行到位。在校长岗位上,我时刻牢记党的嘱托,不忘初心,学党史、知党恩,决心把寿县老年大学的工作干好。老年大学高质量发展是时代必需,不能等、不能靠,要发挥自己的主动性。

寿县老年大学一班人,本着创业发展、对老年教育事业负责的精神,任劳任怨、勤勉笃行、不计得失,勤请示、常汇报,风里来雨里去穿梭协调好上上下下的关系。学校的办公人员虽然很少,但个个吃苦实干,经常深入到学员中去,发现问题、及时汇报、快速解决,做好各项保障工作。寿县老年大学团队通过奋力进取,得到了广大师生和社会的一致赞誉,也正是团队的精诚团结,践行着"坚持以人民为中心,坚持问题导向,推动老年大学高质量发展"的新时代老年教育的发展思想。为加强政治建校工作,寿县老年大学于2018年成立了党支部,在各班成立党小组,协助班长搞好班级管理工作,以党建为引领,坚持政治建校,充分发挥了党支部的战斗堡垒作用。

新征程,新起点,新目标,"十四五"老年教育已经开启,老年大学建设与高质量发展是我们共同的使命,我们将着眼长远,紧紧依靠党的领导,加强系统联动、广泛联系,形成凝聚力和战斗力。继续加强示范校创建工作,对照全国示范校创建验收条款,积极申创,提升学校办学水平,扩大社会影响力。继续深入挖掘寿县老年大学的课程资源,支持广大教师依托本地历史文化优势自编教材,创设老年学员喜闻乐见的课程体系。继续发挥寿县老年大学典型带动作用,夯实基层老年学校的办学基础,让更多的老年人享受终身受教育的权益。办人民满意的老年大学,营造良好的办学环境,宣传、展示老年教育成果,营造全社会关注老年教育的氛围,以实际行动推动新时代老年教育高质量发展。

(作者系淮南市寿县老年大学校长)

把握老年学员的特点 为老年教育注入新的活力

赵迎光

随着我国人口老龄化的加速发展,以促进老年人生活品质提高和实现学、乐、为相结合的老年教育蓬勃兴起。1983年,我国第一所老年大学——山东省老年大学创办,经过30多年的发展,老年大学已经成为我国老年教育中最普遍的形式。但与普通教育的学生相比,老年大学的学员却是一个特殊的群体,在年龄、健康状况、文化程度、个人经历等方面都有很大的差异。因此,必须根据老年学员的这些特点,采取针对性的措施,才能为老年教育注入新的活力。

(一) 要从老年人的特点来认识老年大学的积极作用

老年大学对社会稳定和文化发展发挥了积极作用。老年人进入老年大学后,在自己感兴趣的领域中遨游,精神有所寄托,增长了知识,增进了健康,更新了观念,减少了烦恼,开阔了视野,充实了自我。同时,老年大学通过多种活动的开展,在弘扬传统文化的同时,拓展了社区文体活动的空间,活跃了老年人的文化生活,丰富了老年人的精神世界。有的老年学员还用自己的专业特长和经验智慧服务社会、展示才华、奉献余热。另外,老年大学还推动了我国终身教育体系的完善发展。老年大学的成立,标志着我国形成了完整的终身教育体系,为我国新时期教育结构的改革和学习型社会的构建提供了良好的条件,而这些成果都是用其他手段解决不了的。

(二)课程设置要符合老年学员的特点

随着社会的进步、生活水平的逐步提高和社会保障机制的逐步完善,老年人的需求正在由物质保障型向物质和精神并重型转变,由一般的知识需求向提高个人综合素质转变。因此,我们要根据形势发展的变化和老年人的需求,科学合理地适时调整课程设置,创新教学方式,提高教学质量,增强教学效果。要从教育目的、老年学员的需要出发,在课程设置上,既有娱乐性、普及性的知识,又有专业性、提升性的知识。但无论开设何种课程,都要根据老年学员的自身特点和实际需求,同时要考虑他们的文化水平及生理特征等因素。在同一专业内也应区分层次,如分别开设基础班、初级班和提高班三个层次,让学员能选择到自己喜欢并适合自身条件的专业,做到学有所获、学有所成、学以致用。

(三)要建立一支适应老年教育特点的师资队伍

教师的质量对老年大学的发展起到至关重要的作用。因此在教师聘任上,应坚持德才兼备的原则,不唯学历、不唯职称,把"德"放在首要的位置,把具有一定专业知识的、有较强授课能力的、热爱老年教育事业的人员聘为学校教师。要让教师充分认识到教学人员不仅要具备良好的专业素质,而且要对老年人充满爱心和耐心;在教学的过程中要从老年人的实际出发,针对老年人的特点,坚持科学性、趣味性、实用性三者相结合。以上这些,不仅是对教师业务素质的要求,而且也是对其思想素质的要求。不仅要求教师体现敬业精神、奉献精神、全心全意为老年学员服务的精神,同时,也要明确教师的责任和行为规范,建立激励机制,加大感情投入,尊重教师,虚心听取他们的意见和建议,为他们的教学、教研提供便利、提供平台,调动教师的积极性。

(四)要建立健全符合老年教育特点的管理制度

在管理中,不能走两个极端。一个极端是过于严格,伤了学员的自尊,毁了他们的面子,引起情绪上的对立;另一个极端是管理过于松散,容易助长其不良风气。

要搞好老年学员的管理,首先要注重工作人员的队伍建设,要建立健全制度,树立起老年教育工作者的良好形象。在管理过程中要宽严适度,要讲究工作的方式方法,态度要和蔼,语言要得体。要贴近教学、贴近实际,多与学员交流、沟通,消除误会。在评价学员的学习成绩时,要把指正和鼓励结合起来。其次,老年人更需要别人的关心、体贴和帮助。要和学员交朋友,增进相互了解,对他们要多关心、忌冷漠。要把服务及管理的理念贯穿教学的每一个细节,通过对学员的热情服务达到管理的目的,努力形成学习勤奋、思想活跃、团结友爱、工作有序的良好氛围。

(五)要开展好符合老年人特点的第二、第三课堂活动

老年群体不是孤立的社会群体,老年大学也不是单纯的娱乐场所,要在提高老年学员的科学文化素质的基础上,坚持把老年大学办成思想政治工作的坚强阵地。要以第二、第三课堂活动为主线,丰富教学内容和形式,积极引导学员"学习新知识、掌握新技能、结识新朋友",积极参加班级和校园活动,改变单一的课堂学习模式,在活动中交流沟通,在交流沟通中提升自我。同时,鼓

励老年学员参加集体和社会公益活动,通过各种丰富多彩的课外活动进一步加强与学员之间的沟通,和更多的学员成为朋友,既丰富他们的业余生活,活跃校园气氛,又发挥他们的余热服务于社会,同时也宣传了老年大学。所以要多组织学员走向社会,深入到基层、社区、企业、学校等进行公益性宣传活动,丰富老年人的业余生活,提高老年人的幸福感。

(六)要坚持政治立校原则不动摇

把老年大学作为加强老年群体思想政治建设的重要阵地,要紧紧围绕坚持正确导向,强化理论武装这一政治任务。在教学过程中,除坚持寓教于乐外,还要充分体现思想政治的正确导向,把传授科学知识和宣传社会主义核心价值观相结合,按照习近平总书记的要求,传承中华民族优秀传统文化,弘扬正能量。引导老年学员参加的社会公益活动,思想要健康,格调要清新,坚持把文化活动和提高政治素质相结合,引导老年人树立正确的人生观、价值观、荣辱观。

总之,我们要顺应时代的进步和老年朋友不断学习的需求,与时俱进,努力开发新的课程,传播新的先进文化,使老年大学常办常新,吸引和凝聚更多的老年朋友来校学习,让老年大学真正成为老年朋友晚年的生活乐园。

(作者系淮南市田家庵区老年大学校长)

着力建设新时代"高新实"的农村老年学校

李 宏

历史的车轮已经向中华民族第二个百年目标进军,老年人"老有所教、老有所学、老有所安、老有所为、老有所乐"仍是新时代经济社会发展的重要内容,老年教育工作也必将大有可为。多年的老年教育生涯告诉我,当前,农村老年教育应该顺应时代潮流,紧密结合农村实际,着力建设新时代"高新实"的农村老年学校,推进老年教育工作上水平上台阶。

(一)办好老年教育,政治站位要高

近30年来,迎河镇老年学校始终坚持党关于老年教育的总要求,紧密结合老年人的实际需求开展办学。党的十八大以来,以习近平新时代中国特色社会主义思想为指导,坚持政治建校,坚持社会主义办学思想和办学方向,始终增强"四个意识"、坚定"四个自信"、做到"两个维护",始终服从服务于镇党委工作大局,始终践行增长知识、丰富生活、陶冶情操、促进健康、服务社会的办学宗旨。

1. 紧贴脱贫攻坚和乡村振兴这个中心

认真学习开展脱贫攻坚、全面建成小康社会的决策部署,采取多种形式宣传"十大脱贫工程"的政策措施,并与课程相结合,组织农民学员学习农业技术,抓产业扶贫,帮助农民摆脱贫困。学员李均林就把学到的蔬菜种植技术传授给左邻右舍,帮助他们脱贫致富。目前,我们正在围绕脱贫与乡村振兴的有效衔接,进一步开展政策教育、技术服务、结对帮扶,为乡村振兴助力。

2. 紧贴信访维稳这个中心

镇第二个信访接待站设在老年学校,学员参与信访接待工作,宣传信访条例,并调解纠纷、化解矛盾,促进了和谐稳定。2017年5月,学员顾成祥正在吃中饭,听闻两家居民因小牲口发生纠纷,动手动脚,互不相让,火气很大,眼看一场恶性械斗将要发生。他放下手中的饭碗,不顾个人安危立即赶到现场,上前制止、劝说,做疏导工作,使事态得到平息。通过这类事项,老年学校的调解功能得到充分发挥,为党委、政府和人民群众分忧解难。

3. 紧贴集镇管理这个中心

农村的集市管理是个大难题。为提高村民的文明素质,我们也采取了多种形式进行宣传教育,协助镇里抓好集镇建设。如组织文艺宣传队亲临西街拆迁现场,现场表演自编节目《西街开发就是好》《我家住在迎河镇》,使村民、拆迁户受到了教育,推进了拆迁工作;开展"向垃圾宣战,建设美丽家园"活动,宣传环保法,宣传生态文明建设,紧跟形势服务中心工作。

4. 紧贴丰富老年群众文化生活这个中心

"老有所乐、老有所为"是我们工作的出发点和落脚点。我们重视校园文化建设,努力丰富老年人的精神文化生活,开辟文化长廊、学习园地、宣传橱窗等。2021年,学员们积极创作诗歌,为中国共产党成立100周年献礼,校文艺宣传队自编自演节目,深入村组农户、敬老院宣传《安徽省老年教育条例》及民生工程,表演经久不衰的节目,观众高兴地说:"姥姥家门口唱大戏的热闹情景又出现了。"

（二）办好老年教育，党委重视是关键，学校管理方式要创新

迎河镇党委、镇政府重视老年教育工作，积极投入资金，改善办学条件。

1. 着力抓硬件建设

1999年春，镇党委、镇政府将原迎河玩具厂大楼共30间房屋、750平方米，全部让给老年学校，建起了教学班和多功能室。2011年，镇里划拨近78万元专款，购买原迎河国税局办公楼26间、活动场地3000平方米，作为我们的学校，并投入20多万元重新装修，修建了健身广场、文化长廊，安装了老年人健身器材，购买了远程教育设备、办公桌椅，学校环境、校舍、设备达到了标准化、现代化，满足了教学需要。

2. 着力抓软件建设

硬件有了，软件也要跟上。为此，根据学员的兴趣爱好和大纲要求，学校开设了时政、法律、科技、卫生、音乐、文艺、书法、绘画、花卉、古典文学、诗词等多门课程，制定了教学计划、教学制度及学校财务、学员管理等规章制度，保证了教学活动的开展。学校编制了《岗位职责和规章制度》汇编，初步涵盖教育、教学、管理、服务等多个方面的制度体系。

3. 教学活动持之以恒

学员们家庭住所分散，家务繁杂，必须有一个固定时间约束学员们的活动。为此，我们制定了"三个九"集中上课日制度，即每月9日、19日、29日为集中上课日，一坚持就是近30年，雷打不动，从未间断。

4．教学方式灵活多样

农村老年人这个特殊群体,受文化素质、周边环境的影响,接受课堂教学有些难度,必须采取灵活多样的教学方式。为此,我们坚持"走出去,请进来",选派优秀教师赴寿县等周边老年大学(学校)学习交流,组织学员到大店农业科技园参观考察,组织文艺宣传队到其他乡镇巡演交流。同时,邀请镇主要领导、迎河中学骨干教师和司法所、医院等专业人员到老年学校做政治形势、经济社会发展、法制、卫生健康等报告,使学员们受益匪浅。学校还自编本土教材,免费送给学员,一人一册,为学员学习提供方便。

学校有一支训练有素的文艺宣传队,经常活跃在农村、社区、敬老院等,并跨乡镇演出。近年来,围绕镇党委、镇政府工作中心自编自演了许多节目,如表演唱《十九大精神进村组》、快板《秸秆禁烧》《改革开放40年》《辉煌70年》《打好脱贫攻坚战》等,在李台村、李台敬老院、朱祠村、团结街道、立新街道、双碑敬老院、酒流村、赵庙敬老院、新墙村、新墙敬老院等地巡回演出,受到干群欢迎。2021年为庆祝中国共产党成立100周年,编排了快板《赞颂中国共产党》《歌颂中国共产党卓越领导人》、大合唱《歌唱祖国》《没有共产党就没有新中国》、腰鼓舞、扇子舞等节目。学员王怀学创作的作品《文艺汇编》2021年版已问世,得到了迎河镇党委、镇政府和社会的认可。共产党员老年学员、文艺队负责人汪士娟同志被评为安徽省"农村文化带头人"。学员聂盛放、陈文胜的书画作品在国家有关部门、单位获奖。

(三) 办好老年教育,党建工作要实

党建工作是各项工作的引领和保障。老年教育工作也是如此。我们非常重视离退休干部职工党员的管理,于2001年在全

县率先成立老年学校党支部,现有党员62人,分6个党小组,设党支部书记1人、副书记1人、委员3人,组织生活正常,各项活动有序开展。

1. 抓好思想政治教育

认真学习习近平新时代中国特色社会主义思想和党的十九大精神,扎实开展"两学一做"学习教育、党的群众路线教育、"不忘初心,牢记使命"主题教育、党史学习教育等主题活动和党员家庭户"五个一"活动,以及在春节、"七一"开展向病困老党员送温暖活动等。通过"三会一课"、书记上党课,组织党员集中学习,并评选优秀党员和发展新党员,提高了党组织的吸引力和凝聚力。

2. 推深做实主题教育

自开展"不忘初心,牢记使命"主题教育以来,系统研读"两书一章",开展党员集中学习,支委会、党小组会学习和个人自学相结合,以个人自学为主。召开"不忘初心,牢记使命"主题教育民主生活会、总结会。通过学习,许多党员学员用普通人的平凡书写了不平凡的人生。老党员朱士勋长年守护老年学校,看校护院;入党积极分子常永荣把自己缝布娃娃积攒的500元钱,无私奉献给了老年学校作为活动经费;2020年春节,新冠肺炎疫情蔓延,广大党员学员挺身而出,组成抗疫志愿者服务队,守小区,把路口,积极捐款献爱心。常永荣、徐纯业、沈哲各捐款1000元,有两个无工资收入的党员各捐款500元。一方有难八方支援,疫情肆虐人有情。

3. 做好党费收缴工作

交党费是每个共产党员的义务,根据党支部老党员的实际情况,每年6月、12月各收1次,建立台账,张榜公布,及时上缴。

4. 按程序做好新党员发展工作

我们历来对离退休干部职工党支部发展新党员非常重视,不断增加老年学校党支部的新鲜血液。2012年7月发展新党员2人,2017年11月发展新党员2人,2019年6月发展新党员1人,2020年11月发展新党员1人,现培养入党积极分子2人。

一分耕耘,一分收获。迎河镇老年学校自1995年创办以来,从无到有,从小到大,从弱到强。2000年10月中共寿县县委、寿县人民政府授予迎河镇老年学校"先进集体"称号;2002年4月被中共六安市委老干部局、六安市老年教育委员会授予"老年教育工作先进单位"称号;2004年4月被中共六安市委老干部局、六安市老年教育委员会授予"示范学校"称号;2006年6月中共寿县县委授予迎河镇老年学校"党总支先进基层党组织";2007年7月中共寿县县委、寿县人民政府授予迎河镇老年学校"示范学校"称号;2008年8月中共六安市委、市人民政府授予迎河镇"老年教育先进单位"称号;2017年、2020年淮南市委组织部、市委老干部局分别授予迎河镇老年学校"五好离退休干部党支部"称号;2019年迎河镇老年学校荣获"安徽省老年大学基层示范校"称号并被淮南市老教委评为"先进单位"。

我们将继续努力,奋发图强,不断更新教学和活动内容,拓宽办学思路,全面提升老年人素质,积极创办高质量发展的农村老年示范学校。

(作者系淮南市寿县迎河镇老年学校校长)

加快发展基层老年教育事业

程勋来

我国老年教育事业起步于20世纪80年代,经过将近40年的发展,据2018年数据统计,全国已有老年大学(学校)7万余所,在校学员800余万人,至2020年底,全国基层50%以上的乡镇(街道)建有老年学校。老年教育正以健康的姿态一步一步走向城乡基层,焕发出勃勃生机。

一、基层老年教育的时代背景

老年人是国家和社会的宝贵财富。老年教育是我国教育事业和老龄事业的重要组成部分。发展老年教育,是积极应对人口老龄化、实现教育现代化、建设学习型社会的重要举措,是满足老年人多样化需求、提升老年人生活品质、促进社会和谐的必然要求。发展基层老年教育是构建终生教育体系的重要环节,是建设学习型社会的重要内容,是实现教育公平的重要途径,是振兴乡村、加强基层建设与发展的重要推进力量,是贯彻以人民为中心的发展思想和促进老年人人生价值实现的必然要求。

二、基层老年教育的基本情况

1. 加强区级老年大学建设

潘集区老年教育工作始于2006年,由于国家政策调整,2006年7月,淮南煤矿老年大学整体移交给地方管理,后因管理和工作需要,将潘一矿老年大学改为潘集区老年大学。自潘集区接收老年大学以来,老年教育以老年大学为抓手,不断完善组织体系,拓展工作思路,在政策落实、经费保障、资源配置上下功夫。从老年教育工作的特点出发,制定了学校年度工作计划,有目的地开展教学活动,多渠道建立和完善教学管理功能体系,自觉加强教学成果转化服务,努力适应老年大学学员学习生活需要,满足多层次的办学需求。老年教育工作平稳过渡并取得了新进展,受到上级部门和老年学员的一致好评。2017年在区委老干部局、区离退休干部党工委的指导下,成立了区老年大学党支部。老年大学党支部成立后,组织开展"三会一课"活动,引领老年大学党员学员学习党的理论方针政策,凝聚人心党心,发挥正能量,为促进社会和谐建设贡献智慧。2018年在多方的努力和支持配合下又建立了潘集区老年大学柳叶分校,教学工作平稳运行。

2. 推动老年教育向基层延伸

2016年淮南市委组织部、市委老干部局联合下发《关于进一步加强老年大学工作的意见》,提出"推进乡镇(街道)和村(社区)创办老年大学(学校)"。接到文件后,很多人认为创办乡镇老年学校困难多,但潘集区委老干部局一班人经过反复研究后认为,政策规定对潘集区基层老年教育发展来说既是机遇也是责任,怎样将文件精神贯彻落实呢?最终选择了"做"这个命题。在征得区委分管领导同意后,区委老干部局成立了创办基层老年教育工作领导小组,组长由局长担任,着手在乡镇(街道)开展调研工作,主要从办学环境、学员结构、课程设置、师资力量、课程实施、运行机制、组织保障、经费保证、教学成效、发展前景等方面考虑和比较,进行适应性、可行性分析,最后选择在泥河镇创办潘集区第一所基层老年学校。2019年年初泥河镇成立了潘集区首家基层老年教育委员会,开始泥河镇老年学校的筹建工作。在区委老干部局、泥河镇党委政府、区老年大学的共同努力下,用了将近2个月的时间,投入18万元,潘集区泥河镇老年学校正式成立。学校拥有1个主教学点、2个分教学点,共15个教室和5个多功能教室、1个室外活动广场,总建筑面积达4000余平方米,设施配套较为齐全。

三、基层老年教育工作开展情况

2019年3月,潘集区泥河镇老年学校正式开学招生,初期开设了8个专业,招收学员236人。潘集区泥河镇老年学校开办以来始终全面贯彻老年教育的方针政策,坚持正确的办学方向,严格遵循"老有所教、老有所学、老有所为、老有所乐、老有所安"的教学理念,以增长知识、丰富生活、陶冶情操、促进健康、服务社会为宗旨,以授业、熏陶、活动三结合为教育方式,坚持从老年人的特点和实际需要出发,搞好教学管理服务,积极探索营造健康向上的校园文化。

(一)领导重视,创优办学条件

1. 组织保障

泥河镇党委、政府高度重视老年教育工作,每半年听取一次老年教育委员会和老年学校工作汇报,专题研究解决办学过程中遇到的实际困难和问题,将发展老年教育纳入泥河镇经济社会和老龄事业发展规划,将老年学校党建工作纳入全区离退休党建工作总体部署。

2. 经费保障

学校办学经费列入镇财政预算,每个教学年度不低于3万元。学校大型活动及基建设备购置等实行专项拨款,最大限度地保障学校正常运转。

3. 设施保障

老年学校配有阅览室、娱乐室、多媒体、电脑室、书画展示室。通过配备多媒体网络接口和政府官方网站互联互通,切实提升了老年教学工作水平。有室外活动场地3个,适合学员集体活动。

(二)凝聚力量,强化队伍建设

1. 领导班子团结务实

学校配有校长1人、副校长1人、教导主任1人、教研室主任1人,基本做到了管理结构合理、科学,职责分工明确。学校领导班子始终坚持民主管理,合作办事,敢于担当。

2. 教师队伍素质精良

坚持优中选优的原则,专门聘用爱岗敬业、具有奉献精神的专业型和实践经验丰富的教师任教。出台了聘用教师和管理人员的考核待遇奖励办法,保障了教师队伍的相对稳定。随着课程设置的不断完善,实时调整教师队伍,与时俱进。

3. 工作人员热情高效

老年学校有2名工作人员,整体素质好,积极热心于老年教育事业,勤奋务实,爱老、尊老、敬老意识强,具有一定的文化素养和专业技能,学校定期对工作人员进行培训。目前,已经形成了一支爱校敬业的工作团队。

(三)夯实基础,狠抓学校管理

1. 健全管理制度

完善了教学管理模式,建立了相关规章制度,做到有教学计划、有课程安排、有学员登记簿、有学员签名簿、有教学教案、有教学工作总结的"六有"标准。

2. 完善日常管理

泥河镇老年学校的管理工作以制度管理为根本,学校所有工作都在制度的框架内实施,全部体现在为教学服务上,用制度管理成为学校的特色行为理念。

3. 丰富教学形式

坚持政治建校的原则,深入推进政治理论学习;运用现代信息技术,开设老年远程教学;积极引导老年学员坚持理想信念,不忘初心、牢记使命,继续保持昂扬向上的品德;结合地方特色,开设有地域特点的课程;根据学员要求自编教材。

4. 重视教学研究

学期末开展教学研究和教学评比活动,积极推进教学成果展示,达到相互交流、相互促进、相互提高的目的。

(四)营造环境,建设文明校园

为促进老年学校校园文化建设,保持先进思想本色,切实起到凝心聚力、传播正能量的作用,学校注重强化校训校风教育宣传,通过学校橱窗、宣传栏、电子显示屏等多种形式,加强校园文化,打造书香校园。校园橱窗的展示园地及校外宣传栏均采用本校学员自己的作品,提高了学员对学校发展的认知,加深了学员对学校的认可,也使他们在文明和谐的校园环境中陶冶了情操,提升了素质。在校园文化长廊的打造过程中,突出宣传和展示习近平新时代中国特色社会主义思想、社会主义核心价值观和中华民族爱老、尊老的传统美德,以及老年教育的办学理念、宗旨等,让学员在品德教育中感受美好的人生。学校还积极组织学员参加上级部门举办的各项活动并取得优异成绩。经过学校上下的共同努力,积极健康文明的校园文化基本形成。

(五)内外兼修,发挥示范引导作用

学校成立以来在加强理论研讨和教学交流上下功夫,积极追求和探索基层老年教育工作特色经验,积极组织开展基层老年教育专题工作调研,积极加强与其他各兄弟学校的经验交流,共享经验成果,促进自身发展,彰显示范引领作用。通过对潘集区泥河镇基层老年教育的调查研究,进一步掌握了学员基本结构、分布状况、学员需求动向,为下一步拓展基层老年教育工作开拓了思路,为践行普及基层老年教育工作提供了实践经验借鉴。

四、基层老年教育的发展前景

2019年,潘集区泥河镇老年学校顺利通过基层老年大学(学校)省级示范校验收,并被淮南市委老干部局授予"基层先进老年学校"称号。这是对潘集区基层老年教育工作的肯定和鞭策。成绩是喜人的,但也应该清醒地看到:做好基层老年教育工作,依然任重道远,需要方方面面的合力共振,方能健康行进,不断焕发生机与活力。

潘集区泥河镇老年学校的建设只是潘集区基层老年教育工作的初步探索实践。要实现以点带面、辐射半径,进一步推进基层老年教育工作,满足实际需要,还要负重前行。我们将以百名校长谈老年教育为契机,积极面对老年人求知、求智、求乐、求为的愿望,主动作为,敢于担当,奋力迎接社会发展和社会老龄化带来的更大挑战,真正把基层老年学校办成老年人求知的乐园、精神的家园。

新时代、新征程、新任务。2020年8月20日,习近平总书记在合肥主持召开扎实推进长三角一体化发展座谈会,他指出,促进基本公共服务便利共享,要多谋民生之利、多解民生之忧,在一体化发展中补齐民生短板。这里也涵盖基层老年教育工作。面对上海、江苏、浙江等日益成熟、完善的基层老年教育机制,我们的差距还很大,这有历史的原因,是客观的存在,但我们千万不能没有而不为、不优而不作。一定要把握好习近平总书记视察安徽重要讲话精神,迎接机遇、正视问题、面对现在、直面挑战,在谋划上一体跟进,在行动上一体抓好落实,寻找促进基层老年教育发展的新动能和有效途径,奋力实现潘集区基层老年教育工作的根本性跨越。

回望过去,潘集区在推进基层老年教育工作上只是迈出了一小步,更多的是要尝试精彩、收获期待。展望未来,前程无限,我们将借力"一体化和高质量发展"的时代要求,丰富推进基层老年教育工作的内涵,厚植基层老年教育的时代理念,凝聚智力、汇聚全力,强点扩面、固链补链,有序梯次推进基层老年教育在乡镇(街道)、村(社区)的有效覆盖,布局未来、赋能未来、共赢未来。

(作者系淮南市潘集区老年大学校长)

以创建示范校为抓手　推动老年大学办学规范化

张尽忠

滁州老年大学是在原滁州老干部大学的基础上发展起来的,

已经走过了25个年头,从小到大经历了不平凡的发展历程。学校由创办时学员人数不足百人,现已发展成拥有2个校区、2个分校、1个校外学院、7个系、64个专业、207个班级,学员共12000人次,且形成了多学制、多学科、多层次的综合性老年大学。

但由于滁州老年大学是从"老干部"大学的基础上发展起来的,因而不是独立的法人单位,无机构代码,在职工作人员少,管理人员主要来自退休老同志,缺乏专业教学管理人员,教学计划随意安排,教学目标不明确,教材使用杂而乱,有些课程无教材。学校的活动管理类似老年人活动中心,与上级关于老年教育相关文件精神的要求和省级示范校验收标准还存在一定差距。针对2018年省级示范校验收的58项标准,近两年来我们以创建示范校为抓手,推动老年大学办学规范化,主要做法如下。

(一)以党建工作为引领,坚持政治立校

老年大学是具有中国特色的老年教育事业,党和政府厚植了老年大学发展的动能。建设好、管理好这个老年人活动的舞台,围绕"老有所教、老有所学、老有所乐、老有所为"的办学目标,认真贯彻"增长知识、丰富生活、陶冶情操、促进健康、服务社会"的办学宗旨,就必须坚持政治立校,牢牢把握政治领先,坚持老年大学姓"党"为"老"的办学方针。我们主要的做法就是以党的建设为引领,把在校学习的1300多名党员组织起来,这些党员都是来自许多部门和单位的退休老同志,党的组织关系均在原单位或街道和社区。根据中共中央办公厅、国务院办公厅《关于进一步加强和改进离退休干部工作的意见》精神和《中国共产党支部工作条例》要求,2018年6月经市委组织部同意、市直机关工委批准,学校成立了校临时党委,下设8个临时党总支、93个临时党支部,选配了一些政治素质好、有一定党务工作经验、在学员和老师中

有较高威望的党员担任书记、支委,健全了党的组织。党委还成立了党办室,专门从事校党务工作。每学期开学的第一课就是在全校开展共产党员亮身份活动,在此基础上进行党员人数摸底、登记造册,建立党员信息库。临时党委根据学员变动情况及时调整和配齐总支和支部成员,保证了党的组织建设工作的连续性。

健全党组织以后,我们始终把思想政治工作贯穿于学校发展的全过程。

1. 抓培训

对党小组长以上的党员干部进行培训,先后学习了《中国共产党支部工作条例》《中共中央关于加强党的政治工作建设意见》,组织全体党员学习习近平总书记关于党建工作的系列讲话,认真落实"三会一课"制度;在校内开展党员思想汇报会,总支之间开展党务工作经验交流会,让所有党员都能认识到退休仍在党,有党员集中的地方就应有党组织,有党组织就应该过组织生活。

2. 办好时事政治学习课

规定临时党委班子成员和党总支成员每学期进行不少于4个课时政治课的学习,对学员中的一些老党员,鼓励他们报名上时事政治课,学校定期通报党员干部和部分学员参加学习的情况。政治课教室后墙上的学习园地有参加学习的同志的心得体会文章。强化党员干部政治挂帅、思想领先,用党的政治理论武装头脑,以党风促进校风。

3. 抓活动载体

组织上党课、形势报告会,瞻仰革命遗址,重温入党誓词,到市、县、区老年大学和一些乡镇、街道、社区开展交流活动,学习、研究退休党员的管理与组织建设工作经验,相互促进工作。

4. 抓好争先创优评比表彰工作

在全校开展党员学员值班佩戴党徽上岗制度,一些工作岗位设先锋岗,鼓励从班级到专业团体争创优秀集体,评比优秀教师、优秀学员、优秀班长、优秀工作人员、优秀党务工作者。在庆祝中国共产党成立100周年之际,校临时党委召开党员大会,给每个50年以上党龄的老党员颁发"在党五十年"纪念品。在全校范围鼓励先进,激发活力,树立正能量。

(二)以安全第一为导向,坚持平安建校

老年大学是个特殊群体,除少数几个在职工作人员外,均为退休老人。其中80岁以上的老年人不在少数,我校90岁以上的老人还有好几人,有拄着拐杖来学习的,有坐着轮椅来上课的。由于历史形成,到目前为止,国家对老年大学学制课程和老年学员在校年限没有明文规定,没有任何理由将上老年大学的高龄老人拒之门外;再者,社会上有"跨进老年大学就年轻"之说,受氛围影响,老年大学已成为大部分老年人安度晚年的一种重要的生活方式,学校已有近20年不毕业的老学员。因此,办好老年大学必须以"安全第一"为导向,坚持平安建校。

1. 大力宣传安全知识,提高安全防范意识

学校针对老年人特点,利用大会、小会、课堂,大力宣传老年化常识:人过了60岁,身心都有衰退表现,就生理而言,神经系统、消化系统、呼吸系统、内分泌系统、骨骼系统、循环系统均趋于衰退、功能减弱,老眼昏花、记忆力衰退、牙齿松动,这都是"老"的现象,不能不服老,不能出过头力、做过头事。我们请心理学专家做《对老年化的认知》的报告,请医学专家做《老年人的健康保护与指导》的报告,请防疫学专家做《常见流行病的认知与防疫》《新冠肺炎认知与防疫》的报告等。

2. 全面实施安全措施,着力做好安全防范工作

近两年来,我们对两个校区进行了全面排查,采取强有力的措施解决安全问题。对20世纪80年代建设的教学楼,请省相关部门进行质量安全检测,所有电线全部整改;教室内部地面铺设防滑塑胶地板;所有教室拆除吊顶电风扇,配齐空调,更换不牢固的破旧桌椅;厕所增加坐便器、扶手、报警器;走廊、过道、门厅内外实施监控;楼梯、茶水炉、停车场等地方张贴注意安全标识牌。对以前搭建的室外电动车、自行车停车场进行了拆除改建,确保学员和工作人员安全停车。

特别是2020年秋季开学后,我们严格按照市疫情应急指挥部要求实行网上教学、室内教学、室外教学,防控工作按指挥部要求全面落实到位,入校必须佩戴口罩、刷脸、测量体温、过闸机。两个校区每周值班人员就有76人,每天室内外必须保持消毒通风,坚持防疫日志填写、零报告制度。

3. 建立安全保障机制,防患于未然

为了保证老年大学长治久安,我校建立了一系列的保障制度:一是在校区域内实行区域保险,学员、教师、员工全覆盖。二是游学必须控制目的地、距离和项目安全,尤其是年龄大的学员必须有家属陪同,并实行全员安全保险。三是对老师、学员年龄上限实施管控。教师原则上规定75岁以上停止聘用;学员根据所学专业和课程限制年龄:舞蹈、武术、球类70岁以上限制报名等;80岁以上学员必须填写入学承诺书,并有子女直系亲属签字,且限报专业。四是在班级中弘扬敬老、爱老、尊老活动,一对一或二对一实施照顾、帮扶。

(三)以"老有所乐"为载体,坚持文化兴校

习近平总书记于2016年5月27日在中共中央政治局就老

龄化问题进行集体学习时论述了自己的老龄观,他强调:"要着力增强全社会积极应对人口老龄化的思想观念。要积极看待老龄社会,积极看待老年人和老年生活。老年是人的生命的重要阶段,是仍然可以有作为、有进步、有快乐的重要人生阶段。有效应对人口老龄化,不仅能提高老年人生活和生命质量、维护老年人尊严和权力,而且能促进经济发展、增进社会和谐。"因此,我们一直以"老有所乐"为载体,坚持文化兴校。

1. 打造老有所乐的物质文化

根据老年人的特点和学习需求,完善校园基本设施。修建了外观整齐划一的停车棚、规范整洁的小汽车停车位、多功能教学设备齐全的大教室。不同专业按专业要求设置教室,如声乐教室必配钢琴,舞蹈教室配备更衣室、盥洗间、视频、音响、墙体练功镜和抓杆,民乐团所需乐器一应俱全,服装道具因需而配。所有教室设置一体化智能黑板和统一规范的"有作为、有进步、有快乐"学习园地。完善的设施、合理的布局、各具特色的学习场所,使人心旷神怡、赏心悦目,有助于老年学员陶冶情操,塑造美好心灵,约束不良风气和行为,促进身心健康。丰富多彩的寓教于文、寓教于乐活动,使老有所教、老有所学、教有其所、学有其乐、乐有其所。老年学员在求知、求美、求乐中受到潜移默化的启迪和教育。

2. 打造老有所乐的精神文化

具体做法是:① 一手抓动态精神文化建设。大力开展校内精神文化活动,开展书画和摄影展览、有奖征文比赛、诗歌朗读比赛、学期教学成果展示,组织参加校外社区文化体育联谊活动、校际之间文化交流活动以及市、省乃至全国竞赛活动。我市有多个民间协会总部设在我校,经常组织开展活动。这些动态活动符合老年人的特点,使老年大学生机勃勃、充满活力,上上下下其乐融融。② 一手抓静态精神文化建设。如通过校报、校刊、宣传橱窗、学习园地、展板展示、专刊走廊、公众号、微信群、广播、视频,以校训、校歌、校徽来体现校风,以各种报道、作品展示来体现文化建设。为了参与创建全国文明城市,学校在校园里拿出70平方米的教室建设垃圾分类体验馆,在全体学员中倡导绿色生活新时尚、垃圾分类我先行、文明健康有你有我、绿色环保进入老年大学校园文化的理念,从不同层面提升学校的文化品位。

3. 打造老有所乐的制度文化

校园制度文化是维系学校正常秩序不可少的保障机制,没有规矩,不成方圆,只有建立起完整的规章制度,规范了师生的行为,才能建立起良好的校风,才能保证校园各方面工作和活动的开展与落实。我们先后制定了各个工作岗位职责、财务管理制度等各项规章制度,保证各项工作有序开展。

通过两年来的工作实践,我们认为校园文化是一种氛围,是一种精神,是学校发展的灵魂,是凝聚人心、展示学校形象、提高学校文明程度的重要体现,但这些校园文化的建设必须以老有所乐为载体才能将文化兴校落到实处。

(四)以"三教"工作为手段,坚持知识强校

近两年来,我们在创建示范校,推动老年大学办学规范化过程中,坚持把教学工作作为工作中的重中之重,以"三教"工作为手段,坚持知识强校,具体做法如下:

1. 建立教师激励机制

我们先后制定了《滁州老年大学校内教师管理办法》《滁州老年大学教师校内职称评定工作实施办法(试行)》和《滁州老年大学校内教师绩效考评办法》三个文件。教师是教学的主体,只有管理好教师队伍才能做到以知识强校。一方面,我们从教师聘用的基本条件、选聘办法及职责考核等方面规范了教师的行为,增

强了教师的自我约束力;另一方面,建立校内教师职称评聘机制,根据每位教师的资质资历、从事教学年限等条件对教师进行分类进档,明确了相应的职称和津贴补贴标准。同时,依据每位教师的教学情况,从到课考勤、完成任务、参加校内组织活动、教学实绩、学员评价五个方面进行量化考评,对表现突出的教师予以表彰和表扬。一系列激励机制的建立,大大调动了全体教师的教学积极性。

2. 加强教材内容的优化和选编

教材是教学的物质载体,在优化已有教材的基础上,学校制定了《滁州老年大学校内教师自编教材奖励办法》,以奖代补,鼓励教师结合老年教育特点和滁州地方特色编写适合老年人学习使用的教材。2020年以来,我校教师自编和改编的各类教材达40余种,涉及7个专业、40多门课程,这些"接地气"的教材受到了老年大学学员的欢迎,增强了教学效果。

3. 深化教学管理

教学管理是教学秩序平稳有序的前提和保证,为了把各项教学管理制度落到实处,我们充分调动了系领导和学委会的积极性,让他们参与教学管理;同时建立了班长和志愿者两支辅助教学管理队伍,依据教学管理工作实际,分成若干个小组,每天轮流值班,对教师到课情况和学员学习情况进行考核统计,作为教师业绩评定的依据。这样的管理机制在日常的教学管理中发挥了积极的作用。

"三教"工作一系列制度、措施得到了全体教师的肯定,极大地调动了教师的积极性,增强了教师的荣誉感和成就感,提升了知识传播质量,为知识强校打下了坚实的基础。

综上所述,两年来,我们按照安徽省老年大学协会下发的58项省级示范校创建标准文件要求,做了一些工作来推动老年大学规范办学,但与文件要求、与兄弟市老年大学相比,相差甚远。我们将以创建省级示范校为动力,开拓创新,努力工作,不断推动滁州老年大学办学规范化。

(作者系滁州市老年教育工作委员会副主任、滁州老年大学校长)

老年大学实行专业课程学制化之我见

张信军

老年大学是老年教育的重要平台和主要形式,是适应老龄化社会需要的产物。办好老年大学对于建设终身学习的学习型社会以及和谐社会有着重要的意义。当前,有的老年大学办学不够规范,尤其在教学管理中存在一些突出的问题:教学目标不明确,缺少相应的标准要求,基本是按照授课老师的个人喜好安排每学期的教学内容;教学环节不落实,教学计划随意安排,教材不统一,上课无教材现象大量存在;学员进口难(一座难求)和出口不畅(多年不毕业)现象比较严重。有效解决以上问题的关键就是结合老年教育的特点和实际,在老年大学实行专业课程学制化管理。

(一)实行专业课程学制化的意义

实行专业课程学制化是老年大学规范教学行为、推进教学管理、保证教学质量、提升办学效率的一种有效方式,对于转变当前老年大学课程教学内容缺乏要求、教学进度难以把握、学员出口阻滞不畅、办学效率亟待提高等现状,进一步营造良好的办学环境,保证教学规范有序,提升办学效率,促进学员全面、健康发展,具有较大的积极意义。

(二)实行专业课程学制化基本原则

专业课程学制化必须结合老年教育特点,紧紧围绕老年大学学员增长知识、学习技能、保健养生、联谊交友、增添乐趣等需求,遵循以人为本、因材施教、有利教学、提升效率的原则。

(三)实行专业课程学制化的重点要求

(1)各专业课程应根据自身特点和要求,科学合理地设定本专业课程的学制,原则上学制在1年至3年。根据课程难易程度和教材内容多少、学员需求情况,可设置基础班(初级班)、中级(中高级)班、高级班。学制之外可另增设研修班或社团。

(2)为促进学员流动,学员修满规定学制即可以毕业。毕业学员可选择重新选修新的专业课程或进入研修班继续深造,少数不愿意选修新专业课程的毕业学员,可留在原课程班级重修。

(3)任课教师要根据设定的学制,认真制订本课程的教学计划,安排好教学内容,编写教学讲义或教材。

(4)为配合专业课程学制化的要求,招生及收费工作也同步改为按学年招生和收费,招生分春、秋两季进行。

(四)实行专业学制化的方法程序

(1)各任课教师根据本课程特点及教材内容拟定本专业课程的建议学制,按统一表格填好后,上报至学校教务处。

(2)教务处将任课教师上报的拟定学制统一整理形成一览

表,提交校委会论证和决定。

(3)经学校论证并同意后,各任课教师根据设定的专业课程学制制订相应的教学计划和进度,实施具体教学过程,需自编教材的要根据设定学制编写相应教材。

总之,专业课程学制化是促进老年大学办学规范、教学有序,实现办学目标,提升办学效益的有力抓手和有益之举。这对于解决当前老年大学面临的诸多问题和矛盾必将起到重要作用。

(作者系滁州老年大学副校长)

沿着老年教育的道路前进

龚金龙

2021年是中国共产党成立100周年。在庆祝建党百年华诞的同时,回顾我校办学历程,更加增强了我们对党的感恩之情;更加认识到没有共产党就没有新中国,也就没有我们老年大学;更加坚定了我们办学的信心和力量,沿着党指引老年教育的道路前进,把老年大学办得更好。

全椒老年大学坚持把老年教育作为国家教育事业的重要组成部分,一直行走在探索前进的道路上,克服了一个又一个困难,取得了一个又一个胜利。作为学校环境优美整洁,教学设备更加先进,规章制度比较齐全,管理水平不断规范,教学质量稳步提高,初步形成多门类、多学科、多层次办学的综合性老年大学,成为了老年人思想教育的阵地、学习知识的校园、文化活动的乐园、欢度晚年的家园。

（一）党委重视，社会支持

全椒老年大学从无到有、从小到大，每前进一步都离不开县委、县政府的关心和重视。1996年5月，县委召开常委会议，研究决定成立全椒县老年大学，同时组建校领导班子，由县委分管书记兼任名誉校长。县政府把老年大学办学经费列入年度财政预算，并逐年增加，从办学开始时每年1.5万元，增加到现在的每年30万元。除此之外，对学校的基础设施建设和重大活动，还另拨专款，据不完全统计，共有50多万元。

县委、县政府把老年教育工作摆上工作议程，每年听取1~2次关于老年教育工作汇报，并下发文件，加强老年教育工作。历届县委、县政府领导每年都到学校做形势报告；学校重大活动，县几大班子领导都亲临学校指导；平时，县委、县政府分管领导经常深入学校看望师生员工，检查指导工作。为应对老年学员日益增多、校舍紧张的状况，2017年县委召开专门会议研究决定，从县财政拨款2500万元新建一所5000多平方米的老年大学。

社会各界的支持，是办好老年大学不可缺少的重要力量。县教育、卫生、文化、司法、科技等部门，帮助学校选派热心老年教育事业、文化水平高、业务能力强的专业人员到学校任教。县教育局还选派一名年轻干部到老年大学担任专职工作。县直机关、企事业单位、社会各界人士慷慨解囊，先后捐款50多万元，大力支持老年大学办学。

（二）政治建校，思想领先

政治是统帅，是灵魂。我们立足政治建校，强化政治意识，把政治工作放在学校的重要位置上,将思想道德教育渗透到各科教学和各项活动之中,常抓不懈。坚持每周一早上举行升国旗仪式;每年清明节祭扫革命烈士陵园,常规性地对师生进行红色基因和爱国主义、革命传统教育;组织师生学习习近平总书记系列重要讲话,学习时事政策和法律常识;经常举办形势报告会和法制讲座;围绕党的中心工作和重大纪念节日,开展形式多样的思想教育活动;举办书画、手工艺、摄影展览和诗歌朗诵、征文比赛、文艺演出等;坚持年终评选先进集体和优秀学员,表彰先进,激励上进。通过开展上述活动,学员们的政治理论水平和思想道德素质有了很大的提高,不少学员为全椒的经济建设和社会发展奉献余热,为繁荣和发展全椒文化事业发挥骨干作用,为全椒各项建设,鼓励、支持子女和亲友努力工作,为贫困学生捐资助学,为灾区人民捐款捐物,为敬老院老人送温暖献爱心,为学校公益事业出力流汗……校园里呈现出一派人际和谐、互敬互爱、乐于奉献、健康向上的新气象。

(三)党建引领,不忘初心

1. 成立党组织

2008年6月5日,经县直工委批准,成立了"中共全椒县老年大学总支委员会(临时)",在校党员不转组织关系、不缴纳党费、不发展新党员。

2. 提升组织力

首先,按照党员学员居住区域和原工作的临近系统划分,成立了5个党支部,制定了党总支、党支部、党小组活动规则和"三会一课"制度。全校160多名党员学员又过上了经常性的组织生活,认真履行党员的义务和权力,发挥先锋模范作用。

3．坚持"三会一课"制度

习近平总书记在党的十九大报告中指出："坚持'三会一课'制度,推进党的基层组织设置和活动方式创新……着力解决一些基层党组织弱化、虚化、边缘化问题。"为此,我们利用"三会一课"制度,结合"学史明理、学史增信、学史崇德、学史力行",不断强化党支部、党小组政治、组织、思想建设。对个别党员学员出现的错误思想、错误倾向、错误观点,开展批评与自我批评,一举改变了集中开会、学文件、念报纸以及理论上空对空、形式上虚对虚的没有效果的做法。这样,"三会一课"这一"老传统"在新的形势下焕发出了"新活力",避免了流于形式。

4．组织党员学员参观学习英模先进事迹和红色基因教育活动

党总支多次组织党小组长以上党员干部到凤阳县小岗村参观学习沈浩同志的先进事迹,参观大包干纪念馆,组织全体党员学员观看杨善洲同志的先进事迹录像并座谈讨论。组织党员参观红色教育基地,增强了党员学员的政治定力、思想定力、纪律定力、道德定力。

5．开展警示教育,拒腐蚀,永不沾

虽然我们的党员学员都是退下来的"闲人",但思想灵魂、道德素质还要继续不断提高。为此,我们坚持多次组织收看反腐警示教育片,参观党风廉政教育馆和好人展览馆,举办"三严三实"报告会,使广大党员学员深刻领会习近平总书记"三严三实"重要讲话的核心要求和精神实质,提高了做一个好党员、好学员的自觉性,发挥正能量,杜绝负面影响。

6．开展"创先争优"活动

为了激励和鼓舞各党支部、党小组积极开展工作,带领全体党员发挥先锋模范作用,校党总支决定开展"创先争优"活动,积

极开展一年一度的"创先争优"活动,激励党员学员在各项工作、活动中起积极带头作用。

(四)教学中心,提高质量

教学是学校的中心工作,提高教学质量是立校之本。我们在教学上重点抓好五项工作:

1. 设置课程

根据"适学员所需,量校力而行"的原则,我们先后开设了文学、保健、书画、摄影、音乐、舞蹈、戏剧、拳剑、电脑、烹饪等23门学科,很受学员欢迎。

2. 选聘教师

我们与教育、文化、卫生、司法、科技等部门建立长期的助教关系,根据教学需要,请他们选聘在职或退休的有专业特长的人员来校任教。有的学科,如黄梅戏、舞蹈、葫芦丝、柔力球、健身花棍,本县难以选聘到合适的教学人员,我们就从滁州老年大学聘请客座教师,以满足学员的学习要求。教师肩负着"传道授业解惑"之重任,我们从政治上、业务上、生活上给予他们关心照顾,努力做好服务工作,充分调动了教师的积极性。

3. 自编教材

目前老年大学还没有统一固定的教材,我们鼓励支持教师根据学科的特点和学员的实际情况,自编教材,先后编写了《诗词讲义》《书法讲义》《太极拳讲义》《电脑教程》《实用摄影》等。这些自编教材贴近学员实际,很受欢迎。

4. 加强学籍管理

认真办理报名注册、编班上课工作,建立教师和学员档案,制定学籍管理有关规定,坚持按教学计划备课、上课和指导课外活动,坚持上课考勤,保证了学校教学秩序正常、有条不紊地进行。

5．教学形式多样化

采取课堂教学与课外活动（游学）相结合，理论和实践相结合，自主学习与相互研讨相结合，常规教学和电化教学相结合，自我教学与远程教学相结合的办法进行教学。

6．改进教学方法

学校采取领导随堂听课以及召开师生座谈会、个别访问、问卷调查等方法，了解教学情况，研究改进教学方法，提高教学质量。

（五）校园文化，丰富多彩

校园文化建设是学校教育教学工作的重要内容，是活跃学员精神文化生活的重要举措。我们始终把它当作一件大事来抓，持之以恒。一是文化阵地建设，我们建立了文艺演出大厅，设立了黑板报、宣传橱窗、电子银屏、微信工作群、QQ群、论坛网站等，及时宣传重大时政新闻、老年教育新动态，交流教与学经验，表彰好人好事。二是精心选择名言警句，张贴在教室、会堂、走廊和活动场所，让师生耳濡目染，在潜移默化中接受教育，提高思想道德水平。三是组建文体队伍，如戏剧队、舞蹈队、合唱队、腰鼓队、门球队、竞技麻将队等，经常在校内外开展演出和比赛活动，对社会产生了较大的影响。四是创建"书香校园"。我校每年订购党报党刊及业务刊物20多种，摆放在阅览室，供师生阅读；多年来购买的图书有近万册，供师生借阅。采取多种形式，鼓励师生多读书、读好书，养成良好的读书习惯。我们先后举办了15场（次）"读书经验交流会""诗词朗诵会"，进一步推动阅读活动的开展。五是加强通讯员队伍建设，为校报、校刊培训一支骨干队伍。定期举办通讯员培训班，进行业务培训，提高写作水平。鼓励通讯员多写稿、写好稿，向校内外报刊投稿，凡在市级以上报刊上发表的作品,学校相应给予一定的奖励。

(六) 建章立制,规范管理

学校管理工作是对教育教学工作的组织、规定、调控、服务,使学校各项工作有条不紊地进行。我们主要是抓好以下六个方面的管理:

1. 计划管理

凡事预则立,不预则废。每学期,学校都制订一学期的工作计划,提出目标要求和实施办法,分月排出工作要点。各学科制订一学期的教学计划,安排每周教学进度,写出每堂课的教学笔记。各部门、各教学班根据学校工作计划,结合实际,制订实施方案,努力贯彻执行。

2. 组织管理

学校成立校务委员会,实行校务委员会领导下的校长负责制。校委会下设办公室、总务处、教务处、政宣处、电教室、文体活动中心。各处、室和活动中心,根据工作需要设立若干工作小组。各教学班成立班委会和若干学习小组。从而形成了较为完整的组织管理体系。

3. 制度建设

没有规矩不成方圆。一切工作都要按规章制度办事。我们从学校一开办就制定了有关规章制度。随着学校的发展,我们不断地进行修改补充,现行的《全椒县老年大学规章制度》共19章、118条,涵盖了学校工作的方方面面,如"校长职责""教师职责""学员守则""学籍管理""财务管理"等,具有现实性、针对性和可操作性。

4. 民主管理

民主办学是老年大学的一个显著特点。每学期,我们分别召开教师座谈会、处室团队负责人座谈会、学员代表座谈会,广泛听取各种意见和要求。平时,学校领导与教师、学员保持密切联系,深入课堂听课,参加文体活动,个别谈心交流,及时了解情况,沟通信息,共同做好学校工作。

5. 情感管理

老年大学的学员,一般年龄偏大,阅历较深。对他们要动之以情、晓之以理,以正面教育为主,多表扬、多鼓励、少批评。学校领导以普通群众的身份与师生相处,以诚相见,以礼相待。对师生喜事祝贺,困难相助,生病慰问,使他们感到校园像家一样的和谐温馨。

6. 班子管理

领导班子责任重大,肩负着带领和引导的重担。我们从自身做起,努力学习政治理论、法律常识、业务知识,不断提高政治水平和业务能力;坚持集体领导和个人分工负责相结合的原则,计划总结、重大事情需经集体研究,民主决策。领导班子成员之间,相互尊重支持,相互协调配合,人人身上有重担,分工不分家。学校领导志在老年教育,心系师生群众,务实清廉,奋发进取,一步一个脚印做好每件事。

(作者系滁州市全椒县老年大学党总支书记、校长)

县域老年教育工作之我见

唐仁凤

近年来,老年教育工作得到了各级政府和社会各界的高度重视,安徽省人民政府办公厅印发了《关于加快"十三五"期间老年教育发展的实施意见》(皖政办秘〔2017〕46号),老年教育得到快速发展,老年教育供给得到扩大,老年教育体制机制不断有创新,老年教育现代化水平逐步提升,坚持"党委领导、政府主导、社会参与、全民行动"的老龄工作方针得到有效推进。

"十四五"期间,老年教育将面临新的挑战,要实现公平教育和高质量、可持续发展,加大老年人参与学习的比例,丰富学习方式,保持学习渠道顺畅,使城乡老年教育均衡发展,使信息化学习能力快速提升等,仍需努力。笔者在基层老年大学工作近10年,从工作实践来看,做好"十四五"老年教育工作任重道远。

一、基层教育现状

1. 社会认识程度不高

一是社会对老年教育工作,尤其是对农村老年教育的重要性在认识上有偏差,甚至认为老年教育特别是农村老年教育可有可无。二是部分老年人对自身学习的重要性认识不足,参加老年教育的积极性不高。三是有的部门(乡镇)对老年教育尤其是农村老年教育重视程度不够。

2．管理机制不够健全

由于人员、场地、经费等原因,目前老年教育主要由原老龄委、原老干局、教体局、民政局和各乡镇政府等多头管理,工作推进力度不够,统筹管理乏力。

3．经费保障机制不够完善

目前县、乡、村三级老年教育经费基本处于视财力情况"缺什么,补什么"的投入状况,乡镇和村级的老年教育发展程度甚至是由领导的重视程度和经费状况决定的。没有稳定的经费保障机制,就会制约老年教育的发展推进。

4．内容形式不够丰富

由于受师资、设备设施等条件限制,目前适合本区域老年人特点和需求的特色专业和课程不能满足需求。老年教育更多的是注重老有所学和老有所乐的内容,老有所为的活动与形式相对不足,不能满足社区老年人多样化的需求,网络教学和远程教育等信息化建设需进一步加强。

5．师资队伍不强

县域老年大学的师资严重不足,专职人员缺乏,管理人员大都为退休老干部,师资基本为各行业专家兼职。由于兼职教师的课时费普遍偏低,兼职教师队伍不稳定,严重影响了老年教育工作的开展。

6．基础条件薄弱

乡镇(村)老年教育机构的建设和管理缺乏相应的规范和标准,基础条件薄弱。有的乡镇老年教育机构无固定场所,无固定管理人员,专兼职教师不足,缺乏必备的教学设备设施。

7．老年人口参与率不高

据不完全统计,定远县有60岁及以上老年人口17.2万人,但只有9600多人参与老年教育,老年教育入学和参与率仅为5.6%。尤其是农村老年教育参与率偏低。

二、工作建议

1. 加大宣传力度

提高认识,充分利用各种媒体,持续加大宣传力度,积极营造老年教育的良好氛围,宣传《安徽省老年教育工作条例》,让老年人普遍认识到老年教育的重要作用,激发老年人参与老年教育的需求和热情,引导家庭成员积极支持、帮助老年人参加各种老年教育活动。

2. 强化组织领导

建立健全党委领导、政府主导,老干部、教体、财政、编制等部门密切配合,相关部门共同参与的老年教育管理体制,统筹、指导全县老年教育工作,把办好老年教育机构作为造福老年人的一项系统工程来抓。把老年教育纳入经济社会发展规划和教育及老龄事业发展规划。各相关部门按照职责分工,共同推进老年教育的发展。

3. 建立科学管理体制

建立联席会议制度,定期研究老年教育的重大问题,明确各成员单位的职责。各乡镇成立相应的组织机构,明确职能部门,指定专人负责,建立完善的老年教育管理体系。探索依托老年大学建立全县老年教育指导中心,指导全县老年教育业务工作。

4. 完善经费保障机制

根据老年人口数量,核定经费标准,将老年教育经费按一定标准列入财政预算。建立社会、单位和个人投资老年教育的激励机制,拓宽城乡老年教育资金投入渠道,实现老年教育经费保障的多元化。老年教育机构可以经物价部门审批,适当向学员收取学费,用以弥补经费不足。建立老年教育投入与经济社会发展水平和老年人口增长挂钩的调节机制。

5. 提高老年教育参与率

推进县老年大学社会化,吸纳能参与学习的农村老年人、企业退休职工等接受老年教育。把工作重心向乡镇基层拓展,立足乡村(社区),要坚持普及与巩固、提高相结合来发展农村老年教育,积极扩大老年教育的普及面。以乡镇为依托,向村(社区)延伸,加强和完善县、乡、村三级网络建设,提高老年教育参与率。

6. 发挥示范引领作用

县老年大学经过多年办学,积累了丰富的办学经验,已成为本县老年教育的科研、教学、信息、师资培训、对外交流典范。应充分发挥县老年大学的示范引领作用,牵头开展全县老年教育工作,组织各类活动,促进县内外老年教育的合作交流,促进老年教育信息化建设。

7. 壮大教师队伍

老年教育教师目前主要靠聘请当地文教、科研、行业协会等退休老同志到校任课,亟待核定老年教育机构专职人员编制,补充专职管理人员和教师。要加强老年教育机构教师、技术和管理队伍建设,加大培训和继续教育力度,壮大专兼职教师队伍,提升老年教育人才队伍的整体能力和水平。

8. 创新教学活动

进一步适应老年人多样化的学习需求,不断增强老年教育的吸引力。在教学内容上体现其政治性、科学性、实践性、普及性和趣味性;在教学上根据老年学员的年龄大小、文化程度、职业职位以及个体爱好等差异,实施因材施教;在教学管理上体现严谨有序,营造宽松和谐的环境。积极发展电化教学,依托远程教育网等开展远程教育,以解决师资和教材缺乏问题。

9. 整合各类资源

整合图书馆、文化馆(站)、博物馆、纪念馆、公共体育设施、爱国主义示范基地、科普教育基地等各类教育资源,推动各类学习场所为老年教育提供便利条件。遴选、开发一批适用型老年文化学习资源,印制普及读本。探索在各敬(养)老院、社会福利院等养老服务机构中设立老年课堂等学习场所,配备教学设施设备,通过开设课程、举办讲座、展示学习成果等形式,推进养教一体化。

10. 建立评价机制

制定全县统一的、可操作的县、乡村老年教育的办学标准及评价体系,加强老年教育机构标准化建设。把老年教育工作纳入对乡镇政府和各相关部门的考评,定期进行检查、督导。把老年教育纳入教育工作、老龄工作、老干部工作的评比表彰范围。探索开展老年教育发展情况调查统计工作,支持社会组织等第三方开展老年教育发展状况评估和研究。

(作者系滁州市定远县老年大学副校长)

我们的实践与思考

夏文蔚

天长市位于安徽省最东部,其地域基本嵌入江苏省,全市现有人口 61 万人。天长市老年大学自 2000 年创办至今,已走过 20

多年的历程。20多年来,老年大学的领导层、管理团队带领大家积极探索,不断创新。多年的实践积累了丰硕的成果,也形成了一些对县级老年教育的认识和思考。

20年多前的天长市老年大学只是利用市委老干部局会议室这一席之地作为教室,只有6个班、100多名学员,后来市委又协调借用建设局会议室作为学校之用。2006年,市委、市政府决定在南市区择址新建学校;2008年迁入现在的校区办学。2010年建校10周年时,学校已初具规模。20多年后的今天,市老年大学已有注册学员2081人,参学4231人次,设有40门专业课程,47个基础班、提高班、研修班。在滁州市乃至全省各县、市、区之中,均属规模较大、课程设置较为齐全、办学较为稳定的学校。我们先后获得的荣誉称号有:全国老年远程教育试验区、老年大学省级示范校、滁州市敬老文明号单位、天长市文明单位、天长市文明单位标兵、天长市文明行业窗口单位,以及安徽省老年大学协会先进单位。作为全市规模最大的老年学习群体以及全市离退休干部和广大老年朋友思想政治工作的重要场所,市老年大学已经成为老年人欢度晚年的学习乐园、活动乐园、开心家园。

1. 20多年来,我们倾心打造老有所学的知识殿堂

增长知识是老年大学的办学主旨之一。"学习,是最好的养老",这是我们的由衷体会。既是"大学",理应"传道、授业、解惑"。我们文学系的专业有文史、周易、诗词、英语、文学欣赏、旅游地理。书画系的专业有草书、行楷、绘画、摄影、剪纸、工艺。艺术系的专业有音乐、古筝、二胡、葫芦丝、电子琴、京剧、扬剧、越剧、黄梅戏、民族舞、广场舞、腰鼓、集体舞。体育系的专业有乒乓球、柔力球、太极拳、太极剑、交谊舞、垂钓、棋牌。综合系的专业有保健、电脑、花卉、时事政治以及天康保健班。走进我们的校园,你会看到,有的吟诗作词、挥毫泼墨;有的谈古论今、欣赏经典;有的动手制作、传承非遗;有的细数河山、心游天下;有的倾心花木、细究养生;有的吹拉弹唱、舞动春风。大家在快乐中学习,在学习中养生。老年大学的授课教师,有的是地方名宿,有的是本地学校骨干,教师们不因学员是老年人而马虎将就,而是针对老年人的特点,精心排出教学计划,认真备课,讲课时深入浅出,深受好评。好多教师还根据学员特点,自编教材。王春山老师编著的《周易讲稿》、遥远老师编著的《诗词入门》,以及保健班的《保健手册》《中医文化选编》《饮食与健康》,都在省和滁州市获奖或深受好评。

2. 20多年来,我们倾力构筑老有所为的活动平台

人老了,从忙碌归于平淡,不少老年人会陷入困惑,这种困惑会造成很大的健康压力。而老有所为、继续奉献,会给老年人带来巨大的人生动力,让老人再次焕发青春。用学到的知识无私、无偿地为社会服务是老年大学多年的风尚。我们歌舞类班级的学员多次参加市里的大型文艺汇演,展示才艺,服务大众;摄影班的学员在大小集会活动中都有他们忙碌的身影,为大家留下美好瞬间;书画班工艺班学员虽称不上大师名家,但也在多种展览上展出作品获得荣誉;我们体育班的学员也多次代表天长外出参赛,获誉而归。疫情期间,我们的保健班还利用"空中课堂"的形式对社会讲解疫情防治的方法。学校积极创造条件,提供交流的平台,让学员有发表作品、展示才华的机会。校刊《千秋红》陆续出版了43期,发表了5000多篇学员的文章、诗词、书画、摄影作品。时政班的《时政快讯》出刊44期,保健班和中医院合办的《康乐园》出刊78期,诗词班的《诗词园地》出刊61期,文学欣赏班的《文学采风》出刊6期。摄影班开办了10期作品展。我们还出版了校园丛书,如《见证》《我爱老年大学》《千秋状元戴兰芬》《夜雨秋灯录选》等。文史班学员、原人大副主任李伍伦倾心家乡龙岗历史文化研究,其专著《抗大在龙岗》深受好评,第二部专著《天长风俗志》也即将付梓面世。文学系原主任芦笛同志仅在全国性刊物上发表的研究老年教育的论文就有数十篇。我们还以迎新年、庆祝党的生日和国庆节等为契机,组织举办过100多场次校内联欢、送戏下乡、去部队慰问演出、去敬老院义演等活动,每年还选拔精品节目参加市里的重大节庆演出。学员们学有所用,不仅愉悦了身心、丰富了精神文化生活,也为服务社会做出了有益的贡献,自身获得认同感、幸福感,这就是"服务大家、充实自我",这就是老有所为。

3. 20多年来,我们倾情营造老有所乐的温馨家园

学习,可以在家自己学,可以上网学,但是到学校来,和大家一起学,肯定大不一样。学校里有交流,有互动,有友情,有亲情,可以让人感到心灵的慰藉。

一年一度的评先评优活动,让老年朋友们增加成就感、荣誉感;每两年一次的金色党龄活动,让大家重温入党初心,再续革命理想;每三年一次的寿星团拜会,老寿星们戴红花,领寿面,甚至市领导也来祝贺,其乐融融;每四年一次的金婚大游园,让步入金婚的老年夫妇在喜庆的气氛中体会真情;每五年一次的"五长"(好学长者、康乐长者、爱心长者、孝亲长者、有为长者)评选活动,让老年朋友感受到了学校的关怀与团队的温馨。我们的重阳花卉展、重阳吟诗会和重阳节时举办的各类班级活动,让大家共同体会老年人的节庆感。正是这样的氛围和气氛,吸引越来越多的老同志到学校来,到朋友中来。这样的快乐,其乐融融。

4. 20多年来,我们努力建设不忘初心的坚强阵地

学校始终把思想政治工作放在首位,弘扬社会主义的核心价值观。尤其是近年来,我们坚持以习近平新时代中国特色社会主义思想为指导,认真学习十八大、十九大精神,并以之指导学校各

项工作。老年大学成立了临时党委,下设 5 个总支、24 个支部。老年大学时政班同时是市委老干部党校,始终坚持引导学员坚定信念、不忘初心;组织学员到红色纪念馆参加学习和开展红色主题诗歌吟诵,参加文明实践志愿者活动,以此激发学员奋发向上的激情,做到理想永存、思想常新;引导老同志围绕大局,关注天长市经济社会建设,每年都邀请市领导就天长市的经济社会发展情况做专题报告,邀请相关部门负责人就中心工作和重点工程项目做专门的汇报,让老同志们了解大局、支持大局。通过这些活动,把老同志的政治信念巩固好、政治优势发挥好,为党的事业和天长市的发展增添正能量。

20 多年的办学实践,也让我们形成了一些粗浅的体会和思考。

1．必须坚持政治立校

抓好老年大学党组织建设,坚持时政学习,充分发挥党员学员的先锋模范作用,营造老年大学的"红色理念",这些都是老年大学政治立校不可或缺的内容,也是坚持老年教育正确方向的根本保证。

2．必须坚持以人为本

老年人想学什么、能做什么,我们应该经常去了解;我们组织什么活动、提供什么服务能让老年人开心、健康,更应该不断去探索。一切从满足老年人的愿望和需求出发,帮助老年人实现追求晚年幸福的愿望,应该是我们办学的初衷。

3．必须坚持从实际出发

首先要了解县级社会人员结构的实际情况,它不同于大中城市,也非乡镇农村,老年人的知识结构和学习需求也是我们必须要了解的。从实际出发,要充分考虑"增长知识"与"丰富生活"的关系,在课程设置时,考虑其知识性固然重要,娱乐性也是不可缺少的。我们的原则是在动态娱乐性专业吸引学员的基础上,积极扶持静态的知识性专业,现在的比例大约是7∶3。

4. 必须坚持不断开拓创新

老年教育并没有一定之规,更需要在办学过程中自行探索。老年教育的创新开拓,要体现在学校管理上,要体现在专业设置上,要体现在校园文化活动的安排上。我们在这几个方面,每年都选择做一两件事,年年总结,年年更新。

5. 必须坚持注重班级建设

班级是老年大学中的一个相对独立的整体。每个班级的风气、班级的稳定,对整个学校都有很大的影响。我们这几年一直注重加强班级建设,通过每年评选"先进班级"等活动,发挥班级的"堡垒"作用。对于班级建设,我们的体会重在两个方面:一是选出一个好班长,二是培育一种好班风。班长应该是全班大多数同学共同拥戴的、信得过的。他们应该具有奉献精神,吃苦在前、享乐在后;应该具有大局意识,团结为金、不与人争;还应该具有标杆意识,勤奋学习、带头守纪遵约。班风是校风的基础,我们提出,每个班都要注重形成好的班风,应该形成团结和谐的风气,应该形成勤奋好学的风气,应该形成乐于助人的风气,应该形成大家都注重和维护班级整体形象的风气。多数班级形成了好的班风,对学校管理、学校风气建设都大有裨益。

应对人口的老龄化,习近平总书记指出,要着力健全老龄工作体制机制,要适应时代要求创新思路,推动老龄工作向主动应对转变,向统筹协调转变,向加强人们全生命周期养老准备转变,向同时注重老年人物质文化需求、全面提升老年人生活质量转变。天长市老年大学走过了20多年的历程,在为老年朋友、为社会服务上取得了一定成效,但也存在许多问题和困惑。下一步,我们将按照党和政府指明的方向,进一步提升办学理念和举措,力争在提升老年人生活质量上做出更多的贡献。

（作者系滁州市天长市老年大学校长）

墙内墙外花竟香　老年教育结硕果

傅守乾

近年来,明光市老年大学积极开展第三课堂教育,教学方法更加贴近实际,教学内容更加丰富多彩,教学形式更加生动活泼,取得了丰硕的成果。

1. 建立学习基地,长期合作

学校在重点乡镇、旅游景点、相关企业分别建立了25个学习活动基地。对首批20个活动基地举行了隆重的集体授牌仪式;之后,根据我们的教学需要,又分别在5个地方建立基地,老年大学领导上门举行挂牌仪式。学校与基地建立了长期合作关系,各个班分期分批到基地进行第三课堂学习。

2. 设立联系点,定期活动

分别在乡镇、社区、美丽新农村点设立了50多个联系点,学校把各个班级分到联系点,定期和他们开展联谊活动,分别在联系点开展形式多样的学习实践活动。

3. 校会合作,开门办学

学校分别联合作家、诗词、旗袍艺术、音乐家、黄梅戏、武术、乒乓球等10多家协会、学会,与之建立合作关系,互相帮助,取长补短，互惠互利，开门办学。

我们的做法和体会有如下几个方面。

（一）延伸课堂教育，巩固学习成果

实践证明，在第一课堂学到的知识，如果不经过第二、第三课堂的实践，很难达到预期的效果。我校诗词、文学、摄影、绘画班对此体会最深。每个学期，我们都组织有关班级深入活动基地开展活动，使大家学习的知识得以巩固、提高。诗词、文学班走进省级地质公园女山景区，和自来桥镇抗日民主县政府、汪道涵纪念馆等学习活动基地开展活动，回来后创作出很多脍炙人口的作品，分别在学校的校刊、市里的文学刊物刊载。学员刘益信、丁景奎的作品分别在全国性期刊《老年教育》《中国老年》上刊登。摄影、绘画班走进美好新农村的尖山、杨港、陈郢村，被那里美丽的景色所吸引，激发了创作灵感，纷纷创作出许多优秀的作品，通过精心挑选，一部分作品选送到省、市老年大学，有的被市里选中参加本市的展览，有的参加本校的绘画、摄影展，都获得了一致好评。诗词班教师刘诗州，在老年大学从教20多年，他深有体会地说："往年教学只在课堂上讲，学员们理解不深，创作的作品'食之无味'，现在通过经常深入基地搞创作，作品有活力，有生命力，让人耳目一新。"2021年，在庆祝建党百年的活动中，诗词班学员积极投稿，在报刊上有很多作品被刊用，经过有关部门的评比，诗词班荣获"红船百年"全国诗词创作大赛团体一等奖。班长吴广海激动地说："是中国共产党的伟大，是我们响应党的号召，走进基层，联系群众，才能创作出这么好的作品，才能获此殊荣！"

（二）开阔学员视野，增长知识才干

老年大学的第一课堂教育虽然必不可少，但是如果仅仅局限于课堂教学,受教的面太窄,学到的知识太浅,特别对于老年人,他们虽然想学习、爱学习,但是又不愿意像小学生那样啃死书、钻书本。第二、第三课堂的教育对第一课堂的教育进行完善和补充,填补了空白,从而增长了学员的知识才干,提高了教学质量。多年来,园艺班的教学一直走在前面,几任教师都是园艺、林业的行家。但学员们仍然感觉接触实际太少,学到的知识运用于实践太少,开展第三课堂教育以来,他们走进盆景根雕园,走进学校活动基地的桃园、枣园、梨园、李子园,帮助剪枝打叉,把理论知识运用到实践中去,深受基地干部和群众的欢迎。2021年年初,市里在学校基地之一、占地1500多亩(100多公顷)的花卉盆景园举办"花海明光"首届花卉盆景文化旅游节,园艺班学员有了用武之地。他们数次来到现场,当面向专业技术人员请教、学习,亲自参加培育、栽植、剪枝等劳动。文化旅游节开幕后,全国许多著名的根雕、盆景大师们带来了许多好的作品参展,学员们把课堂搬到现场,教师当面点评,大师现场指导,学员们学到了很多书本上学不到的知识。园艺班班长说:"我们在这里一天学到的知识,在课堂上一年也学不到。"

  垂钓班是其他老年大学很少开办的一个班,我校的垂钓班坚持课内、课外相结合的教学方法,收到了很好的学习效果。课内,他们自编教材,由浅入深,通俗易懂;课外,学校的很多基地是他们驰骋的战场。如基地中的2个中型水库、2个小型水库、1个湖泊、1个渔场,还有联系点中的塘塘坝坝,处处都是他们现场教学的学习点和开展钓鱼比赛的活动点。由于第三课堂教育搞得好,这个班年年爆满,每年报名都要从年龄和身体状况上加以控制,就这样仍然不能满足老年人的需要。严谨的教学,开放的环境,让学员们心情舒畅,气定神闲。他们自编的快板书唱到:"垂钓班里人气旺,闲情逸志气度雅,大水库,小池塘,女山湖畔钓鱼虾,增强体质勤锻炼,活到百年不算啥。"

(三)拓展服务平台,贡献文明建设

几年来,我校坚持抓好基地建设和联系点的建设,给学员们提供了施展才华和奉献精神文明建设的空间和平台,极大地调动了广大党员和广大学员的积极性。

1. 走出校园,参与文明创建

学校下发了《关于开展文明城市创建活动的方案》,成立了领导小组。方案中明确了各系、班与社区"结对子"和走进公园开展文明创建活动的办法。之后,全校所有学员都参加了公园和社区的文明创建活动。2020年12月10日,我校近千名学员,头戴小红帽,身穿红马褂,沿池河大道15里(7.5千米)长的路段清捡垃圾,劝阻乱停乱行,沿路红旗招展,形成一道亮丽的风景,以实际行动教育自己,感染别人,影响社会,推动和促进了我市两个文明建设。

2. 配合中心,开展各种活动

在开展第三课堂教育的实践中,学校党总支围绕中心服务大局,配合市委、市政府的中心工作开展各种活动。在扶贫工作中,我们响应市委号召,主动参与扶贫工作,校领导班子成员每人帮扶3~5名贫困学生,每年每人帮扶资金500元。各班积极参与这一活动,有的深入农村,有的深入社区,看望慰问扶贫户,受到社区的称赞。学员自编自演的扶贫节目《他从远方走来》在多个乡镇和社区表演,深受广大扶贫干部和扶贫户的欢迎。在抗击新冠肺炎疫情期间,全体学员用实际行动诠释了大爱精神,短短几天之内,广大师生自愿捐款80410元。区区8万余元,对于抗击疫情的大事来说,是杯水车薪,是沧海一粟,但是,它来自于一个工资很低的退休群体,来自于一个老年群体。除了捐款以外,学

员们还创作了诗歌、散文、曲艺、书法、绘画等抗疫的文学作品。这些作品在报纸、杂志、网络平台上发表后,在社会上产生了很大的影响。我们还成立了"老年大学顾问小组",定期组织活动,围绕全市的经济建设和社会建设等诸多方面献良策、提建议,为明光的发展做贡献。

3. 融入社会,争做好人好事

"走进校园是好学员,走出校门是好人。"这是广大党员和学员对自己提出的严格要求。在学校连续多年开展的"学习新党章,做好九件事"活动中,平均每年全校做好事 100 多件,捐款捐物 5 万多元。各班都涌现出一些在全市有影响的好人好事。如摄影班班长陈福军入选 2020 年 8 月"中国好人榜"、"见义勇为"好人。绘画班党支部书记李国建入选"滁州市好人""明光市好人"。

(四)整合优势资源,校会合作办学

学校整合优势资源,先后和 10 多家协会建立了合作关系,开门办学,使第三课堂的教育更加丰富多彩,更加生动活泼。例如,和旗袍艺术协会合作,成立了旗袍形体班,连续三年举办旗袍艺术节,其间开展多种活动,特别是在南湖公园开展的旗袍走秀活动,明光市区万人空巷,现场人山人海,场面壮观,相关视频在抖音和网上平台的点击率达到数百万条。和武术协会合作以后,我校的健身系各个班积极与之配合,参加全省、全市的各种竞赛,很多项目在省里获奖、在滁州市范围内名列前茅。和音乐家协会合作后,学校为他们提供办公室,他们为我们派出了优秀的音乐教师,帮助我们成立音乐班。和作家协会合作后,协会经常组织大家到各地采风,放飞心情,增加了文学素养。很多学员还加入了市作协,有的还加入了安徽省作协和安徽省散文家协会。85 岁高

龄的学员张学伦加入安徽省作协后,非常激动地说:"我做梦都没有想到这么大年龄还能成为省作协会员,这是我一生中最大的荣誉!"

(作者系滁州市明光市老教委副主任、老年大学副校长)

浅谈如何做好老年大学教学管理工作

刘 见

老年教育是全民终身教育的有机组成部分,是构建学习型社会一支不可忽视的力量,是人的全面发展不可缺少的最后环节。老年大学的诞生提供了这样的环境和条件。凤阳县老年大学也不例外,在新形势下应运而生,迄今已有 20 多个年头了。经历了三个发展阶段:艰苦创业、探索实践、发展壮大。20 多年来,我们秉承"增长知识、幸福生活、陶冶情操、促进健康、服务社会"的办学宗旨,遵照"老有所学、老有所乐、老有所教、老有所为"的办学方针,遵循"读书、娱乐、健身"的校训,贯彻(坚持)以人为本、贴近老年需求、遵循老有所教的规律、提升高水平办学的理念,倡导"求知、康乐、团结、奉献"的校风,树立"教书育人、敬业爱老"的教风,创新了"文化兴校、人才强校、学为立校"的思路,恪守"名、特、新、优"的办学主张,走出了一条具有自身特色的办学之路。

(一）慎重设置课程，仔细选用教材

合理的课程设置、合适的教材选用是老年教育的关键，是培养目标的载体，是教学工作的核心。老年大学的课程开设，既要从教育目的、老同志的需要出发，往往又在很大程度上受办学条件限制，受学员选科的影响，具有很大的变动性。20多年来，在学科建设方面，我们始终坚持"适其所需、授其所宜"的原则，事先会广泛征求学员的意见和建议，征求教师的看法，并且做一些必要的调查统计，看能不能成班。我们从无到有，从小到大，从弱到强，由起初的4个专业、5个班级、100多名学员，发展到现在10个专业、58个班级、1300多名学员。从教学实践结果看，教师们竭尽全力教出了精气神，学员们兴高采烈学到真水平，尤为可贵的是我们创造了五个"一"：花鼓第一次打到了我国的香港，葫芦丝第一次荣获中国合肥葫芦丝巴陶笛铜奖，凤画第一次漂洋过海出展意大利，书法老师傅剑第一次荣获全国二等奖，第一次举办凤阳有史以来规模最大、人数最多、技艺最精的乒乓球公开赛，获得了县委、县政府的高度评价。

老年大学的学员往往是自愿报名，自由上学，像我们凤阳县老年大学有些学科的学员变动性较大，班额较少时就难以为继，从而导致课程设置随意性较强。而老年大学又没有正规统一的教材，热门学科的教育对象基本如一，学龄则与校龄相差无几，所以教材的选用非常之难。目前，我校各科基本采用自编讲义，实惠、实用，让广大老同志在学校里学自己想学的专业，读自己喜欢的书，学有所得，得有所乐，乐有所为。

（二）主要办学体会

1. 端正认识是前提

要办好老年大学，应当坚持把端正思想认识放在首位，学校经常组织学员特别是班干部学习党的老年教育方针政策，传达省、市关于老年大学工作的部署安排，使大家认识到，随着老龄化社会的到来，老年教育和老年大学越来越得到重视，我们凤阳县也是这样。全县60岁及以上老年人有12.58万人，占人口总数的16%，因此，按照党和政府的要求办好老年大学，是积极应对老龄化社会的重要措施，老年教育不是可有可无，而是非常必要。既然组织上要我们做这项工作，我们就要尽心尽力、尽职尽责，做一个合格的老年教育工作者。

2. 领导重视是关键

使我们这些老同志感到温暖的是，凤阳县委、县政府历来关心、支持老年教育工作，把老年教育纳入全县经济社会发展规划。书记、县长每年都给全体师生做形势报告，县委、县政府都各有1名领导同志分管老年教育，县委组织部领导经常到老年大学了解情况，帮助解决问题。学校现隶属县委老干部局管理，县委老干部局主要领导作为学校领导成员直接参与工作，学校的办学经费达到安徽省老年大学协会的要求。学校还经县机关工委批准成立了学校临时党总支，选配了5名专职工作人员。2021年4月16日，老年大学党总支在小岗干部培训学院开展以"重温党史，不忘初心，做合格党员"为主题的党日活动。县委常委、组织部部长肖继根参加了主题党日活动。校长张乡远对学校成立党支部后的工作提出要求，要求学校的各位党员学员"要不忘初心，离岗不离党，退休不褪色"，要有乐于奉献的精神，为老年学员做好服务，努力做好县老年大学各项工作。县老年大学各班党员班长、各艺术团团长和部分教师、学员代表共70余人参加活动。

3. 队伍建设是基础

把教师队伍建设作为办学的基础。在没有编制情况下,学校聘请有威望的老领导和热爱老年大学工作的退休干部担任学校管理和教务工作,确保了学校的管理和教务等方面的工作规范有序;选聘教师时注意把热心为老年人服务、热爱老年教育作为首要条件,目前聘用教师42名,中级以上职称的21名,任教5年以上的22名,市级以上非遗传承人4名,有2位教师在任教期间被评为"滁州好人",1位教师被评为全省"百姓学习之星"。课程设置和教学内容做到了科学合理、寓教于乐。结合实际开设明史、凤阳花鼓、凤画、泗州戏等特色课程,黄梅戏、家庭关系学课程深受广大学员的喜爱。

4. 加强管理是保障

要办好学校必须有制度作保障。为此学校制定、修订了从校领导议事规则到教学、财务管理、学校卫生管理等一系列制度,明确管理目标和岗位职责,定期组织学习培训。严格财务管理制度,合理安排使用教育经费,学校财产管理有序;专门设立档案室,档案管理规范;学校向教师颁发聘书,建立了教师档案,制定了教师职责和教学制度。学校还经常召开教师座谈会,探讨加强学校各项规范管理的办法。

5. 服务学员是根本

办好老年大学,学员是主体。以教学为中心,实际上就是围绕学员需求,为学员提供良好的服务。多年来我们一直坚持这个原则,从每门课程的设置、教师的选用到学校各项设施的配备,都是为了方便学员。之所以学员数年年增加,主要是因为课程设置适应了需求。许多学员对瑜伽感兴趣,我们就想方设法办起了瑜伽班,结果报名很火,由1个班发展到2个班,教室不够用就把会议室用起来。随着生活水平的提高,一些老年人要求不但要学民乐,还想学西洋乐,我们就办起了萨克斯班。我们办的凤画班,不仅在我县传承了凤画艺术,还吸引了蚌埠市的几位学员前来报名。2021年春季我校又增设了手风琴、口琴、智能手机、旗袍走秀班,秋季我们还准备增设家庭理财和硬笔书法班。为了给学员搞好服务,我们千方百计请来好的老师,如保健班教师是县医院老年科主任,明史班教师是明史专家、省文史馆特邀馆员,文学班教师是中学的副校长、语文高级教师等。对学员的学习评价与考核我们主要采取以学习成果展示和参与学校、班级组织的活动为主,提高学员的学习兴趣,巩固了教学成果。

(三)基本成效

多年的耕耘结出了果实,我校的办学成效有目共睹,广大师生有许许多多的亲身体会,社会各方面有着良好的口碑,学校被誉为老年人"学习的校园、活动的乐园、精神的家园"。每当开学时,报名的老年人络绎不绝,许多是儿女陪同,有些班级还要限制报名人数。由于教学成效显著,2018年我校荣获安徽省老年大学协会授予的"老年大学省级示范校"称号。学员们的学习成果归纳起来,有以下几个方面:

1. 学到了知识

办学以来许多老年人在这里所学涉及文史、音乐、书画、保健、舞蹈、健身等各科知识,圆了退休以后的学习梦,都有不同程度的收获。仅2016年以来,我校学员在省级以上竞赛中获奖的就有40多人次,在县级以上报刊发表了文学作品100多篇,其中上海国际摄影节银奖、省首届老年艺术节铜奖、第五届全国老年大学书法比赛荷花奖、第四届全国科普摄影大奖、安徽省首届老年艺术节铜奖等等,都较好地展示了学员的学习成果,而且社会反响较大。

2. 陶冶了情操

许多学员在老年大学学琴棋书画、练歌喉舞步、做太极瑜伽，不仅学到了知识，还陶冶了情操，丰富了退休生活。由于我们一直注意开办适应老年人需求、丰富多样、传递正能量的课程，开展各种有益身心的活动，吸引了众多老年人参加学习。我们通过"常怀感恩之心"学习讨论，引导学员好好学习，常怀对党和政府、对祖国的感恩之心。我们在社会主义核心价值观教育中，通过回忆个人成长史，把学员的文章编印成一本书，书名为《难忘的岁月》，以鞭策自己，教育后辈。我们在组织旅游摄影活动中，引导学员热爱祖国大好河山，丰富了生活视野。这些活动还把一些老年人从麻将桌旁、从教堂中吸引过来，参加我们的学习。

3. 回报了社会

我们不仅搞好课堂学习，还注意组织学员参加社会公益活动，回报社会。许多学员参加了志愿者组织，经常到敬老院慰问；我校黄梅戏班教师受聘担任安徽科技学院、府城小学和幼儿园的课外辅导员。学校举办的书法陶艺展览，吸引了滁州、蚌埠、淮南等地的观众；组织的全县乒乓球比赛、和社区联办的体育展演，推动了全民健身活动；主办的纳凉晚会和敬老月演出，群众反响热烈。2021年学校成立了艺术团，在活跃学习氛围、回报社会的同时，宣传了老年大学的教学成果。2019年为庆祝中华人民共和国成立70周年，经校委会研究决定，结合学校教学内容，在全校范围内开展庆祝新中国成立70周年系列庆祝活动，并制定了实施方案。开展了在县鼓楼广场"我和我的祖国"快闪演出，省、市媒体都进行了报道；"歌颂祖国"诗歌朗诵会学员踊跃参加；学校党总支集中上了党课；举办了三市五县职工健身鞭邀请赛；进行了庆祝新中国成立70周年、建党98周年专场文艺汇演；到县养老中心为老人送上红歌和地方戏曲;等等。2019年下半年我校还开展庆祝新中国成立70周年书法、绘画、摄影、剪纸作品展,我爱祖国唱响红歌卡啦OK演唱会,庆祝新中国成立70周年学员体育展示表演活动,举办庆祝新中国成立70周年文艺晚会,由校艺术团在县市民广场举办广场文艺汇演,在《滁州报》(凤阳版)开辟专版发表学员作品等系列活动。2021年凤阳县老年大学花鼓艺术团参加滁州市系统庆祝建党100周年书画摄影展以及文艺演出,荣获优秀节目奖。同年7月1日我校也相应举办了党史教育课、书画摄影作品展和文艺演出等系列活动,来庆祝党的生日。

（四）存在的问题

综上所述,我校的工作取得了一些成绩,但随着形势的发展与变化,也显现出了一些新情况、新问题。主要表现为:

1．对老年教育的特点、方法研究探索不够

办学形式还不能完全适应老年人需求,教学水平需要提高;学校的管理还停留在单纯地组织教学上,在管理方法上还存在一定的随意性,缺乏科学系统的教学管理经验。

2．课程设置不尽如人意

由于受专业师资、教学场所、缺乏规范教材等主客观条件制约,学员学习的系统性和学习的效果受到影响。

3．教师队伍不够稳定

目前老年大学教师队伍的主体还主要是学校在职教师和社会热心人士。特别是目前在岗教师在本职工作和老年大学的教学工作时间有矛盾,有时影响教学,直接影响学员的积极性。教师队伍专业化、多元化建设需要加强。

4．机构不健全

目前学校没有专职工作人员,日常管理是县老干部局代管,教学工作基本上是由退休老干部和老教师义务担任,与老年教育蓬勃发展的形势不太适应。

(五)对策与建议

1. 提高认识,增强做好老年教育工作的责任感

老年教育是终身教育的最后一环,也是适应老龄化社会需要、不断提高老年人生活质量的重要途径。各级党委政府要增强对办好老年教育的重要性、必要性的认识,多为老年大学办实事,每年帮助解决一两个实际问题,诸如机构编制、班子配备、落实校舍、经费预算等问题。在人力、物力、财力各方面给予实质性支持,多开展对基层老年大学工作人员的培训,提高教学管理方法和水平,确保老年大学得到健康发展。省市业务部门要积极争取,尽快出台相应的政策和措施,给基层老年大学建设以政策保障。

2. 立足实际,优化老年大学教学设置

要完善课程设置。课程是老年教育的核心,在课程设置上,要根据老年人的需求来合理确定学科专业,制订符合老年人实际的教学计划。课程设置既要立足实际,响应广大老年学员的实际需求,又要跟上时代发展,还要体现地方特色。要开设具有传统文化特色的课程,如书法、国画、戏剧、太极拳剑等,也要开设具有现代文化特色的课程,如电脑、英语、交谊舞、智能手机等。这样才能使得学员走进学校后能感受到思想自由、精神开放,学到新事物,跟上时代的步伐,达到身心统一,享受精神文化的快乐。在教学方式上,要注意形式的多样化。老年学员共同的特点是经验阅历丰富,自主意识强烈,学习目的明确,理解能力强,但记忆力变弱,这就要求我们坚持从老年学员的实际出发,采取灵活多样、寓教于乐的教学方法。要围绕老年学员的需求,开展丰富多彩的

课外活动。如在学员中开展兴趣小组活动,让老年学员自发组织、自由结合、互相交流、共同提高,自觉地把课堂教学延伸到课外、延伸到社会,从而激发他们学习的积极性。

3. 教师为重,加强老年教育队伍建设

一方面,在教师队伍建设上,要充分挖掘人力资源,与县教育主管部门协调,共同建立健全老年教育师资信息库,聘请有一定专业知识或一技之长,热心老年教育事业,有高尚的师德,有团结学员的凝聚力、向心力,有爱心和责任心的专业任课教师来授课;同时注意把那些文化知识功底深厚,对老年教育工作有较高认识,对老年人有深厚感情的年轻同志充实到队伍中来。另一方面,可在老年大学的学员中挖掘学习成绩突出,有奉献精神,学校自己培养出来的学员担任教师。在教师的管理上,要在尊重、关心的基础上,经常开展情况交流,反馈学员的意见和要求,使他们在老年大学这个集体中感受到温暖,在工作中心情愉快,愿为老年教育事业做出更多贡献。

4. 加强领导,理顺体制机制

老年大学教育工作是一项社会系统工程,也是一项民生工程,只有各级党委、政府高度重视,相关部门密切协作、齐抓共管,才能逐步形成合力,有效保证老年教育事业顺利发展。要尽快出台相关政策,从制度层面彻底解决体制机制不畅问题。省市业务主管部门要广泛深入基层调研出台政策,进行协调,重点解决机构编制,同时吸纳老龄、组织、人事、教育和财政等部门共同办学,切实改善老年大学处于无机构、无工作人员的状态。

(作者系滁州市凤阳县老年大学常务副校长)

科学管理促发展

岳 华

教育发展重在管理,老年大学也不例外,只有立足老年教育改革发展的新形势,以创新的精神,遵循合乎规律的管理原则,运用科学的管理方法,创建以人为本的管理模式才能走出学校科学发展之路。

(一)推行制度化管理

我校建立了良好的管理机构和管理制度。实行校务委员会领导下的校长负责制,下设办公室、教务处、总务处三个办事机构,负责学校日常工作。为了推行制度化管理,并使之全面落实,学校制定了《来安老年大学章程》,并按章程有针对性地制定、完善了"校长工作职责""校务委员工作职责""办公室工作职责""教务处工作职责""学籍管理规定"等十几项规章制度。为确保具体落实,学校把所有规章制度装订成册,校领导及教师员工人手一册,并将有关制度张贴到各班教室,经常有计划地组织大家集中学习。利用学习园地和各类板报表彰先进典型,每学期都从德、能、勤、绩等方面对师生员工进行考评,对优秀人员给予精神奖励和象征性的物质奖励。学校成功的管理制度及实施办法收到了良好的效果。

（二）坚持常规性管理

1. 思想政治管理

坚持"政治建校"的原则。经常开展政治理论学习,是使老年学员保持高度政治责任感和良好思想素质的保障。结合当前实际,引导学员坚持不忘初心,牢记使命,自觉和党中央保持一致。

2. 教学工作管理

教学工作管理是老年大学工作的中心环节。教师队伍是质量立校的根本,学校聘请有专业资质且有敬老爱老之心的教师进行教学工作,坚持公开、公正、公平及竞争择优的原则,严把入口关。根据各专业特点,每学期制订教学计划,教师备有课时安排及授课内容。教务处建有个人教学档案,校长不定期深入课堂听课,确保教学时间和质量,极大地调动了教师的工作积极性。学员队伍是人才强校的主体,我们采取合理编班,随堂点名,按考勤考核办法进行管理。后勤管理是学校工作的有力保证,我们严格按照财务管理制度,坚持增收节支、厉行节约的原则,将资金向教学需要倾斜,把更多资金投入教学所需,保证了教学工作的顺利开展。

3. 保健安全管理

学校大力倡导健康文明的生活方式,开设保健班,聘请医学专家,举办老年人保健知识、老年人常见病预防、心理健康等专题讲座,组织学员积极参加各类健身竞赛,动员学员定期进行体检,学校还举办了《中华人民共和国老年法》学习座谈,增强了老年人维护自身合法权益的意识,保障了他们的人身安全。

（三）强化班长管理

班长是学校的骨干力量,是学校和学员之间联系的桥梁和纽带,他们和学员之间情感深,关系密,无话不谈。学校各项工作精神和计划安排要靠他们具体落实。我们充分发挥班长的主观能动性,赋予班长一定的权利,把各自班级的各项工作开展得井井有条,为学校减轻了许多工作量。

(四) 开展学员自我管理

老年学员具有丰富的工作经验和较高的文化素质及道德修养,部分学员又是从领导岗位上退下来的,组织协调能力强,领导艺术水平高,有利于学校"自我管理、自我教育、自我服务、自我约束、自我提高"的管理模式。实行学员自我管理极大地体现了人性化、民主化的特点,营造了一个宽松祥和、温馨和谐的学习娱乐环境,学员的才干得以充分发挥,极大地丰富了他们的精神文化生活。

多年来,学校始终坚持制度管理、常规管理、班长管理、自我管理的办法,收到了良好的效果,培养了一大批健康向上的老年人才,为发展老年教育事业,构建和谐来安、幸福来安做出了积极贡献。

(作者系滁州市来安老年大学校长)

提升老年教育品质　打造老年教育品牌

周培发

发展新时代老年教育，要把握关键环节。要围绕提高教学质量，提升教学规范化、现代化建设水平，注重在教学、教材、教师等方面下功夫，着力推进老年教育高质量发展。

（一）实行灵活多样的教学措施

老年教育的本质是教育工作，努力提高教学质量，是发展好老年教育的决定因素。

1. 规范教学过程

教学大纲和计划是指导和规范教学活动的依据，是教学的"法典"。要按不同学科的特点与学制制订科学完整的教学大纲，使教学工作做到有组织、有计划、有步骤。每学期要根据大纲制订课程进度计划，明确教学工作的目的、任务、要求，做到中长期规划和本学期计划相结合，立足当前，着眼长远，使班级设置、课程设置、课时安排、教师配备等情况详细具体，以此安排各学科的教学活动，充分发挥教学计划的作用。在实施过程中及时听取各方代表建议，作必要的调整补充。

2. 完善教学内容

随着时代发展，老年人群学习兴趣呈差异性特点，因此要始终坚持以学员为本,广泛征求意见,按照"新、鲜、活"的要求,不断完善教学内容,以满足广大学员多元化的学习需求,使他们学有所获、学有所用、学有所乐。老年大学(学校)的教学内容主要体现在课程设置上,课程设置不可能是一劳永逸的,尤其在当今社会转型加快、科学文化日新月异的时代,必须与时俱进、添新去旧,使之始终保持时代特色和活力。要高度重视时事政治讲座课的开设,让老年学员了解他们关心的、不断变化的世界和中国,这也是一种"时尚"。同时,要倡导每一所老年大学(学校)根据自己所处的区位条件、环境条件、办学优势,办出自己的品牌,让特色文化通过特色课程的开设得到传承和发展。总之,只要老年学员需要,就尽可能地开设新学科,增加新内容,打造新特色,千方百计地满足他们的学习需求。

3. 创新教学形式

随着高科技、多媒体传播技术和信息网络化的迅猛发展,老年教育形式应由单一的课堂讲授向远程教育、微课堂等多种形式发展。要针对老年人反应慢、记忆力差的特点,改变"我讲你听、我问你答"的单向灌输教学形式为"鼓励提问、我讲你问、有问必答"的双向互动,以增强老年教育的趣味性和有效性。还可以进行讨论、情景模拟式的教学,结合第二、第三课堂,充分利用重要节日,开展各类文娱竞赛活动及教学成果展示,以增强老年教育的吸引力。

4. 严格教学管理

教学管理是保障教学的重要手段,也是学校职责所系。各级老年大学(学校)要分清职责,建章立制,将检查教学计划、活动计划的执行情况作为常规工作。依据教学大纲和进度表,不定期组织深入课堂听课,全面了解各门课程、各个班级的教学进度、教学秩序、师生满意度、课程实施的保障情况等,听课情况要有记录、有总结、有反馈。通过听课、开座谈会、走访交谈等形式的检查督导,加强课程实施过程的有效管理,保证教学质量。有条件的学校还可以进行优秀教学大纲、教学计划、教学备课的展评和公开课观摩等活动。

(二)采用丰富多彩的教材内容

目前各地老年大学的课程设置、学科学制都不统一,自由裁量权大,各学科缺乏统一的教材。教材作为课堂教学活动的基本依据,教材质量会直接影响教学质量、影响学科生存,因此,教材是老年教育可持续发展的大事。

1. 以人为本编写教材

采取"急用先编,名师先编,先易后难""先编讲义,后编教材,分步推进,质量至上"的原则,强调"针对性""实用性""趣味性",使所编选的教材讲义通俗适用,简明生动,紧扣课堂教学。尤其是学校的特色课程,如一些具有浓厚地方色彩的课程,可借鉴的外地经验不多,更需要结合实际自己组织编写教材教案。

2. 立足实际选配教材

对各地老年大学(学校)编写的优秀教材,要注重收集吸纳,根据自身课程需要进行选购、配备,也可以取其所长、补己所短,充实到自编教材之中,活学活用,灵活运用。

3. 与时俱进更新教材

根据老年人学习需求的变化淘汰现有教材中的落后内容,充实新内容。修改过程要发扬民主、反复讨论,并将修改结果放进教学实践中接受检验。

(三)选聘德才兼备的教师队伍

师资队伍整体素质的高低直接影响教育教学质量,加强教师队伍建设是巩固和发展老年教育事业的重要任务。

1. 要充分认识教师队伍建设的特殊性和重要性

老年大学(学校)教师队伍建设存在很多特殊性,这些特殊性往往成为教师队伍建设中的棘手问题。一是教师培养和配备没有机制保障,不像全日制教育学校,有专门师范院校按照学科培养合格的专业教师,也不可能按照生源规模配置教师编制,完全靠学校自寻途径选配教师。二是老年大学(学校)学员年龄涵盖50岁以上,学员之间身体状况、社会阅历、接受能力等都有较大差异,从事老年教育的教师必须根据不同情况因势利导,采取灵活多样的教学方式方法。三是老年大学(学校)目前因为没有统一的教学大纲和教材,基层学校多数是一个专业只有1～2个班,难以建立专业学科教学研讨组织,每个专业的教学大纲、计划、教案、教研等完全靠教师独自完成,压力非同小可。老年大学除了不实行以考试成绩排名次和没有升学率考核的压力外,教学难度并不亚于全日制学校。因此,建设一支结构合理、素质优良、相对稳定的教师队伍,对开展教学工作、提高教学质量、实现教学目标具有重要意义。

2. 要做好教师队伍建设各个环节的工作

一要在教师选聘上下功夫。拓宽师资引进渠道,坚持招聘有一定专业特长、热爱老年教育事业、有责任心、富有爱心的人才充实到教学第一线,根据师资队伍现状和开设专业的需要,有计划地选聘教师,注重优化教师队伍结构;坚持教师逢进必试,认真筛选考核,确定其是否能胜任老年大学(学校)教学工作;建立退出机制,对于不适合在老年教育战线工作的教师,要及时解聘。

二要在教师管理上下功夫。首先,从思想上引导。引导广大教师牢记使命、爱岗敬业,增强为人师表、奉献社会的观念,引导其树立良好的政治品德和高尚的职业道德。其次,在工作上支持。对选聘的教师,正式发放聘书,激发他们的责任心;加强与教师的沟通和交流,认真听取他们对学校工作的意见和建议,对合理化建议要积极采纳,给予教师充分的尊重,发掘他们的智慧,调动其积极性,让他们广泛参与办学;对热爱老年教育、教学成果明显、学员反映良好的教师进行表彰;加强教师新知识、新技能的学习培训,大力提高其利用现代教育技巧的能力;支持教师开展跨区域教学交流活动,鼓励教师参加多种形式的教研活动、积极撰写教育教学论文。再次,在生活上关心。主动关心教师,热情做好服务,成为教师的贴心人,使教师感到学校大家庭的温暖;在教师节等节日做好慰问工作,在教师家庭遇到困难时要及时给予帮助,使教师在辛勤耕耘的同时感受到组织的关心和爱护。

(作者系六安老年大学副校长、办公室主任)

思路、精神和工作艺术

王国信

自 2002 年春到 2017 年秋,我担任霍邱老年大学校长,算起来已有 16 个年头。16 年来,在县委、县政府高度重视和社会各界的关心支持下,学校由小到大,逐步发展起来,成为一所多学科、多层次、综合型的老年大学。2004 年学校被评为"安徽省首批省级示范校",2009 年我被评为"全国先进老年教育工作者",有幸到首都人民大会堂参会并登台领奖。2016 年 12 月,我校又荣获"全国示范老年大学"称号。多年来,在校长的工作岗位上,我尽心尽力,甘苦备尝,既收获了快乐,也有颇多感受。我觉得要当好老年大学校长,必须做到以下三点。

(一)要有明晰的办学思想

我国著名教育家陶行知先生在谈到校长的作用时说:"校长是一所学校的灵魂,要想评论一所学校,先要评论它的校长。"中国老年大学协会老会长张文范指出:"要办好老年大学,校长是一个非常重要的人物。校长对一个学校的生存与发展起着至关重要的作用。能不能办好一所老年大学,怎么样办好老年大学?坚持什么宗旨办好一所老年大学?如何因校制宜办出自己的特色?都是校长应该思索和回答的问题。"回顾10多年的办学历程,我在办学思想上做到了四个始终坚持。

1. 始终坚持政治建校

坚持正确的办学方向,围绕中心,服务大局,把思想政治建设放在首位,积极用党的创新理论和先进文化充实老同志的精神世界,使广大学员思想常新,理想永存,与时俱进。

2. 始终坚持以人为本

视学员为亲人,实行亲情化服务,把满足广大学员的精神文化需求,作为我们办学的根本出发点和落脚点,不断创新教学内容、活动方式,更新专业,吸纳所开专业的最新成果,使学校常办常新。

3. 始终坚持"质量立校"

把"质量立校"作为治校的第一准则,并在校委一班人和教师、管理人员中达成共识,从而在教育教学的每一个环节以及工作的每一个细节上认真落实。教师是办学的主体,是质量立校的第一资源,因此,我把主要精力放在请"名师"上,并千方百计地为教师营造良好的教学环境,保证了教学质量的稳步提升。

4. 始终坚持民主办学

办学靠大家,办学为大家。集思广益,民主决策,靠制度管人管事,同时,加强班级建设,提倡学员自我管理;紧紧依靠全校师生的智慧和力量,不断提升以和谐康乐为内容的校园文化品位,切实把老年大学办成老年朋友"终身学习的课堂""颐养天年的乐园""和谐温馨的家园""展示才艺的舞台"。

(二)要有良好的精神状态

人是要有一点精神的,一校之长尤其要精神十足。

1. 必须具有终身学习的意识和自我发展的能力

学校是学习的地方,校长是组织、指挥学习的人,自身的学习问题显得尤为突出。我当校长的过程,就是不断学习知识和更新知识的过程,就是不断将所学到的知识运用于实践的过程。读书学习不仅提高了我的综合素质和思想境界,而且,作为校长在学习上率先垂范,其影响是巨大的。

2. 要有探索创新的精神

要明确目标,不断进取,敢于创新。不能因循守旧,故步自封,得过且过。我初当校长时,有老同志告诉我:老年大学就是带老同志们玩玩,不一定要搞得多正规。但我想,老年大学不是老年活动中心,不是老年人俱乐部,既然是学校,就应该有严格的管理、良好的秩序、规范的教学。于是,学校健全了规章制度,制定了教学大纲和教学计划,并创作了校歌,实现了规范化教学和制度化管理,使学校的面貌发生了根本变化,受到学员的一致好评。对于新潮知识和新的教学手段,有条件要上,没有条件,创造条件也要上。我校于2002年9月,开设了电脑班,在当时县级老年大学是领先的;2007年8月,我校注册成为东方银龄远程教育中心第一批用户,在全省率先开设了远程教学,被中国老龄事业发展基金会授予"远程教育先进单位"称号。

3. 校长要有求真务实的作风

要经常下"基层",深入学员,体察教情、学情。我的体会是听课是个好办法,尤其是新开设的课程,要列为校长必听课。校长坐进教室,甘当"小学生",既拉近了与学员的思想距离,又能将教情、学情了然于胸,这样一来,就能有针对性地对教学和管理实施有效的指导。校长不仅要勤于学习、勤于管理,还要勤于思考、勤于笔耕,要将所作所为、所感所想及时进行总结,以此来丰富自己的管理经验,使自己的头脑更加敏锐,把握学校发展的机遇,开创新的局面。

(三)要讲究领导艺术

我校实行的是校委领导下的校长负责制。老年大学校委班子由12人组成,既有德高望重的离退休老领导,也有年富力强的老干部局在职领导,是个老中青三结合的班子。校长是校委会的召集人,是民主议事的拍板人,也是整个学校工作的第一责任人。不仅自己事事要想在前、走在先,身体力行,率先垂范,而且要心胸开阔,善于合作共事;协调各方,善于处理各种关系;作风民主,善于集思广益;要会出主意、用干部,使班子成员的积极性都能调动起来,愉快地工作,同心同德,形成合力。

我的做法是:珍惜这份退休后大家还能合作共事的缘分,以校为家,以"捧着一颗心来,不带半根草去"的情操,谦虚谨慎,出以公心,以诚待人。对担任名誉校长的老领导,奉行一个"敬"字,怀着尊敬之心,把他们当成"镇校之宝",只求尽其智,而不让竭其力。对担任副职的退休老同志,因人制宜,合理分工,扬其所长,尽其所能,充分发挥他们在教学、管理和对外联络等方面的作用。

对于在学校兼职的老干部局的领导和同志,把他们当成学校的助力,鼓励他们在办文、办会、办事上充分发挥作用。正是因为校委班子是一个团结和谐、务实进取、无私奉献的班子,是一个能够体谅县委、善待学员、尊重班长,善于在老年大学这块净土上把领导的关怀转化为师生行动的班子,所以学校才有了亲和力、凝聚力和号召力。

俗话说,"文无定法"。当校长犹如做文章,没有一成不变的固定模式。我的办法也许只适合我们霍邱老年大学,只适用于我本人,搬到别的学校不一定管用。各位校长在长期的办学实践中都积累了一套行之有效的宝贵经验,值得借鉴学习。大家坦诚交流,互相学习,取长补短,共同提高,一定能开创老年教育工作的新局面!

(作者系六安市霍邱县老年大学名誉校长)

坚持"六个完善"办好老年大学

王 琦

我们党把办好老年大学,作为增强老年教育工作的重要内容,满足老年人对美好生活需要的重要举措。我县创办老年大学30余年来,教学体系逐步形成,管理体系逐步规范,成绩斐然,老年人满意。新时代,新发展,新作为。持续办好老年大学,要做好"六个坚持和完善"。

(一) 坚持和完善办学方针

中国特色社会主义已进入新时代，从满足"物质文化需要"到满足"美好生活需要"，老年人的"幸福指数"增加了"精神生活幸福感"，老年大学正是适应"老有所学"而产生和发展。要秉承着"增长知识、丰富生活、陶冶情操、促进健康、服务社会"的办学宗旨，把终身教育和积极老龄化的思考贯彻落实到老年大学工作的各个环节和方面，在教育目的、对象、内容和方式方法以及管理体制机制等方面推进变革与创新，把老年大学发展纳入国民经济和社会发展规划，落实政策支持，不断发挥功能作用。要争取领导的重视关心、社会各界精英老师的支持、学员的热心和自觉，依靠管理人员敬业奉献，推动老年大学有序发展。

(二) 坚持和完善教学体系

在教学内容上，我县老年大学30多年间不断探索从课程设置、学科门类和专业向包括现代人文教育在内的综合素质教育的转变。要增强人文关怀和科学理性的人文教育的分量，尤其要开展中华优秀传统文化的教育普及活动，使优秀传统文化成为新时代鼓舞老年人奋发向上的精神力量。开设学科完整、特色鲜明、学员喜欢的教育课程，包括音乐、形体、模特、保健、健身、舞蹈和书法、器乐等等，创品牌专业，归类为老年大学最受欢迎的学科。

课程设置永远是一个不断完善的过程，社会在不断变化，知识在不断更新与发展，老年教育课程应与时俱进。现在我们生活在互联网时代，这是一个基于大数据的知识经济时代，互联网改变了思维方式，让人变得更智慧。科学技术的发展、新知识的不断涌现，一定会加速老年教育课程的改变，老年教育课程一定要跟上社会发展的步伐。老年学员从"有什么吃什么"的课程，逐渐转变成要求"量身定制"的个性化课程。我们老年大学几年来创作与编排原创节目《你是春风暖民心》《战疫情》《山水》《梦回小村》《将军传奇》,其中《战疫情》参加了六安市第五届原创节目比赛,荣获二等奖。

在教学方式上,要坚持循序渐进的原则,普及与提高并重,趣味性与实用性相结合。老年教育不同于青少年的基础教育,并非老年人没有发展智力的需要,而是老年人接受教育更多是为了获得知识或为了在学习过程中获取快乐,从而充实和丰富老年生活,所以课程内容的实用性和趣味性的统一是老年大学课程设置的一个基础原则。实用性是指老年大学设置课程要注重对老年人的物质生活、精神生活有帮助,能够提升他们的生活品质,改善他们的生活质量。趣味性是指课程内容应该满足老年人的兴趣,是他们喜闻乐见的,能够给老年人带来积极和快乐体验。同时,注重老年人思维能力的锻炼,也有助于延缓老年人大脑功能的退化。为了让各层次的老年人能够学有所得、学有所用,就需要在教学手段上逐步实施并普及多媒体教学,以提升教学质量和效率。

加强师资力量,提升教育质量,建设一支素质优良、结构合理、数量适宜的老年大学师资队伍是可持续发展的关键,也是提升教学质量的关键。要建立以适合老年教育的专家学者和党政领导为主体的师资库,努力实现教学资源共享。要加强师资培训力度,不断提升整体素质和教学能力,要完善激励机制,运用评选优秀教学、优秀自编教材和科研成果等方式,充分调动现有教师教学、科研的积极性。

(三)坚持和完善管理体系

推动管理创新,提升管理水平。要按照管理科学化、现代化的要求，建立和完善包括决策、责任、控制、评估和激励等机制在内的一整套管理机制，确保日常教学工作规范有序运行，如此才是提升学员满意度的目标管理。从教学运行的学员管理、教师管理、教材管理、课堂管理、活动管理、安全管理，以及校园机构运行的制度管理、资产管理、财务管理、档案管理，创建规范化、示范性老年大学。

学校管理工作者是老年大学改革创新与科学发展的设计师，要把我们所从事的老年教育工作作为一项党的事业来认识，增强事业心和责任感；善于学习和掌握老年教育管理的新理论、新知识和新技能，并用心指导管理实践，提升管理能效；善于解决存在的各类问题；善于做教师和学员的思想引导工作，调动师生两方的积极性；善于组织指导班会活动，丰富学习生活，鼓励班委会和学员自我管理、精细管理。

（四）坚持和完善创新体系

创新课堂教学，改革学制班教学模式。通过主动学习、互相切磋、开展研修、求得提高。把课堂学习到的知识内化为自己的能力、智慧。实现个性化发展和社会化发展，继续融入社会、适应社会，从而提高生活质量以"完善人生"，彰显生命价值以"再创幸福"。按兴趣可成立艺术团、合唱团、器乐表演队等专业表演队及国画、诗词、摄影、书法等专业研究会，并将其定位为独立于专业班之外的提高层次的学习途径。例如，我们有老年大学书画联谊会，近10年来，每年都参加六安市老年书画研究会活动、纪念改革开放40年活动、庆祝十九大书画展、庆祝中国共产党成立100周年书画展。我们学校安排书画、书法，绘画班全体学员参与，经过评委评选，然后上报六安。我们老年大学的京剧联谊会，每年都参加六安市京剧演唱研究会活动，还带去开场舞。老年学员热情高涨,既有第一课堂,又有第二课堂。

延伸课堂,展示教学成果,搭建活动平台,展示学员才艺,参加文艺演出和书法、诗影展览,参加表演比赛、节日庆祝活动,充分展示老年学子的德艺风采和老年大学的办学成果,充分体验、再现人生价值的成就感和社会尊重感。

要丰富线上网络直接授课,丰富远程教育,特别是针对疫情期间课堂教学停课情况,利用微信、抖音、快手等网络流行媒体,开辟网上校园。

(五)坚持和完善基础设施建设

县级以下老年大学现有教学设施容量与扩大办学规模的要求越来越不适应,要从长计议,及早谋划扩容方案。各级党委、政府要把老年教育设施建设作为民生工程的组成部分来考虑和安排,加大财政对老年教育事业的经费投入,加大活动场所建设和老年大学校园文化建设,努力打造绿色校园和具有浓郁文化氛围的学习环境。

要根据城乡发展变化,在老年人集中地增建老年学校,形成多点办学,要加强县乡和社区合作,使资源共享。

(六)坚持和完善政治引领,弘扬正能量

老年大学学员具有丰富的人生经历,为党和国家的发展做出了贡献,是推动社会主义核心价值观建设的重要力量。老年大学要把政治建校作为办学之本,坚持政治性与思想性、传统教育与特色教育、校内实践与社会服务相结合,丰富拓展思想政治建设的手段和途径,同时整合党建资源,丰富党性教育形式,引导老同志讲好党的发展史、创业史、奋斗史,要充分发挥政治学习、知识传播、政治交流的主阵地作用,使广大学员感受新成就、领悟新思想,营造"崇尚学习,学习养老"的浓厚氛围,引领文化养老新风尚。

要经常开展人生价值观、荣辱是非观的学习、宣传和教育,着力提倡和发扬相互尊重、相互关怀、宽容待人的人文精神。利用我县丰富的红色资源,组织学员参观纪念馆、红色遗址,开展讲故事、谈体会等丰富多彩的活动,做红色基因的传承人。

(作者系六安市金寨县老教委副主任、老年大学副校长)

浅谈如何做好乡镇老年学校常务副校长工作

李庆春

双河镇坐落在金寨县西北部、梅山水库上游,距离梅山县城35千米。双河镇是两膺上将、原全国政协副主席洪学智的故乡,是安徽省卫生乡镇、安徽省文明村镇、安徽省优秀旅游乡镇、安徽省森林城镇、安徽省生态镇、安徽省特色景观旅游乡镇。镇域面积112平方千米,辖11个村(街),总人口2.58万人,其中80岁及以上人口273人,60~79岁4666人,老年人口占19.2%。60岁及以上人口中退休教师104人,老中医6人,老干部19人,老职工36人,老技术员10人。

双河镇老年学校始建于2004年,2010年被评为"市级示范校",2012年被评为"老年大学省级示范校"。学校现有办公室、教室、文体排练室、书画室、图书室、阅览室、活动室、健身房、档案室、化妆室、远程网络学习设备等。现有学员155人，占乡镇老年人口685人的22.6%；学校现设必修班4个、专修班4个，聘请兼职教师19人。

本人自2008年以来，一直担任老年学校常务副校长工作。通常，乡镇老年学校日常工作主要是由常务副校长主持，在10多年的办学过程中，深深体会到要办好乡镇老年学校，作为乡镇老年学校常务副校长，务必做到以下几点。

（一）主动作为，争取领导支持、党政重视，是办好老年学校的前提条件

乡镇工作千头万绪，要想老年教育工作得到重视，常务副校长积极主动工作是必不可少的。10多年来，自己总是积极与分管领导沟通协调，积极主动争取镇党委、镇政府的重视。一直以来，双河镇各届党委、政府都会把老年学校建设纳入镇域经济发展、社会文化建设的总体规划，在学校组织、活动场地、物力和财力支持上给予重点倾斜；建立班子成员联系老年学校制度，定期听取老年学校建设工作汇报，及时研究和解决老年学校建设中遇到的困难和难题，以确保高效落实、高位推动。刚建校时就有两个教学区，第一教学区设在镇政府老办公楼，共有宽敞校舍7间，面积245平方米，设有多功能娱乐室，配备29寸大彩电、功放机、DVD、大音箱、课桌凳、黑板、热水器、健身器材等，教学设备齐全；第二教学区与镇文化站合署办公，设有科技培训室、图书室、多媒体教室、电教室等，共有校舍10间，老年学校总面积达440平方米，保证了老年学校教学需要。2019年，双河镇党委、镇政府又投入30余万元，将镇老年学校搬迁至双河镇文明实践所新校区，更新了一批教学设备，进一步改善了老年学校办学条件，吸引更多

的老年人来校学习。在办学过程中,上级领导对双河镇老年学校工作给予充分的肯定,并给予支持和鼓励,学校先后被评为"市级示范校""省级示范校",2016年被六安市委市政府评为"老年教育先进单位"。这一切极大地促进了双河镇老年学校的工作。因此,正是有了上级领导的支持鼓励和镇党委、镇政府的高度重视,双河镇老年学校才能得到逐步的发展。

(二)加强学习,提高自身素质,是办好老年学校的重要条件

老年学校常务副校长是一所老年学校的核心,其自身素质如何,直接影响老年学校工作。本人退休前,一直在乡镇从事行政工作,对教育工作是外行,尤其是对老年教育工作知之甚少。为此,自担任常务副校长工作以来,积极主动了解老年教育工作的积极意义,深刻领会到办好老年教育是社会发展的需要,是满足人们日益增长的精神需求,更是党对老年人生活关怀的一个方面,是"老有所学、老有所为、老有所养、老有所乐"的重要体现。在提高思想认识的基础上,积极学习业务知识,明确老年教育不同于普通教育,老年学校办学指导思想就是贯彻老年学校的"政治建校、平安立校、质量兴校"的办学原则和"教、学、乐、为"的教学方针;坚持以"改革创新、和谐发展、增长知识、丰富生活、促进健康、服务社会"为宗旨,以全面提升老年人整体素质为重点,以丰富老年人晚年生活为目标,把老年教育各项工作落到实处。

(三)结合镇情,办学贴近生活,是办好老年学校的必要条件

1. 课程设置贴近生活

办学伊始,我们围绕班级学科设置,首先进行问卷调查。从

老同志出发,根据老同志意愿,并结合双河镇实际,在课程设置上贴近老年人生活,开设时事政治、科技知识、法律讲座、卫生保健4门必修课和书画、电脑、文体、花卉4个专修班。聘请中级以上职称的教师、医师、有专业技术的人员兼职任教。

2. 教学活动贴近生活

坚持"明德、尚学、康乐、有为"的办学宗旨,培育学员们树立美德的学风,能够尊重知识、重学善思,有崇高的精神追求、多才多艺的人文素养、健康长寿的个人体魄,老有所为、为中求乐。坚持"学、乐、为"相结合的原则,在教学方法上采取集中与分散相结合、农闲与农忙合理安排、定期与自学相互动的形式,整个教学氛围既严肃活泼又使个人心情舒畅。如时事政治、法律讲座、卫生保健班,一般实行每月1次集中讲解、专题授课。科技班以进村入企现场培训的形式进行教学,帮助每一位学员掌握一门实用技术。书画、文体班以自学方式为主,学校统一给书画班学员发放书画用品,要求每季度向老年学校上交1幅以上书画作品,目前老年学校已收藏各类书画作品200余幅,学员孙继成、冯鹤年、余述美的书画作品在省、市、县级的展览中获得一、二等奖。文体班由学校统一购置服装、道具,要求在各种重大节日或各级举办的文艺活动中进行一次文艺汇演,双河镇老年学校舞蹈队分别在2015年、2019年全县广场舞大赛中获得优秀奖和第三名。2017年10月,为迎接党的十九大胜利召开,镇老年学校举办了一场专场文艺演出,其自创节目天津快板《四老汉十谢共产党》、表演唱《习总书记来金寨》、三句半《迎接十九大,说句心里话》获得良好的社会效果,其歌舞《茶山新歌》获市三等奖。2019年10月1日,在新中国成立70周年之际,双河镇老年学校举办了一场专场文艺演出,且60%的节目是自创的。

3. 教学管理贴近生活

任何管理都离不开规章制度，老年学校也是如此。学校以规章制度为基础，将人性化与制度化有机结合，营造宽松、民主、和谐的教学环境。学校分别制定了日常管理制度、教育教学制度、教育教学考评办法等各项规章制度。所有制度都考虑到老年人的身体状况，尽量体现人性化。学校教学计划周密，教学活动扎实有效，档案记录细致完善。所有入校学员一律登记建档。教育教学计划年初公布上墙，按计划行事，所有授课老师必须有备课笔记、有讲稿、有教材，学员必须做到有笔记、有心得、有收获。

（四）提供优质服务，是办好老年学校的保证条件

老年学员和在校的普通学生不同，老年学员不光冲着单纯的学知识而来，有些是因为在家太寂寞，有些是想学一点有用的东西。"师道尊严"在老年学校不能摆，每一位老师都要有为老年学员服务的思想准备。为此，我们在聘请教师时就强调这一点。同时，考虑到老年学员的身体特点，将洗手间安排在临近教室处，休息室常备茶水，去教室尽可能不用上楼梯，总之是尽一切可能地为老年学员提供方便，使老年人学得开心，学得舒心。

老年教育工作是一项长期复杂的工作，自己在老年教育岗位上虽然取得了一些成绩和经验，但离上级要求仍然存在很大差距，今后将在镇党委、镇政府的高度重视下，在老年教育工作者的热心支持下，在上级有关部门的精心指导下，按照省级乡镇示范校评估标准，进一步夯实基础，扎实工作，开拓创新，把我镇老年学校真正办成老年学员增长知识、快乐身心、服务社会、奉献余热的精神乐园，不负省级示范校的荣光，为全面建设社会主义现代化双河献智出力。

（作者系六安市金寨县双河镇老年学校常务副校长）

从霍山老年大学看老年教育的发展

谭录林

随着我国人口老龄化的深度发展,作为老龄事业和教育事业重要组成部分的老年教育,在党和政府的高度重视以及社会各界的广泛参与下,呈百花齐放、蓬勃兴旺的发展之势。

地处皖西大别山腹地的霍山县,和全国各地一样,老年教育事业得到健康快速发展。作为老年教育的主要阵地——霍山县老年大学,它的发展就充分印证了老年教育事业的兴盛态势。

霍山县老年大学创办于1992年4月,相对于创办于1983年6月的山东老年大学,迟了近10年时间,虽然起步迟,但却发展迅速。

1. 办学规模不断扩大

到"十三五"末,学校办班数由初创时2个班发展到40多个,学员从几十人猛增到800多人,上课2000多人次,每天都有400多人在校学习和活动。为了方便更多老年人就近就便学习,2004年又在县城中心地带的原社保局大楼办起了分校,开设10个班,学员上课达500多人次。

2. 校务和教学管理逐步走向规范

学校以质量兴校为追求,坚持走规范化、科学化办学之路,编制了教学大纲,制定了切实可行的规章制度,并不断修订完善。

每年度和每学期都制订教学和工作计划。教师认真编写教案和备课笔记,使用规范的教材讲义,每堂课结束后填写授课记录;学员上课实行签到制,保证了教学和工作有序进行。全校师生有近三分之一是中共党员,2016年6月,学校成立临时党支部,班级设立党小组,开展了一系列学习教育活动,使广大党员增强党性,不忘初心,牢记使命,发挥了党支部的战斗堡垒作用和党员的先锋模范作用。学校通过民主选举成立学委会、艺术团、志愿服务队以及相关协会、学会,对其交任务、压担子,发挥它们的作用,使校园治理、教学管理以及各项活动增添了多种力量。

3. 办学成效不断显现

广大老年学员通过在老年大学的学习和活动,收获了知识,获得了健康和快乐,提升了素养,创造了人生价值新辉煌,实现了追求和梦想,成为习近平总书记所讲的"有作为、有进步、有快乐"的"三有"老人。据不完全统计,历年来,师生在县以上刊物、媒体上发表文章数百篇、诗词歌赋数千首、书画剪纸摄影作品500多条幅,获奖400多人次,参加县以上文体展演比赛百余人次,70多人成为市以上文艺学术团体的理事、会员,多人获得中、高级艺术级别和职称。还有很多同志运用所学知识出版了个人书画、诗集和文学专著。学校经常组织校园文化活动,为师生展示才艺、寓学于乐搭建平台,丰富了校园文化生活。学校先后举办了重阳节登山、太极表演、门球棋类比赛、节庆文艺演出、书画摄影剪纸作品展,同时鼓励师生创作文艺作品参加县以上各类展演竞赛活动,与兄弟老年大学开展联谊交流;鼓励支持有关班级开展书画摄影剪纸、诗文创作和教学成果汇报以及外出采风、游学参观、送文艺进乡村、志愿服务惠民活动等,丰富老年大学第一课堂,拓展第二、第三课堂。学校积极引导和组织师生走向社会、服务大众,让老年生活绽放光芒。学校经常组织艺术团队下乡入院进军营,开展慰问活动;在春节、国庆等重要节日,组织师生编排精彩文艺节目,参与大型文体活动,成为其主体骨干;把师生自编自演的节目亮相在街心、村头、广场、公园,为人民群众送上开心欢乐文艺大餐;早晚在众多广场、公园,师生领办和教授广场舞、太极拳(剑),引领群众健身热潮兴起,成为一道道靓丽的风景线。学校还支持鼓励师生参与各类志愿服务工作,为关心下一代、为文明创建、为构建和谐社会添砖加瓦,奉献光热。

县老年大学是全县老年教育发展的龙头,引领并带动了全县基层老年教育的发展。全县所有乡镇和95%的行政村及社区都相继办起了老年学校,有6所乡镇校成为省、市级示范校,19个村(社区)校成为县级示范校。县老年大学良好的办学成果受到各级领导的充分肯定和社会各界的广泛赞誉,学校先后6次荣获省、市老年教育先进单位称号,2013年先后成为六安市市级和安徽省省级示范校,2018年6月被吸收为全国老年大学协会会员,年底再度被评为"老年大学省级示范校",学校的影响力和吸引力与日俱增。

霍山县老年大学的快速发展以及取得的显著成效,原因是多方面的,主要有以下几条。

1. 党政的高度重视

县老年大学从成立到快速发展,处处体现着县委、县政府的高度重视,倾注了各级领导的心血和关爱。每年,县委常委都要听取老年大学的工作汇报,专题研究解决办学中的困难。县委每年召开一次高规格的老年教育工作会议,以县委、县政府两办文件印发老年教育发展规划,出台加强老年教育工作意见。县政府每年都把老年大学的办学经费列入财政预算,给予其充分的保障。2009年,县委、县政府决策,投资1500多万元,建成占地16亩(1.067公顷)、建筑面积4500平方米的新校舍,设施及教学设备全新配套。2021年县政府决定扩建校舍,计划投资2500万元,新建3000多平方米包括演艺厅、展览厅、大教室在内的教学用房,以满足学校发展之需,扩建计划将列入2022年县重点工程之一。

2. 广大老年人旺盛的学习需求和热情

庞大的老年群体是县老年教育发展的基础和推动力。随着我国经济和社会事业的快速发展,人民群众生活水平得到大幅度提高,广大老年人的衣食住行医等物质生活得到有力保障,于是丰富精神文化生活和提升生活、生命质量就成了他们的迫切追求,而上老年大学,接受老年教育,"增长知识、丰富生活、陶冶情操、促进健康、服务社会"成为最佳选择。霍山县老年大学学员中,出生于20世纪五六十年代的约占总数的80%,高中、大学文化程度的占70%,初中文化程度的占25%,小学及以下占比很小。他们绝大多数是新中国成立后出生的,有一定的文化基础,是十分活跃的"年轻"老人。他们在职在岗时,都是行政和企事业单位的骨干,退下来后身体尚好,子女也都独立了,有较充足的精力和时间参加学习,从事自己感兴趣的活动。老年大学根据学员需求开设了内容丰富的课程,也按照学员兴趣开展丰富多彩的活动,使他们"老有所学、老有所为、老有所乐"。越来越多的老年人走进老年大学,是老年教育事业快速发展的不竭动力。

3. 老年教育大形势的趋动和促进

现在全国老年教育开展得轰轰烈烈,各级各类老年大学如雨后春笋般茁壮成长,通过老年教育系统的各类会议、培训和信息交流以及互相参观学习、互相取长补短,使老年教育从管理体系到教育教学逐步完善,走向规范化、科学化和现代化,这是推动我县老年教育事业发展的外在动力。目前,不少省、市通过立法,把老年教育推向法治化轨道。《安徽省老年教育条例》已颁布并于

2021年1月1日实施,该条例立意深远,内容翔实,是推动我省老年教育事业健康快速发展的法律保障。我们有理由相信,我县老年教育事业在各级党政的高度重视下,在社会各界的大力支持参与下,将会得到更好更快的发展。

(作者系六安市霍山县老年大学校长)

加快县域老年大学(学校)发展之管见

周瑞祥

老年教育是我国教育事业和老龄事业的重要组成部分,老年教育是以年龄为依据划分教育的一种形式。老年教育属全民教育、终身教育范畴,是国民教育体系的重要组成部分。老年教育是建设学习型社会、构建终身学习体系的一项具体工作。办好老年大学(学校),是实施老年教育的一个重要载体。现就如何加快县域老年大学(学校)的发展,谈点粗浅认识。

(一)明确目标

教育是立德育人的场所。弘扬正气,传播正能量,用先进的文化教育人、引导人、团结人、激励人是教育的根本责任,老年教育当然不能例外。老年大学(学校)是一种社会公益性、教育事业性的团体,要以"三性"作为办学目标。

1. 思想性

坚持党的领导,突出政治立校,弘扬正能量,是老年大学(学校)办学的原则。要把学习、贯彻习近平新时代中国特色社会主义思想、践行社会主义核心价值观贯穿于学校工作的全过程,使老年大学成为老年人不忘初心再出发、牢记使命永向前的舞台。

2. 康乐性

在老年大学参加学习的人是退出工作岗位处于休闲期的群体,物质生活得到了一定的保障,处在颐养天年的时期,学习的目的具有非功利性的特点。他们想通过学习,实现自身爱好,延缓身体衰老,促进身心愉悦,使得晚年生活更加丰富多彩。这使老年大学(学校)成为老年人实现自我价值的平台。

3. 创新性

在知识经济时代,一个人必须学习一辈子,学新知新,与时俱进,才能适应社会发展的需要,才能不被社会边缘化、不被淘汰。老年大学(学校)要紧贴老年社会的基本情况、老年人的基本特点和实际需求开展老年教育,让老年人在"享受教育"的过程中,增长知识、丰富生活、陶冶情操、促进健康、服务社会,促进老年人的全面发展,完善人生,提高生活、生命质量,提升适应社会能力,增强幸福感。这使老年大学(学校)成为老年人的知识学园、健康乐园、精神家园、和谐校园,从而培育出"有作为、有进步、有快乐"的时代老人。

(二)完善保障

老年教育已经走过了30多个春秋,作为老年教育主阵地的老年大学(学校),与老年大学协会、老年教育委员会在块块上、条条上、条块上相互之间的关系不清晰、职责不明确,难以确定统一标准和进行统一部署。因此,完善保障是促进老年大学(学校)顺利发展的重中之重。

1. 要有组织保障,理顺老年教育的管理体制

按照党委领导、政府主导、部门联动、社会参与的原则确定老年教育、老年大学(学校)的管理体制,块块间、条条间、条块间要统一。办好老年大学(学校)不仅是社会的需求,更是部门职责所系。体制统一后,各种规定、要求可以统一,各级老年大学(学校)之间可以相互学习、相互促进、共同提升,推动老年大学(学校)正常、有序发展。

2. 要有队伍保障

要解决好老年教育委员会、老年大学(学校)的领导班子、办事机构和人员。

3. 要有投入保障

老年大学是社会公益性事业,需要以各级政府为主,加大在人、财、物方面的投入。解决好老年大学(学校)办学的场所、设施、设备、经费,是办好老年大学的基础。

(三)突出重点

县域老年大学(学校)发展要循序渐进,结合实际,因地制宜,突出重点。

1. 抓好学校建设

首先是办好县级老年大学,发挥其在县域老年教育中的引领示范作用;其次是办好乡镇、街道老年学校;最后是办好行政村及社区老年学校,解决老年人就近就便入学问题。乡镇、村、社区等基层老年学校,要根据辖区内老年人口的数量、居住情况、身体状况、经济条件等,因地制宜,按需办学、按需设班、按需施教,力戒形式主义。

2. 搞好教学活动

县级老年大学春、秋学期每天上课,乡镇老年学校至少每月开展一次教学活动,村级老年学校至少每两个月开展一次教学活动。教学活动可以与党政中心工作、美好乡村建设、农业科技培训、普法宣传等结合起来。

3. 做好示范引领

以创建示范校为抓手,学习、推广省、市级示范校经验,积极争创示范校。已经是示范校的基层老年大学(学校)要发扬成绩,巩固提高,争创更高层级的示范校;未评上示范校的要创造条件,争取步入示范校行列;新建、扩建、改建的老年大学(学校),要按照示范校的标准建设,为今后争创示范校奠定基础。通过创建示范校活动,使大家学有标杆、赶有目标,进而推动县域老年大学(学校)全面发展。

(四)抓好"三教"

老年大学(学校)的中心任务就是教学,教师、教材、教学管理是做好教学工作的基础。

1. 要选好教师

教师是文化知识的传播者,老年大学的老师应努力成为有理想信念、有道德情操、有扎实学识、有仁爱之心的人。要明确选聘条件、选聘程序、工作职责、激励机制,选聘热爱老年教育事业、具有奉献精神、能胜任教学的社会贤达人士任教。

2. 要选好教材

一是选用其他老年大学编写的教材;二是教师自编教材,自编教材要结合当地传统文化、乡风民俗;三是选择网课内容。

3. 要抓好教学管理

一是班子建设,校领导班子要把"做好服务、抓好管理、办好学校"视为己责,不断提高政治理论水平和业务能力,志在老年教育,心系师生群众。二是组织建设,学校成立校委会,下设办公室、教研室、财务室等,成立临时党组织以及学员委员会和班委会。三是制度建设,制订相关制度,严格执行落实,使教学活动步入制度化、规范化、科学化轨道。

（五）资源整合

基层老年学校与县老年大学相比,学员少、开班少、上课少,不像县老年大学每年分春、秋两学期,每学期周一至周五,每天都有学员到校上课。基层老年学校根据学员情况,灵活安排教学时间,可利用文化站、文化活动中心、新时代文明实践中心、党员活动室、敬老院等场所及其设备和设施开办老年学校。各级各部门在开办老年学校时,要做到思想上达成共识、资源上达到共享。

（作者系六安市霍山县老年大学副校长）

化解主要矛盾　普及老年教育

周永海

习近平总书记在党的十九大报告中明确指出:"社会是在矛盾运动中前进的","中国特色社会主义进入新时代,我国社会主要矛盾已经转化为人民日益增长的美好生活需要和不平衡不充分的发展之间的矛盾","发展不平衡不充分,这已经成为满足人民日益增长的美好生活需要的主要制约因素"。并强调指出:"我国社会主要矛盾的变化是关系全局的历史性变化,对党和国家工作提出了许多新要求。"习总书记的英明论断交给我们一把在开启全面建设社会主义现代化国家新征程中,坚持以人民为中心的发展思想,不断促进人的全面发展、全体人民共同富裕的金钥匙。

诚然,我国社会主要矛盾的转化已经深刻反映在我国老年教育事业发展上,即表现为:增长较快的老年人晚年幸福生活的多样化需求与老年教育发展严重不平衡、不充分之间的矛盾。所以国务院办公厅颁布的《老年教育发展规划(2016—2020年)》(以下简称《规划》),提出的主要任务"扩大老年教育资源供给"中,首条即为"优先发展城乡社区老年教育""建立健全县(市、区)、乡镇(街道)、村(居委会)三级社区老年教育网络,方便老年人就近学习"。《规划》还提出"在办好现有老年教育的基础上,将老年教育的增量重点放在基层和农村,形成以基层需求为导向的老年教育供给结构,优化城乡老年教育布局,促进老年教育与社会经济协调发展",等等。集中到一点,就是老年教育深入发展的重点要下移,要把普及老年教育作为现阶段发展老年教育的主攻方向,按照扩大教育面、重点在基层和推动村、社区老年教育全覆盖思路,打通老年教育深入发展的"最后一公里"。全国老年大学协会前几年在推行老年教育"五个十工程"项目中,把"社区老年教育全覆盖县(市)区项目"列为其中重要内容之一,这是老年教育发展适应新时代要求和符合基层实际的英明决策。实践也证明:华东地区(山东、福建和长三角地区)在前几年中,老年教育发展比例之所以能占全国三分之二左右,其主要原因是它的基层老年教育发展势头较好。例如,国家"五个十工程"中的"社区老年教育全覆盖县(市)区项目"所列的全国东、中、西部17个县(市)区中,就有10个坐落在华东地区(江苏4家,福建、安徽各2家,山东、江西各1家,占项目17个县区的58.8%)。我们舒城县基层老年教育有幸能入选全国"五个十工程"中的社区老年教育全覆盖项目,也是由于在省、市老年教育部门领导有力指导和全县各级领导重视下,始终坚持了"两抓两促"的发展思路。经过30年的艰辛努力,才形成了今天较好的局面。但我们也深知,我县农村老年教育发展仍存在发展不平衡等一系列问题,特别是当前的基层老年教育现状,正面临办学由封闭向社会开放转变、教学由粗放型向精细型转变、活动组织由定期举办向经常开展转变的"三个转变"关键时期。这些问题都需要我们在今后的探索中来逐步解决。我们决心不辱使命。

使命呼唤担当,使命引领未来。我们将紧紧捉住老年教育事业发展上的主要矛盾和矛盾的主要方面,在做好巩固提高县老年大学和乡镇老年学校的基础上,狠抓村(社区)老年教育全覆盖,实施好全县老年教育"一二三工程"(一个重点、两抓两促、三大转变)。即以加快县老年大学和乡镇老年学校规范化建设为重点;抓村(社区)老年教育全覆盖和老年远程教育发展,促老年教育覆盖面进一步扩大;抓深入开展创建示范校活动,促老年教育质量进一步提高;以国家老年教育发展规划为导向,努力促使全县老年大学(学校)逐步实现办学由封闭型向开放型转变、教学由粗放型向精细型转变、活动由定期举办向经常开展的转变。我们并决心努力做到"六个坚持":一是坚持学习宣传,提高政治站位;二是坚持理清思路,科学发展;三是坚持提升基础设施能力,落实保障措施;四是坚持"致力结合",办出特色;五是坚持标准,逐步规范;六是坚持典型引路、有序推进。总之,我们将坚决、认真、扎实贯彻《规划》和《安徽省老年教育条例》,促使全县老年教育事业在进入新发展阶段中出现高质量发展!

(作者系六安市舒城县老年教育委员会常务副主任)

浅谈如何当好乡镇老年学校校长

周万仓

要办好乡镇老年学校,校长对一个学校的生存与发展起着至关重要的作用,他是老年学校领导班子的核心,是团队的引领者,是肩负重任的管理者。要当好一名校长的确很不容易。我自2001年起担任舒城县张母桥镇党委副书记、兼任该镇老年学校校长,2010年调到万佛湖镇工作,担任镇人大副主席,2020年12月退休后担任镇老年支部书记,继续兼任老年学校校长职务,20年的老年教育工作实践使我深深地感到:老年教育事业呼唤着有事业心、责任心,具有创新精神、乐于奉献的校长和一支有作为、有影响力的团队,与时俱进,开拓创新,才能不断推进老年教育持续健康发展。那么如何当好一名基层校长,现结合自身工作实际,浅谈几点看法。

(一) 勤于学习,提高自己的综合素质

老年教育是一项开创性、探索性的事业。一所老年学校办得好与坏,与校长个人素质的高低有着十分密切的关系。

首先,校长必须勤于学习,善于思考。老年学校是老年人学习的乐园,校长是组织、指挥老年人学习的领头雁,自身的学习显得尤为重要。因此,校长必须是好学之人,要与时俱进,不断充电,不断更新知识;同时还要勤于思考,带着工作中的问题去学习,即有的放矢,把所学的知识运用到指导教育教学实践中。

其次,校长必须具备强烈的事业心和责任感。开展老年教育是构建终身教育体系、建设学习型社会、构建和谐社会、落实科学发展观的具有战略意义的举措,是不断巩固提高老年人思想文化素质、安享晚年、提高生活和生命质量的有效平台,是党和政府义不容辞的一项重要任务,是利国、利民、利老年人的功德之举。作为一名基层校长要充分认识到老年教育工作的重要性、必要性和紧迫性,增强事业心、责任感和使命感。当好校长就意味着无私奉献,必须付出真情、付出心血,不仅要尊老、敬老、爱老,视老同志为亲人;还要有细心、耐心、爱心,全心全意地为老同志服务;更要有爱岗敬业、开拓进取的精神,要想方设法,创造条件,不断优化办学环境,不断提高办学水平。总之,一个与时俱进的校长,一个想干事、能干事的校长,应是一个充满激情、充满感情的校长。只有这样的校长才有奉献的精神,才会善于不断地提出新的奋斗目标。校长的激情可以感染教师,教师的激情可以感染学员,校长、教师、学员的激情融汇在一起,校园就会充满浩然正气、蓬勃朝气,学校的事业才能永葆生机活力。

(二) 主动作为,赢得领导的重视和支持

老年教育工作要与时俱进、加快发展,作为校长,必须要经常以书面或口头形式主动向主要领导汇报工作和办学情况,使领导能够及时了解老年学校的工作动态、取得的成绩以及存在的实际困难和问题;以各种节日、纪念日为契机,举办书画、摄影、诗词等教学成果展和文艺演出,主动邀请有关领导前来观看,使他们对老年学校的教学成果和老年学员的精神需求有更深的了解,引起镇领导的高度重视和支持。

1. 调整组织

充实完善老教委组成人员,由镇党委书记兼任老教委名誉主任,镇人大主席任老教委顾问,分管党群副书记担任老教委主任,镇人大副主席担任老教委常务副主任。同时也调整充实了镇老年学校领导班子。

2. 落实老年学校固定场所

镇党委、镇政府审时度势,把改善办学条件摆上重要议事日程,把老年学校迁入镇广播文化站,借助文化阵地,改善老年办学条件[广播文化站建于2001年,总投资60.5万元,占地3.3亩(0.22公顷),大楼建筑面积达870平方米],同时,又配置了老年活动设备,建成了老年活动中心。学校设施完善,活动正常。2014年,镇党委、镇政府投资4万元新建了门球活动广场,组织成立了皖西第一支乡镇门球队,进一步丰富了老年学员的业余生活。2016年,又投入30多万元对活动中心进行升级改造,新建了综合文化广场和大舞台,老年学校的办学条件得到进一步提升。

3. 落实活动经费

镇财政每年预算5万元,主要用于老年学校正常开支,确保教学活动的需要。

万佛湖镇老年学校创办于1995年,起初学员仅有22名,现在发展到105名,2002年被评为"县级示范校",2008年被评为"市级先进单位",2010年被评为"市级示范校",2013年获得"老年大学省级示范校"称号,2019年再次获得"老年大学省级示范校"称号。

(三) 密切联系,争取部门的大力支持

要想办好老年学校,仅靠个人的力量是不够的,必须想方设法,动员全社会广泛参与。为做好老年学校工作,我多次到镇直

有关部门登门拜访,介绍情况,得到他们的大力支持。镇社事中心抽调4名工作人员为镇老年学校日常教学和课外活动提供优质服务。20个镇直单位负责人义务担任镇老年学校教员。

(四)善于用人,发挥老同志的积极性

校长要善于用人识才,落实好三支队伍。

1. 校领导班子

注重发掘离退休党员干部中组织能力强、民主作风好、有奉献精神、敢于负责、身体好、有威望、表率作用好的同志担任校领导班子成员,每一位成员要明确办学方向和目标,及时掌握学校的工作动态,明确分工和职责,充分发挥各自的优势,为推动学校的发展尽心尽力。

2. 教师队伍

校长在选聘教师之始,要广泛听取各方的意见,采取公正、公开、公平、择优选聘的方法,进行综合考虑选聘,做到人尽其才、才尽其用。同时,要经常倾听教师的建议,不断优化教学环境,大胆地开展教学研究和教学改革,不断提高教学水平。

3. 知人善用

由于老年学校学员是一个特殊的群体,有许多人曾经是各条战线的精英人才,要注重在他们当中选拔干部协助教学管理。校长要经常深入课堂,善于发现那些为人有亲和力、管理有能力且愿意为学员服务的"银发精英",将他们适时地、不拘一格地推荐到班长、小组长的岗位上,通过座谈,组织班干部开展各种活动,推动学校各项工作的顺利进展。

与此同时,注重发挥老年学员党支部的带头引领作用,把加强支部建设与开展教学活动有机结合起来。

（五）善于管理，促进教学的规范化发展

制度化和规范化是办好老年教育事业的基本要求。作为校长必须为学校的管理倾注大量心血，要做到目标管理、教学管理、教师管理、学员管理、档案管理多管齐下、面面俱到。有了目标，大家就知道什么时间该做什么事，工作中要达到什么样的质量标准。教学计划是指导与规范教学活动的依据，要按照贴近老年人实际、贴近社会需求、贴近时代发展的原则，精心开设相关课程。乡镇老年学校多为兼职教师任教，要积极和他们联系协调，完善激励机制，建设一支素质好、教学水平高、相对稳定的兼职教师队伍。要制定符合老年学员特点且简明扼要的有关规章制度，便于操作和执行。要发扬老同志的优良传统和作风，增强他们学习的积极性和自觉性。学校的档案资料是广大师生辛勤劳动的记录，反映了老年学校的发展历程和经验，也是学校不断改进工作的依据，必须安排专人收集整理。

我镇老年学校经过长期发展，已经建立起比较完善的教学管理制度。学校开设了时事政治、电脑操作、卫生保健、戏曲舞蹈、书画诗词、垂钓、摄影、科技普及、法律知识等课程。年初有计划、年中有评比、年底有总结，在授课内容上做到"三结合"：与老年人需求相结合、与党委政府中心工作相结合、与农民致富奔小康相结合。始终注重加强平时管理，加强学校办公室建设，完善相关制度。我县老教委于2007年夏天在我校召开了全县乡镇老年学校规范化管理现场会。

在这里所谈的粗浅看法，只是抛砖引玉，我将以此为契机，发扬成绩找差距，查摆问题定措施，勤于学习，善于思考，努力开拓，勇于创新，使学校工作步入更加制度化、规范化的轨道。

（作者系六安市舒城县万佛湖镇老年学校校长）

努力办好基层老年教育 积极应对人口老龄化

朱恒炉

我国已进入老龄化社会,2021 年我国 60 岁及以上人口将达 2.67 亿,占总人口的 18.9%。人口老龄化大潮扑面而来,已成为严峻的社会问题,各方面都在寻求应对之策。老年教育成为应对人口老龄化的一项重要举措。国务院办公厅印发《老年教育发展规划(2016—2020)》(以下简称《规划》),进一步明确了以扩大老年教育供给为重点,以创新老年教育体制机制为关键,努力让不同年龄层次、文化程度、收入水平、健康状况的老年人均有接受教育的机会,最大限度地满足各类老年群体的学习需求。《规划》的出台,对面向基层因地制宜发展老年教育提出了更高的要求。如何推动基层老年教育持续健康发展,是积极应对人口老龄化、大力发展老龄服务事业和产业的迫切任务。

(一)党委政府重视是办好老年教育的保证

老年教育工作要按照"党委领导、政府主导、社会参与、全民行动"相结合的原则,切实加强和改善对老年教育工作的领导。在实际工作中要做到认识、体制、工作三到位。要把老年教育列入乡村振兴战略规划,列入各级党政工作考核范围,把经费列入本级财政预算、列入统计,做到有人管事、有钱办事、有场所上课。汤池镇老年学校自1996年创办以来,镇党委、镇政府对老年教育工作一直高度重视,建立健全了老年教育组织机构。镇老年学校由镇党委副书记任名誉校长,分管领导兼任校长,由一名退居二线的同志任常务副校长,聘请一名退休的老干部任副校长。从相关部门、单位及"五老"队伍、教师队伍、其他专业技术人员中聘请教师。村校由村支部书记兼任校长,在中小学校、村干部中挑选"志愿者"义务为老同志授课。镇、村把发展老年教育纳入社会发展总体规划,经费上有保障,每年都能保证老年教育经费实报实销,从而确保老年教育工作正常运转。

(二)建好教学场所,是办好老年教育的基础

当前,我国人口老龄化程度日趋严重,而老年教育的发展水平却存在着与之不相适应的情形。尤其是基层乡(镇)、村老年教育工作滞后,老年群体对精神文化生活的强烈需求和老年教育资源供给不足的矛盾突出。因此,发展基层老年教育必须依靠地方党和政府,争取政府加大投入,逐步建立以财政拨款为主的机制。同时,多渠道筹集经费,动员社会力量广泛参与、支持,使各类社会教育资源(资金、人才、设备、场地、载体、信息、新闻舆论等)得到有效整合利用,形成办学合力。乡(镇)、村两级要着力抓好"四个结合",不断改善办学条件:一是老年教育与"新农村文化家园工程"相结合;二是老年教育与成人教育中心相结合;三是老年教育与新时代文明实践所、站相结合;四是老年教育与老年公寓、敬老院系统相结合。这样才能从根本上加快老年教育的发展步伐。汤池镇老年学校设在镇文化站,实行站校合一。2018～2021年,共投入资金近34万元,对镇老年学校进行了改造升级。改造后的镇老年学校使用面积达793平方米,办公室、教室、多功能厅、

图书室、书画室、棋牌室、室外电子大屏幕等功能齐全,达到省级示范校标准。各村校都设村部,一套人马两块牌子。截至2020年底,全镇现有镇老年学校1所、村级分校26所、学员1886名,入学率达17.1%。

(三)丰富教学内容,是办好老年教育的根本

基层老年教育要按照老年教育方针和规律来办,才能办得好并且长期办下去。

1. 要围绕"学用结合",突出老年教育的实践性

在学科内容方面注重贴近并直接服务于老年人的生活。在教学方法上,注重将讲授与示范、课本与现实、理论学习与实践操作有机结合起来,做到学用结合。近年来,汤池镇老年学校采取灵活多样的教学方式,努力优化第一课堂,丰富第二课堂,拓展第三课堂,定期组织学员学习时事政治,请镇村领导讲课。镇村老年学校都能利用先锋网集中学员收看科教片,结合农村工作实际和老同志所盼所需,加强法律法规、农村科技、防电信网络诈骗等多方面的学习教育。

2. 要围绕"学乐结合",突出老年教育的娱乐性

镇老年学校在课程设置上增设了文体课,内容涉及歌舞、卫生保健、书画等,教学形式突出故事性、趣味性,使课堂教学始终充满情趣和生机,提高了学习的效果和感染力。学校组织开展广场舞、象棋、掼蛋比赛等文体活动,创新教学形式,丰富老年学员的精神文化生活;组织老年学员到外地参观学习,同时参观茶谷建设、美丽乡村建设等本地发展成就。镇老年学校每年举行元旦或九九重阳节文艺演出庆祝活动。

3. 要围绕"学为结合",突出老年教育的服务性

镇老年学校通过举办政策学习培训会、开展电子商务和智

能手机操作培训等,动员组织老同志助力党委、政府中心工作。针对突如其来的疫情,镇、村老年学校及时组织学员参加抗疫值班巡逻,动员老年学员捐款,实现"老有所为"。村级老年学校都能采取灵活多样的教学方式,努力提高学员入学率和参学率。如在召开村民组长会议时,请村民代表或相关老年人参加,先传达、讨论、布置当前工作。会议结束后,再请老年学校负责人(教师)给学员上课(因现在村老年学员大部分都是村民组长、村民代表、党员等)。

(四)建立健全机制,是办好老年教育的关键

基层老年教育工作要保持健康持续发展,必须建立机制、规范运行。一是建立督查考核机制,对基层老年教育工作定期进行督查考核,争取把考核结果列入县级组织部门对基层组织建设的年度考核积分。二是建立典型示范机制,充分发挥示范校的典型示范带动作用和辐射功能。三是建立培训指导机制。县老年大学要加强对乡(镇)、村老年学校的工作人员进行培训,提高他们的业务素质和工作能力。四是建立争先创优机制。通过开展创建示范学校、评先奖优等活动,促进基层老年学校办学水平的不断提升。

汤池镇始终把大力发展老年教育作为一项民心工程来抓,在组织上加强领导,建立老年教育的领导班子,使老年教育工作始终有组织管、有专人抓;每半年召开一次座谈会,相互沟通,交流心得,促教育教学水平有效提升。注重抓点示范。近几年,我们重点抓了镇老年学校和3所村校规范化建设,抓点带面,示范引导。我们先后制定了《老年学校管理制度》《老年学校教师职责》《老年学校学员守则》等一系列规章制度,规范办学;平时注重教师业务培训,定期开展检查评比;在日常活动中经常与老年朋友

的联系交流,广泛听取大家的意见和建议,适时调整教学方向和教学内容,使老年教育工作逐步走上制度化、规范化轨道。

(作者系六安市舒城县汤池镇老年学校常务副校长)

老骥伏枥多壮志　一颗红心永向党

王道应

在热烈庆祝中国共产党百年华诞之际,我衷心祝福伟大祖国在中国共产党的领导下繁荣昌盛,人民生活过得更加幸福美满!

(一)发展老年教育势在必行

当前我国人口进入老龄化社会,全国14.1亿多人口中老年人已达2.6亿,占总人口的18%以上。随着社会的发展和人们物质文化生活水平的不断提高,到"十四五"末,我国老年人口的比例将超过20%。这个基本国情是毋庸置疑的。党和国家对此高度重视,先后颁布《中华人民共和国老年人权益保障法》和《国家中长期教育改革和发展纲要(2010—2020)》以及实现人的终身教育等一系列政策和措施。我国的老年教育蓬勃发展,各种类型的老年大学、学校、文化娱乐场所如雨后春笋般地发展起来了。同时三十铺镇老年教育工作也紧跟时代发展的步伐,于1993年下半年办起了老年学校,经过20多年的努力奋斗,取得了较为丰硕的成果。

（二）使命与担当

我于 1996 年退休后即参加镇老年学校活动，同时被选为校领导班子成员。2000 年被选为镇老年学校党支部书记并兼任老年学校校长。20 多年来，我深知搞好老年教育任务艰巨而使命光荣，要干好老年教育工作就必须加强政治学习，同时要热爱老年教育工作，要始终不渝地遵循办学宗旨，本着"巩固、提高、发展、创新"的理念，办好老年学校。我的体会是：一要认真学习党的方针政策、学习老年人权益保障法和关于老年教育的相关法规，特别要学习党的十八大以来以习近平同志为核心的党中央的一系列重要指示，提高对办好老年学校的思想认识和工作水平。二是团结带领党支部和老年学校一班人努力工作，发挥他们的工作积极性。三是身先士卒，起模范带头作用，讲了千万遍，不如自己干在先。四是制定好各项规章制度，首先自己要严格遵守带头执行，非正己则不能正人。五是选聘好老年学校教师、远程教育管理员以及诗词、书画、文娱、体育、电脑等班的班长，镇党委办对上述工作人员均颁发了聘书。六是做好总结和评优工作，近 5 年来受到表彰奖励的教师和工作人员达 30 余人次，学员有 60 余人次。开展表彰奖励，激发他们的热情和积极性，让老年学校越办越红火。

（三）发展历程和成果

三十铺镇老年学校于 1993 年秋季创办，开始只有 1 个普通班、48 名学员，学习内容只有时政、卫生保健、农业科技等。2000 年，我们走出校门，去外地取经，先后到福建的厦门大学、芜湖的清水河镇、舒城的五显镇、长丰的下塘镇等老年大学和学校学习取经，在学习外地经验的基础上增开了诗词、书画、文艺班，学员达120余人;到了2004年又增开了两所敬老院分校,学员达到了260余人;2010年又增开了体育健身班和电脑班,学员达到了340余人。至此,普通班(大班)开设的课程有:时政、法律常识、远程教育、卫生保健、农业科技、地方志等,诗词、书画、文艺、体育健身、电脑等班各显神通,都开展了各具特色的活动。学校的规模为:有固定教室两处(不含分校),有办公室、阅览室、娱乐室、文娱排练厅、档案室、电脑等;远程教育有电脑、投影仪、屏幕等;教学面积达350平方米,老年活动场地有各种健身室、篮球场和乒乓球室,面积有1500平方米。

为了提高诗词、书画班的创作水平,我们每年都组织外出到红色旅游区去参观学习,先后到过合肥市渡江战役纪念馆、金寨革命烈士纪念馆、张家店战役纪念馆以及三河古镇等地,通过参观学习,不仅加深了学员们对革命先辈的敬仰之情,同时也激发了他们的创作热情,拓展了他们的创作视野。退休干部俞祥仁、韩继文等同志经过学习,写作水平大有提高;镇退休干部陈久好、任绪金等同志在书画班内成绩优秀,并被吸收为省老年书法协会的会员。多年来书画班的作品,不仅在校内外展出,每年还遴选部分作品参加六安市和金安区举办的书画展,同时学校还将他们的作品收集刊登在校刊《皋东诗草集》上,现校刊已出版至10期。

文艺班的学员在班长李多琴的带领下,经常开展活动,多年来,他们除了在本镇开展表演活动外,还经常与六安城区的文化团体开展联欢活动,受到广大观众的好评。更值得一提的是李多琴同志一心扑在文娱工作上,不仅认真组织和带领文艺班的学员搞好文娱活动,而且多年来自费13万余元为文艺班学员购置服装和各种道具。

体育健身班的学员在班长袁思明的带领下,先后学会了二十四式等多套太极拳、太极剑和扇子舞、广场舞。前几年在没有疫情的情况下,还到六安城区参加比赛,并获得了好成绩。

(四)"荣誉"是砥砺前行的动力

三十铺镇老干支部和老年学校经过了20多年的努力奋斗,在党和政府的大力支持下,我们先后获得了以下荣誉:

2004年,市老干局、老教委授予三十铺镇老年学校"示范校"称号,同年又由安徽省老年大学协会授予"首批省级示范校"荣誉称号。同时安徽省老年大学协会于2007年先后两次来我校复查,复查后协会领导给出的评价是"合格级、名副其实的示范校"。2019年老年大学协会又委派六安市老教委检查,结果我校第二次被评为"省级示范校"。

2008年,中共六安市委、市政府授予三十铺镇老年学校为"六安市老年教育先进单位";2018年,中共金安区委授予三十铺镇老干支部为"先进基层党组织";2014年,中共金安区委老干部工作领导组授予三十铺镇老干部工作"先进单位"。

2011年、2013年六安市金安区老教委分别授予三十铺镇老年学校为"先进单位""先进集体"。

2014年六安市金安区老教委确认三十铺镇老年学校为"全国老年远程教育实验区教学点"。此外,三十铺镇老干支部、老年学校多年受到镇党委、镇政府的表彰、奖励。

以上荣誉的取得都是在上级领导的重视和正确领导下,三十铺镇老教委和老年学校一班人共同努力的结果,也是我们砥砺前行的动力。

(五)喜迎四方宾朋

我镇老年学校自2012年至今,先后迎来了阜阳市、马鞍山市、淮南市、寿县、舒城县、金安区的东河口、木厂等10个市、县、乡、镇、街的分管领导和老教委的同志来我校参观考察。2015年4月,全省老年远程教育现场会在我镇召开,与会者参观考察了我校的老年远程教育工作。2017年8月六安市举办乡、镇、街老年学校校长培训班,近300人专程来我校参观考察,我校老年学员为他们进行了书画、文艺、体育等现场表演。

(六)退休不褪色 红心永向党

我2021年80多岁了,从事老年教育工作20多年,也取得了一些成绩,多次受到省、市、区老年教育部门的表彰奖励。然而荣誉是过去的事,不忘初心、牢记使命是我的职责,我要在以习近平同志为核心的党中央坚强领导下,做到"退休不褪色,红心永向党",带好队,交好班,为培养一支高素质的老年教育工作者队伍再立新功。

(作者系六安市金安区三十铺镇老年学校校长)

我们是怎样做好基层老年教育工作的

许佑琦

东河口镇老年学校创办于20世纪90年代,当时主要以离退休干部每月学习日制度形式开展学习,以学习文件、聚会讨论国家大事为内容,目的是丰富离退休老同志的晚年生活。

2014年年末,时任东河口镇的党委、政府领导,认识到办好老年教育的重要性,专题讨论了老年教育工作,成立了镇老年教育委员会,组建了新的老年学校领导班子,从退休干部中选用了新的老年学校校长。镇党委、镇政府领导亲临老年学校,现场解决老年学校面临的校舍、教学设备等具体问题和困难,要求分管领导配合指导办学。在镇党委、镇政府的重视关怀下,在区老教委的指导和支持下,东河口镇老年学校发展迅速,自2016年以来,镇老年学校先后获得了金安区老教委授予的"先进单位""区级示范校"称号;2020年1月被安徽省老年大学协会授予"老年大学省级示范校"称号。

回顾6年多来的办学经历,我们一步一个脚印地扎实工作,走出了一条基层老年学校的办学道路。

(一) 扎根基层实际,认识老年教育

新的学校领导班子,特别是校长,因为原是教师出身,所以上任后首先以办教育为模式,制定了一整套教学计划,请求镇党委、镇政府配备了桌椅板凳,设置了点名簿,制定了各项规章制度,雄心勃勃准备大干一场。但在第一次参加区老教委会议后,我们通过认真理解"增长知识、丰富生活、陶冶情操、促进健康、服务社会"的办学宗旨,对老年教育有了新的认识,明白了老年学员不同于普通在校学生之处是,既要增长知识,又要丰富生活、陶冶情操、服务社会,于是认真修改了教学计划,请医学专家上养生保健课,请司法所长上法律知识课,请林业专家上林业知识课等,并且开展了一系列课外活动。通过区里组织的一系列交流、参观、学习等活动,我们进一步认识到老年教育的具体任务、要求,在工作中不断改进教学方法,落实办学宗旨。镇党委、镇政府在办公条件十分困难的条件下,适时安排了教室,配备了教学设备,使学员受到极大的鼓舞。一年多的教学活动得到区老教委认可,2016年

被区老教委授予"先进单位"称号。

(二)迎合社会需求,发展老年教育

把老年学校作为本镇离退休干部的学习平台,扎扎实实按二十个字的办学宗旨开展老年教育活动,使我们获得了"先进单位"称号,并一度沾沾自喜地认为老年学校办得不错。但在几次参加区老年教育会议后,我坐不住了,老年学校不是老干部学校,而是全社会老年人的学校。我镇的广场舞组织者曾多次找到老年学校,希望我们办腰鼓班、舞蹈班。为此,我建议镇党委、镇政府将老年学校和镇文化站实行站校合一。我们在与文化站实行站校合一的过程中,文化站里的电脑、书画室等设备和场所都可以资源共享,经过站校合一,校舍增加了,活动场所多了,活动形式也丰富了。在校务会议上,我们讨论和决定通过开门办学办小班。在镇党委、镇政府的重视下,在区老教委的指导下,我们的小班教学轰轰烈烈地开展起来。东河口街道的几个文化广场夜间灯火通明,腰鼓队、连响班、渔鼓舞、扇子舞十分活跃,非遗活动传承演出得到展示,深受广大老百姓的喜爱。电脑和智能手机教学迎合了老同志们的心意;我们还组织起老干部群,使学习交流有了平台,喜欢养花、种药材的老同志学到了花草、药材的栽培技术。大班教学每月至少上两课,老干部班除了理论读书外,大部分学员参加了书画、诗词等学习,并举办了书画展,开展"五个一"活动。学员总数从40余人增加到240余人,各村老年学校也先后办起来了,镇老年学校每年负责业务培训,指导教学,制作PPT;做好资料收集、整理文件归档工作。全镇上下老年教育到了新的发展阶段。2018年,镇老年学校和3个村老年学校先后获得区老教委授予的"区级示范校"称号。

（三）应对老龄化形势，全面提升老年教育水平

人口老龄化是 21 世纪人类社会共同面临的重大课题，1999 年我国即进入人口老龄化社会，"十四五"期间，正是我国全面进入急速老龄化阶段。2021 年是"十四五"开局之年，是贯彻实行《安徽省老年教育条例》的第一年，面对人口老龄化的严峻形势，全面提升老年教育水平、扎实做好基层老年教育是我们的首要任务。自 2018 年以来，我镇 60 岁及以上老年人口占比一直在 19%～20%，因此，我镇老年学校自 2019 年以来，已经着手从以下几个方面突出抓好老年教育工作。

1. 认清形势，进一步拓展老年教育覆盖面

我们坚持面向基层开门办学，将镇区和村（居）委会所辖的村民尽可能地纳入终身教育中，并在全镇开展了一次普查，将基层的五老人员（老干部、老战士、老专家、老教师、老模范）全面摸底、汇总、建档，作为拓展学员的主要对象，对于想学习又确有困难的老年学员采取送教上门等方法，力求达到 20% 入学率。

2. 扎实有序，努力提高老年学校办学质量

首先是丰富教学内容和教学形式，持续开展老年人思想道德、科学文化、养生保健、职业技能、法律法规等必修课教学，帮助老年人提高生活品质，同时增设各类趣味学习活动，举办文体、书法等比赛活动，力求课堂生动活泼，让入校老人留得住、学得好。

3. 用足资源，扎实规范老年远程教育

我镇镇、村两级老年远程教育平台已基本做到全覆盖，而且教学设备还在进一步更新。根据老年人的需求，除每月大课外，还开展书画、舞蹈、健康、养生等远程教育。村校上课形式以远程教育为主，内容有特色产业、大棚蔬菜、稻虾养殖、森林防火；镇村老年学校还收集相关资料，编写乡土教材，做好 PPT 等老年人喜

闻乐见的教学课件。

4. 分类指导，扎实创建老年示范校工作

"十四五"期间,我们将 29 个村(街)老年学校分为三类。一类学校是含三个区级示范校的村和三个"十有"标准执行较好的村校;二类学校是"十有"标准有一定基础,但在执行教学计划、规范教学管理及教学资料归档方面存在一定差距的村校;三类学校是有各类标牌教学计划,有教学管理人员,但全年教学常态化、规范化较差,甚至没有档案,党员活动中心(教学场地)不达标的村校。自 2021 年起,我们分类管理,实行一类学校上示范,二类学校上台阶,三类学校求发展。

5. 多措并举，加强校园文化建设

一是成立老年书画协会,编印书画作品集,办好校园文化墙,将学员的书法、美术摄影作品评出优秀进行展示。二是整合校内外各类文化资源,开展符合老年人需求的各类文体活动;规范、优化广场舞活动,实行统一管理,引进教授腰鼓、连响、演鼓等内容;配合文化站、妇联、共青团开展各类文艺宣传活动;传承发展非遗节目;举办文化节,参与文化下乡等。三是开展"五个一"活动,即要求老干部班学员培养一块小花园或小药园,参加一项健身活动,参与一个老年兴趣班学习,为留守老年人(或儿童)做一件好事,为乡村振兴做一件有意义的事。这些活动不仅内容丰富多彩,而且让许多老年学员展示了共产党员的风采。

几年来的基层老年教育工作,取得了一定的成绩,也获得了不少荣誉,成绩的取得归功于党委、政府和市区老教委的重视以及各方面的支持。但是基层老年学校与县市级以上老年大学相比还存在着一定的局限性,存在着一些阻点和难点,这些都必须在未来的办学道路上予以逐步解决和克服。在今后基层老年教育工作中,我们将继续以习近平新时代中国特色社会主义思想为指导，积极应对人口老龄化严峻形势，进一步拓展道路，把我镇老年教育工作推向新阶段。

（作者系六安市金安区东河口镇老年学校校长）

县区老年教育的现状及发展

黄其勇

当前，我国已进入人口老龄化社会，发展老年教育是综合解决老龄问题特别是提高老年人口素质、逐步实现老年群体健康老龄化的重要举措，是解决老年人的"退休综合征"、促进老年群体的健康老龄化、跟上时代发展步伐、实现人生价值的迫切需求，是加速构建终身教育体系和学习型社会、维护稳定、促进社会和谐发展、综合治理人口老龄问题的必然要求。

一、老年教育取得的发展

改革开放以来，我国各级政府坚持"党委领导、政府主导、社会参与、全民行动"的老教工作方针，以"老有所学、老有所教、老有所乐、老有所为"为老年教育工作目标，老年教育均取得了长足发展。我区老年教育也取得了极大成绩。

1. 全区老年教育形成了较为完备的办学规模

初步形成了区老年大学、乡镇街老年学校、村（社区）老年学校三级办学网络，老年教育体系健全，基本满足了全区城乡老年人接受老年教育的需求，全区老年教育已经步入良性发展轨道。

2．发展模式表现多样

三级老年学校中有不少是利用老干部活动中心、乡镇街文化活动站、老年活动中心的设施举办的，也有利用学校教育资源举办的，更有二十年办学如一日的私人办学的继发老年学校，由于社会各方面都关心老年教育，故形成了全区老年教育多元办学的局面。

3．办学水平显著提高

各级老年学校均制定了教学计划，选择了适合老年学员的教学方法，使教学质量得到不断提高；积极开展了丰富多彩的课外活动，组织学员参加社团活动和社区活动，展现老年学员的精神风貌和自身价值；形成了较为稳定的师资队伍和办学队伍，建立了教师资源库，区老年大学有多名在编在职人员，各乡镇街有专职老教委副主任进行日常管理。老年学校的办学条件得到改善，新建的区老年大学面积达4500平方米，设施齐全，设备先进，基层老年学校基本解决了场所、人员与经费问题。老年教育良好的社会办学氛围逐渐形成，既积极宣传了党与国家的有关老年教育的方针政策，同时又积极走出去、请进来，扩大交流，取长补短。

二、老年教育亟待解决的问题

我们必须清醒地看到，我们的老年教育发展还是不充分、不平衡、不成熟的，也是不规范、不正常、不配套、不完善的，老年教育仍然有许多问题亟待解决。

1．认识不到位

目前，对老年教育重要性的认识还不到位的包括两部分人群，既有老年人自身对老年教育的认识不足，也有社会上的其他人群也缺乏对老年教育的正确认识。基层老年人由于受传统居家养老观念和经济条件的限制,不愿学、不想学,而社会上其他人包括部分地方政府,认为老年教育并不是国家发展所必需的,仅是锦上添花而已,可有可无,只有投入,没有产出。这两种观念都存在误区,主观上与客观上都严重阻碍了基层老年教育更好更快地发展。

2．体制不健全

目前全国老年教育没有统一的主管部门,各地情况复杂,有老干部部门主管,有文化部门主管,也有教育部门主管。安徽省人大于2020年度颁布《安徽老年教育条例》,迈出了坚实的一步,明确教育行政部门为老年教育主管部门,但管什么、怎么管,仍没有具体可行的方案细则,各县区与基层老年教育都还在继续按老牌打。

3．覆盖面不广

乡镇街老年学校与社区(村)老年学校学员主要是离退休干部,事实上就是"老干部学校",县区老年大学情况稍好,有不少退休的企事业单位职工及市区居民,同时,统计老年学校的在校学习人数是按人次计算的(即学员一人读几门课就算成几个人),因此老年人的实际入学率与统计的入学率相差甚大,可见,基层老年教育的覆盖面还不广,发展空间还有很大。

4．发展不平衡

目前各县区基本都建有老年大学,乡镇街也基本有老年学校,大部分村(社区)建有老年学校,但仍存在部分地区老年学校为空白、老年学校分布不均匀、老年人接受教育的机会不均等问题。同时,各地因经济发展差异、观念差异等因素,城市老年教育发展较好,广大农村老年教育发展滞后,导致城乡老年教育发展也极不平衡。

5. 投入不充分

老年教育具有公益性质,国家虽要求各级政府合理安排对老年教育的投入,但没有明确标准。安徽省财政厅下发《关于进一步做好老年教育发展经费保障工作的通知》,要求各级老年大学(学校)办学经费按规定定额纳入同级财政预算,建立了专项办学经费保障机制。中共六安市裕安区委办、政府办也下发《关于贯彻落实六办发〔2015〕27号文件〈关于加快发展全市老年教育工作的意见〉实施意见》,但各地特别是基层学校投入的经费,仍不能使老年教育走上良性发展的轨道,亟须增加投入。

6. 基础工作薄弱

老年教育的总体规模较小,办学条件也较为简陋,老年教育的各项基础工作还很薄弱。如没有制订科学且符合老年人实际情况的教学大纲与教学计划,缺乏统编的教材,师资队伍不规范,教学质量总体不高,理论研究还不够,等等。

三、创新发展老年教育,构建终身教育体系

习近平总书记在党的十九大报告中提出:"积极应对人口老龄化,构建养老、孝老、敬老政策体系和社会环境"。老龄化是挑战,也是机遇。老年人不是社会的负担,而是社会的资源。因此,要积极创新发展老年教育,构建老有所学的终身教育体系。

1. 要提高认识,遵循老年教育自身规律

要加大宣传,提高认识,形成大力兴办老年教育的社会共识;要积极贯彻教育方针和老龄工作宗旨,努力全面提高老年人的素质,实现老年人的自身价值;要坚持因需施教与寓教于乐的教学原则,让老年人在学习中求知、求乐、求健康;要坚持灵活多样的教学方法,不断提高学员的学习兴趣,增强老年教育的凝聚力;要坚持多元化的办学形式,鼓励多渠道办学,进行多层次教学,实行

分班教学等；要突出实用性的教学内容，让老年学员学以致用、学有所获，有兴趣坚持学习。

2. 建立和完善老年教育的管理体制

要明确政府职能，各级政府要把老年教育纳入本级政府社会发展规划，编制老年教育发展目标，教育行政部门要切实投入老年教育管理中去；要建立老年学校的评估体系，使老年学校在办学条件、办学质量、制度建设等方面都有较好的提高，促进老年教育健康发展。

3. 建立和完善老年教育的运行机制

要建立政府主导和社会参与的办学体制，形成政府办学与社会力量办学共同发展的良好格局；要积极完善各级老年学校办学体系，在县区一级大力发展老年大学、乡镇街老年教育，以此带动基层老年教育全面发展；要积极发展远程教育，利用科学技术，开发适合老年人需求的各类课程，提高办学效益。

4. 加大资金投入

各级老年学校的办学经费要按要求严格落实到位，要按照当地社会经济发展逐年增加，要提高基层特别是乡镇街老年学校的经费投入，逐步改善其办学条件；要积极引入社会资金参与、支持老年教育，拓展老年教育经费的来源渠道。

5. 加强老年教育的基础工作

要以习近平新时代中国特色社会主义思想为指导，在规范调研基础上，科学设置老年教育的专业，提高课程设置的合理性；要加强老年学校教师队伍建设，拓展教师来源，稳定教师队伍，增加教师收入，加强教师考评；要提高老年学校教学质量，遵循老年教育规律，开展多种形式的教学，把教学质量作为老年教育的效益和生命力；要加强老年学校的规范化建设，建立一套科学严谨的管理体系和工作体系，建立一套强力高效的能够确保学校各项工作秩序正常稳健运行的机制;要加强老年教育理论研究,针对老年教育的热点、难点问题,开展调查研究,及时总结老年教育的经验和规律,提出解决方案,为进一步巩固和提高老年教育提供理论指导。

总之,随着我国老年人口的迅猛增长,老龄问题不可避免地上升为国家战略。作为教育事业和老年事业重要组成部分的老年教育,承载着完善终身教育体系,建设学习型社会,实现老有所教、老有所学、老有所为、老有所乐、老有所安的重要使命。老年教育前景广阔而又任重道远。

(作者系六安市裕安区老年大学校长)

爱老敬老,倾心做好老年教育工作

邓培宏

在我人生成长过程中,我的学习、生活、工作都得到了老同志们无微不至的关心和帮助,我深深地感到老同志非常可爱、可敬,我们的生活、工作离不开老同志,老同志也非常需要全社会的关心,也非常渴望老有所学、老有所乐、老有所为。创办老年学校,办好老年学校,为老年人服务,让老年人开心,发挥老年人余热,始终是我的心愿和奋斗目标。

(一) 积极争取,创办老年学校

2006年5月,我开始分管老干部工作,我和刚退休的文广站老站长汪礼堂聊天,我们俩越聊越投机,越聊越高兴。老站长汪礼堂退休了突然不上班,感到很失落,很想发挥余热做公益,我们俩当即决定,想尽一切办法,创办老年学校。我很快向镇党委汇报,镇党委研究决定任命汪礼堂为校长,我为名誉校长。没有教师、没有教室、经费不足,我们俩仍然豪情万丈,积极筹备。老站长汪礼堂利用曾经担任文广站站长的优势,对姚李镇书法、绘画、音乐、舞蹈、养生等方面的人才逐人走访,邀请他们义务担任老年学校教师。经过努力,我们聘任了10多位教师,其中中国美术家协会会员1人、省书法家协会会员2人、主治医师2人、农业专业技术人员1人。有了这么多人才的加入,我们信心倍增。没有教室,我们专门找到镇区学校校长商议,得到了大力支持,学校教室在周日上午无偿提供给我们老年学校当教室。就这样,姚李镇老年学校成立了,当时霍邱县老年大学校长亲自给我们上了第一堂课。

后来,随着姚李镇经济、社会快速发展,姚李镇老年学校搬入了新建的文广站大楼,拥有专门的教室200平方米,非固定教室120平方米,活动场地10多亩(0.667多公顷),每年镇政府拨付给老年学校专项经费5万元。学校由最初的仅对老干部、老教师开放发展到面向全社会开放,已经成为姚李镇老年人的乐园。

(二) 全心投入,办好老年学校

老站长汪礼堂在职时是一个积极争先进位、永远闲不住的人,他领导下的文广站曾受到国家表彰,老站长本人曾受到朱镕基总理的接见。他担任老年学校校长后全身心投入,一年四季从来没有节假日,每天总是第一个到校,最后一个离校。他每天都在思考如何办好老年学校,如何满足姚李镇老年人的精神文化需要。

为提高办学质量,在课程设置上,学校以学员需求为导向,开学前把课程表印发到学员手中,让他们自己选修科目。对热门课如书画、舞蹈、卫生保健等加大课程占比;每项科目分为普通班和提高班,让不同水平、不同层次的学员各取所需。同时要求教师讲课要浅显易懂,让学员们听得懂、记得住、学得会。

镇老年学校还组织教师不定期到村分校进行巡回授课。如在关山村为老年人讲保健知识,深受欢迎。在大湖上法律课时,法律工作者以案说法,如对离婚案中关于财产分割的事例以及其他的法律条款,逐条讲解,透彻明白,使学员们都听得懂、记得住。巡回教学既解决了村级学校师资力量不足的问题,也提高了教学质量,吸引了更多的农村老年人入学。

镇老年学校与文化站曾经合办《漫流河》期刊,以刊登老年学员的作品为主,培养了一大批老年文学爱好者,50多位老年学员成为期刊的骨干作者,该刊还被安徽省老年大学协会评为"全省老教系统优秀期刊"。由镇老年学校校长汪礼堂牵头主编的《姚李镇志》,是全市第一部乡镇地方志书,详实地记述了姚李镇的历史地理和风土民情,成为姚李镇的百科全书和老年学校的乡土教材。

2020年,老校长汪礼堂长年积劳成疾,因病不幸与世长辞,姚李镇失去了一位终身耕耘的老校长、老文化人。老校长汪礼堂临终时仍不舍老年学校,嘱咐我一定要把老年学校坚持办好,得到我们肯定的表态才安详地离去。

(三)寓教于乐,丰富教学内容

镇老年学校积极开展课外活动,充分利用文广站的图书室、电脑室、书画展览室、乒乓球室、老年活动室、室外健身广场等场所,开展丰富多彩的文体活动。学校每年举办老年学员书画、棋类、球类比赛和知识竞赛等活动,老年学员们都积极参加,既巩固了学业,增长了知识,又愉悦了身心。学校自编自演的反映老年人生活的庐剧《亲人》和反映留守儿童生活的《一条红纱巾》,在社会上引起很大反响。

我们在活动中注重老少同乐,老少同学。学校组织老同志到中小学给青少年讲故事,讲生活阅历和社会经验,讲当地的历史文化,组织青少年为烈士扫墓,参观文物古迹等活动,培养了青少年爱国爱家乡的情怀;同时,通过老同志与孩子们一起打球、下棋、跳舞,加强了老少间的互动,增加了感情。经常可以看到乒乓球桌上老少对阵、棋盘上祖孙对弈、广场上长幼齐舞等生动场面,老同志被孩子们的朝气活力所感染,感觉自己变得年轻了,身体上的小毛病也不治而愈了。家长们也表示,孩子们跟老人在一起,学了知识、长了见识、改了毛病,原来不听话的变得懂事了,原来不爱学习的变成了优秀学生。

(四)发挥余热,热心为社会做贡献

镇老年学校根据学员们的身体和特长,广泛宣传,深入发动"五老"人员组成了"五老"网吧督查组、老年舞蹈队、庐剧团、调解组等,广泛参与社会活动。"五老"人员尤其关注下一代的健康成长,与长期缺少父母照顾的留守儿童认亲结对,实行一对一的帮扶,在心理上给予关爱,在经济上给予帮助。镇老年学校学员每年捐款近万元,用于帮助贫困老人和留守儿童脱困解难;每年为敬老院的老人送衣物、写春联,让孤寡老人倍感亲切,也为青年人树立了榜样。

"五老"人员在社会上享有较高的威望,他们有文化、有教养、有人格魅力,在解决矛盾、调解纠纷中有独特的作用。如有些被认为不可调和的家庭矛盾、邻里纠纷以及政府与群众之间的拆迁、土地纠纷等,有时在职干部解决不了,而"五老"人员作为第三方出面,往往会获得事半功倍的效果。这些"五老"人员为群众解了难,为政府分了忧,为促进社会和谐做出了很大贡献。

近几年,镇老年学校学员中,有3个家庭被评为"全省百名书香之家",3个家庭被评为省市级"五好家庭",8人被评为"十佳文化志愿者",6人被评为"最美姚李人",1人被评为"全国优秀文化志愿者"。与此同时,姚李镇老年学校也先后被评为"市级示范校""省级示范校",姚李镇老年学校也与周边老年学校建立姊妹学校关系,经常开展互访交流,互相取长补短,共同提高教学、服务水平。

老龄社会逐渐到来,但我们老年学校的老年人不是社会的负担,家有老人是个宝,年轻人在外打拼,老年人在家照顾家庭、为年轻人保驾护航,我们老年学校就是要服务好老年人,让老年人健康、长寿、快乐、开心。

(作者系六安市叶集区姚李镇老年学校校长)

抓规范化建设　促高质量发展

汪永年

在各级党委、政府的高度重视下,我市老年教育经过30多年的建设,现已办起各级各类老年大学(学校)610余所,有学员99000余人,办校数、老年人入学率都有较大规模的发展。规模化的发展现状,对老年教育的规范化建设提出了现实而又紧迫的要求。

(一) 规模化与规范化是相辅相成的

老年教育的规模化发展到一定程度,需要规范化来约束,从而使它能够持久、有序地朝着预期目标发展。规模化为规范化提供对象和平台,规范化促进规模化健康发展。也就是说,老年教育不仅要大力推进规模化发展,以适应已经进入的老龄化社会和日益增长的老年人精神文化需求的新形势,而且要加快规范化建设步伐,以确保老年教育的质量,办好让老年人满意的老年学校。所以,我市老年教育在推进办学规模不断扩大、普及的同时,一直致力于不断改善办学条件,加强校园文化建设,建立完善规章制度,注重老年学校的"软件"建设,把办学规范化建设摆到重要位置。其中,特别是把教学规范工作,作为规范化建设的重中之重来抓。

经过努力,近几年来我市老年教育在教学管理上逐步实现了"四个转变":一是由随意性向制度化转变;二是由经验型向遵循教育一般规律转变;三是由单一娱乐型向全面素质教育型转变;四是由偏重数量向数量、质量并举转变。各单位注意把教学的各项工作纳入规范化管理的轨道,努力提高教学效率,不断提升教学质量,取得了明显的成效。但是,应该看到在教学规范化建设上,全市发展是不平衡的,特别是有的基层老年学校认识不到位,落实还不够好。

（二）老年教育是"老年"和"教育"的结合体

"老年"指的是老年教育的服务对象是老年人，具有与其他教育形态不同的特殊规律，其教学要从老年人的特点和需求出发；"教育"则明确了老年教育属于教育范畴，必须遵循教育的一般规律，恪守教育应该具备的各个要素。教学规范化就是其中要素之一，它事关老年学校发展的整体水平，也是制约老年教育质量的重要因素。而教学大纲、教学计划、教材和教案，则是构成教学规范化的基础性要件，它们作为教学内容的有机组成部分、学校教学和教师授课的主要依据，在教学规范化建设上占据着重要的地位，发挥着不可替代的作用。

我市举办"四教"培训，就是推进全市老年教育教学规范化建设的重要举措之一。目的就在于通过授课、学习模本和案例，使参训者初步掌握撰写教学计划、教学大纲、教材和教案的基本要求和方法，为我市各级各类老年大学（学校）的教学规范化建设培养骨干，努力提升全市特别是基层的教学规范化水平。

千里之行始于足下。我们相信，扎扎实实地从教学大纲、教学计划、教材和教案等基础性工作抓起，推动教学规范化建设，一定能促进全市老年教育又好又快的发展，从而推动我市老年教育在新时代适应新要求、频出新气象、常有新作为，为我市老年教育实现高质量发展做出贡献。

（作者系马鞍山市老教委常务副主任）

发挥"五个作用" 夕阳这边正红

姚 成

马鞍山市老年大学(市老干部活动中心)正确处理老年教育既要"娱乐康健、欢度晚年",又要"凝心聚力、老有所为"之间的关系,重在发挥"五个作用",放歌新时代,书写新篇章,充分展现在校老年学员健康向上的精神风貌。

(一)发挥党建引领作用

按照新时代党建工作新要求,学校成立临时党委,各教学系和活动中心建立临时党支部,各班级建立临时党小组,实现组织全覆盖,深化党建添正能。

1. 培育"红色阵地"强组织

坚持将政治建设摆在首位,通过形势政策报告会、国史国情专题讲座、专题学习教育会议等,认真抓好临时党组织政治理论学习。

2. 打造"红色引擎"发党声

各系临时党支部建立后,加强政治建设,抓好思想引领,积极推进党建工作。如围绕学习贯彻十九大精神,开展社会主义荣辱观主题教育、社会主义核心价值观教育;围绕纪念改革开放40周年,开展讲述改革开放新成就活动;围绕好家风传承,开展讲述家训家教好经验活动;围绕正能量激发,开展讲述服务社会好行动活动等。

3.推进"红色引领"亮党旗

各班级临时党小组立足实际,因地制宜,开展形式多样的党建活动。如葫芦丝班党员学员到市福利院开展慰问演出;京剧班党员学员送戏曲进校园,让国粹传后人等。

4.激活"红色细胞"强党性

学校临时党组织建立后,学员党员有了"新娘家",党性观念增强,思想觉悟提高,带头遵守校纪校规,带头开展学习、交流思想、发挥余热。

5.建成"红色家园"耀党辉

各支部围绕学校"五微五导"党建方案,积极推进"微党课"常开、"微公益"常做、"微典型"常树、"微建议"常提、"微心愿"常圆等活动;党员经常性开展思想引导、行为督导、心理疏导、健康互导、生活帮导等活动,使老年大学成为释放正能量的高地,为学校健康发展和社会和谐稳定发挥着重要作用。

(二)发挥文化引导作用

学校坚持以"求真、向善、尚美"为导向,努力培育主题鲜明、健康文明的校园文化,充分发挥校园文化的积极引导和社会辐射作用。

1.唱响主题文化

围绕学习贯彻党的十九大精神和纪念新中国成立70周年,举办了"走进新时代 唱响中国梦"民族之声音乐会、"辉煌七十载 筑梦新时代"教学成果展等,通过多姿多彩的文化活动,为新时代新生活加油鼓劲。

2. 活跃宣传文化

开办校报校刊,开通门户网站和微信公众号,建成校园广播系统等。依托校园综合宣传平台,积极宣传党的路线方针政策和老年教育成果,提高社会对老年教育的关注度,扩大学校的影响力、知名度和美誉度。

3. 丰富课余文化

根据学员兴趣、爱好,成立书画协会、摄影协会等10余个活动组织,为其提供活动场所,支持开展各项活动,让每个学员都有出彩的机会。学校老年学员唱非遗民歌、吟李白诗词、写乡风民俗、颂美好生活,成为当地文化骨干力量。

(三) 发挥公益服务作用

积极搭建发挥老年学员余热和正能量的平台载体,展示老年人风采,弘扬真善美,释放"夕阳红"。

1. 大力弘扬志愿服务精神

学校成立志愿者协会,下设"关爱帮扶""爱心支教"两个分会,吸收志愿者加入,通过"一助一、多助一"定向结对帮扶,开展扶困助弱、爱心支教等送健康、送文化、送温暖活动。近年来,学校师生累计向困难学生、地震灾区和农民工兄弟捐款13万元、图书1000余册、衣被300余件,充分彰显了学校精神和学校力量。

2. 广泛参与社会公益活动

学校每年举办各类公益性服务社会活动30余次,成为城市公益活动的亮丽风景线。如组织学员参加"劳动者之歌"全民健身文化大展演、迎"七一"广场公益汇演、"爱心助考,情满诗城"大型公益演出、庆祝新中国成立70周年文艺演出,在社区举办"世界非遗昆曲传承学习班"等。

3. 积极满足市民文化需求

紧密结合老年人学习生活需求,邀请有关领导和专家讲授时政、金融、法律、健康、应急等知识,精心举办"老年百科大讲堂"。如举办"互联网+政务服务"讲座,让政务信息多跑路,让老年同志少跑腿;举办智能手机讲座,帮助老年人更好地享受智能生活的便捷和快乐;举办中老年急救知识专题讲座,帮助老年朋友懂得自救和救他等。百科文化吸引了学员和周边社区老年群体,成为展示学校特色文化的一扇窗口。

(四)发挥延伸服务作用

学校在抓好自身建设发展的同时,积极将优质资源和积极能量向社会延伸。

1. 在教学工作上延伸服务

积极拓展办学领域,向城乡延伸办学,连续6年在乡村、街道社区开办4个支教点,定期分批选派优秀教师义务支教。免费为乡村老年学校提供"课程超市",方便学员自主选择、自主学习。免费开办"东方银龄"远程教育课程,每年开设12个班,参学人员逾600人次。加快老年教育课程数字化改造,依托校园网"空中课堂""空中展厅"等渠道,不断将优质学习资源向更多老年群体辐射。

2. 在创建活动上延伸服务

坚持以"老有所为"为动力,以经常性社会活动为抓手,发挥老年人影响大、经验多、凝聚力强的优势,组织开展力所能及的社会实践,为各种创建活动添砖加瓦。如学员积极参加邻里调解、扶弱帮困、节庆演出、义务劳动、竞技比艺、关心下一代等工作。城市活跃着学校学员的身影,形成一股强大的爱心奉献洪流。

3. 在促进发展上延伸服务

紧紧围绕马鞍山市委确定的"生态福地、智造名城"城市发展新定位新理念,团结带领老年学员,响应市委号召,贯彻市委部署,筑牢思想阵地,建实精神家园,搭建活动平台。学员在家人、邻里、群众中,弘扬马鞍山精神,讲好马鞍山故事,以关心、支持、参与马鞍山新建设的实际行动,为全市各项事业高质量发展发挥向上向善的正能量。

(五)发挥骨干带头作用

充分发挥在校离退休老干部学员、各系党支部书记、各教学班班长三支骨干队伍作用,带动学校学员发挥老年余热,彰显长者风范。

1. 发挥离退休老干部作用

学校充分发挥在校离退休老干部学员的政治优势、经验优势、威望优势,通过多种形式,征集对城市建设、学校发展等方面的意见、建议。离退休老同志率先垂范、引领示范,带领学员在文明创建、社会治理、信访维稳、脱贫攻坚、乡村振兴等重大活动中彰显长者风范,发挥老年余热,实现老有所为。不少离退休干部还被聘为党风廉政监督员、机关效能监督员。

2. 发挥各系支部书记作用

学校坚持"书记抓、抓书记",通过举办支部书记培训班,召开党建专题会,强化支部书记"一岗双责",压实支部书记工作职责。各支部书记通过组织经常性的理论学习,引领老同志不忘初心、牢记使命,做到政治坚定、思想常新、理想永存;开展经常性的党内组织生活,让老同志在寓教于乐、潜移默化中受到教育、得到提高、展示风采。支部书记们带头上党课讲党史,积极参与学校决策、优秀教师评选等工作,热情高涨,成为学校里一面火红的旗帜。

3. 发挥各班级班长作用

全校241个教学班都配有班长,班长们认真负责,主动担当作为,成为学校联系管理学员的桥梁和纽带。他们积极支持、配合系主任做好管理,主动协助学校抓好校风、学风、教风建设。在班长们的带领下,学员既抓好学习,又利用所学特长走出校园,积极参加各类社会服务,用实际行动谱写了一曲无私奉献的和谐之歌。

(作者系马鞍山市委老干部局副局长、市老年大学(市老干部活动中心)专职副校长(副主任))

"党建+"加出老年大学发展新活力

祝 莉

2021年3月,经马鞍山市直机关工委批准,马鞍山市老年大学(市老干部活动中心)临时党总支升格为临时党委。学校(中心)立足工作实际,加强党建工作,创新活动载体,着力做好"党建+"文章,推动党建工作与学校中心工作、日常工作的有机融合,实现学校党建工作与学校发展同频共振、互动发展,激发老年大学发展新活力。

(一)"党建+政治立校",学校办学有方向

坚持将党建工作和政治立校有机融合,确保学校在党的领导

下开展工作、创新发展。

1. 抓党建引领

坚持把习近平新时代中国特色社会主义思想融入学校教育教学工作,2022年春季学期,完善了思政课课程设置,将党史、国史、改革开放史、社会主义发展史作为必修课和基础课,列入重点教学内容,纳入课程教学体系,依托线上、线下两个课堂,通过教师专题讲、学员在线学等方式,引导老同志知史爱党、知史爱国。

2. 抓党建品牌

深化"五微五导"党建品牌创建活动,积极推进"微党课"常开、"微公益"常做、"微典型"常树、"微建议"常提、"微心愿"常圆等活动;党员经常性开展思想引导、行为督导、心理疏导、健康互导、生活帮导等活动,让老年大学党建红、夕阳红交相辉映。

3. 抓党史学习教育

坚持将党史学习教育融入日常、抓在经常,有机结合课堂教学、主题班会等,组织老同志开展学习党史读书会、党史故事讲述会、老一辈和革命烈士诗抄朗诵、红歌传唱等活动,开展网上"党史百年天天读"打卡活动等,让老同志铭记光荣党史,坚定理想信念,践行初心使命。

(二)"党建+质量兴校",教师心中有标杆

坚持把提高教学质量作为学校工作主题,多措并举,质量兴校。

1. 择优聘名师

多渠道从大专院校、企事业单位选聘高学历、高职称、高水平和低年龄的教师充实教师队伍,并按照"三高一低"要求,建立健全师资库,在教师聘用上,坚持按照政治标准和能力要求,优先考虑党员和政治立场坚定的教师从事老年教育。

2. 注重抓激励

通过教学观摩、学员评教、教师互评等方式,评选、宣传、表彰优秀教师,宣传优秀教师的感人事迹,凝聚正能量。定期开展"我心中满意的教师""校园最美人物"等评选活动,营造尊师重教的良好氛围。

3. 坚持多关心

坚持春节、教师节、重阳节慰问教师制度,坚持慰问生病住院教师制度,逐步提高教师课酬待遇,增强教师的获得感、归宿感,让教师安心从教,做好党的老年教育事业。

(三)"党建+制度管校",学员身边有榜样

学校建立健全规章制度,实行校领导联系校区、系主任联系各系、班长负责各班的三级管理体制。学校设有临时党委,系部建有临时党支部,班级建有临时党小组,加强政治建设。深化党务公开、校务公开、信息公开,设立校领导接待日。定期召开党员代表、学员代表、教师代表座谈会,广泛听取各方面意见建议。在党史学习教育中,针对老同志开展学习活动时遇到的问题,开展常提微建议、点亮微心愿等活动,听意见、问需求、办实事,把服务老同志工作做实做优。

(四)"党建+文化活校",学习宣传有氛围

学校临时党委积极探索新形势下学校党建工作新路子,做到年初有计划、学期有安排,党建工作扎实有效。在党史学习教育中,组织开展"铭记光辉历程,传承红色基因"主题党日活动,组织老同志到濮塘烈士陵园瞻仰革命先烈,缅怀英雄事迹。举办"我看建党百年新成就"座谈会,让老同志看发展、谈变化、说心声、念党恩。面向老同志广泛开展"百篇文章写初心"主题征文、"百幅作

品赞辉煌"作品征集、"百名师生咏流传"音乐党课，通过系列展演展示，热情讴歌伟大的党，热情赞颂美好的新生活。各临时党支部通过单独或联合等方式，重点开展"五个一"活动，即开展一次主题学习、重温一次入党誓词、上好一堂微党史课、举行一场信仰对话、办好一件实事好事，掀起学党史、悟思想、办实事、开新局的热潮。

（五）"党建＋奉献余热"，服务社会有平台

积极搭建发挥老年学员余热和正能量的平台载体，坚持以"老有所为"为动力，以开展经常性社会活动为抓手，发挥老年人经验多、凝聚力强、影响大的优势，组织开展各类力所能及的社会实践活动，为城市创建添砖加瓦。学员广泛参加邻里调解、扶弱帮困、义务劳动、关心下一代等工作。在党史学习教育中，注重发挥老同志熟悉党史的独特优势，积极推荐老同志参加全市"五老讲党史"宣讲团，进社区、进企业、进学校讲好红色故事，弘扬优良传统，传承红色基因。组织老同志参加"银耀生辉"志愿服务活动，老同志在社区基层义务参加文明创建活动，在红色教育基地宣讲自身经历、英雄事迹，播撒红色火种，赓续红色血脉，厚植家国情怀，凝聚奋进力量。

（六）"党建＋自身建设"，三支队伍强作风

坚持为党支部书记、教师和班长、工作人员三支队伍分别举办培训班，"学"当先，"信"为本，"德"固基，"干"为要，为学校发展锤炼好作风、担负新使命。针对疫情期间老年学校开学问题，精心制定了开学、学校开放和疫情防控方案，率先在全市老年教育系统恢复线下教学，满足老同志急切复学愿望。在市老教委的组织领导下，举办现场观摩活动，为基层老年学校开学复课做好示范。针对老同志使用智能技术方面的困难，积极落实国家"智慧

助老行动",增开智能手机班,并多场次面向社会老年人开展智能技术运用义务辅导活动,教授老年人如何上网购物、网上缴纳水电费等生活常用技巧,助力老同志跨越"数字鸿沟"。

(作者系马鞍山市老年大学(市老干部活动中心)副校长(副主任))

规范管理服务,深化教学改革

贾相帅

"十三五"以来,马鞍山市老年大学(市老干部活动中心)确立正确的办学方向,树立贴近实际的需求导向,把握服务社会的价值取向,不断加强政治建设,规范管理服务,深化教学改革,着力办好老年人满意的学校。

(一)坚持政治立校,加强党建工作

按照新时代党建工作新要求,坚持将政治建设摆在首位,切实加强学校党建工作。

1. 唱响主旋律

围绕学习贯彻习近平新时代中国特色社会主义思想和党的十九大精神,举办"走进新时代 唱响中国梦"民族之声音乐会、"辉煌七十载 筑梦新时代"教学成果展、"我的祖国我的城"千人读书朗诵会;开展"讲述者"三个专题活动,讲述改革开放新成就,讲述家教家风好经验,讲述服务社会好行动。

2. 凝聚正能量

深入开展"不忘初心、牢记使命"主题教育,通过形势报告会和党史课,引导老同志坚定理想信念,离职不离党,退休不褪色。组织开展主题党日、红色生日、经典颂等活动,深化"微党课""微公益""微典型""微建议""微心愿"活动,营造良好党建氛围。

3. 展现新作为

发挥老同志政治优势、经验优势、威望优势,围绕经济、社会的发展,积极建言献策。围绕马鞍山"生态福地、智造名城"的城市新定位,邀请专家做讲座,凝聚发展共识。老同志在文明创建、社会治理、信访维稳等重大活动中彰显长者风范,发挥老年余热,实现了老有所为。

(二)坚持制度治校,推进规范办学

积极推进学校制度建设和管理体系建设,提供办学治校强力制度保障。

1. "三创一建"顶层谋划

通过创建"全国示范老年大学""全国先进老年大学""首批省级示范校""省老年教育先进单位",逐步夯实了规范化办学基础。坚持把依法治校、按章办学和制度创新结合起来,从办学观念、管理模式等方面,建立健全一系列制度,涵盖教学、管理、活动、服务等方面,推动学校良性发展。

2. "三位一体"班级管理

根据发展需要,将过去班主任管理制改为系部管理制,设立音乐、舞蹈、摄影等8个教学系。在原有班委会基础上成立学委会,重大活动、重要会议均吸收学委会成员参加。学校建有临时党委,系部建有临时党支部,班级建有临时党小组。系主任管理、学委会参与、党组织保障"三位一体"的班级管理模式使学员管理工作得以加强。

3. "三重一大"民主决策

建立健全校长办公会、每周工作例会、每月工作推进会制度，明确"三重一大"按程序会议研究、集体决策。深化党务公开、校务公开、信息公开，设立校领导接待日。坚持教职工代表大会制度，听取审议学校工作报告。定期召开党员代表、学员代表、教师代表座谈会，广泛听取各方面意见建议。

（三）坚持质量兴校，提升教学水平

将教学质量作为老年教育的生命力所在，把提高教学质量水平摆到关键位置。

1. 强化师资力量

坚持政治标准和能力要求，采取专兼结合、兼职为主的办法，多渠道从大专院校、企事业单位选聘教师和能人任教，确保教师队伍德才兼备、业务精良、结构合理、相对稳定。目前聘有教师120人，其中高校兼职教师占教师总数的三分之一。

2. 优化专业课程

树立需求导向，因需开设课程，满足老年学员求知、求健、求乐、求为等诉求。在广泛调研基础上，着力打造写作、京剧、合唱等精品课程，强化保健、舞蹈、瑜伽等重点专业，培育器乐、计算机等品牌学科。同时适应社会发展，逐步加大影像编辑处理、智能手机应用、证券实践、信息网络等应用知识课程开发，使现代科技与做新时代老人相互融通、融合。

3. 活化课堂教学

针对老年人思维特质和生理特点，减少"满堂灌""一言堂"，打造优质高效课堂。在教学方式上，注重采取示范式、问答式、探讨式、参与式、娱乐式教学方法，力求学员听得懂、学得会、有兴趣。在教学途径上，做到"三个课堂"协调发展，即搞活第一课堂（课堂教学、学校教育）、丰富第二课堂（社团活动、课外活动）、开拓第三课堂（社区课堂、社会课堂），"三个课堂"相互衔接、相得益彰。

4. 深化教材建设

连续承办安徽省"推优入围"教材展。目前学校已有12种校本教材在校内编印使用，6种教材公开出版面向全国发行，其中3种教材入选首届"全国优秀教材"。

5. 转化科研成果

发挥全国老年教育理论研究基地的作用，依托有关高校联合开展老年教育理论政策研究和应用性研究，积极推进科研成果转化应用。与安徽工业大学合作的研究成果在核心期刊发表。学校近年累计发表在市级及以上报刊等的理论文章、调研报告30余篇，有效探讨了老年教育中相关理论和实践问题。

（四）坚持文化兴校，建设文明阵地

积极培育主题突出、特色鲜明的校园文化，作为学校健康发展的动力和内在要求。

1. 活跃宣传文化

开办校报校刊，开通网站和微信公众号，建成校园广播系统等。依托"一报一刊一网一微信"等综合宣传平台，及时宣传党的政策和老年教育成果，扩大学校影响力，提高社会对老年教育的关注度。注重联系合作涉老报刊，在《老年教育》《中国老年报》等刊物上多角度展示办学成果和学员精神风貌。

2. 彰显百科文化

结合老年人的学习和生活需求，邀请有关领导和专家讲授时政、法律、健康、应急等知识，精心举办"老年百科大讲堂"。如举办"互联网+政务服务"讲座,让政务信息多跑路,让老年同志少跑腿。举办智能手机讲座,帮助老年人更好地享受智能生活的便捷和快乐。举办文明礼仪规范讲座,引导老年人树立和弘扬长者风范等。"老年百科大讲堂"吸引了学员和周边社区老年群体,成为展示学校特色文化的一扇窗口。

3. 繁荣课余文化

根据学员兴趣、爱好,组织成立书画、摄影、时装等多个活动组织开展活动,让每个学员都有出彩的机会。持续举办校园文化艺术节和才艺大赛、趣味运动会,定期承办全市老干部和老年教育系统书画摄影展、"福彩杯"文艺演出;在马鞍山市中国李白诗歌节、"江南之花"群众文化艺术节、周末大舞台等全市大型节庆活动中,几乎都有我校师生的精彩表演。

(作者系马鞍山市老年大学(市老干部活动中心)副校长(副主任))

积极调整老年大学的"两个失衡"

苏鉴钢

一、老年大学中存在"两个失衡"

2018年春,组织上安排我到马钢老年大学担任校长。经过调研,学校的"两个失衡"问题突出,引起了我的注意。

1. 第一个"失衡"是学员女多男少的性别比例失衡

马钢老年大学有 200 多个班级、4800 多人,但男女学员人数比例悬殊。多年来,男学员始终徘徊在 10% 左右,低于全国平均水平。清一色的"半边天"占去了舞蹈、瑜伽、柔力球、中阮、琵琶等课程的全部江山,在 2018 年春季学期,纯女学员的班级就达到 69 个,占学校班级总数的 30%。交谊舞班上,由于缺少男学员,有不少女学员要去跳男步,声乐、器乐、烹饪、面点班里的男学员都是"香饽饽"。即使在人们通常的观念中男性学员应占主导地位的课程,如摄影、视频制作、书画等,其班里的男性学员也没能守住"半壁江山"。男学员比例最高的是书画系,2018 年春季学期书画系有 21 个班、496 名学员,其中男学员 155 人,占 31%;8 个书法班的 203 名学员中,有男学员 94 名,占 46%。

2. 第二个"失衡"是课程建设结构比例失调

科学文化类课程较少,健康养生、休闲艺术类课程居高。2018 年春季学期,马钢老年大学共开设 195 个班。以太极、舞蹈、瑜伽、柔力球、健身舞等为主的健康养生类班级有 80 个,占班级总数的 41%;以书画、声乐、戏曲、器乐等为主的休闲艺术类班级有 88 个,占班级总数的 45%。两者合计占总班级数的 86%。而同时以摄影、电脑、社科文史语言(英语)等为主的课程只有 19 个班级,占班级总数的 10%;以烹饪、中式面点、西点烘焙等为主的家政类仅有 8 个班级,占班级总数的 4%。两者总共只占班级总数的 14%。

二、存在"两个失衡"的原因

"两个失衡"是当前老年大学教育中的一个普遍性问题,"两个失衡"看似是老年大学办学过程中的自然现象,但实际上是我们办学理念和课程建设过程中存在的问题的集中反映,"两个失衡"不解决,老年教育不可能行稳致远。

(一) 客观因素

形成"两个失衡"的原因是复杂的,且存在着关联性。对造成女多男少性别比例失衡的原因我们分析主要有以下一些客观因素:

男女平均寿命的长短。2019年安徽省平均寿命男性为72.6岁,女性为77.8岁,相差5岁,马钢老年大学在校男女学员平均年龄相差5岁和这有一定的相关性。

退休年龄的早晚。男职工一般到60岁退休,女职工一般在50～55岁退休。男女退休时间的不同步,使得退休女性有更多的时间参加老年教育,选择进入老年大学来学习。这也催生了老年大学以女性学员为主体的课程日渐增多。

退休后选择生活方式的不同。调查中发现,退休男性职工生活方式呈现多样性,如继续工作、钓鱼、打牌、股票投资、徒步旅行等,而大多数退休女职工相对来讲选择的项目较少,她们往往把第一选择放在老年大学的学习上。

生理和心理年龄的差异显著。随着年龄的增长,学习的兴趣和学习的能力是逐渐递减的。由于男性退休时间晚,平均寿命相对女性短,退休生活方式选择性强。相比女性退休职工,男性退休职工接受老年教育的动力和热情显得不足。而女性学员相对年轻又乐于群体活动,往往结伴参加老年大学的学习,同时又可借助老年大学这个平台,结识更多的同伴而获得心理上的愉悦,她们参加老年大学学习有热情、有动力。

适学期的时间长短悬殊。由于退休时间及寿命等因素,女性学员在老年大学学习时间可以从50～70岁,多达20年。而男性学员则大多从60～70岁,只有10年左右的学习时间,两者的适学期时间差距有 10 年之多。

（二）老年大学课程建设结构失衡

根据上述分析，马钢老年大学学员"阴盛阳衰"似乎有了一定的合理解释。但是这并不完全支持马钢老年大学学员男女人数比例悬殊如此之大的事实。实际上，课程建设结构比例失衡，加剧了男女性别比例失衡。

在健康养生和休闲艺术类课程中，女性学员人数占女学员总数的 80% 以上；在科学文化和家政类课程中，男性学员人数占男学员总数约 70%，从这些数据可以看出，退休男性职工更喜欢科学文化和家政类课程。而恰恰科学文化和家政类课程只占全部课程的 14%，这就极大地限制了退休男性职工进入老年大学学习。

如果说老年大学学员男女性别比例失衡有客观因素，那么课程建设结构失衡则是老年大学发展过程中出现的问题。主要原因有：

1. 办学理念定位不准

在相当长的一个阶段，我们并没有把老年教育作为"教育"来看待，而是存有"老年教育就是陪老年人玩玩""健康快乐是老年教育最高理念""老年教育是准教育"等认识。在这样的思想指导下，把老年大学办成了"退休俱乐部"和"老年幼儿园"，必然会导致课程设置中以健康养生、休闲文艺类的课程居多。

2. 注重按需设课而忽视引导设课

老年大学发展初期，由于受学员的文化程度、个人喜好、现实需求的影响，老年大学在课程设置上往往偏重于健康养生和休闲文艺类课程的设置。同时由于老年大学师资相对匮乏，往往是有什么老师就开什么课，在女性学员占多数的情况下，学习需求主要集中在健身、舞蹈、家政这些课程上。供男性学员可选择的课程相对较少,这又加剧了课程结构的失衡,进一步引发了老年大学的男女性别比例失衡。

由此,我们得出结论:"两个失衡"存在着高度关联性,男女性别比例失衡,导致了课程建设结构失衡,而课程建设结构失衡又加剧了男女性别比例失衡,它们互为因果,相互影响。

三、解决"两个失衡"的抓手

(一)实施"四步法"

找出了问题的原因,如何来调整解决呢?学校组织教职员工多次研讨,最后形成一致意见,从课程建设这个"供给侧"做起,变过去的以按需设课为主为按需设课与引导设课两手抓,同时注意多开设适应男性学员喜好的各种课程。通过解决"课程失衡"来同步解决性别比例失衡问题。

1. 在全体学员中开展"市场需求"的问卷调查

问卷调查内容包括对学校现有课程的意见,对哪些方面有学习兴趣和对今后课程设置的要求。广大学员积极性很高,绝大多数学员都认真填写。学校将收集到的意见进行整理、归纳,形成"需求侧"的基本信息。

2. 开设专题讲座

我们把这一做法称为"撒种"。学校对问卷调查中收集到的每项需求进行分析,结合各方面条件,确定了一批专题讲座课题。讲座确定的原则为:一是侧重于社科文史法语言类;二是与未来学校开设专业及课程建设体系同步筹划;三是开放式教学,学校负责教学的领导和系主任必须参加,学员可自愿报名,按先后次序,报满为止;四是在举行讲座的过程中,对教师的授课能力进行考察,对学员的学习兴趣进行评估。

3. 将比较好的专题讲座综合扩展,形成包括若干节的综合课程

我们把这种方式称为"育苗"。在2019年春季学期开设综合课程,取名为"我爱学习"。15节课共涉及老年心理、文学欣赏、家庭花卉、诗歌创作、朗读表演、健康管理、家庭理财、生活中的法律、树立积极老龄观等方面的内容。学员们按所需学习的课程报名,不收学费。

4. 把综合课程中比较好的部分进行拆分,形成独立的课程

我们把这种方式称为"插秧"。2019年秋季学期,学校把综合课程拆分为西医保健、家庭园艺、朗读表演等近10门课程。课程确定后,学校又要求教师及时编写教学大纲送学校审定,做到新课开课之际就用教学大纲统领,实现规范教学。

(二) 构建教学管理的"大格局"

在实施"四步法"的同时,马钢老年大学按照中国老年大学协会和安徽省老年大学协会的要求,在"教师、教材、教学"三个方面下功夫,着力提高老年大学整体教学水平,为解决"两个失衡"构建更强有力的教学管理的大格局。

在教师队伍建设方面,我们的目标是建设一支思想素质高、教学水平高的教师队伍。学校成立了教师招聘领导机构,从思想素质到业务能力都做了具体规定,招聘过程公开透明,且择优录用。在教学过程中,对教师教学工作进行日常考核和学期考核,奖励先进,淘汰落后。每一位教师都要编写教学大纲,实现所有课程教学大纲全覆盖,逐步把全部由兼职教师组成的松散队伍变成一支训练有素的教师队伍。

在教材方面,我们选择"精品课程"自编教材,在2019年度安徽省老年大学协会组织的精品教材评比中,马钢老年大学选送的5本教材全部获奖,其中《老年太极剑学习教程》和《老年二胡学习教程》获一等奖。马钢老年大学选送的5个教学大纲也全部获奖,其中有3个获一等奖。

在教学方面,我们重新梳理了学校的专业设置和课程设置,构建了清晰的教学体系。为提高教学质量,分层次推行"观摩课"教学、"公开课"教学,实行教学公开、师生评价。2019年以来,先后进行了15节观摩课和10场公开课,大大提高了教与学两个方面的积极性。

"四步法"工作和教学"大格局"建设,使马钢老年大学各项工作都上了一个台阶,"两个失衡"问题开始得到扭转。2019年秋季学期,学校学员总人数4835人,其中男性学员835人,占比17.27%,比2018年春季学期的12.17%提高了5个百分点;课程设置中社科文史类41个,占全校207个班级总数的19.8%,比2018年春季学期的14%提高了5.8个百分点。

"两个失衡"的调整对老年大学的建设是一项极其重要的工作,它关系到办学理念的提升,办学方式的转变。有效解决"两个失衡"问题,必将促使老年大学各个方面发生深刻的变化。但同时这项工作又是繁重和复杂的,必须主动作为,付出艰苦的努力。我们必须继续坚持从实践出发,大胆探索,不断总结提高,使"两个失衡"问题逐步得到解决。

(作者系安徽省马钢老年大学校长)

在学习党史中明了高校老年教育的工作动力与思路

任宏权

2021年是中国共产党成立100周年,作为现在仍在老年教育系统工作的老党员,通过参加省、市、校组织的学习教育及系列活动,做到学党史、悟思想、办实事、开新局。结合我们的工作实际,有着别样的感悟。

(一) 在学习中明白:老年教育是党心系人民的重要举措,自感责任重大

我校老年大学成立于2002年,已经历了19个年头的历史积累。近年来,我们认真学习贯彻习近平总书记的系列重要讲话精神、国家颁布的《老年教育发展规划(2016—2020)》以及《安徽省老年教育条例》。结合各级组织的党史教育,对照学习,自感责任重大。

所谓责任重大,是我们在学习中明了老年教育是以习近平同志为核心的党中央心系人民、心系老年人的重要举措。我们党的百年历史,实际就是中国共产党心系人民、不畏牺牲的百年奋斗史。新的历史时期,以习近平同志为核心的党中央,心系人民,高度重视老年工作。党的十八大和十八届三中、四中、五中全会以

及"十三五"规划纲要对应对人口老龄化、加快建设社会养老服务体系、发展养老服务产业等提出了明确要求。2016年5月27日下午,中共中央政治局就我国人口老龄化的形势和对策举行第三十二次集体学习。中共中央总书记习近平在主持学习时强调:"坚持党委领导、政府主导、社会参与、全民行动相结合,坚持应对人口老龄化和促进经济社会发展相结合,坚持满足老年人需求和解决人口老龄化问题相结合,努力挖掘人口老龄化给国家发展带来的活力和机遇,努力满足老年人日益增长的物质文化需求,推动老龄事业全面协调可持续发展。"也正是在以习近平同志为核心的党中央关怀下,《中华人民共和国老年人权益保障法》《国家中长期教育改革和发展规划纲要(2010—2020年)》得以颁布实施,我国的老年教育发展才纳入国家顶层设计,老年教育才如雨后春笋般地蓬勃兴起。

习近平总书记指出:"我国是世界上人口老龄化程度比较高的国家之一,老年人口数量最多,老龄化速度最快,应对人口老龄化任务最重。"我们通过学习明白:老年教育是我国教育事业和老龄事业的重要组成部分。发展老年教育,是积极应对人口老龄化、实现教育现代化、建设学习型社会的重要举措,是满足老年人多样化学习需求、提升老年人生活品质、促进社会和谐的必然要求,责任重大,形势逼人。我们工作的好坏,直接影响国家现代化建设和社会和谐。对全体老同志而言,就是能不能真正实现"老有所教、老有所学、老有所为、老有所乐",让老同志确确实实感受到党的关怀。结合老同志的特点,我校老年大学先后开设了电子琴、英语、舞蹈、声乐、图像处理、交谊舞、形体舞、太极拳、葫芦丝、京剧、合唱、钢琴、柔力球、民族舞、音乐、书法、绘画、时装、摄影和新媒体等课程,常年参加学习的人数有200余人,老同志的幸福指数明显提高。2019年,我校老年大学荣获马鞍山市老年教育

"先进老年大学(学校)"称号。

(二)在学习中明白:我们党百年来总是在克服重重困难中前进的,老年教育也是这样

通过党史学习,我们了解到,中国共产党的百年历史,就是一部中国共产党人不忘初心、牢记使命、战胜强敌、克服困难、不断总结前进的历史。回想我们办老年大学,同样困难重重,需要我们迎难而上,总结前行。

针对当前办学资源不足的问题,我们积极改变思路,主动与学校相关部门沟通协商,充分利用学校资源共享使用,如体育部风雨操场、舞蹈室等。争取学校资金,目前正在对原598平方米的门球场地进行维修改造,不断完善增设使用功能,有效解决了老年大学办学场地困难的问题。

在常态化疫情防控情况下,为满足老年学员的学习需求,我校老年大学根据省、市老教委的通知要求和布置,以居家学习为主要方式,以各教学班为组织载体,以安徽老年远程教育网、马鞍山老年教育电视栏目为教学平台,开展线上教学。我们以实践中"坚持'停课不停学,离校不离教';政治立校,大类就近,灵活选择教学内容;发挥骨干作用,收集信息,扭住教学质量不放"的做法,在省高校老年大学、马鞍山市老教委会议上进行交流。我校被评为"2020年秋季全市老年教育线上教学先进单位"。

(三)在学习中明白:我们党的百年历史就是一部勇于探索、改革创新的历史,高校老年大学也需改革创新

中国共产党的百年历史就是一部勇于实践、勇于探索、改革创新的历史。结合我们的工作实际,高校老年大学的发展也面对着勇于探索、改革创新的问题。诸如高校老年大学的办学方式和开放度,老年大学师资队伍建设,老年大学教学内容、方法、模式等问题,只有改革,才有更好的成效。近年来,我们为提高教学质量和效果,探索更加适合老年人特点的多样化教学模式,将"社团式教学"立项为教改课题,并在书法、摄影、绘画三个教学班进行探索尝试。通过几年的探索实践,终于研究总结出"坚持有案教学,乐、学并重;坚持互帮互学和小步走、常回头;坚持服务社会,老有所为"的社团式教学的组织方法。

在社团式教学的探索实践过程中,教学质量明显提高,获得多项教学成果。以2017~2019年为例,在全国、省、市有关部门组织的相关活动中,共获奖23项。其中2017年,1幅书画作品获市优秀奖,1幅书画作品被《安徽老年报》刊用;摄影作品获市摄影奖5项,获省摄影奖3项,获全国摄影奖2项,入选全国摄影展及26届国展9项。2018年,书画作品在市获二等奖2项、三等奖2项,在省获优秀奖5项、一等奖1项;摄影作品获市二等奖1项。2019年,1幅作品入展安徽省美协举办的画展,1幅作品获全国第二届瑯琊杯诗书画一等奖。这些教学成果的获得,使广大老年学员"老有所教、老有所学、老有所乐、老有所为"得到充分展现,他们不仅在教与学的过程中学习了所需的知识与技能,还从中获得了精神上的愉悦,还在追求完美、服务社会的过程中,使生活内涵得到丰富,生命质量得到升华,真正领悟到"老年是人的生命的重要阶段,是仍然可以有作为、有进步、有快乐的重要人生阶段"。通过社团式教学的探索实践的总结,教改成果可概括为"老有所学,生活的内涵得到丰富;服务社会,老有所为充分展现;屡屡获奖,生命质量得到升华"三个部分。总结课题研究成果撰写成论文《社团式教学的探索与研究》,在2020年第十四次全国老年教育理论研讨征文省级评选中获三等奖。

(作者系安徽工业大学老年大学校长)

开拓创新　推动全县老年教育快速崛起

张厚福

含山老年大学创办于 1995 年。学校现有登记学员 1571 人、上课学员 2911 人次、党员 348 人,开设 24 门课程、28 个班级。在疫情防控常态下,2021 年春季学期开展线上教学,开设线上教学班 27 个,上线学员 1603 人次。

我校于 2007 年被评为"中国老年事业发展基金东方银龄远程教育中心先进单位",时任校长方心照于 2008 年 1 月出席北京表彰大会。2000 年被安徽省委老干部局、安徽省老年大学协会授予"先进单位",2013 年、2018 年两次被安徽省委老干部局、安徽省老年大学协会授予"老年大学省级示范校"称号。我县原隶属地级巢湖市,原巢湖市未成立老教机构,除老年大学外,镇、村(社区)老年教育是一张白纸。2011 年划入马鞍山市后,在市老教委指导下,县委、县政府高度重视,2014 年下半年成立高规格县老教委,书记、县长担任名誉主任,分管副书记担任主任,常务副县长担任第一副主任,配齐了县老教委领导班子。县老教委以雷霆之力,抓铁有痕,踏石留印,充分发挥出县老年大学的示范带动作用,加上镇、村两级组织真抓实干,在近几年的时间里实现了"两个基本""一个目标",即基本实现县、镇、村(社区)三级办学网络全覆盖,基本实现县老年大学现代化、镇老年学校规范化、村(社区)老年学校常态化,达到超额完成省、市下达的入学指标任务的目标。2016年11月22日,马鞍山市老年教育乡镇办学现场会在含山县召开,听取含山经验介绍,实地参观含山县、镇老年学校。含山县老年教育从零起步,快速崛起,一举领先,被称为老年教育"含山现象",其社区办学全覆盖经验被全国老年大学协会编入"五个十工程",并在全国推广。

(一)以县老年大学硬件建设新突破推动全县老年学校硬件建设

含山县委、县政府历来重视老干部和老年大学工作,2009年投资3600万元(2010年不变价)在县城中心、黄金地段玉龙公园内新建一座占地20亩(1.333公顷)、校舍建筑面积5500平方米的县老年大学,集报告厅、演艺厅、多媒体教室、会议室、舞蹈教室、桌球室、乒乓球室、健身房、视听室、书画室、棋牌室、阅览室于一体,附属遮光、露天各一个门球场,功能齐全,设施配套,硬件建设华丽转身,为老干部和老年大学学员提供了崭新的现代化学习、活动场所,使县老年大学的发展跨入了一个新阶段,在全县老年学校的建设中发挥了极大的示范效用,全县8个镇都新建或改建了老年学校,采用了多媒体网络教学,集会议室、教室、书画室和健身舞蹈广场于一体,基本做到综合配套功能齐全,村(社区)均有综合利用的办学场所,全县老年教育虽然起步迟但硬件建设提升快。

(二)以县老年大学校园文化创新推动全县老年学校成为文化养老的精神家园

含山老年大学以创新为手段,不断加强和提高校园文化建设。

1. 加强校训征集

在学员中经过三轮征集,提炼出校训"养身养气养心,至真至善至美",引导学员成为养护身体、养足元气、养护心灵、追求真善美、热爱生活、享受生活的新型学员、新型老人、幸福达人、长寿达人。

2. 加强入学教育

每年春季学期举行开学典礼,县委分管副书记代表县委、县政府做形势报告,对老年大学建设提出要求,校长总结部署工作,表彰奖励优秀学员,保证老年大学坚持正确的政治方向,营造奋发向上、奋勇争先的氛围,做到人老心不老。

3. 建立老年大讲堂

围绕党和国家发展的形势和任务,建立老年大讲堂。邀请中科大、安工大和省、市委党校专家教授进行社会热点问题宣讲教育。坚持正确的理论武装、科学的舆论引导,始终激发正能量。

4. 加强文化载体建设

每学期编印《含山老年大学》校报、《玉龙吟》诗刊,让学员展示才华、加强交流,加强理想信念、道德情操的培育熏陶。2015年学校出版了《建校二十周年纪念画册》,生动记录了学校发展的辉煌历史、学员展示的精神风貌。通过校园文化创新,使老年大学成为一所使人返老还童的神奇学校、魔法学校,我们在校内外喊出响亮的口号:"您想年轻吗?请到老年大学来!"在县老年大学的示范带动下,镇、村(社区)老年学校聚焦文化养老,强化校园文化建设,加强办学方针、办学宗旨的宣传,邀请相关领导、专家进行时事热点教育,办好校报刊、墙报,校园文化创新蔚然成风,老年学校成为全县老干部和老年学员的情感寄托、精神依归的家园。

（三）以县老年大学教师队伍建设创新实现全县老年学校教师资源共享

我校改革教师考核方式,让学员成为教师的主裁判,实行百分制考核。撰写教学大纲、教学计划,按计划组织教学,占20分,由学校考核评分;教学质量效果占80分,由学员进行无记名测评。每学期根据考核结果将教师分为优秀(90分以上)、良好(80～89分)、一般(79分以下),分别兑现相应的待遇。考核一般的教师,期末予以解聘。通过科学合理的考核,构建了一支优质骨干教师队伍,同时组织引导县关工委、新四军研究会、文化研究会、诗词楹联协会、老年书画联谊会、老科协、老干部文体协会、老体协等老干部(老年)社团组织投身老年教育,走上老年学校讲台,与老年大学教师共同构成全县老年教育教师资源库,为镇、村(社区)老年学校提供菜单式服务,实现教师资源共享,与镇、村(社区)乡土教师、多媒体网络教学中的教师一起,构成"三驾马车",确保基层老年学校有充足的教师资源。

（四）以县老年大学各项制度创新为全县老年学校持续健康发展提供制度支持

我校以激发学员学习、活动的主动性和创造性为原则,修订完善各项规章制度,形成规章制度体系。我们先后修订和完善了《学员守则》《学员服务管理办法》《班级组织管理办法》《优秀学员条件和评选奖励办法》《班主任职责和产生办法》《教师职责和管理办法》《校长岗位职责》《副校长岗位职责》等,将各项规章制度打印压膜,张挂公布于教室、办公室、会议室等公共场所,并汇编印制成《学员手册》并发到每个学员手中。每个学期,各班进行学前教育,持之以恒学习,持之以恒施行,促进老年大学管理水平的提升和规范化建设,并形成长效机制。全县镇、村(社区)老年学校以县老年大学各项制度为模板,借鉴外地老年学校制度,结合自身实际,修订完善各项规章制度,极大地促进了镇、村(社区)老年学校的制度化、规范化建设。

(五)以县老年大学教学乐为活动创新使全县老年学校不断展现蓬勃生机

我校围绕全县省级文明县创建,坚持开学季每月由班级组织学员志愿者佩戴袖章、打着旗帜,上街开展清扫垃圾活动。围绕"十三五"扶贫攻坚和资助失学儿童等工作,连续多年开展帮困脱贫和捐资助学活动,每次捐助款额都在2~3万元。围绕全县创建省级公共文化示范县,组织学员深入农村农民文化乐园、社区进行文艺演出,多场次参加市内、县内重大节庆演出,我校舞蹈班代表环峰镇大庆社区于2011年荣获文化部全国社区群众舞蹈表演金奖,2012年我校荣获安徽省第三届老年文艺调演金奖。围绕全民健身健康行动国家计划,多场次组织学员参加各类健步走、健身操、太极拳、广播操等比赛展演活动。通过各类活动,既展现了我校学员自身的活力,又影响带动了全县老年学校,镇、村(社区)老年学校纷纷进行教学乐为活动创新,展现了全县老年学校的勃勃生机、无限魅力。

(六)以老干部(老年)社团组织服务管理创新使全县老年学校拥有更加广泛的社会基础

在县委、县政府的关怀下,将县老教委、县关工委、县老干部文体协会、县老体协、县老科协、县老年人书画协会、县老年人京剧联谊会、县老年人诗词楹联协会(马鞍山太白诗社含山分社)、县老年人摄影协会集中在县老年大学办公,构成了一幅独特的风景:八仙过海,九龙戏水。它们与县老年大学既密切联系又有各自的领域,在全县范围内组织开展活动,出版刊物、作品,进行展演展示,在县域范围造就了老干部及全体老同志展示才华、发挥作用的生动局面。同时,以县老年大学为依托,直接成立或挂靠成立老干部门球协会、太极拳协会、摄影协会、舞蹈协会等老干部(老年)社团组织,它们的成员大多是县老年大学(学校)注册或登记学员,县老年大学指导帮助他们开展活动。他们深入镇、村(社区)吸纳更多的社团组织会员、开展各种活动,促使老干部(老年人)走出家门,唱起来、跳起来、动起来,"老夫聊发少年狂",使他们充满朝气、焕发青春,有效凝聚了老干部(老年人)的正能量,极大地拓展了全县老年学校的社会基础。

(作者系马鞍山市含山老年大学校长)

老年大学需要什么

田运和

老年大学是老年人的大学堂,将老年大学办成具有正能量、充满活力的学校,是我们追求的目标。办老年大学是政府的决策,办好老年大学则是老年教育工作者的责任。从我的认知和切身实践看,我觉得办好老年大学需要在"动"字上做文章,那就是激发感动、发挥能动、营造互动。

（一）老年大学特别需要激发感动

我们这一代老年人，大多数与新中国诞生、成长同步，有过成功的欢天喜地，也有过失意的酸甜苦辣。在退休之后能在老年大学学习，重新感受党和政府的关心和改革开放带来的快乐，都十分感动，十分珍惜这段美好时光。来老年大学的人，尽管身份不同、素养各异，且身体又不像年轻时那样健康，行动也不再快捷，但那份认真、那份执着、那份投入，又都令彼此感动，仿佛焕发出了第二春，大家深深体会到有必要重新活出人生的精彩。我们要深深了解这份感动，这是老年朋友来老年大学学习的初心和动力。我们的责任就是要激发和保持这份感动，使其成为老年大学的主旋律之一。为此，学校每学期都要组织时政报告会，学习党代会报告和习总书记讲话，听取本县经济和社会发展介绍，参观县工业园区和城市重点工程建设，让老年学员切身感受祖国的发展和家乡的变化，切身感受党和政府对老年教育事业的关心和社会各界的支持，并通过座谈、征文、专题演讲等，不断激发、弘扬、感动老年大学这种正能量。

（二）老年大学特别需要发挥能动

老年大学发展至今，没有一定的办学模式可遵循，这不能不说是一个短板。但老年大学有一个长处，即老年大学的学员来自方方面面、各行各业，其中不乏有专长且乐于为社会服务的人才。我们的责任，就是在学员队伍中挖掘这些人才，发挥他们的潜能。发挥能动，就是让这些人成为共建老年大学的"局内人""当家人"和开展各项活动的"引领人"。为此，我们在县委组织部门的支持下成立了临时党总支，在学员中选举产生了学委会，动态选拔学校"红枫"艺术团和合唱团成员，组织成立了当涂民歌研究分会、诗词协会分会、戏曲协会、老年人摄影协会等,在各个教学班民主选举班长和班委会,由此组织起数百人的骨干学员队伍。学校的重大活动,如教学成果展示、专题晚会、节庆活动,赴乡镇、学校或敬老院慰问,参加市、县文艺会演或助推经济发展的演出活动等,几乎都由校学委会、艺术团和有关班长组织,活动开展得井井有条、卓有成效。发挥能动,不仅使广大学员特别是骨干学员发挥了作用,同时,也大大缓解了学校工作人员不足的现状。

(三)老年大学还特别需要营造互动

互动指的是学员的积极参与,是学校、老师、班长、学员之间的相互配合。我们的责任就是为互动搭建平台,创造场景。一是举办重大纪念活动,如参加或举办纪念抗日战争胜利70周年、庆祝建党95周年、庆祝建党100周年、校庆20周年、校庆25周年活动等,这类平台都是学校艺术团、合唱团和有文艺专长的学员之间互动的平台。二是经常举办校内文艺演出活动,如庆祝三八妇女节、五一劳动节、国庆节、元旦等,都是由各班学员组织节目轮流参加,让大多数学员有机会登台展示自我,尽量减少"常见面孔"。三是除了定期刊印校报《红枫》外,学校还先后编印校刊《青莲诗刊》、班报《姑孰诗韵》《太白诗刊》(当涂版),不定期举办书法、绘画、摄影、篆刻、剪纸等展览,使这类"小众"才艺也不被互动平台落下。四是为学员量身打造互动项目、互动平台,如开设学员自愿参加的当涂民歌、乡土文化、戏曲、拳剑等26个兴趣班,不仅给学员提供互动场地和设备支持,还创造机会,提供让他们参加相关演出的平台。我们在25周年校庆"我们的校园"专题演出中,特别安排节目让平时难以登台的学员充当"群众演员",使得他们也有机会展示他们力所能及的才艺。我们的这些努力,扩大了互动的范围,增加了互动的层面,提高了互动的热情,极大地提升了老年大学的亲和力和影响力。

老年大学需要感动,这是老年朋友进入老年大学的初心和原动力。老年大学需要能动,这是发现、发挥老年朋友才能的有效途径。老年大学需要互动,这是不断激发老年朋友求知欲、表现欲的有效手段。人老心不老,通过活动、互动,使老年大学精彩纷呈,充满活力。我们基于以上认知和实践,摸索出了一套适合老年大学自身发展的思路:倡导"增长知识、丰富社会、陶冶情操、促进健康、服务社会"的宗旨,遵循"集思广益、开门办学"的理念,追求"建设文明、和谐、健康、温馨"的目标,践行"学员为主、教师为先、班长为范、学风为要"的校训,喊响"我好学、我健康、我快乐、我时尚"的口号,唱响《拥抱夕阳》校歌。以往,我们按照这一思路办学,取得了一些成绩,多次被评为省、市"先进单位",两度进入"老年大学省级示范校"行列。今后,我们还会在激发感动、发挥能动、营造互动上继续努力,不断充实、提升和完善这一发展思路,把当涂县老年大学办成更接地气、更受老年朋友欢迎的学校。

(作者系马鞍山市当涂县老年大学原校长)

浅谈如何做好现阶段老年教育工作

陈淑英

我国的老年教育不属于正规教育的范畴,也不属于职业教育的范畴,开展老年教育的目的是帮助老年朋友在接受老年教育的过程中不断提高自身的综合素质,使老年人的晚年生活不会变得枯燥乏味,而是变得更加健康、更加快乐。

我觉得新时代的老年教育必须要有新的观念、新的作为、新的教育模式,才能够适应当代快速发展的社会,因此,必须对老年教育的价值理念进行深入的理解以及深刻的研究,不断提高自身对老年教育的认识,从而通过自身的实践,促进我国老年教育的长期稳定发展。

随着年龄的增长,人体的各项机能都在退化,老年人变得不再灵活,他们需要别人的帮助,有的甚至必须依赖别人的照顾才能够生活。虽然老年人处于这样一种生活状态,但是我们必须尊重老年人,关爱老年人。现代社会的主流思想应该引导人们去尊重老年朋友,广大民众的基本价值取向就是尊重身边的每一位老年人,因为只有尊重老年人才能够使我们的社会变得更加文明。

老年阶段与中年阶段以及青年阶段有着很大的不同,老年人所处的年龄阶段是不断丧失生活角色的年龄阶段。例如,在老年阶段,老年人会失去配偶,成为失去配偶的角色;老年人离开工作岗位,成为失去工作的角色;老年人会失去身边的朋友,成为失去朋友的角色。这些生活角色的丢失,会让老年人觉得自己的自尊受到了伤害,自己不被社会认同、不被社会尊重。针对这种情况,必须大力发展老年教育,相关的教育工作人员必须积极引导老年人不断适应这种丧失生活角色的年龄阶段,积极参与到社会活动中去,不断在生活中寻找自己新的生活角色来替代失去的生活角色。

在我国老年教育发展的过程中,也必须始终坚持共生发展的理念,不论是当地的政府部门、老年教育部门,还是社会上的一些公益老年教育部门,或者是老年群体本身,都应该在我国老年教育发展的过程中和谐相处,共同进步,进行资源共享,从而一起为我国老年教育的长期稳定发展做出自己的努力。

如果不根据时代的变化积极地进行创新工作，不论是什么事业，都会被这个高速发展的社会所淘汰，我国的老年教育也不例外。老年教育在我国发展的时间还比较短，算是"朝阳事业"，老年教育的出现与我国老龄化增长的趋势有着密不可分的关系，随着我国老龄化问题的日趋严重，我国的老年教育应运而生，与此同时，我国的老年教育又代表着未来崭新的教育形式。我国目前的老年教育仍处于初级阶段，各方面都还不够成熟，例如，老年教育还没有一个完整的教育理念，教育内容也不够完善，教育方法还有待加强。

所以，未来我国老年教育要倡导教育内容科学性、多样性。第一，要把老年教育的多样性与老年教育的层次性有机地结合在一起。教育工作人员在进行老年教育的过程中，要多与老年人进行深入的交流，多了解老年人多样的文化需求，从而满足老年人多样的文化需求；与此同时，教育工作人员在进行老年教育的过程中还要从不同的层次进行教学，让老年人更加容易理解教育内容，从而达到教学的真正目的。第二，要把老年教育的普遍性与老年教育的特殊性有机地结合在一起。老年教育也是教育事业的一部分，因此老年教育也具有教育事业的普遍特点，但是，老年教育的受教育群体与普通的受教育群体有着很大的差别，老年教育工作人员在进行老年教育的过程中要高度重视老年的特殊性，要注意在教学过程中尊重老年人，耐心地与他们沟通。第三，要把老年教育的基础性与老年教育的发展性有机地结合在一起。老年教育也是教育的一种，因此，在进行老年教育的过程中除了要教授一些基本的教学内容外，针对老年人这一特殊群体，相关的教育工作人员还应该准备一些特殊的教学内容，帮助老年人得到发展。

所以,我觉得推进我国老年教育事业大发展、大繁荣,宣传舆论工作必须摆在首位。我们要从全面、战略的高度,充分认识做好舆论宣传工作的重要意义。只有做好宣传工作,才能使《国家中长期教育改革和发展规划纲要》提出的"重视老年教育"的思想深入人心,党和国家重视发展老年教育的方针政策才能真正落到实处;只有做好宣传工作,才能进一步扩大老年教育的社会影响,使全社会都来关心、重视、支持老年教育事业。

首先,我们要通过坚持不懈、扎实有效的宣传,使各级党委和政府更加关心、重视、支持老年教育工作,使全社会更加了解、关注老年教育事业。宣传广大老年人通过学习教育增长知识、丰富生活、陶冶情操、增进健康、服务社会的典型事迹,努力营造出全社会重视和关心老年教育事业的浓厚氛围。面向社会组织老年人开展丰富多彩的活动,展示老年学校的教学成果和风貌,进一步增强老年教育的凝聚力和吸引力,让更多的老年人成为老年教育的受益者。

其次,让更多的老年人知道,老年教育是一项利国利民的公益事业,是老年人享受终身教育的权利,是落实"老有所教、老有所学、老有所为"的重要途径。国际老年人组织提出的主题是建立不分年龄、人人共享的社会,即各代人能够在互惠、公平的原则下,共享社会经济成果。在退休人员当中,有相当一部分人身体健康、精力充沛,他们通过在老年学校的二次充电后,继续实现他们自身的社会价值,提高了他们的社会地位。

第三,为老年学员搭建展示平台。老年学员在老年学校学有所成后,都希望有展示自己的机会和平台,实现自身价值。通过举办展览、外出参观学习、组织参加全省乃至全国的各种书画大展以及文艺汇演或比赛等形式,展示老年学校的教学活动成果和学员的精神风貌,让学员充分感受到在老年学校学有所成所带来的快乐和满足,提高他们的学习积极性,增加他们的成就感。老年学校还要积极组织学员面向社会开展丰富多彩的公益活动,多方位展示老年学员的精神风采,通过文艺演出和送文化下乡等形式,走进矿区企业、走进乡镇农村、走进部队军营,展现老年学员的艺术才能,丰富老年学员的精神文化生活,也充分展示老年学员"老有所为、服务社会"的精神面貌,这些都可以提高老年学校的知名度和美誉度。

21世纪是一个经济全球化的时代,是一个网络、信息时代,又是一个长寿时代。老年群体渴望更丰富的精神食粮,获得新的知识和追求,度过精彩的晚年生活。解决人口老龄化带来的社会问题、满足老年人精神文化的需要,为老年教育的发展提供了更大的空间和舞台。

因此,我们平湖街道老年学校是由每个学员根据自己的兴趣爱好,从选修课程中选择自己喜欢的课程参加学习。街道老年学校开设了舞蹈、声乐等选修课,满足老年朋友延续爱好、陶冶情操的需求。如今,街道老年学校办得如火如荼,得到了很多老年朋友的肯定。老年学校是花园,老树新花也鲜艳。老年朋友在这里不仅收获了知识,还收获了健康和友谊,使他们的退休生活有了一份归属,多了一份乐趣,添了一份幸福。

综上所述,新时代的老年教育将会变得更加重要,老年朋友的学习生活大大丰富了老年朋友的精神世界,使他们开阔了眼界,增长了知识,焕发了青春活力。因为老年人的生活会越来越受到重视、老年人的权益会得到更多的保护,老年学校一定也会越办越红火,真正实现"老有所学、老有所乐、老有所为"。

(作者系马鞍山市雨山区平湖街道老年学校校长)

老年文化艺术教育在老年教育中的地位

石明玉

在多年来的老年教育实践中,我们体会到加强老年文化艺术教育已经是老年教育工作中极其重要的内容。怎样紧密结合老年教育实际,提升老年文化艺术教育在老年教育中的地位,是摆在我们面前的一项重要工作。

国务院办公厅印发的《老年教育发展规划(2016—2020年)》指出,未来20年我国人口老龄化形势将更加严峻,对我国社会主义现代化进程产生全面而深远影响,特别是老年人的精神文化和学习需求增长较快,发展老年教育的形势和任务更加紧迫。《安徽省老年教育条例》第三条也明确指出,老年教育是国家教育事业和老龄事业的重要组成部分,应当坚持党委领导、政府主导、社会参与、面向基层、因地制宜、按需施教的原则,推动多元、特色发展,实现"老有所教、老有所学、老有所为、老有所乐、老有所安"。其中按需施教是我们日常教学中最具活力的内容。

(一)老年文化艺术教育的重要性和紧迫性

当今老年教育已经是终身教育的重要方面,加强老年文化艺术教育是推动社会主义文化大发展、大繁荣的必然要求。我们看到,老年人的精神文化需求越来越丰富,他们参与文化艺术活动的热情越来越高涨,老年文化艺术活动在社会主义文化建设总体布局中的地位和作用也越来越重要。根据老年人的兴趣爱好,我们博望区老年大学和镇老年学校都把老年文化艺术内容列入主要课程中,老年大学(学校)开设的班级也大多是文化艺术班级,可见,老年文化艺术教育已经是老年教育的主流。因此,加快老年文化艺术教育的发展,满足老年人文化需求,丰富老年人精神生活,增强老年人精神力量,是推动社会主义文化艺术大发展、大繁荣的内在要求,是构建社会和谐文化的重要任务,对于推进经济社会的发展,实现家庭和睦、代际和顺、社会和谐,具有重要的现实意义和深远的历史意义。

(二)老年文化艺术教育的目标任务

1. 文化艺术教育要落实在老年人最喜闻乐见的活动上

我们开展老年文化艺术教育工作,也要突出重点,制订目标,我们现在的目标是:以保障老年人基本文化权益、满足老年人日益增长的精神文化需求为出发点和落脚点,以增强全社会重视老龄化意识、优化老年文化艺术发展环境为重要支撑,以老年人广泛参与的文化创建活动和丰富多彩的老年文化产品为主要载体,促进老年文化建设实现新跨越、新发展。要大力开展老年人喜闻乐见的文化艺术活动,丰富老年大学(学校)文化艺术活动的特色内容。

2. 文化艺术教育成为老年大学(学校)的主课题

一是要将适应老年人需要的文化产品和服务做得更加丰富,让老年人普遍均等地享有基本公共文化服务,尤其是我们老年大学(学校)要根据老年人的意见和需求,做好文化艺术活动的领导和安排工作。二是要促进老年文化事业全面繁荣,就要广泛开展老年大学(学校)的老年特色文化活动,利用各种社会资源包括学校、文化场所等,开展多种多样的文化艺术活动。三是使老年文化艺术队伍不断壮大,充分发挥有文化艺术特长的老年人的作用,带动老年文化艺术事业快速发展,使老年文化艺术教育在丰富老年人精神文化生活、推进老龄事业科学发展中发挥重要作用。

（三）多方保障老年人文化艺术活动需要

老年文化艺术教育是老年教育最具活力的内容。要解决老年人文化活动的需要,必须加强老年人文化活动基础设施建设。博望是个新区,各项社会事业的发展都要兼顾考虑,因此要充分考虑人口老龄化发展趋势和老年宜居环境的要求,将老年文化建设纳入基本公共文化服务体系建设和城乡规划中;以区级公共财政为支撑,按照城市文化活动设施用地和老年人设施规划标准,遵循公益性、基本性、均等性、便利性的要求,加快老年文化艺术设施建设。

区内文化馆、体育馆、纪念馆、公共图书馆等公共文化服务设施,全部向老年人开放;鼓励影剧院、体育场馆、公园、旅游景点等公共场所为老年人提供优惠服务;老年人享有影视放映、文艺演出、图片展览、科技宣传等公益性流动文化免费服务,享有健身技能指导、参加健身活动、获取科学健身知识等全民健康免费服务。

着力推进老年文化品牌活动,不断提高老年文化活动的品牌意识,继续开展和推出一批主题活动、系列活动、精品活动。政府相关部门要继续深入开展"敬老月"活动和"老年文化艺术汇演"活动,为老年人提供更多的精神文化产品,鼓励老年人继续参与经济社会发展。文化部门要举办好"老年艺术节"等大型群众性文艺活动,支持老年文化团体开展活动,为老年人参与文化活动搭建平台。民政部门在敬老院、老年公寓、日间照料中心等养老服务机构管理中，对老年文化艺术教育的基础设施、活动内容、服务方式等要做出相应规定。打造老年旅游文化品牌，积极开发老年旅游产品，经常开展老年人社会实践活动。

（四）立足基层，组织好为老年文化艺术服务的各种活动

老年人大多在基层，我们要立足基层村（社区），坚持小型分散活动与相对集中活动相结合，坚持活动内容的广泛性与活动形式的多样性相结合，在开展社区文化活动、村镇文化活动、校园文化活动、家庭文化活动等群众性文化活动中，组织面向老年人的文化艺术活动。我们要多组织老年人定期参加文化讲座和文艺活动。现在兴起的广场舞也是以老年人为主的一项文化艺术活动，我们要给予帮助和引导。各级艺术表演团体要把为老年人演出纳入工作计划，在重大节日活动中优先为老年人安排慰问演出活动。

（五）加大老年文化艺术教育的投入保障

根据经济发展状况和老年人口规模及需求，政府在推进基本公共服务体系和公共文化建设中，统筹安排老年文化艺术教育工作，进一步加大公共财政对老年文化艺术教育的投入力度，切实保证重点老年文化艺术活动项目的资金，逐步探索建立投入保障机制和资金增长机制。在推进社会养老服务体系建设中，统筹考虑老年人的精神文化需求，进一步丰富、完善各类养老服务机构、社区老年活动中心的文化服务功能，着重加强农村老年人文化艺术设施建设。研究制订支持老年文化产业发展的相关政策，鼓励、引导社会力量提供老年文化产品和服务。

我们要大力宣传老年文化艺术教育，让一系列老年文化艺术

教育活动得到社会的重视,取得社会的支持。我们要扶持各类老年人文化艺术团体和老年大学(学校)开展的老年文艺人才培养工作,发挥老年文化专业人才和业余爱好者的积极作用,构建一批结构合理、特长门类丰富、素质优良的文化人才队伍。重视老年人在非物质文化遗产传承中的作用,充分发挥老年人的文化特长,把老年文化艺术队伍进一步发展壮大,使我们的老年文化艺术教育迈上一个更高的水平。

(作者系马鞍山市博望区老年大学校长)

芜湖老年大学新探索

王沧江

习近平总书记在党的十九大报告中指出:"经过长期努力,中国特色社会主义进入了新时代,这是我国发展新的历史方位。"

根据第七次全国人口普查结果,2020年芜湖市常住人口364.44万人,其中60岁及以上人口为73.97万人,占20.30%,65岁及以上人口为58.72万人,占16.11%。按照联合国的定义,一个国家或地区65岁及以上老年人口数量占比超过20%则列入"超高龄社会"。新时代人口快速老龄化,对老年教育提出了更迫切和更高的要求,这决定了应对人口老龄化在国家发展战略中的地位将持续提升,提高老年人生活质量的任务将更加繁重,通过老年教育为老年人赋能,促进经济、政治、社会等方面建设,其意义将更加重大。

（一）开展智能技术教育，实施"数字鸿沟"扫盲行动

随着新时代科技进步，互联网的普及与使用已经成为社会生态，改变着人们的生活和工作方式。不学习掌握移动智能终端技术，难以出行、难以购物、难以办事、难以交流。

2020年11月5日，芜湖老年大学到鸠江区调研，明确提出在鸠江区先行一步，开展万人参加的"数字鸿沟"扫盲行动。11月15日，国务院办公厅印发《关于切实解决老年人运用智能技术困难的实施方案》，就坚持传统服务方式与智能化服务创新并行，为老年人提供更周全、更贴心、更直接的便利化服务等做出部署。11月19日，安徽省人大常委会通过了《安徽省老年教育条例》。该条例的施行，有利于更好地保障老年人受教育的权利，促进老年教育事业的发展，构建老有所学的终身学习体系。12月1日，芜湖市老教委印发了《关于开展老年人智能技术教育 实施"数字鸿沟"扫盲行动的通知》，对全市实施"数字鸿沟"三年扫盲行动进行全面部署，明确了行动目标、行动内容、行动安排、保障措施，提出从2020年11月至2022年12月，按行动启动、深入推进、总结提升三个阶段分步实施，帮助老年人跨过这条科技的鸿沟，让老年群体更好地分享信息化时代的发展红利。12月4日，芜湖老年大学、安徽扬子职业技术学院、市老年教育委员会联合举行了"老年人运用智能技术教育 实施'数字鸿沟'扫盲行动"启动仪式，助力老年人跨越"数字鸿沟"。12月13日，中央电视台《新闻直播间》栏目报道"安徽芜湖老年大学跨越'数字鸿沟'开展老年人智能技术教育"，在社会上引起了较大反响。各县、市、区老年大学积极响应，上下联动，先后举办了"数字鸿沟"扫盲行动启动仪式暨志愿者培训班。千名志愿者佩戴由市老教委统一制作的

志愿者胸牌走进社区、走进家庭,帮教老年人使用智能手机。2021年寒假期间,芜湖老年大学与市教育局联合发起倡议,在全市大、中学生中开展"我教爷爷奶奶用手机"的专项敬老活动,收到很好的效果。

(二)整合社会力量,壮大教师队伍

发展老年教育需要建设一支专业能力强、品德高尚、热心老年教育事业的教师队伍。当前,我国老年教育机构基本上都没有专职教师,教师待遇相对较低,对专业教师的吸引力小,往往难以找到好教师,并且教师队伍人员不稳定,无法保障教学质量。为此,芜湖老年大学在当地媒体《大江晚报》上发布《征集后备教师公告》,面向社会公开征集各类授课教师,充实教师资源库。今后根据学校开设课程及教师缺额情况,就可以适时从教师资源库中择优聘用。同时积极向安徽师范大学寻求师资帮助,得到了安师大校领导的高度重视和迅速回应。安师大研究生院精心挑选了11位各学科的优秀研究生,到市老年大学支教。下一步,市老年大学将与包括安师大在内的众多高校签订战略合作协议,引领越来越多的年轻学子、年轻志愿者走进老年大学,走进社区、县、区服务,共同应对人口老龄化,推动社会更加和谐美好。

(三)利用社会资源,组织开放式教育

为适应疫情防控常态化要求,芜湖老年大学建立了直录播教室,在做好线下复课工作的同时,探索网络直播教学试点。在试点基础上优化方案,结合专业特点和学校实际情况,给每位教师配备了直播支架,编印了《智能手机入门》,对不会使用智能手机的学员进行专门培训,利用网上老年大学、腾讯云课堂、"芜湖老年大学"微信公众号等多个平台实行网络教学。摄影、钢琴、声

乐、中医保健、瑜伽、太极拳、越剧表演、围棋、素描、英语等10门课程进行直播教学,制作上传瑜伽、太极拳、木兰拳、智能手机、摄影、摄影后期处理、楷书、行书、山水画、花鸟画、拉丁舞、摩登舞、时装表演、健身操、黄梅戏、京剧、古典文学、古典诗词、现代文学、诵读、汉语拼音、手工编织、黄帝内经保健、电子琴等25门课程录播视频共260余节课,免费对全社会开放。收看直播教学的超过了23700人次,录播教学点击超过13200次。针对学员不能熟练使用手机上网课的实际困难,举办了4批班长智能手机培训班,培训270余名班长,使他们能够熟练使用智能手机接收网络教学、利用微信群对班级进行管理。

利用班级微信群加强班级联系,做好疫情防控要求、复课通知、网络教学培训、学校教学安排等工作。

在芜湖市委、市政府的高度重视和关心下,芜湖老年大学赭山校区建设被列入2021年市政府重点工作,目前正在谋划该项目建设。鉴于老年教育现代化发展和疫情防控需要,在功能定位方面,将更多地侧重于线上教学,开设网络云课堂,建成芜湖老年网络教育中心,使老年教育资源覆盖面不断向基层延伸,方便更多的老年人学习,为老年人的学习提供优质服务。

2021年以来,为满足全市老年人的学习需求,芜湖老年大学与芜湖传媒中心共同打造了《看电视学手机》《看电视说度夏》》《看电视聊健康》等系列公益电视课程。自2021年3月5日开播以来,已连续摄制52节课,涉及老年人日常生活的方方面面,每周一课,通过生活频道、教育频道、中广有线互动平台轮番播出,受到社会各界的大力支持和全市老年人的广泛关注。

(四)转变思想观念,强化规范制度建设

芜湖老年大学把党和政府对全社会老年人的关心体现在办

学指导思想中,用"讲真话、办实事、有作为、敢负责"的精神落实教学行政管理工作。学校通过一系列行之有效的管理制度,真正构成议事有规则、管理有办法、操作有程序、过程有监控、职责有追究的良好格局。

1. 规范资金绩效管理

为适应新形势新任务的要求,芜湖老年大学成立了预算大额资金绩效管理工作小组,明确对单次在5000元以上的办公用品采购、电教设备添置、大型活动开支、教材编写印刷、教师课时费集中支付、基建维修等各类项目支出进行预审,实行事前评估与事后审批相结合的绩效管理"双监控"。

2. 强化教学管理制度

为了加强疫情防控常态化下的教学工作,实行校领导联系教学系、班级工作制度,明确联系内容、工作要求和具体分工。在疫情防控常态化下为保障师生安全,对串班听课的学员一律劝退,维护了教学秩序。为解决学员始终不毕业的问题,进一步规范学制和课程层级,对全校所有课程的学制做了进一步明确规定,例如,2021年春季停办了13个班级,把人数不足的34个班级合并成18个;同时对办班超过6年,有的甚至超过10年的7个班级,使其学员毕业。通过以上举措,解决了学员长期不毕业的问题,使老年大学的教育资源分配更科学。

3. 重视网络安全和保密工作

芜湖老年大学成立网络安全工作小组,全面落实网络安全和保密工作主体责任,做好检查、统筹、协调等相关工作。

新时代老年教育,要帮助老年人解决多样化、多层次的需求,在应对人口老龄化战略中发挥更加积极的作用,满足老年人更高层次的幸福追求。新时代的老年教育,要从封闭走向开放,与高校、养老、医疗、广电机构组织合作,与社区、社会工作相结合,让老年教育融入全社会,教育成果惠及全社会。要从传统走向现代,摆脱传统教学的局限,通过线上线下、墙内墙外相结合的办学模式和教学创新,特别是与互联网融合,在理念、目标、教学、服务等方面与现代化社会相适应。

"莫道桑榆晚,为霞尚满天。"芜湖老年大学将进一步更新观念,创新机制,为老年教育事业的健康快速发展做出贡献。

(作者系芜湖市老年教育委员会常务副主任、芜湖老年大学校长)

浅谈抓好老年大学工作的有效途径

洪 伟

在新的历史时期,党中央提出"从严治党"的总要求,进一步强化"思想意识形态领域的宣传、教育工作",目的就是要求增强"四个意识",坚定"四个自信",自觉做到"两个维护"。我们老年大学的办学宗旨是"老有所教、老有所学、老有所为、老有所乐"。怎样把以上两方面的工作结合起来,在日常教学管理、教学活动中,融入这两方面的内容,做到有效地贯彻和落实上述两方面的精神和要求,我个人认为,就是要"坚持政治挂帅,运用自身优势资源,在加强管理、发展特色教学上下功夫,在实践中不断提高自身工作能力和办学水平,推动地方老年教育工作新发展。实现'增长知识、丰富生活、陶冶情操、提高素质、促进健康、服务社会'的总目标"。

（一）加强政治建设，筑牢思想基础

加强政治建设，我的理解就是要从强化党的领导入手，紧紧抓住思想意识形态的学习教育之纲，开展党性教育和思想政治教育活动，提高广大学员的政治素养。筑牢思想基础，就是统一思想认识，解决办学的指导思想障碍，实现政治立校的初衷。为此，我们围绕以下几个方面做工作：

一是建立学习制度。学校根据时事学习的要求，每年都制订学习计划，校领导班子成员坚持每周五集中学习一次，雷打不动。主要是学习习近平新时代中国特色社会主义思想，以此来统领学校各项工作。二是明确学习内容。强化以政治理论学习为主导，不断提高大家的思想认识。校临时党总支一班人，自觉深入学习习近平新时代中国特色社会主义思想，深入学习党的十九届五中、六中全会精神，强化理论武装。三是积极参与"不忘初心、牢记使命"主题教育活动，多次开展学习座谈、研讨活动，让灵魂得到洗礼，思想得到净化。四是与皇武社区联动，开展"学习强国"在线学习，丰富知识，提升自己。五是开展学"四史"教育活动。我们在教学群里发出通知，要求党员们积极学习党史，做到"学史明理、学史增信、学史崇德、学史力行"，与党中央保持高度一致。六是大力宣传社会主义核心价值观。我们用宣传栏24个橱窗和校刊，展示学员"歌颂党，赞美祖国大好河山，歌颂今天人民的幸福生活，反映时代风貌"的书画、摄影、电脑制作、诗歌散文优秀作品，赞美"真、善、美"，抨击"假、丑、恶"，弘扬社会主义核心价值观。通过一系列政治教育活动，筑牢了政治立校的思想基础。

（二）发挥自身优势，创办特色教学

我们无为市现辖20个镇、1个省级经济开发区，人口121.4

万人。截至 2020 年年底,全市离退休干部 7191 人,其中离休干部 78 人,离退休干部党员 4017 人。也就是说有条件上老年大学的人数较多,潜在的学员资源丰富。全市文化胜迹颇多,如米公祠、黄金塔、庐剧等地方文化特色明显。尤其是过去无为县还成立过大江剧团、庐剧团、黄梅戏团,一大批艺术家、书法家、绘画大师们健在,或是传人健在。为此,经校委会研究,要运用特色资源,开办老年大学特色教育教学。一是开设庐剧班,邀请过去唱庐剧的艺术家来校教庐剧;二是开设黄梅戏班,邀请过去唱黄梅戏的艺术家来校教黄梅戏;三是开设京剧班,邀请过去唱京剧的艺术家来校教京剧;四是开设书法、绘画班,邀请米芾书画研究会资深学者教书法、绘画;等等。就这样一下子开设了 5 种地方特色教学 8 个班,而且学员兴趣高、热情大,学习的积极性和到校率名列前茅。以此带动了其他 15 个专业的 15 个班级教育教学积极活动,形成了"你追我赶、比教比学"的新局面,有效地促进了整体教育教学水平的提高和教育教学工作的发展,打造了无为老年大学"拿得出、叫得响、过得硬"的特色教育品牌。

(三)注重深度融合,拓展工作成效

一方面是树立政治统帅大旗,另一方面是融合特色教育活动;既要把党性教育寓于特色教育教学之中,又要把特色教育赋予政治思想教育新内涵。为此,我们做了以下四方面的工作:

一是科学设置课程。学校成立了临时党总支,把党课、党史课列入历史课教学内容,做到每周一节。二是大胆创新,改变传统教学模式。例如,我们在开展庐剧教学时,改编《南湖的船——党的摇篮》《红梅赞》《春蚕到死丝不断》《难忘初心》等经典革命歌曲,用庐剧给它唱出来;在开展黄梅戏教学时,改编《洪湖水浪打浪》《绵绵古道连天上》《看长江》,用黄梅戏唱出革命先烈事迹;在

开展京剧教学时,除选用《红灯记》《沙家浜》原曲、《党的女儿》等经典选段开展教学外,还改编《扶贫》《战疫》,用京剧演唱。这些教学效果非常好,学员都认可。三是走出校园,开辟第二课堂。组织学员到七师纪念馆参观,接受革命传统再教育。组织书画班学员到竹丝湖、周家大山林场采风。四是面向基层,开展服务社会活动。2021年在"七一"前夕,"唱红歌、跳红舞",一个月内,连续开展送文化下乡活动5次,观众达数千人。学校工作的有效性、针对性、实用性得到大大提高。

(四)强化教学管理,推动均衡发展

市老年大学将好的做法成功复制到基层老年学校,全市老年教育工作出现了蓬勃发展的好势头。为了巩固来之不易的成果,我们采取了四条措施:一是深入调研,有的放矢;发现问题,及时纠正。做到抓两头带中间,全面推进,均衡发展。二是改进作风,分级负责。校领导班子成员带头示范,工作重心前移,狠抓"教风、学风、校风"建设。多年来,学校采取"校长负责制、老师责任制、班长承包制"的教学管理模式,效果显著。也就是说学校教学和日常管理,由分管校长负责;分管校长将任务分配到室处,再由室处将任务分配给专业授课老师,老师再将任务交给班长,由班长具体承办。老师负责督促落实,减少了学校管理的压力,同时也提高了效率,形成了在校内,校长抓室处、室处抓班长、班长抓学员的管理机制。三是加强培训,提高教学水平。在远程教育辅导以及"教师、教材、教学"三要素提升上下功夫,不断完善教学、教研、教改工作机制。四是持久发力,不断提升创建工作成效。以创建"示范校"为抓手,久久为功,推动基层创建工作再落实,达到"以创促学、以创促改、以创促争"。

尽管我校在坚持政治立校、开展教学方面做了一些有益的尝

试，但与上级领导的要求和先进单位相比还存在很大差距。但我们坚信，在芜湖市老教委、芜湖市老年大学的领导与关心下，我们一定加倍努力，锐意进取，争取以更大的成绩向建党百年华诞献礼，努力把无为老年大学打造成老年人向往的精神家园、幸福家园、安康家园。

（作者系芜湖市无为老年大学校长）

坚持"三个课堂" 办好老年教育

何贤清

随着老龄人口的不断增加，老年教育事业显得越来越重要，如何办好老年教育也就成了一个值得研究的课题。本人于2014年到老年大学任职，多年老年教育工作的实践使我深深感到：县、区一级的老年大学要根据老年人的特点和需求，以多种形式、在多个课堂开展教学工作。具体地说就是要把室内的课堂教学与室外的体育健身活动以及服务区域文化有机地结合起来，坚持"三个课堂"一起抓。下面，就结合我区老年大学的办学情况，谈谈自己粗浅的认识和体会。

（一）围绕办学宗旨，主抓第一课堂

所谓第一课堂，指的就是课堂教学，它是老年教育的重中之重。要抓好校内的教学工作，我认为有三个重点：一是课程的设置,二是师资的配备、培训及待遇,三是校园文化建设和文化活动。

1. 课程设置

从湾沚区老年大学的实践来看,该校曾经设置20多门课,到2019年达到26门课。老年学员的特点之一,就是文化水平低,对难度大些的课程坚持不下去,如原来设置的英语、近代史、电脑等课,因学员越来越少,故后来改成了旗袍表演、摄影、大合唱等课程,结果报名人数越来越多。因此,老年大学的课程要根据老年朋友的需求进行设置。

2. 教师队伍建设

从某种意义上讲,老年大学的学员是冲着教师来的,教师的教学水平和方法,决定了该课程成功与否,有的教师教的课学员越教越多,有的却相反。湾沚区老年大学非常重视这项工作,不仅挑选讲政治、有学识、身体好的同志来校任教,而且对教师非常关心。每年教师节都召开座谈会,教师生病时校长带队前往看望,每学期均组织教师到区内外参观学习,对教师的课时费逐年增加,等等。同时,对教师严格要求,经常检查教案,开展公开课、示范课活动,安排教师到省里、市里参加培训,组织教师进行教研活动,等等,使教师们不仅感到无比的光荣,而且懂得一名教师的责任,从而使教师队伍健康稳定发展。

3. 校园文化建设

校园文化是教师、学生和管理者共同传承和创造的精神成果的总和,是学校区别于其他社会组织的重要象征,是学校的精神和灵魂,可以说校园文化和课堂教学是老年大学的两条重要教育渠道,有人建议设立文化管理处和教务处一起来完成老年大学的教学任务。目前,湾沚区老年大学有占地10亩(0.667公顷)、建筑面积4400平方米的校舍,有校风、学风、校训、校歌,有良好的绿化环境,有宣传栏、健身器材,有能容纳600多人的演出大厅。每学期结束各班级均要开展联欢活动,每年多次与兄弟县、区举行联谊交流活动,每学年举行2天的教学成果展示活动,等等。丰富的校园文化生活,不仅陶冶了广大学员的情操,而且有力地促进了教学和学校工作的蓬勃开展。湾沚区老年大学早在2004年就被授予"首批省级示范校"称号,2019年再次被授予"老年大学省级示范校"称号。

(二)丰富教学内容,延伸第二课堂

1996年在福州召开的中国老年大学协会二届二次理事会总结了我国老年教育的经验,提出了"增长知识、丰富生活、陶冶情操、促进健康、服务社会"的二十字办学宗旨。我认为这一宗旨,非常符合老年大学的办学实际,各级老年大学也正是按照这一宗旨从事教学活动的。对二十字办学宗旨中的"陶冶情操、促进健康",我的理解就是指老年学员的课外体育健身活动,也就是我们通常讲的第二课堂。广大老年学员仅仅在课堂上上课,是满足不了他们的需求的,他们还要寻求更加广泛、更多形式的学习和活动,以便更好地展示、表现自己。为了满足大家的这一需求,湾沚区老年大学早在2000年就设置了校外班,进行教学活动。目前,校外班主要有广场舞、水兵舞、太极、武术、健身气功等方面的课程,学校为每个班配备了老师、班长,并发放一定的课时费和班长费,协助解决课外训练的场所,安排校外班参加学校的系列活动。校外班的教学灵活性大,活动开展得丰富多彩,吸引了很多老年朋友,特别是在"五一"国际劳动节、6月10日毛泽东"发展体育运动,增强人民体质"题词纪念日、6月21日世界瑜伽日、8月8日全民健身日、9月9日重阳节、11月11日健步走等日子里,均开展文体展示活动。校外班还经常组织开展外出交流活动和外出

参赛,如东湖腰鼓班自己编创的《多嘎多耶》节目参加浙江横店影视城举行的比赛,荣获二等奖;广场舞班组队参加了2021年隆重庆祝建党100周年"重温红色经典,为祖国喝彩"第六届全国中老年艺术节的呼和浩特站的比赛,荣获一等奖,奖金5000元;武术班和健身气功班的学员也经常参加全国、省、市的比赛和展示活动,均获得了好成绩。由此可见,第二课堂的开辟,极大地带动了相关地区的文化生活,提升了城市的文化品位,为全区的社会主义精神文明建设做出了贡献;同时,也有效地延伸了老年教育的课堂,为老年教育提供了更好的形式。

(三)服务区域文化,拓展第三课堂

前面我谈了对校内课堂教学和校外教学活动的认识,并将其归纳为第一课堂和第二课堂,而第三课堂我认为就是社会课堂,即如何为区域经济建设和区域文化开展做些贡献,这不仅是老年教育的拓展,更是老年教育办学宗旨的体现。湾沚区老年大学多年来一直注重这项工作:首先,坚持政治立校,在教师会上、开学典礼上宣传全区的政治经济形势,每年都要请区领导和部门领导来老年大学做报告。2020年疫情期间,学校号召广大学员居家不外出,学员们积极捐款,弘扬正能量。其次,积极完成区委、区政府交办的工作任务。例如,区里举办马拉松赛,要求老年大学派出军鼓队、腰鼓队暖场;2017年抗洪救灾部队"临汾旅"要归队,区里要求老年大学参加欢送,学校立即组织了300多人的欢送队伍,圆满地完成了任务;每年区政府送文化下乡,都有老年大学的节目;2018年省里举办广场舞大赛,区文化部门安排老年大学派队伍代表湾沚区参赛,结果获得了二等奖。再次,派老师到基层学校上课,帮助镇级老年学校排练节目,为镇和社区举办培训班,协助基层办好老年教育。同时乡镇举办活动,如油桃节、文化节、

荷花节、桃花节、丰收节等，都会有区老年大学学员的身影和歌声。可以说第三课堂的拓展，不仅服务了社会文化生活，而且有力地促进了老年教育，吸引了更多的中老年人加入到老年教育之中。

  总之，"三个课堂"是相互关联、互为补充的，是一个相辅相成的整体。第一课堂是学理论、打基础，主要是增长知识、丰富生活；第二课堂是第一课堂的延伸和继续，是对知识的巩固提高，主要是陶冶情操、促进健康；第三课堂是第一、第二课堂的拓展应用，是老年学员风采的彰显，是服务社会，也是反哺社会。本人认为，"三个课堂"虽然不能全面反映老年教育，但是办好老年教育离不开这三个方面，如果统计老年教育人数的话，我认为不能仅限在校人数，而要将老年人参加培训、学习、会议、健身、文体活动等纳入老年教育人数统计之中。本人深深感到，我们说老年大学，实际上它并不老，从1983年中国第一所老年大学诞生到现在，也只有38年，虽然经过各级的努力，老年教育有了长足的发展，取得了显著的成绩，但老年大学作为老年教育的载体，到底如何办学？老年大学的性质、体制、归宿、教材等一系列问题仍有待深入的研究和探索。老年教育在路上！

（作者系芜湖市湾沚区老年大学常务副校长）

政治统领校园文化建设　更好满足学员多元化需求

朱能雨

近年来,芜湖市繁昌老年大学在校园文化建设、满足学员多元化需求方面,进行了有益的探索,也取得了一些成效,现概括为以下几点,仅供参考,不妥之处,敬请指正。

一、基本概况

繁昌老年大学创办于 1987 年 6 月,校舍面积 5232 平方米,区委书记瞿辉同志兼任名誉校长。学校内设办公室、教务处、教研室、信息网络处和总务处,工作人员 7 名。目前有 10 个系开设专业课程 71 门,包括时政、党课、道德讲堂、法律、老年金融、积极老龄观、智能手机等公共课 7 门,活动课 4 门。2022 年度报名注册学员 2577 人,其中中共党员 985 人;聘请教师 44 人(储备教师 25 人)。2016 年 10 月县委批准成立校临时党委,下辖 6 个临时党支部、32 个临时党小组;2021 年 12 月区委组织部批准成立"中共芜湖市繁昌区老年大学委员会"(临时党委不再保留);校学员委员会下设学习宣传部、生活安全部和文艺体育部;校艺术团下辖 16 支舞蹈队及军鼓队、腰鼓队、铜管乐队、合唱团。

二、坚持政治立校，筑牢老年大学思想政治高地

1. 把思想政治教育列入课表

多年来，学校一直把党课、时政课、道德讲堂、积极老龄观等列入课表。每学期开学典礼第一课，由校长做时政报告，帮助广大学员了解区情、市情，关心国家大事。每学期开设4次"道德讲堂""积极老龄观"等公共课，突出社会主义核心价值观教育。除各临时党支部正常开展"三会一课"外，每学期结束时最后一堂大课是党课，在全校开展党性教育。学校按上级要求认真开展"积极老龄观教育"。

2. 把思想政治教育贯穿教育全过程

学校编写并制作了"课前三分钟"电子课件，内容包括思想政治、积极老龄观、老年人维权、社会公德、家庭美德、个人品德等8个方面，供各班、队利用"课前三分钟"集中学习，每次学习1个专题。其内容贴近学员实际，易学易懂，深受学员欢迎。

3. 党建工作全覆盖

2016年10月临时党委成立后，即着手党的基层组织建设，设立了6个临时党支部、32个临时党小组，实现了10个系37个班级党建工作全覆盖。增设了党建专栏，及时宣传各级临时党组织开展的学习教育活动。各临时党支部都能根据临时党委的统一部署开展党建活动，"三会一课"制度化，课前课后学习教育常态化。校临时党委和各临时党支部每年利用清明节或党建纪念日等时间节点，组织党员、学员祭扫革命烈士陵园，开展参观红色革命基地和美丽乡村等主题党日活动。2017年，校临时党委的党建工作被芜湖市老干局推荐到全省老干部党建工作大会上做交流。2020年，校临时党委书记朱能雨被评为全省离退休干部工作先进个人。2021年6月，繁昌老年大学临时党委被繁昌区委授予"先

进基层党组织"称号,党委委员、校长助理、教务主任翟晓玲被授予"优秀共产党员"称号。

三、以教学活动为中心,"三个课堂"有机结合

(一)第一课堂突出学校属性,紧抓"三教"工作

老年大学的基本属性是"学校",老年大学是老年人增智益智的地方。但老年教育又有其特殊性。所谓第一课堂指的是课堂教学和课堂活动,我们突出"三教":

一是教材。采用统编、自编和选用相配套的方法来解决教材问题。学校自编了9门学科教材,2018年7月选送三科被安徽省老年大学协会推荐到中国老年大学协会参评,其中徐永汉老师编写的《揭示养生与抗衰老奥秘》被评为"优秀教材"。2020年选送两门自编教材参加全国老年大学协会评选。自2019年起,每年制作一门微课视频向国家一级推荐并得到展播。

二是教师。选聘好教师尤为关键。学校现有40名授课教师,都是本地具有中级职称或有专长的热爱老年教育的精英。另有后备教师25人。学校制定了教师聘任、考核、培训、辞退和储备五项制度。

三是教学。此为学校办学的重中之重。教务处和教研室会同教师为各学科制订了切合本校实际的《教学大纲汇编》,该大纲在2019年参加全国老年大学"优秀教学大纲建设校"的评选中,荣获三等奖。授课教师参照教学大纲进行教学。课堂上课全部使用"智慧黑板"教学。"公开课"自2016年春季起普及到各学科,教务处每学期均安排工作人员、教师和学员干部深入班级随堂听课、评课,培育出"观摩课""精品课""市级示范课""省级示范课"各一门。剪纸艺术系是学校的特色课。教师翟晓玲曾多次受

邀赴安徽师范大学授课,该大学于2016年7月在我校建立"传统文化培训基地",两校就此签订长期合作协议。各科教师每学期均制订教学计划,每堂课均有教案,学期结束交由教务处存档。系主任深入课堂,进行教学质量监控,并将课堂效果记录在案。每学期末召开一次教师座谈(培训)会议,由教务处主任做小结,教研室主任点评,教师谈体会,校长提要求。学校注重老年教育理论研究:一是教研室每年开展2次教师业务培训。二是对被上级老年教育部门或刊物采用的优秀教案或获奖理论研究文章均给予一定的奖励。2018~2020年,我校有多篇老年教育理论论文获中国老年大学协会三等奖,老年远程教育论文获二等奖,另有2篇文章被《中国老年教育》采用;2020年获安徽省老年大学协会征文二等奖、三等奖各1篇,优秀奖3篇。

疫情防控期间学校停课不停学,坚持线上学习和活动。2020年6月,我校动员学员参加中国老年大学协会"空中课堂"远程教育学习,获优秀组织奖。

(二)第二课堂激发学员学习兴趣

因为兴趣是最好的老师。学校一方面在校内搭建多样的平台,让学员充分展示才艺和才华,每学期都要举办运动会、文艺汇演、艺术作品展,组织棋牌、乒乓球、演讲等比赛以及班级期末学习成果展示联欢会;另一方面,鼓励学员积极参与各类社团组织开展的公益活动。近年来,校艺术团获得的奖项档次亦逐年提高。2015年10月,红花晚照舞蹈队在"首届安徽省老年文化艺术节"上获舞蹈优秀奖;2016年10月,舞蹈二队参加"第五届全国老年大学文艺汇演",荣获"杜鹃花(铜)奖";2017年5月,国际标准舞蹈队参加"中国宣城第四届国际标准舞公开赛"荣获第一名,繁昌老年大学并获组织奖;2017年10月,杜鹃舞蹈队参加"第二届安徽省老年文艺艺术节"荣获舞蹈大赛金奖;2019年我校获中国老年大学协会举办的"我和我的祖国"全国老年人文化艺术大赛优秀组织奖;2020年7月,我校参加中国老年大学协会"万人同唱一首歌——《没有共产党就没有新中国》",参加演唱并上传个人演唱视频,上传视频学员数位居全国第一,获优秀组织奖。学员们经常参加省内外乃至国家级诗、书、画、摄影、剪纸等作品大赛,获奖颇丰,已有10多名学员先后出版了个人诗、画集。

(三)第三课堂体现老有所为,尽社会责任

我们紧紧围绕区委、区政府的重大决策部署,积极引导学员踊跃参与和支持各项社会事业。如非公党组织指导员、"五老"关心下一代、社区矫正志愿者、文明交通劝导员、"门前三包"街巷长、社会管理网格员、物业纠纷调解员、交通事故和医疗纠纷调解员、市容管理协理员、文明创建督导员、蓝丝带义工、共产党员先锋岗以及城区各小学剪纸、军号义务辅导员等。

我校坚持开展"三个课堂"的互补和有机结合教学活动,使学员们既有获得感,又有成就感,自我价值得到体现,幸福指数得到提升。

总之,由于办学理念正确,服务工作到位,近5年来,收效亦明显。一是得到广大学员信赖和社会各界广泛赞誉,学员对学校各项工作满意度高。自2015年起,学员数由1208人逐年增至2021年的2410人,翻了一番;区人社局、民政局、文化旅游体育局、总工会、妇联等区直有关部门每年主动和老年大学联合开展文体活动。二是学校在业界知名度有所提高。近几年时常有省内外同行前来考察交流。2018年5月,安徽省老年大学协会六届三次理事会暨老年大学校长培训班在繁昌成功举办并参观校园,得到与会代表的广泛好评。三是获得上级认可。学校先后被授

予"芜湖市老年教育宣传工作先进单位"、芜湖市"敬老文明号"、"芜湖市老年大学市级示范校"、"芜湖市老年教育先进单位"、"安徽省老年大学系统先进集体"、"'十二五'期间安徽省老年教育先进单位"。2019年1月,被安徽省老年大学协会再次评为"老年大学省级示范校";2020年,被中国老年大学协会评为繁昌区"全国老年远程教育示范区"指导单位;2020年,先后被授予安徽省"敬老文明号"和全国"敬老文明号"。

老年教育方兴未艾,探索尚在进行中。我校结合本地实际,努力探寻办学新路,不断完善办学思路,致力于办好党和政府以及人民满意的老年大学。

(作者系芜湖市繁昌老年大学党委书记、校长)

论积极拓展老年教育的社会功能 推进老年人的再社会化

盛茂山

随着我国人口老龄化程度逐步加深,老年教育越来越成为一个不可忽视的课题。在教育实践中增强老年人的生存发展能力,保障老年人"老有所教、老有所学、老有所为、老有所乐",以形成良好的老年人、家庭和社会和谐发展的社会环境。这一切都基于对老年教育正确而深刻的认识,即积极拓展老年教育的社会功能,推进老年人的再社会化。

一、拓展老年教育的社会功能，推进老年人再社会化，是教育本质属性的内在要求

要积极拓展老年教育的社会功能，推进老年人再社会化，首先要搞清楚老年教育是什么、老年教育是干什么的。国务院办公厅《老年教育发展规划(2016－2020年)》开篇就明确指出老年教育是我国教育事业的重要组成部分，由此可以明确，老年教育的基本性质是教育。老年教育和广义的教育既有联系又有区别，老年教育"姓老属教"。

(1) 老年教育属"教"，是说老年教育属于继续教育、终身教育，是国家教育事业的一部分，具有广义教育的本质属性和特征。

(2) 老年教育姓"老"，是指老年教育的特殊性。老年教育的对象是已经退出工作岗位或劳动场所的特殊的老年人群。老年人之所以热衷于上老年大学(学校)、接受老年教育，不是为了获取学历，不是为了谋求职业生涯，而是为了能够融入主流社会，适应新的社会环境，实现再社会化。

二、拓展老年教育社会功能是老年教育的立足点和落脚点

老年教育作为一种有目的、有意识、有组织、有计划的社会活动，具有引领、助推老年人回归和融入主流社会的作用，其本身即具有社会功能。只有发展好老年教育，才能拓展其社会功能。

(一) 拓展老年教育社会功能存在的主要问题

1. 偏重娱乐活动，"教育"属性不突出

有的地方认为办老年大学(学校)只要让老年人有去处、有地

方玩、高兴就行,未重视老年教育的社会功能;有的老年大学(学校)在办学方式、教学内容设置上偏重于休闲、娱乐,文化氛围不厚重。

2. 城乡老年教育差异明显,基层老年教育的社会功能拓展不充分

县级以上的老年大学(学校),在老年教育的实践中,其教育形式、教育方法及教育措施等较为规范,凸显了老年教育的社会功能。但是,在一些乡镇、村(社区)等老年学校,老年教育在一定程度上存在"形似而神不似"的问题。一是课程单调,二是老年教育受众少,三是以会代课,四是以活动代替教育。这些都是不规范的老年教育,不是真正意义上的老年教育,在一定程度上影响了老年教育社会功能的拓展。

(二) 拓展老年教育社会功能的思路与对策

第一,加强宣传,给予拓展老年教育社会功能以舆论支撑。什么是老年教育?老年教育是干什么的?要通过广泛宣传,使全社会都明确老年教育的目的、作用、功能、意义、重要性和紧迫性。通过宣传,使人们认识到老年教育是积极应对人口老龄化的需要,目的是促进老年人全面发展。老年人自身也要提高认识,接受老年教育是社会发展的需要。

在宣传方面,还要着重提高各级各部门、各级在职干部对老年教育的认识。有了认识才能重视,有了各级各部门、各级在职干部特别是领导干部对老年教育的认识、重视和支持,老年教育才会发展得更快更好,这样才有利于拓展老年教育的社会功能。

第二,要围绕拓展老年教育社会功能设置教育内容,给予拓展老年教育社会功能以知识支撑。老年教育的内容设置要能够满足老年人多方面继续学习的需求,能够适应当前社会及社会发展的需要,有利于促进老年教育社会功能的拓展。

老年教育的内容应突出思想政治教育、人文教育和社会主义核心价值观教育,使老年群体增强"四个意识"、坚定"四个自信"、做到"两个维护",教育、引导、发挥老年人的积极作用,为党和人民事业增添正能量,这是拓展老年教育社会功能的重要方面。

老年教育应具有前瞻性,教育内容要随着社会的发展而不断丰富,帮助老年人不断适应新的社会环境和社会生活。如繁昌老年大学自2016年以来开设的智能手机课,很受老年人欢迎。

第三,扩大老年教育覆盖面,办好各级老年学校,给予拓展老年教育社会功能以载体支撑。老年大学(学校)之所以普遍受到老年人的欢迎,是因为它本身具有老年教育的社会功能。老年人在这里不仅结交了新朋友,更重要的是能根据自己的兴趣和爱好学到新知识,充实了自己,发展了自己,获得了存在感、价值感、幸福感。

各级政府要充分发挥主导作用,把老年教育作为民生工程来抓,重点抓好基层的老年教育,从基础设施、经费投入、教师和管理人员配备等供给侧方面给予政策倾斜,并将老年教育列入教育或文化发展考核。

三、推进老年人再社会化,是老年教育社会功能的本质要求

(一) 老年人再社会化,是社会的客观存在对老年人的必然要求

老年人再社会化是指老年人通过继续学习,成为社会老年人的过程。在知识经济时代、信息时代,人的社会化是终身的,每个人都必须活到老、学到老,否则就无法适应日新月异的社会生活。

老年人的再社会化和老年教育的社会功能本质要求是统一的。

(二) 老年人再社会化存在的问题

一是认识问题。在认识上,无论是社会,还是老年人本身,都对老年人再社会化的重要性和紧迫性缺乏应有的认识。

二是实践问题。从老年人自身条件看,进入老年期后,心理、生理变化都比较大,主要表现为记忆力下降、智力衰退、性格固执以及感觉、知觉能力减退。这些变化在一定程度上影响了老年人再社会化。从社会环境看,限于我国目前的经济和社会发展水平,为老年人提供的社会资源有限,从而影响了老年人再社会化的进程。

三是缺乏支点。人的一生离不开社会关系、人际关系,这两种关系是一个人生存、活动的重要支点。而退休后的老年人社会关系、人际关系就淡化了,生活和活动的舞台变小了,社会支点弱化甚至消失了。大部分老年人是愿意、渴望参与社会、融入社会的,可是找不到途径和平台。在社会转型的环境下,许多老年人由"单位人"变成了"社会人",也没有哪个部门或组织来专门教育、管理、服务全社会各层次的老年人,老年人参与社会活动的载体缺失。应运而生的老年教育、老年大学(学校)成为老年人融入社会的首选,成为推进老年人再社会化的重要支点而备受老年人欢迎。但是,在现有条件下,作为老年教育重要载体的老年大学(学校),还不能完全适应人口老龄化形势的需要。

(三) 推进老年人再社会化的思路和对策

作为"社会关系总和"的一部分的老年人,其健康状况、心理状况和发挥作用情况关系到社会经济发展与和谐稳定。积极帮助和促进老年人再社会化,使老年人成为"社会老年人",对于提高全民素质意义重大。

1. 加大宣传力度,提高对老年人再社会化的认识

老年教育具有引导、帮助老年人实现再社会化的重要作用。各级政府应把老年教育作为国民经济和社会发展规划内容的重要组成部分,并将其作为民生工程抓紧抓好,给予政策倾斜和财力支持。同时加大宣传力度,形成社会共识,充分认识老年人再社会化的作用和意义。

2. 为推进老年人再社会化搭建多样平台

老年人进入老年大学(学校)接受老年教育,即已开始再社会化了,但还需要深化、展开、推进,助推他们参与主流社会,发挥各自所长与社会互动,成为新时代"社会老年人"。因此,老年大学(学校)首先要根据大多数老年人的不同学习需求,科学设置专业课程,优化教学内容,为各种类型的老年人创造、开辟参与社会、融入社会的条件和途径。以繁昌老年大学为例:学校开设了10个系、71门专业课程,老年人在这个老年教育超市里可以任意选学自己喜爱的课程。在组织管理服务方面,各级老年学校要有意识地创造各种条件,为老年人再社会化搭建多样化平台。如繁昌老年大学每年通过班级联欢会、开学典礼、期末同乐会、个人才艺展示等多种形式,通过书画、摄影、剪纸展以及鼓励学员积极参加校内外各级、各部门开展的展演、展赛活动,不仅展示了教育教学成果,而且让广大学员充分展示了自我,增强了自信,有了获得感、成就感、价值感、幸福感。

3. 把老年人再社会化的行为由自发引导为自觉

老年人自觉的再社会化应是通过一定的组织形式,有组织、有目的地服务社会,体现出以学促为、老有所为。以繁昌老年大学为例:学校一方面在坚持以课堂教学为主的同时,积极支持鼓励广大学员参加校内外各级各类展演、展示和比赛活动,助推老年人再社会化;另一方面注重围绕区委、区政府的工作大局,组建各种志愿活动组织,定向参与社会各项活动,把老年学员自发的再社会化引导为自觉的再社会化。

拓展老年教育社会功能和推进老年人再社会化,两者的本质是一致的,两者互为条件、相互依赖、相互联系、相互促进。一方面,老年教育社会功能拓展得越充分,老年人再社会化的效果就越明显;老年教育社会功能拓展得越宽,老年人再社会化的途径就越宽广;另一方面,老年人再社会化的愿望越强烈,再社会化的成效就越大,且促进了老年教育社会功能拓展的深度和广度。两者有机结合,共同推进了老年教育事业的发展。

(作者系芜湖市繁昌老年大学副校长)

坚持"四有"基本要求 夯实做好老年教育

许仁斌

我是2002年6月任南陵县老年大学校长职务的。20年来,我与我的同事在从事老年教育这个"朝阳事业、夕阳工程"中,深切体会到,就部分老年人来说,老年教育是通过老年大学(学校)机构来实施的。无论老年教育怎么创新发展,"老有所教、老有所学、老有所乐、老有所为"始终是办好老年大学的基本要求。在办学过程中,我们认真践行"四有"基本要求,夯实做好老年教育,使老年大学规模不断扩大,教学日益规范,成效不断显现,影响不断深入,先后于2009年2月和2018年11月,两度被授予"老年大学省级示范学校"。

(一) 坚持老有所教是立校之本

坚持老有所教,进行政治教育,是党和国家交给老年教育的神圣任务,是各级老年大学(学校)的政治责任。要通过老年教育,帮助老年人正确树立积极向上的老龄观和价值观,使他们在迈步进入新时代中国特色社会主义伟大事业中,政治上不掉队,思想上不落伍,发挥正能量,坚定跟党走。我们把时政历史课作为教学的一门主课,与其他课程一样,一周一课,每年32节课。特殊情况下,还另行增时,保证老年学员学政治、学历史、学时事、学法律法规、学党的方针政策落到实处。在课堂教育中,学员先后系统地学习了中国史、世界史、中国革命史、中共党史,学习了党和国家重要会议文件和重要报告,学习法律法规、国际形势,每年一次听取县政府领导的政情通报。为了认真贯彻习近平总书记关于学党史的要求,2021年6月,在庆祝中国共产党成立100周年期间,学校采取线上和线下相结合的方式,举办了"学习党史,永跟党走"的专题报告。除课堂政史学习教育外,学校每年一次组织部分学员进行红色旅游、历史旅游、美好乡村旅游,参观市、县重点建设亮点工程项目,如泾县云岭新四军军部、安徽名人馆、渡江战役纪念馆和科技馆,以及芜湖三座长江大桥、寿县古城、江西婺源美好乡村、本县省级美好乡村。课堂政史教育和实地参观考查相结合,使学员从感性认识升华到理性认识,切身感受共产党好、社会主义好、改革开放好,做政治坚定、思想向上、心境豁达、晚年自信的新时代老年人。

（二）坚持老有所学是兴校之魂

老年学员的政治素质、文化修养、知识积累、科技应用、守规程度、做人标准，都要通过"学"方能达到彼岸。"学"是老年大学永恒的主题。任何时候都不能动摇、走偏。否则，老年教育就失去了灵魂，老年大学就失去了存在的意义。

1. 严格执行教学计划，保证教学时间

按照省级示范校规定，全年课堂教学时间不少于32周，每学期不少于16周。

2. 根据学员需求，科学设置课程

这些年来，围绕政治历史、传统文化、实用家政、美学健舞四个方面，先后设置了30多门课程。随着时间的推移和学员新的需求，在保留大部分传统基础课程外，淘汰和更新了一些课程。如电脑课程，10年前还是热门学科，出现"一座难求"的情况。智能手机的问世和运用，使学习电脑的人数直线下降，我们及时增设掌握和运用智能手机课程，以满足学员新的生活需求。2021年，我们还举办了5期培训班，帮助600多名学员基本掌握了智能手机的运用。

3. 抓好层次教学，提高学习兴趣

老年大学每年都有新学员入学。但大部分老学员打破两年一届毕业的学制规定，愿做永不毕业的留级生。如何使他们有新知识学，继续保持浓厚的学习兴趣，除增设一些新的课程外，学校采取了分层次教学，在32门课程中有11门课程都设置了初级班、中级班。有的还设置了班中班，在同一课堂内分时进行分层次教学，做到同样课程不同样教学内容，让学员始终觉得有阶梯爬、有高峰攀。

4. 制定激励措施,鼓励学员多学

为了把无压力的自我完善教育变成自觉接受教育,学校制定了精神和物质奖励措施。实行上课签到制度,对全年上课率达95%以上的学员,在年终总结大会上进行表彰,发荣誉证书,登校报宣传,并发些实物予以奖励。学员上课积极性明显提高,每班学员平均上课率达86%以上,受奖面达全校学员的31%左右。

5. 选好授课教师,保证教学质量

教学质量高不高,学员学得好不好,关键在教师。我们重视热爱老年教育事业,热心服务老年学员,政治素质强,专业水平高,有中级以上职称,有较强的授课能力,身体健康,乐于奉献的人,愿意聘请他们任教。在教学中,切实抓好教师的备课检查、推门听课、上公开课等教学评估和评先评优制度,让他们在老年教育的教学讲坛上,再发光热,再献师魂。

(三)坚持老有所乐是活校之力

老有所乐,是教学成果的运用和延伸,是教学成果的检验和体现,是老年学员风采的表现、展示。坚持以课堂教学为主,大力开展第二、第三课堂活动,让老年学员动起来、乐起来,老年教育才能朝气蓬勃,充满活力。

1. 开展班级活动乐

各班每学期结合所学,组织自唱、自吟、自拉、自弹、自舞、自展、自演和一次校外参观、采风、交流的实践活动。

2. 开展联班活动乐

同学科班(队)每学期进行一次戏曲类的梨园风、民乐类的音乐汇、健舞类的飞天乐、歌唱类的晚晴颂、书画类的墨之韵等活动。

3. 开展对口活动乐

采取学校提供平台、班级自行组织、经费个人自理、学校派员参加的方式,县老年大学与各镇老年学校对口班级交流。如南陵县老年大学与周边县老年大学对口班级交流,相互学习,共同提高。

4. 开展校际交流乐

这些年来,组织全校学员先后与芜湖、池州、宁国、绩溪、旌德、泾县、繁昌、湾沚、鸠江、弋江等十个市县老年大学,进行校际交流活动。

学中乐、乐中学,相互促进,相得益彰,给老年大学带来了无限的生机和不尽的活力。

(四)坚持老有所为是强校之策

老有所为既是老年教育的目的,也是老年教育的要求。老年学员接受老年教育后,老有所为,余热生辉,既是积极人生价值观的自我实现,又能引起各级党委、政府更加支持老年教育,使老年教育在全县工作中有位子、受重视,推动老年教育事业蓬勃发展。老有所为,不是要学员做什么大事、重事、烦事,而是力所能及地做一些有益于党、有益于国家、有益于社会、有益于人民的事。

实践使我们体会到,老有所为相对地分为有形与无形两种。有形方面,主要是通过老年大学组织活动来实现的。2011年5月,学校成立了创建文明县城老干部督查团,在县文明办的领导下,定期走街串巷,协助各路段责任单位开展文明督查;有36名学员被聘为县文明委组建的志愿者服务队。县老年大学除组织学员积极参加县各种重大活动和文艺演出外,于2013年10月成立了两支文化志愿者服务队。送文艺服务队每年重阳节和春节,自带车辆、音响、节目到敬老院和各镇政府慰问演出。送春联服务队每年春节前,自带笔墨红纸深入镇村、街道、社区,无偿为群众写春联、送春联。送文化活动深受广大群众的欢迎。同时,学校要求学员在所居住社区发挥模范带头作用,为社区文明建设做贡献。2020年新冠肺炎疫情期间,50多名学员被聘为社区志愿者,执行值班、巡逻、督查任务。无形方面,是通过老年教育,使老年学员的政治觉悟、道德情操、法律意识等都有了很大的提高,他们纷纷争做社会的好公民、家庭的好成员、学校的好学员,为政治稳定、社会和谐、文明创建、幸福家庭、美好校园做出默默贡献,这也是老有所为的重要方面,具有强大的潜在正能量,不可小觑。

(作者系芜湖市南陵县老年大学校长)

"十三五"期间镜湖区老年教育事业得到长足发展

李学红

镜湖区老年大学是一所具有15年办学历史的老年大学。在"十三五"期间,镜湖区老年教育委员会深入贯彻落实党的十九大精神,以习近平新时代中国特色社会主义思想为指导,以提高老年人的生命质量和幸福指数为目的,紧紧围绕"老有所教、老有所学、老有所乐、老有所为,共享改革发展成果"的办学宗旨,坚持和加强党对老年大学的领导,不断整合社会资源,扩大老年教育覆盖面,镜湖区老年教育事业得到了长足发展。

（一）健全组织，明确职责，制定规划，认真落实

重视和加强镜湖区老年教育委员会的组织建设，发挥老年教育委员会在老年教育工作中的积极作用，是做好老年教育工作的关键。在"十三五"开局之年，镜湖区及时调整了区老年教育委员会的组成人员，成立了以区委分管领导为主任，区人大、区政府、区政协分管领导和区老年大学校长为副主任，区机关各职能部门主要负责同志和各个街道副书记为成员的区老年教育委员会领导班子，进一步明确各部门和街道抓老年教育工作的职责。为了使老年教育委员会组成人员能及时了解和支持老年教育工作，老年教育委员会坚持每年召开一次老年教育工作会议，总结工作，部署任务，提出要求。

为了加强党对老年大学的领导，镜湖区机关工委批准区老年大学成立了党支部，并定期组织学员开展学习教育活动，加强了老年大学党员学员的教育管理。在开展"不忘初心，牢记使命"时政教育活动中，编写了《时政教育讲稿提要》，老年大学校长、副校长带头深入课堂，利用课前五分钟对师生进行时政教育。同时，开辟时政教育宣传栏，在广大师生中进行爱党、爱国、爱家乡的教育，传递了正能量，发挥了老年大学主阵地作用。在老年大学学习、工作的已经从工作岗位上退下来的老党员，有了正常的党组织生活，感受到了党的温暖。

芜湖市老年教育"十三五"规划下发后，镜湖区区委根据"城市人口深度老年化趋势日趋突发，老年群体多元化的学习需求日趋旺盛，改善民生与社会治理的需求日渐紧迫，互联网对老年教育发展的作用日臻显现"的特点，及时制订全区老年教育"十三五"规划，并以区委办公室、区政府办公室名义行文，印发给各部门和街道认真贯彻执行，努力促使镜湖区老年教育事业在"十三

五"期间再上新台阶。

（二）重视基层，配好班子，抓好示范，实现老年教育全覆盖

为了认真贯彻落实镜湖区"十三五"老年教育发展规划提出的奋斗目标，镜湖区又下发了《关于进一步加强老年教育工作的通知》，明确各部门和街道抓基层老年教育工作的职责。全区10个街道都成立了老年学校，社区（村）都有老年教育教学点（班），建立了以街道党委副书记为校长的学校领导班子，并确定了1名常务副校长负责老年学校的日常工作，明确对接部门，选配好教师，落实办学经费，保证教育工作正常开展。同时还抓好社区办老年学校的试点工作，得到了各级部门的肯定。

由于机关各部门的支持、街道党工委的重视，各街道老年学校办学经费得到保障，基层老年学校工作开展得有声有色。如张家山街道老年学校坚持每年召开总结表彰大会，汇报展示教学成果。街道党工委对老年学校工作做到"三个纳入"：纳入党工委工作的议事日程，纳入党工委委员年终考核目标，经费纳入街道年度预算。还编印了老年学校学员手册，发给每个学员。再如荆山街道投资了3万元对老年学校场地进行修缮改造。

为了提高老年教育工作的质量，镜湖区在"确保方向、强化保障、突出重点、分类施策"上，注重抓好示范校的创建工作。一是抓示范。区老年大学带头创建省级示范学校，起到了引领示范作用。二是抓培训。区老年大学负责抓街道老年学校常务副校长的业务培训，学习有关文件和创建标准，明确各级示范校的创建内容和要求，进一步提高认识，明确意义，增强创建工作信心。三是抓试点。首先抓张家山街道老年学校创建市级示范学校的试点工作，总结和推广他们的经验和做法，并在该校召开现场会，取

得了较好的效果。四是抓进度。根据街道老年学校的实际情况，明确年度创建示范校的目标任务，落实到校，明确到人。五是抓质量。对照创建示范校的标准，先由街道老年学校自测评价，补缺补差，再由区老年大学组织有关人员初步检查验收，提出整改意见，在此基础上，正式申报验收，保证创建质量。

在"十三五"期间，全区创建省级示范校3所，市级示范校10所，做到了区有老年大学、街道有老年学校、社区（村）有老年教育教学点（班）的三级老年教育组织领导体系"工作网络结构"的纵向到底、横向到边的全覆盖，实现了到2020年老年人入学率达到20％的目标。

（三）突出"四抓"，促进区老年大学的发展

"十三五"期间，镜湖区老年教育事业坚持以提高教学质量为中心，坚持以为老年群体热情服务为宗旨，坚持以勤俭办学、资源共享为手段，突出"四抓"，促进区老年大学的发展。

一抓环境改善，创建新学科

根据区委、区政府关于整合资源、提高效率的要求和市老教委、市文委的通知精神，区老年大学于2016年5月与区文化馆合署办学，实现资源共享。区老年大学进入区文化馆后，区委、区政府决定教学场所由区老年大学优先使用。在新的环境里，区老年大学的办学条件得到进一步改善，学科发展空间更大，后勤管理的压力变小，有利于老年大学集中精力办学。学校新开设了葫芦丝、合唱等学科，学员人数增长了20％。男生合唱班根据学员的要求，成立了男生合唱团，学校选择了有丰富合唱教学经验的教师担任教学，在很短的时间内就招收了40多名有一定水平、经考核基本合格的学员，经过两年的教学实践，男生合唱班成为了学校的特色班级。

二抓示范公开课,促进教学研究

2016年根据市老教委《关于开展教学工作研究和开示范公开课》的通知,镜湖区老年大学除了在校内开展听课、评课、课后活动外,还深入到班级,重点了解各班教学工作情况。在此基础上,确定了由两名年轻教师承担公开课的示范教学任务。这两位青年教师所教的电钢琴、拉丁舞都是偏冷门一些的学科,平时所受关注度不高,其教学难度也较大,老年人学习起来有一定的困难。上公开课的教师在课前并不花较多的时间进行排练、演示,而是和盘托出式地呈现在参与观摩研讨的领导和教师面前,基本反映平时课堂教学的状况,这样的课堂教学更有研究价值,也更有利于改进和提高课堂教学的质量。通过这次公开课,达到了示范、研讨的预期目标。在开展示范公开课的同时,学校还注意在教师中开展教学经验的总结交流,在全面发动教师的基础上,重点抓了推荐参加市教学工作研讨会的电钢琴教师的"电钢琴教学初探"。这位教师在市老年大学教学研讨会上的发言,受到与会者的一致好评。2020年这位教师撰写的《关于老年教育品牌创建的报告——镜湖区老年大学电钢琴教学》一文荣获长三角地区优秀案例征文比赛二等奖。

三抓成果展示,扩大学校影响

民舞班教师一直专注课堂教学质量,多年来对学员的训练从基本功抓起,循序渐进,成效显著,深受学员欢迎。在参加全国中老年第二届"湘江杯"舞蹈大赛中,参赛舞蹈《世纪春雨》荣获特等奖,《春暖花开》荣获金奖,两支舞蹈还荣获最佳舞台风采奖,两支舞的编剧者荣获最佳编导奖,镜湖区老年大学荣获最佳组织奖。男生合唱团在演唱水平上精益求精,并由市合唱协会推荐参加全省合唱协会、省电视台综艺频道举办的全省合唱比赛,在百余支队伍中脱颖而出,在芜湖赛区获前三名,参加省复赛,又在全省第二场复赛中以第一名的成绩进入总决赛,得到评委的高度评价,评委说:"你们的演唱让我眼前一亮,男生合唱达到如此水平难能可贵。"现场观众和工作人员通过主持人表示:"你们的演唱深深地打动了我们。"一曲《传奇》在总决赛中以总分第二的好成绩荣获"梅花金奖"。这些成果的获得,推动了镜湖区老年大学品牌和特色课程的形成,扩大了学校的知名度和影响力,使生源不断扩大,学校呈现出一派勃勃生机。

四抓课外活动,丰富学员业余文化生活

结合课堂教学编排小型节目,参与下基层、进社区文艺演出。声乐班、越剧班组织学员,主动送戏到社区,受到群众好评。民舞班挑选优秀学员编排《兰亭序》舞蹈,参加全省汇演获得一等奖。"十三五"期间,镜湖区老年大学每年举办"迎新年文艺汇演暨教学成果展示"活动。学校搭台,师生唱戏。每班至少选送一个节目,汇报教学成果,展示学员风采。各学科互相学习,共同提高,进一步调动了老年学员的学习积极性,增强了自信心。

2021年是"十四五"规划开局之年。镜湖区老年大学将乘中国共产党建党100年庆典东风,以习近平新时代中国特色社会主义思想为指导,坚持围绕"增长知识、丰富生活、陶冶情操、有益健康、服务社会"的办学宗旨,在疫情常态化防控下加强管理、完善服务,大力推进城乡同向、街道、社区(村)同步的均衡发展,形成以区老年大学为龙头、以街道老年学校为骨干、以社区老年教育教学点(班)为基础的镜湖区老年教育体系。到"十四五"末,逐步提高全区老年教育的老年人入学率,不断促进老年教育健康发展,办人民满意的镜湖区老年大学。

(作者系芜湖市镜湖区老年大学副校长)

脚踏实地　服务需求

周建华

芜湖市三山老年大学始建于2016年,是芜湖市县区级行政单位中成立较晚的一所老年大学。学校位于享有芜湖城市绿心之称的龙窝湖畔,这里既是绿心,又是城乡结合部。几年来,在市老教委和开发区党工委的重视和关怀下,在区老教委各成员单位的大力支持下,在广大师生员工的共同努力下,学校不甘落后,奋起直追,已经逐步发展成为一所环境优美、设施完善、设备较先进、管理较规范的基层老年教育机构。几年来,我们把办实事、开新局、努力服务老年学员的合理性需求作为我们办好学校的出发点,2021年春季学期,开设25门课程,分设50个教学班,参学学员已达1500多人次。我校2017年被评为"芜湖市市级示范校",2019年被安徽省老年大学协会授予"老年大学省级示范校"称号。

(一)政治立校,凝心聚力

一个学校要有好的校风,学员才能更好地学习。建校之初,我们就把学校政治建设作为立校之基。学校领导班子成员自觉增强"四个意识",坚定"四个自信",做到"两个维护",并将之落实到教育教学和学校管理的方方面面。党的十九大召开之后,区委书记贾贤燕同志专程到老年大学,向学员宣讲十九大精神,极大地鼓舞了学员爱三山、献余热、助发展的热情。区四大班子分管负责人每年多次深入学校调研指导工作，强调要以习近平新时代中国特色社会主义思想为指导，贯彻党的老龄工作方针，坚持政治立校，做好老年学员的思想引领和教育管理，提升老年人整体素质，凝聚正能量，弘扬主旋律，服务全区经济社会发展的大局。好的校风，要有好的带头人。我们把发挥好党组织的战斗堡垒作用和党员的先锋模范作用，作为推进校风建设的关键。2018年11月，三山老年大学临时党总支正式成立，下设3个临时党支部，共有党员约百人，进一步发挥了党员师生员工在教学管理中的模范带头作用。强化阵地建设，学校不仅建有党员活动室、宣传栏、校史和作品展示室等固定党建阵地，还努力做到使校园文化建设的各个方面都能成为宣传教育阵地，都能积极宣传党的路线方针政策，都能为党和人民的事业增添正能量。

确立"树长者风范，做风范长者"的校训，以校园广播站、宣传栏为平台，宣传党的路线方针政策，表扬好人好事，引导学员凝聚正能量，积极服务社会。庚子岁首，新冠肺炎病毒肆虐。在以习近平同志为核心的党中央领导下，我校师生与全国人民一道，同心同德，众志成城，共克时艰。校党总支向全体党员和广大师生发出抗疫情献爱心捐款倡议书，共募得款项近3万元，加上在校外渠道的捐款总计超过5万元。学校组织诗词、国画、书法等班级的学员创作战疫情文艺作品，先后向市老教委主题宣传平台报送诗词作品近30篇，书画作品10余幅，发挥了鼓舞斗志、凝聚人心的正能量作用。党员志愿者还根据所在社区的防控需要，参加志愿服务活动，为打好疫情防控阻击战做出了独特贡献。

（二）创新教学，注重特色

学校始终坚持以教学为中心，以满足老年人的学习需求为己任,不断探索创新,努力形成教学特色。坚持以人为本,适应需求设置专业。在老年教育系统首开读书班、汉语拼音班,圆了城乡结合部部分居民的识文断字、融入新时代新生活的梦想;为了满足不同层次学员的需求,同一课程又分设基础、中级、高级教学班。集知识性、趣味性、实用性于一体的教学内容,使课堂教学生动活泼,深受广大学员欢迎。坚持自我教育、自我管理,学员社团活动有声有色。学校成立了学员委员会,建立了学员志愿者队伍和党员志愿服务队,组建校艺术团,成立书画、柔力球、诗词等专业协会;经常开展各种展示、展览、采风、游学、交流和演出活动,既表现了夕阳风采,又巩固了知识技能,激发学员学习积极性。抓实教学过程管理,开展老年教育教学研究。定期刊印学员学习作品集,编印学校简报,为广大师生交流互鉴提供平台;每学期开展听课评课、学员评教、优秀教学设计评比展示等活动,组织教学工作专题研讨会,派出教师参加各级教学研究活动。

在抓好第一、第二课堂建设的同时,着力拓展第三课堂,拓宽老有所为、奉献余热的渠道,组织引导老年学员发挥好长者优势、经验优势、能力优势、政治优势,为构建和谐社会添砖加瓦。多年来,学校坚持围绕一个重大主题开展征文竞赛活动。如"我看改革开放新成就""携手共建文明城市""我看脱贫攻坚新成就"以及"百年追梦"庆祝中国共产党建党100周年主题征文等活动,组织"纪念红军长征胜利80周年""纪念中华人民共和国成立70周年""庆祝建党100周年"歌咏比赛。

(三)优化师资,质量强校

我们体会到要办好老年教育,教师队伍建设是重中之重。换句话说,很多学员是奔着教师来的。学校坚持按老年教育规律办事。几年来,我们通过各种渠道,千方百计地寻找老年学员需求的教师,加强教师队伍建设,注重选聘热心老年教育事业、有丰富教学经验和较高专业水平的教师执教。同时不断探索加强教师队伍管理的办法,通过开展精品课程评比、优秀教案展示、表彰优秀教师等活动,促进教师精心备课、认真上课。建立教师资源库,培养老中青相结合的师资队伍。教师们情洒桑榆,乐于奉献,德艺双馨,受到学员的欢迎和爱戴,教学质量好成为老年大学的好口碑。学校还不断改进教师待遇,为教师提供办公室,每年安排体检,购买保险,增加在本校任教的教龄补贴,等等,受到了教师们的一致好评。

要按需定教,结合实际办老年教育。老年教育的课程设置应该有"大众""小众"之别,既充分照顾大众需要,又合理回应小众诉求,才能把老年教育办到老同志的心坎上。例如,我们针对地处城乡结合部的部分老年人文化偏低的实际开设读书班,就非常成功。那些从小没有走进过学堂的老年人在这里重新学到了文化,提高了能力,更好地融入现代生活,其幸福感溢于言表。

(四)且行且思,得之一二

没有规矩,不成方圆。建章立制,用制度管人、管事、管钱,凡事把纪律和规矩放在前头,是确保学校有序运转的前提条件。办学之初,我校就结合老年教育实际,制定了关于教师聘任、财务管理、教育教学管理等一整套制度40多项,汇编成册,在日常工作中严格遵循执行,同时注意与时俱进不断完善。

打铁先得自身硬。学校领导班子率先做执行制度的表率。学校坚持每周例会制度,会上各部门按时通报工作进展情况,谋划重大事项安排。坚持"一支笔"审批制度,大额开支一律上会研究同意后方可列支。严格执行中央八项规定精神,不搞花架子,不铺张浪费,不违规发放财物,不请客送礼,把有限的资金用在提高教学质量上,用在改善办学条件上,用在提高教师待遇上。

以"示范校建设"为抓手,始终把创建和不断巩固示范校作为奋斗目标。坚持与时俱进,开拓创新的奋斗精神,坚持以人为本、服务至上的办学理念,坚持硬件不软、软件要硬的工作要求,勤耕不辍,砥砺奋进,在较短的时间里取得令人欣慰的办学成果。

办好老年大学必须彰显老年教育的"教育"属性,始终把教师、教学特别是教师放在首要位置。老年学校的老师如何稳得住、教得好是管理的第一要务。我们坚持以真心感动人、以事业召唤人、以制度激励人,不断增强教师的成就感、获得感、幸福感、荣誉感和归属感,维护好教师的职业生态。

发挥班长在学员管理中的作用,保障学校正常运转。现在老年教育在机构设置、编制管理上还有不少短板,老年教育管理人员队伍相对薄弱,因此,必须发挥好班长队伍的作用,建立好学校—班长—学员顺畅有效的管理机制。

在老年教育队伍中,我们还是新兵;在老年教育百花园中,我们只是新的花朵。路正长,任重而道远。我们要不断学习,勇于实践,开拓进取,努力办实事、开新局。

(作者系芜湖市三山老年大学校长)

脚踏实地　勤勉办学

吴国平

进入21世纪,中国人口老龄化日趋严重。面临国家改革开放取得决定性辉煌成就并向更深发展的伟大新时期,一个占国家总人口达18.1%的老年群体,与国家各项事业发展的关系是显而易见、不可小视的,老年教育迫在眉睫。因此,以习近平同志为核心的党中央、国务院把老年教育定性为教育,定位于终身教育体系,定格于2020年基本实现教育现代化,足见其无以估量的伟大战略意义和现实意义。鉴于此,在全国城乡各地老年大学(学校)犹如雨后春笋纷纷涌现之时,我市经开区龙山老年学校于2011年9月应运而生。到目前为止,在近10年的办学历程中,在地方党政一如既往地高度重视和扶持下,我们始终坚持政治立校的基本原则,坚持以人为本的科学理念,坚持特色办学的经验尝试及人性化的管理模式,在学科教学(第一课堂)、社会活动(第二课堂)、校园之外(第三课堂),均取得不菲成果。数据显示,学校开设的科目由建校初期的6门增加到现时的15门,学员数(含第三课堂)近2000名,校园面积达3000平方米,教学配套设施(含多媒体)基本合理完善。教学内容不断丰富。

(一) 坚持政治立校的基本原则

创办老年学校,充分体现了党和政府对占国家总人口18.1%

的老年群体的极大关怀和高度重视,是影响国家各项事业全面健康发展的重要因素之一。

1. 明确老年教育的目的并努力实现之

身为管理者,必须深刻领会办好一所老年学校的目的就是:满足老年学员提高自身素质、实现颐养康乐、追求进取有为的需要;使他们完善人生,提升生活生命质量,再创生命精彩,安享晚年幸福;引导他们积极参与社会发展,成为适应时代发展的现代老人、文明长者。

2. 加强政治理论学习

为了提高思想觉悟、提升业务工作能力,建校以来,我们坚持每周行政例会制度,除安排本周日常工作外,主要用于时政理论学习。特别是《安徽省人民政府办公厅关于加快"十三五"期间老年教育发展的实施意见》公布后,我们联系党的十八大、十九大及其各次全会精神和习近平总书记有关老年教育方面的重要论述,进行认真学习讨论。在每次学习过程中,由校长提出相关问题,大家讨论作答,形成一个既热烈又颇具效果的学术氛围和既团结又讲原则的和谐服务团队,有力地推动管理工作上层次。

3. 牢固树立"服务"就是"管理"的理念

要当好老年教育的志愿者。老年教育面对的是一个特殊对象群体,因此老年教育管理者的首要任务之一,就是要对服务对象做好服务工作。这要求我们以校长为领头人的学校每位成员,必须树立全心全意为广大学员服务的思想。要做到深入学员、了解学员,为他们的学习活动提供最直接的、有效的支持或帮助。

(二)党政领导高度重视

龙山老年学校始终在辖区党政高度重视和全力扶持下开展老年教育工作。党政会议反复提及相关部门要关注老年教育。

街道财政每年足额拨款,用于老年教育经费、教师薪酬和行管生活补贴。此外,学校添置大型财产所需的经费,由政府另行拨款支持。

1. 把关爱落到实处

老年学校创办以来,街道几任主要领导一直高度重视,热心关照。街道文化站每次组织文艺进社区活动,从不落下老年学校,给予老年学员充分的历练机会,使其老有所学,提升自我,回报社会。2017年新春,街道特别为老年学校主办了一场"迎新春大桥民歌音乐会",为老年学校的社会知名度做了很好的宣传。

2. 撮合文化站、老年学校合一,求得资源共享

随着老年学校办学规模的不断扩大,其教学设备的增添和资源的补充时有不及。在街道的协调下,文化站为学校提供了极大的帮助,着实解决了许多实际问题。例如,学校开展的几次较大的校外民歌演唱活动,所涉及的诸如舞台搭建、背景、灯光、音响等,均由文化站提供。

3. 适时改进校园环境

为了吸引更多适龄老年人参加老年教育,要美化校园环境和营造舒适整洁的教学活动场所。2017年暑期,街道拨专款20余万,用于校园校舍维修。更为可喜的是,2020年,街道报经上级主管部门批准,拨专款数百万,改建一处集学习、活动、娱乐为一体的现代化的崭新校园。新校园占地20余亩(1.333余公顷),内外装修已近尾声,预计2021年秋季正式投入使用。届时,一座花园式的美丽校园定会迎来更多八方老年学子的惠顾,进行学习、修身、养性。

(二)特色办学辟新径

龙山街道原为芜湖北郊的农村,就本地老年人的平均文化水

平来讲,还是偏低,大字不识者大有人在,可作为社会适龄老年人,他们同样享有接受老年教育的权利和义务,因此我校在开设的课程及教学类型上灵活多样,以实用为宜。

1. 民歌进课堂,彰显地域文化之魅力

大桥民歌是当地传统文化的一个亮点,它几乎受到了当地所有老年人的喜爱。但是在之前,它的表现形式比较单一,除了哼唱,看不出有多少有欣赏价值的其他表演形式,而且随着时代的变迁,传承的概率微乎其微。但是,它毕竟是本土传统文化的一个典型标志。因此,民歌进课堂,赋予其新的生命力,势在必行。我们聘请了有多年从事民歌工作经验的教师授课,对传统民歌的表演形式进行大胆创新改进,使之成为集独唱、对唱、合唱配以伴舞为一体的综合表演形式,其欣赏价值发生了质的转变。它不仅成为我校文艺形式的主体,同时多次参与社会公益或庆典的大型演出,受到了极高的评价,2012年参加马鞍山市当涂民歌文化艺术节汇演,荣获特等奖。2013年10月,学校代表龙山街道承办了首届民歌文化艺术节,受到本市多位专家的关注,影响极大。2014年6月,在国家第九个文化遗产日,独家推出"大桥民歌演唱会";同年12月,《大桥民歌首集》在市内出版发行。继而,大桥民歌誉满芜湖北乡,龙山老年学校功不可没。民歌表演形式的多样化,有效地促成了校内舞蹈、乐队甚至旗袍秀等科目的加强和巩固。

2. 第三课堂出亮点

龙山街道位于芜湖北乡城乡结合部,大部分居民的思想观念还未能完全从传统小农意识中转变过来,白天主要忙于家务或照顾孙辈,因此广场舞便成了他们唯一的学习活动形式。这是一支以老年人为主体的庞大队伍,是老年群众文化活动的生力军,他们需要管理和指导。我校接受上级建议,将全区广场舞队作为校外第三课堂纳入老年学校管理范畴。管理不是名义上的,要在许多具体事务中给予尽可能多的帮助。例如,活动场所的协调,音响设备的添置,舞蹈内容思想倾向性的监督乃至业务指导,等等。几年来,通过组织"广场舞大家跳"活动,展现了全街道千人共舞、万人观赏的壮观景象,形成了广大人民群众占领辖区先进思想文化主阵地的良好局面。截至目前,"广场舞大家跳"活动已连续举行六届。

3. 为实践课大开方便之门

根据老年学员轻理论重实践和偏于"自我表现"的心理特征,我们酌情考虑,正确引导,尽量满足。例如,摄影班学员在掌握了一定的摄影基础理论之后,个个跃跃欲试,提议走出校门,去实践真拍。学校在确保安全的前提下,与任课老师周密筹划安排。如摄影班定期组织学员到附近的旅游景点拍摄。理论结合实际的教学方法使学员收获多多,学员学得开心,老师教得满意。

4. 因地制宜,就近办学

随着经开区区域的调整,部分商业区归属龙山街道管辖,造成部分适龄老年人因交通不便而影响入学。为了进一步扩大老年教育覆盖面,方便更多适龄老年人就近入学,在街道领导的支持下,于2016年秋季成立了龙山老年学校凤凰城分校,让尽可能多的适龄老年人圆了入学梦。

5. 稳定扎实的教师队伍

我认为办好老年教育,领导是核心,学员是基础,教师是关键。建校以来,我们对教师的聘用是慎之又慎,根据学科需要先摸底后聘请,讲学历但不唯学历,对学历、能力做综合评价,认为具备适应教学的能力最关键。尊师重教是我国的优良传统,进行人性化的管理,给教师们充足的自由空间,在工作上多支持协调,在生活上多关心照顾,使他们有责任感、荣誉感和获得感,从而全身心投入老年教育活动,保证了教学活动的高质量,为老年教育工作做出了应有的贡献。目前,我校开设15门学科,各科教师资质均达标,聘期稳定。

老年教育,功在千秋。我们任重而道远。国家各项事业兴旺发达,蓬勃发展,老年教育事业需要与时俱进。作为基层老年学校的校长,要不断学习,勤于思考,脚踏实地,勤勉工作,始终把党的老年教育事业放在第一位,胸怀坦荡,无私奉献,朝着伟大的目标勇往直前。

(作者系芜湖经开区龙山老年学校校长)

在老年大学工作的10年

沈东南

我是2011年5月退休的,在退休通知还未到单位的前一个月就被重新劝派到宣城市老年大学芜湖校区(时为"宣城市老年大学")上班了。

10年来,我是老年教育战线的继续学习者,也是老年教育从粗放到逐步规范的经历者,更是"十三五"期间老年教育大发展的见证者。

一、回顾

记得2011年3月我第一次走进陌生的新工作单位。在宽敞明亮的原教育局办公大楼里(当时宣城行署教育局已从芜湖迁往宣城办公),楼道中挂满了学员书画、摄影、诗词等作品。在我看来,没有认真的学习、没有长时间的操练、没有岁月的积累,是很难达到这种水平的。

在我上班的第二个月,学校组织到市区赭山公园踏青游园,并举办了广场演出活动。音乐、舞蹈、时装、戏剧、二胡等各班都拿出了精心准备的上乘节目。演出现场除了本校师生外,还吸引了数百名游园观众。

2011年5月学校又开始通知各班课余排练"建党90周年庆祝活动"的节目。

…………

初到老年大学就大开眼界,每天都紧张而又忙碌。

不过,那时候(直到2015年)学校的人数还不是很多,"一座难求"的现象尚不突出,老年人争相上学的意识也不是很强。

身在其中,我已经感觉到老年大学的工作及校园生活丰富多彩、意义非凡,老年大学并不是简单玩玩、安逸享受的地方,这里的工作并不悠闲。

身临其境,了解到学员来自各行各业、各个层次,学历、文化、素养参差不齐,在老年大学这个平台上都能各展所长、各显所能,但思想差异很大。

"老有所教、老有所学、老有所为、老有所乐、老有所安"不仅是老年教育事业的方针,也是"夕阳能娇美、晚霞也灿烂"的真实写照。同时,社会的进步、老年人口比例的不断增加,昭示着老年教育这个带着"老"字的朝阳行业正在蓬勃发展。

二、体会

(1)老年大学是随着我国改革开放的不断深入而产生的新生

事物，至今已经经历了初始探索期—发展期—中年成熟期。

以我校为例，1990年创办之初，开办的专业是根据多数学员的愿望来确定的。教师也是外聘的"八路神仙"，教师队伍的基本形成经历了10年以上的摸索和"人才库"的逐步积累、筛选，现在已有海政歌舞团转业的一级演员，有大学硕士生导师，也有"海归"研究生，还有边学边教、教学相长的普通"技能人"；在课程设置方面，主要是根据老年人的需求开设了一些实用专业；教学内容主要由教师结合学员要求自行确定。近年来，部分科目教师已开始试用外校正式出版的正规教材，同时按照学校统一要求，教师开始编写正规的书面教案。

办学形式、课程设置、教学方式、活动安排等均在学习外地经验、自行摸索和与时俱进、适应形势需要的基础上有了大的提高。

纵观整个老年教育领域，"十三五"期间我国上下所兴办的老年大学，现已进入了中年"成熟期"。

(2) 2020年的新冠肺炎疫情阻击战在全国打响。庚子年初，从国家领导人到全国人民，全国上下心连心、共命运，众志成城、万众一心，在疫情面前大家都能心往一处想、劲往一处使。

一时间警无畏、医无私、众齐心。老年大学也一样，参加社区"网格化"值班、帮助小区居民购物买菜、站马路当协警的志愿者在我校就出现了200多人，全校师生捐款十几万、捐赠"八成新"以上的衣被100多套(床)，讴歌时代的诗词作品500多首，书画、摄影作品达300幅以上。2020年下半年开始，我校教师通过"视频教学""线上教学"等方式，义务上课1000多课时，师生自愿组织慰问义演300多场。

由此，我感受到老年大学蕴藏的能量、老年群体能继续对社会做贡献的潜力、志愿者队伍的作用都是十分可观的、巨大的。

(3) 近年来，特别是在我省老年教育"十三五"规划的推动下，各市、县老年教育的办学方向、学养医结合的办学形式在向基层延伸,向边远地区、贫困山区扩展。

另据官方公布的数字,截至2019年底,全国面向老年人的教育机构已有近9万所,包括远程教育(线上上课)在内,已有1300万老年人在老年教育机构(大学、院、分校、点)学习。

不过全国第七次人口普查数据显示,我国当前60岁及以上人口数量为2.64亿,即使暂不考虑女性低于60岁退休的因素,现在老年教育机构能容纳的老年人只能有5%。而半数老年人在退休之后已不想在打麻将和唠嗑上打发日子,想将时间用在继续学习新知识和新技能上。

随着老年人的逐步增多和老年人追求"老有所学、老有所乐"的意识不断增强,老年大学报名排长队、熬夜抢名额还会在各地持续并可能愈演愈烈。

我认为,再好的法理依据、再好的规划,最终应落实在按法办事、实现规划目标的行动上。当务之急,应该是从老年教育机构的分布、校舍安排、通识类教材的编写、教师队伍的建设等方面拿出切实可行的办法、措施来。让老年人有"学"的去处、"为"的平台,同时能真正共享改革开放和新时代中国特色社会主义建设的成果。

三、思考

回顾老年大学这一新的教育类型发展的40年和我本人在老年大学工作的10年,确实体会深刻、感受颇多,同时对老年大学的进一步发展和建设,也形成了一些个人的思考与肤浅认识。

(1)"十四五"开局之年恰逢我们党百年华诞,全党、全国上下都在认真开展"四史"学习教育活动,并在积极贯彻党的十九届五中全会精神。新时期我们老年教育战线也要自觉对标"三新"要求:立足新发展阶段,准确把握办好老年教育的时代之需;贯彻新发展理念,统筹经济社会发展和老年教育事业的有机融合;构建新发展格局,努力使老年教育事业主动适应并跟上应对人口老龄化国家战略的需要。

首先,必须看到我国正站在"两个一百年"的历史交汇点上。经济、科技迅速发展给人类社会带来便利、舒适、品质转变的同时,老年人的生活方式、思维方式也在发生巨大的变化,我们也应该站在这个新的高度来思考老年大学必须快速发展的对策。

其次,我们要坚持社会治理价值理念创新。以"互联网+"、大数据、云计算、人工智能、区块链为代表的新一代信息技术的应用,既是老年人必须面对的一种挑战,也是老年教育应该转型接轨、跟上时代的一次机遇。

再次,构建新的发展格局,就应该调动社会各方面力量为社会治理和发展积蓄力量。疫情防控期间,社会各界力量积极融入疫情防控的国家布局、主动担当作为,不仅实现了社会资源的有效整合,也最大限度地凝聚了人心。在这个方面,老年大学这支队伍是功不可没的,应该继续考虑调动这支"潜力股"的有生力量。

(2)如前所述,我们乐观地统计:现在全国能上老年大学、接受校园学习的人数比例只能占老年人口的5%,也就是供求并不匹配,可谓是捉襟见肘。

目前,老年大学的兴建和发展是可观的,形势是喜人的。特别是县级以上的地方政府都在陆续给新建老年大学开绿灯。作为老年大学的工作人员,我当然是欣欣鼓舞,求之不得的。

不过,我还有另一种考虑:前几年全国都在做撤乡并镇和整合教育资源的工作。据我了解,几乎每个县、每个乡镇都有不少腾空的行政办公用房及教育用房,若能用作创办老年学校,应该是既快又省的上上策。

眼下,我还认为,老年教育场所、场地需要星罗棋布,需要着眼于让老年人能就近上学。

(3)志愿者队伍是在学雷锋和文明创建活动中逐步涌现和壮大起来的。全国已成立了挂牌或制度化运作的志愿者组织100多万个。我校的"志愿总队"也是在5年前应运而生的。组队之初,经常遇到困难和阻力,有冷嘲热讽的,有幼稚地提问"能发多少报酬"发难的。经过几年的培训、筛选、磨炼,志愿者队伍在扩大,总队下设了多个分队,如关爱帮扶、安全管理、应急救援、秩序维持、参与社会服务等等。人员的组成,既能应需调配,又能展各人所长。先后两位校志愿总队的队长都有深切的体会:"志愿服务队是传播正能量、弘扬优良传统的好组织",只要我们的工作始终不停下,就能从小处做起,积少成多,让渺小的个人力量汇集成大能量,既能温暖自己,也能温暖别人,更能为创造和谐的文明社会增砖加瓦。

挖掘藏龙卧虎的老年人队伍中的潜力,充分发挥"志愿组织"的示范服务作用,也将是老年大学培育有作为、有进步、有快乐的新时代老年人的重要途径。

(作者系宣城市老年大学芜湖校区常务副校长)

建设具有皖南特色的现代化老年大学初探

杨其高

泾县老年大学主动适应"老有所学""精神养老""文化养老""健康生活"的新需求,搭建起了"教、学、乐、为"的有效平台。我们秉持新时代新特色办学理念,组织老年大学师资骨干赴芜湖、马鞍山、苏州、常州等市老年大学学习考察并进行专业培训,制定了学校管理制度、"校园文化周"制度、全县"游学"工作实施方案。目前,泾县老年大学办学规模达到16个专业、33个教学班、14位教师、1000多名学员,学员课程累计已达1500多人次。泾县老年大学校舍现有建筑面积3100平方米,有7个大教室,能容纳1500名学员,形成了"积极、向上、快乐、健康"的老年教育特色,打造了"家门口的老年学堂"。泾县已构建起了覆盖全县、融合开放、资源丰富、充满活力的老年教育体系。在泾县越来越多的老年人在老年大学找到了精彩生活,上老年大学已成为老年人晚年生活的精神支柱。

泾县老年大学的瑜伽教学被安徽省教育厅评定为"终身学习品牌项目",并登上中央电视台农村频道,收到了较好的社会效果。全县老年大学逐步走向规范化、专业化、特色化的办学轨道,成为老年人求知求乐的温馨家园和精神文明建设的窗口,为老同志终身教育搭建了重要平台。

泾县老年大学创办28年来,充分利用法治、自然、人文、社会资源和文化资源,还有人脉资源,发挥当地特色,改善办学条件,多方积极争取并保障办学经费,稳定老年大学工作人员队伍和教师队伍,为老年教育可持续发展提供强有力的保障。学校立足皖南县城实际,学习和借鉴省内外老年大学的办学经验,坚持大胆探索和实践,勇于不断创新,逐步走出了一条符合皖南山区县城实际、具有皖南特色的办学之路,目前的办学规模和水平在宣城全市范围来说也是名列前茅的。为了进一步发展和扩大老年教育的成果,泾县老年大学不断探索规范化、科学化、特色化的办学之路,使泾县老年教育逐步适应现代化建设的需要,努力建设成"老年大学省级示范校"。

本人现结合几年来老年大学校长的实践探索,谈两点感悟。

(一)以幸福教育为主轴,不断创新老年教育

1. 坚持教育理念的创新

近10年来,泾县老年大学借鉴国内兄弟学校的经验,把"坚持理想信念的阵地,提高文化素质的课堂,陶冶品格情操的场所,促进身心健康的乐园"作为办学的理念和宗旨。经过多年的实践,这一理念和宗旨被概括为"幸福教育",并被认为是老年教育的核心,并成为泾县老年大学全体教职员工的共同追求。

2. 坚持教学内容的创新

教学内容从适应需求型向引导型、知识更新型、素质提高型、价值实现型转变,教学内容更加丰富,充分体现了知识性、趣味性、娱乐性、实用性、时代性和现代性。学校不仅开设了以兴趣爱好培养为重点的各类科学、文化、体育等种类丰富的课程,随着各种新产品、新技术不断进入我们的生活,还以社会科技发展为依托,增加了一些与日常生活息息相关的新技能、新知识的培训和

指导,帮助老年人适应日新月异的现代化发展。学校以习近平新时代中国特色社会主义思想为指导,把社会主义核心价值观的教育融入到教学内容当中,在老年群体中积极弘扬传播正能量,同时发动老年群体的力量在家庭、单位以及社会中进行广泛宣传。到目前为止,教学内容从最初的3个专业发展到16个专业,每个专业都能结合皖南山区和学员的实际,由任课老师负责组织编写或选用教材。

3. 坚持教学方法的创新

教学方法从单纯的传授式向参与式、讨论式、互动式、体验式、应用式转变。泾县老年大学倡导教师把课内课外教育当作"幸福教育"的实践活动,在教学中与学员分享幸福时光。在教学方法上,采取寓教于学、寓教于乐、寓教于玩,让学员在轻松愉快的氛围中享受知识的乐趣。"行万里路、读万卷书"的游学成为泾县老年大学的一种重要教育形式。据问卷调查统计,参加学习后有85.6%的学员对学习效果感到满意,有94.09%的学员认为提升了幸福感。

4. 坚持教学管理的创新

一是调动教师的积极性。学校领导和工作人员经常利用课余时间与教师谈心沟通,除及时了解教学情况,虚心听取教学意见,帮助解决教学困难外,还与教师进行思想和情感交流,增强他们为老年教育服务的自觉性和主动性。我们组建了一支相对稳定、素质高、师德好、身体好、热心奉献老年教育事业的教师队伍,与他们签订合同,完善福利,保证师资队伍的稳定性和可持续性。二是调动学员的积极性。注意调动学员的学习主动性,积极开辟第二、第三课堂,丰富课外教学实践活动。充分利用手机、互联网、视频等多种现代化教育手段和网络远程教育平台,推进信息资源共享,使教学内容更形象、生动,更易于被老年人接受。泾县老年大学还充分利用皖南山区丰富的自然、文化资源开展特色"游学"活动,形成"边走、边学、边养生"的新型老年教育模式。多年来,学校坚持对学员提出"自我教育、自我管理、自我服务、自我完善"的"四自"要求,让学员自己管理自己,发挥学员的积极性、主动性和创造性。许多学员深有体会地说:学校就像一个幸福的大家庭,充满着温暖与和谐。

5. 提供各类参与活动

老年教育工作的开展是要学员将学到的新文化、新知识、新技能运用到实际,学以致用,才能达到老年人融入社会、实现价值的目的。我们通过开展摄影、诗画、书法、文艺表演等各类社团活动,丰富老年人的精神文化生活;组织一些技能比赛、知识讲座、文艺演出、作品展览,号召老年人积极参与、踊跃展示,提升老年人的生活自信;积极与政府机关、企事业单位、媒体等保持联系,推荐老年学员参与其各类周年庆典、艺术节庆、文化宣传等重大社会活动,进一步帮助老年学员展示才华,实现自身价值,创造社会价值,还能对老年教育工作起到一定的宣传作用。

(二)强化管理,突出特色,努力实现办学规范化、科学化、特色化

泾县老年大学自建校以来,一直朝着规范化这个方向努力。例如,在课程设置方面,到2022年,已设置了16个专业,主要分四大类:一类是科学保健类,包括养生保健、柔力球、太极拳、百姓健康舞等;一类是文化艺术类,包括交谊舞、黄梅戏、声乐、民乐等;一类是技能技术类,包括电脑和智能手机应用、摄影、书法、绘画、家庭厨艺、家庭园艺等;一类是政治法制类,包括史政课、革命传统教育课等。有些课程的教材已基本规范化。

泾县老年大学在多年的办学实践中,也逐步认识到老年大学

的科学建设是历史发展的趋势及其要求,在老年教育的各项工作中,要不断提高科学管理的水平和能力,使老年大学能够跟上当今世界信息化发展的时代潮流。提高老年大学的科学化建设,提高办学水平和能力,关键在于管理创新和制度创新。

所谓特色化,是指老年大学办学必须具有独特的个性、风格和体系。例如,它有独特的课程设置、独特的教学风格、独特的管理模式、独特的校园文化等。泾县老年大学从创办开始,就强调要有自己的办学特色。如在学员管理方面,充分发挥学员的主体地位和作用,坚持由学员自己管理自己,探索出一条学员"自我教育、自我管理、自我服务、自我完善"的新路子,进一步调动了学员学习的积极性、主动性和创造性。

规范化、科学化、特色化建设三者是一个有机的统一体,规范化是基础,科学化是手段,特色化是道路,它们之间是相互联系、相互促进的,是建校、治校、兴校及最终迈向现代化的必由之路和重要法宝。

党中央已经将积极应对人口老龄化上升到国家战略的高度。搞好老年教育是积极应对人口老龄化的积极举措。我们今后将加强省内外不同地区校际间的学习交流和友好合作,加强老年教育深度研究,推进老年教育科学发展,全面提升我县老年学校的整体办学水平,为积极应对老龄化社会、建设现代化泾县贡献力量。

(作者系宣城市泾县老年大学校长)

浅谈办学过程中的一点体会

杨益清

泾县老年大学自 1994 年 9 月创办以来,至今已顺利走过了 28 个春秋。28 年来,县委、县政府对老年教育事业高度重视,社会各有关部门也都关心支持,同时学校加强了自身建设,坚持"增长知识、丰富生活、增进健康、服务社会"的办学宗旨,并按照"学、乐、为"相结合的办学理念,加强了师资力量,扩大了校室面积,增添了多媒体等教学设备,教学管理制度逐步完善,教学质量稳步提高,学校由创办初期的几个班,学员不到 200 人次,发展到目前拥有 16 个专业(史政、书法、山水、花鸟、摄影、音乐、舞蹈、交谊舞、普通话、走秀、合唱团、民乐团、黄梅戏、柔力球、瑜伽、太极拳)、34 个班级,学员已超过 1600 人次。

回顾我县老年大学走过的历程,就老年大学专业课程设置和选聘教师的重要性,谈一点个人体会。

(一) 始终牢记老年大学的教育对象是老年同志

我们在选设专业课程时,一要针对老年人的特点来选定,既要根据老同志的性格特点、生活节奏、思维方式来考虑,更重要的是要根据他们的爱好、兴趣来选设专业课程,如我校曾经开设过的花卉、文史、老年保健等课程,就是根据老年人的特点而选设的。二要根据社会上老同志的需求而选定,前几年广场舞、交谊舞、瑜伽、太极拳、柔力球等在社会上非常走红,我们根据老同志的要求先后增设了舞蹈、交谊舞、瑜伽、太极拳、柔力球等专业课程。这些专业课程的开设,深受老年学员的欢迎,参学的老同志也非常多,舞蹈、太极拳专业曾经分别开过4个班,瑜伽专业最高峰时开过8个班,柔力球专业开过3个班。三是根据老同志的爱好选定专业,如史政、剪纸、二胡、山水、花鸟、摄影、英语等专业的开设就是如此。由于我县文化底蕴较深,因而文史、诗词、绘画、摄影等专业课程常办常新,学员们的学习兴趣也非常浓,教学成果非常显著。历年来,学校举办书法、绘画、摄影教学成果展共31次,应邀参加省、市、县举办的书法、绘画、摄影赛多次,有61人次先后分别荣获省、市、县级有关大赛的金、银、铜牌奖。

(二)选聘好任课教师

这是提高教学质量,巩固教学成果,提高学员入学率、参学率的重要前提。一是选聘好任课教师是提高教学质量、巩固入学率的保障,使学员招得来、学得好、留得住。如舞蹈专业开设以来,先后聘用了6位教师任教,各位教师任教期间,在入学率、参学率上存在很大差距,最低谷时参学人数只有20余人,高峰时有200多人,且学员入学后学习兴趣饱满,班级活动开展得有声有色,参与社区和乡村文化活动频率也非常高,教学成果出色,编排的舞蹈节目在演出过程中深受观众喜爱,教师也深受学员们的尊敬和爱戴。这充分证明,同样一个专业,没有优秀教师去组织教学和管理,同样不能达到预期的教学成果。二是选聘好教师是提高教学质量、巩固教学成果的基本保证。一名有责任心、爱岗敬业的教师在认真备课、精心安排每堂课的教学流程和教学方案的基础上,理论联系实际,用生动形象的语言进行讲解,以融知识性、趣味性、实用性于一体的方式授课,解决了班级学员年龄、知识基础等差异的问题。教师根据本专业的教学内容和特点,采取不同的教学方法进行教学。如书法绘画教师边讲知识点边示范,学员边听讲边练习;摄影教师不仅教学员在课堂内学习到摄影知识,还通过组织学员到外景实地取景拍摄,使之学以致用,通过边讲理论边指导实际操作,以获得最佳的教学成果。

我坚信,学校在今后的工作中,努力实现课程设置科学化、教学手段多样化、服务方式人性化,定能吸引更多的老同志参与老年大学学习,为推动我县老年教育发展提供强有力的动力。

(作者系宣城市泾县老年大学常务副校长)

也谈老年教育

吴建国

老年教育是教育事业、老干部事业和老年事业的重要组成部分,也是建设学习型社会、服务全民终身学习的教育体系。搞好老年教育,提高老年人文化素质,凝聚老年群体的正能量,可以为构建和谐社会、全面建成小康社会打下坚实的基础。

习近平总书记强调:"要积极看待老龄社会,积极看待老年人和老年生活,老年是人的生命的重要阶段,是仍然可以有作为、有进步、有快乐的重要人生阶段。"据此,培养有作为、有进步、有快乐的新时代"三有"老人、风范长者、智慧长者是新时代老年大学的培养目标。作为新时代老年大学(学校)的校长要切实把握新时代老年大学价值观念的新内涵,不忘初心、牢记使命、敢于担当,用心、用力、用情办好老年人和社会满意的老年大学。

(一)办好老年人和社会满意的老年大学

1. 提高政治站位,树立科学的办学理念

我县老年大学的校训为"终身为学,康乐有为"。学校于1996年9月创办,至今已有26个年头了。学校始终坚持以学员为本、以政治建校、以质量立校、以特色兴校、以服务强校的办学理念,坚持对老年学员开展思想政治教育,确保他们信念坚定、思想常新。

2. 科学设置课程,不断创新教育方式

我县老年大学注重一切从老年人的特点和实际需要出发,紧紧围绕"教、学、乐、为"搞好专业课设置,组织好各专业教学。坚持长、短班讲座相结合;坚持"三个课堂"相结合(上好第一课堂、搞活第二课堂、拓展第三课堂);采取走出去、请进来的方法。如摄影采风与现场教学相结合,国画写生与教学相结合,书法参观与笔会相结合,戏剧教唱与交流联欢相结合,太极拳(剑、扇)教学与对口交流相结合等,提高了学员的学习兴趣,使教中有学、学中有乐、乐中有教,从而不断提高教学质量和教学效果。

3. 坚持适度管理的原则,树立良好的校风、学风、班风

我县老年大学坚持以学员为本,实施人性化管理模式,将人性化管理过程贯穿办学的始终。在推进规范化建设方面,不断建立完善相关制度,并构筑相关平台,用规章制度作为管人、约束人的行为规范。对各管理层级的工作人员、教师、学员存在的工学矛盾,更趋适度管理,实现"两不误"。积极打造宽松、有尊严、有自信的校园环境。这样自然便会形成良好的校风、学风和班风。

4. 坚持加大投入力度，着力建设美好校园

我县老年大学在县委、县政府的高度重视和关心下，从建校初期的1间办公室、1间教室、1个活动中心，到2011年县里通过招商引资新建的一幢建筑面积4251.46平方米的教学楼。现拥有电脑室、电子琴教室、书画教室、舞蹈和瑜伽教室、多媒体教室、多功能厅、会议室，教室内均配设了空调，多功能厅配有音响、空调，会议室装有电子显示屏等，室外活动场地约1000平方米，办学规模不断扩大，校园规划建设十分美好。

5. 坚持建设校园文化，充分展示教学成果

我校注重校园文化建设，坚持用学校精神树立校园文化全员共建意识。用教学成果展示老年学员在文化层面上的凝聚力和创造力，以体现老年人积极向上、奋发有为的独立精神和风格。学校精心设置诗词、书法、国画、摄影四大专栏，如在十八大、十九大、建党100周年期间展示教学成果、展示学员作品，增添文化养老氛围。此外，利用学校走廊、过道增添养老元素，打造文化养老平台。

6. 坚持积极作为，展示夕阳风采

我校注重把学员在学校学到的知识，充分运用到为社会服务当中去，开展了丰富多彩的公益活动，展示了夕阳风采。在中国共产党成立98周年之际，校越剧班开展"送文化进社区活动"。该班于6月29日组织26位学员分别在旌阳镇河东社区、北门社区、南门社区党员大会上为社区党员表演了歌颂中国共产党、歌颂旌德好风光的传统经典唱段，并进行了精彩的越剧表演，深受广大党员的一致好评；在庆祝新中国成立70周年之际，校越剧班组织学员赴俞村镇参加由县文联主办的"'税月同行，礼赞祖国'文艺进万家"活动，9位学员登台演出了越剧《我爱旌德好风光》，台下观众掌声一片；在第五届宣城市道德模范颁奖仪式暨身边好人现场交流(旌德县)活动中,我县老年大学学员表演了开场舞《腾飞·旌德》和宣传孝道文化的情景剧《行佣供母》,赢得满场掌声,受到现场观众的好评。

7. 坚持尊师重教、关爱老年学员

我校坚持每学期召开一次教师座谈会征求意见,坚持每年教师节慰问教师,坚持开学报告会设教师席卡,请教师前排就座。同时,坚持每学年召开新老学员座谈会,听取意见;坚持慰问因病住院的学员,坚持每年"九九重阳"为80岁以上的学员祝寿;坚持大会设高龄席卡,安排高龄学员前排就座。

8. 坚持交流学习,共同提高

我校坚持班级对口交流学习。2019年11月6日,宣城市老年大学(宣城校区)书法4班一行23位学员来我校书法班进行对口交流学习。在书法班教室里,教师蒋兴华给两校50余位书法班学员讲课,对篆书、隶书、草书、楷书等运笔方法、字体间架结构进行讲解;对学员们自带的书法作品逐一进行点评。课后两校学员进行交流、切磋、笔会。2021年5月26日,在喜迎建党100周年之际,南陵县老年大学领导带领黄梅戏班37位学员来我校进行对口交流联欢。两校共表演了14个节目,以建党100周年为主题,讴歌党的丰功伟绩。如演出了《江姐·看长江》《南湖啊,南湖》《黄梅悠悠》《美美的桃花水》等节目,演员们一招一式规范到位,唱腔字正腔圆,表演生动,抒发了对党、对祖国的热爱之情。

9. 坚持服务社会,关心下一代成长

我校2003年建立校艺术团,下设军鼓、腰鼓、锣鼓、舞蹈、合唱、乐队等8个队。坚持每年有1~2次送文化下乡、下村(社区)、下企业宣传演出,同时组织为群众义务写春联,每逢重大节日参加县举办的文艺演出,深受社会好评。我校2006年成立了关心下一代工作委员会,积极开展活动,根据就近就便、量力而行

的原则,为青少年办好事、办实事。先后做爱国主义报告10次,关爱谈心活动321人次,帮教失足青少年28人次,为青少年赠书510册;关爱在校留守儿童、特困生、贫困生,全校开展了献爱心活动50余人,总计收到献爱心资金12388元。汶川和雅安、芦山地震发生后,全体师生情系灾区,共为灾区献爱心捐款26680元。每年坚持到旌阳一小、新桥小学等开展"六一"慰问活动,关心下一代成长。

(二)影响县级老年大学发展的主要因素和对策意见

从目前来看,我县老年教育(老年大学)发展规模和发展速度还跟不上老年人数量增长和多元化学习需求增长的速度,供需差距将逐渐拉大,办学经费虽列入财政预算,但只能基本保障办学正常运转。如开展各种教育教学创新活动等,就显得经费不足。当下,教室不够,而且又不集中,严重影响课改课程设置和规范化管理。再者,教师都是聘请兼职的退休教师、自主职业人员(有专长、特长),平时授完课就走,老年学员管理服务就落在班级和学校身上。还有,县级老年大学作为龙头,对乡镇、村(社区)老年学校具有引领、推动、延伸、扩面、覆盖作用,但我校限于自身条件,就显得无能为力、力不从心了。这些因素和问题,造成了县级老年教育发展滞后。

中国特色社会主义进入了新时代,老年教育随着社会不断发展也进入了新时代。当下,应加快实施2016年10月国务院办公厅出台并下发的《老年教育发展规划(2016—2020年)》,以及2021年1月1日起施行的《安徽省老年教育条例》,并加大实施力度。现行老年教育基于自身特点,应站在老年教育发展的高度,做出新的发展定位,即党委领导、政府主导的为老年人提供终身教育文化服务的社会独立的公益事业。各级党委、政府应从资金、硬件设施及法律政策等方面给予老年教育(老年大学)全方位的保障,使老年教育的发展从根本上得到全力推动。

(作者系宣城市旌德县老年大学校长)

对老年教育的四点认识

袁心玲

作为一名老年教育工作者,我与老年教育结下了不解之缘。虽然担任铜陵老年大学校长时间不长,但是给我的感触却很深,我曾在铜陵市职业技术学院担任主要负责人多年,深感老年教育与义务教育、职业教育有相通之处,却又有很多不同。老年教育作为终身教育的重要一环也是教育的最后一环,还有很长的一段路要走。

(一) 老年教育需要奉献

著名教育家陶行知有一句话:捧着一颗心来,不带半根草去。这句话对教育工作者的德行提出了很高的要求,要求他们有高尚的职业道德,无私奉献,不求回报。我一直将这句话作为自己的指南针和方向标,退休以后来到铜陵老年大学担任校长全凭一腔热爱和激情,一分钱工资不领,一分钱补助不要,减少休息时间,减少享受天伦之乐的时间,把更多的时间和精力放在老同志身上、献给老年教育。

目前国内很多老年学校都是老同志自发组织办学,自己找场地、筹资金、搞活动,但都办得红红火火、蒸蒸日上。一个人如果做自己热爱的事情,会激发出无限的潜力,会不计成本地为此奉献;一群志同道合的老年人为了同一个热爱的目标——老年教育,走在一起,干在一起,甘于奉献,乐于奉献,最终会成就一番轰轰烈烈的大事业。这也是国内很多老年人自己办学的优势所在和成功原因。

(二)老年教育需要关注

2020年新冠肺炎疫情突如其来,对人类历史的发展、演变产生了巨大的影响,对老年教育的影响也足以载入史册。如今正处于疫情常态化防控阶段,出门要有三件套:口罩、安康码、测温。在全国刚刚推行安康码时,曾一度有过这样的事情:老年人不会使用安康码,被拒绝进入火车站、大型商场等场所,这在社会上引起了极大的关注,最终在2020年11月15日,国务院办公厅印发《关于切实解决老年人运用智能技术困难的实施方案》,国家出台政策保障老年人的权利,便利老年人的出行、就医、消费、办事等,其中专门提到便利老年人使用智能化产品和服务应用。这再次说明老年人需要被国家、被社会关注,老年教育也是一样。目前老年教育并无统一的规范和相关法律,各地也是因地制宜、量体裁衣、自行定夺,导致全国老年教育形式多样,各不相同,亟须统一规范。

(三)老年教育需要信息化和精细化

老年远程教育就是老年教育信息化的一个体现。远程教育具有传统教育无可比拟的优势,不受场地和时间的限制,号称"没有围墙的老年大学",人人可学、处处可学、随时可学。近年来,远程教育飞速发展,受到广大老年人的喜爱,解决了老年教育发展中的很多问题,也是老年教育以后的发展方向。

老年人越来越多,对于老年教育的要求也越来越多、越来越细,这就要求老年教育的课程更加多元化、丰富化。老年大学传统的课程一般多为书法、绘画、舞蹈、音乐、体育、摄影、文史等,同时兼具地方特色,如安徽地区有黄梅戏、剪纸、傩戏。近年来,健康养生、婴幼儿营养与保育、心理课程正在慢慢兴起。未来,老年教育将向精细化、个性化迈进。

(四)老年教育需要全社会的加入

目前,我国正在朝着中度老龄化国家迈进,第七次全国人口普查数据指出:2020年,我国60岁及以上人口约2.64亿人,已占到总人口的18.7%。根据相关预测,"十四五"期间,中国老年人口将突破3亿人,将从轻度老龄化迈入中度老龄化。届时全国第一代独生子女父母将进入中高龄,中国将迎来一拨养老照护的浪潮,而养老服务将接受更大的挑战和考验,这其中也包括老年教育。

面对如此庞大的老年人群,老年教育缺口很大,仅靠目前的老年学校已无法承受。近年来,越来越多的老年大学"一座难求",老年人想上学的欲望以及需求与老年教育资源极度不对称,这已经成为一个社会矛盾,亟须解决。早在国务院办公厅印发的《老年教育发展规划(2016—2020年)》中就提出"鼓励社会力量参与老年教育",该规划中说:"充分激发市场活力,推进举办主体、资金筹措渠道的多元化,通过政府购买服务、项目合作等多种方式,支持和鼓励各类社会力量通过独资、合资、合作等形式举办或参与老年教育。"这是鼓励全社会参与老年教育,老年人群越来越庞大,也确实需要全社会的共同参与。

安徽省老年大学协会近几年来积极发挥作用,研究探索、协调推动全省老年教育事业和各级老年大学建设,在市级老年大学领导和组织机构、财政投入、示范校建设、远程教育开发以及培训等方面,都取得了非常大的成效。特别是在老年教育法制建设上,协调促成《安徽老年教育条例》及相关配套措施出台,必将有力提升安徽的老年教育事业发展。

老龄化社会正在到来,老年教育至关重要。做好老年教育,功在当代,利在千秋。每一个人都会老,每一个人和老年教育都息息相关。老年教育所需要的,就是这个社会所需要的,也是每一个人所需要的。

(作者系铜陵老年大学校长)

当好家门口老年大学校长的几点体会

朱锦武

一位好校长就是一所好学校,一所好学校必定有一位好校长,这是人人皆知的共识。如何当好老年大学的校长,这是一个重要命题。作为一个民营企业主办的铜陵老年大学绿源养生公寓分校(以下简称绿源分校),开办时间不长。如何办好老年大学,当好老年大学校长,对我来说,还是一个新课题,研究还不够深,实践探索还不够多。但经过三年多来的办学,我有很多感悟和体会。

基于养学结合,创办老年大学。为提升养老服务水平,打造铜陵一流养老企业,铜陵绿源置业有限公司(民营)决定兴办老年大学。绿源分校成立于 2018 年 12 月 13 日,当时市老教委批复设立为"铜陵老年大学绿源养生公寓教学点",由于办学初期就取得较好的办学效果,达到了一定的规模,2019 年 12 月 6 日市老教委批复升格为"铜陵老年大学绿源养生公寓分校"。2020 年 1 月被安徽省老年大学协会授予"省级基层示范校"。分校设在绿源养生公寓三楼,校舍面积 2000 多平方米。公司作为主办单位,立足老年教育的公益性,配备必要的专兼职人员,严格执行铜陵老年大学收费标准和教学管理等各项规定。分校自 2018 年成立以来,在市老教委关心重视下,在市委老干部局和市老年大学(以下简称市校)的精心指导下,从无到有、从小到大,由原来的 4 个专业、11 个教学班、442 人发展到了现在 7 个专业、21 个教学班、710 人的规模。分校设有舞蹈室、音乐室、阅览室、书画室、活动室、健身房、管理室、理发室、多功能厅等九室一厅,能一次容纳近 200 人同时上课,300 余人可同时参加室内外活动;并配套公共洗手间、开水炉等,公共区域均设置安全指示、消防设备、宣传栏等。2019 年年初,公司又投资数万元,购置了电脑、音响、话筒、钢琴、多媒体等教学及服务设施,分校逐步走上了规范化道路。到目前为止,公司共投入分校教学设施及装修达百万元。

体会一

动因来自于认识,履职来自于责任,启示来自于实践。起初,公司领导安排我筹备并担任学校负责人时,我是缺乏思想准备的,主要是对老年大学的了解不多,怕干不好误了事。好在绿源分校背靠着市老年大学的支撑,依托市老年大学有"开门办学、资源共享、面向基层"的优势,得到老年大学全方位的指导和帮助。而本人作为一名中国共产党党员也应服从工作需要,积极投身公益事业。这股动力驱使我、激发我去面对和接受这项工作。"共享资源、合作办学"是我市老年大学的理念和职责,分校作为这种模式的代表,得到了公寓业主和周边社区老年人的积极支持和参与,从而能够快速建立、快速办学。分校的建立与发展,是在市老年大学"鼓励社会力量参与老年教育"理念的指导之下,在绿源置业有限公司的大力支持之下,在市校优秀老师的穿针引线之下顺利实现的,可谓"天时、地利、人和"。

体会二

以人为本,打造"自由家、养生家"文化养老模式,进一步提升了养生公寓品位。正确的方向是办好老年大学的根本。老年人是家庭、社会的重要组成部分,老年群体的身体素质、精神文化、生活状况直接影响着年轻人的家庭、工作、学习及事业的发展,也关系着社会和谐稳定。公司在开发建设公寓之初,就坚持从客户的需求出发,积极打造企业文化品牌"自由家、养生家",本着"家家有老人、人人都会老、人人都敬老"的理念,为老年人提供宜居生活。本着全力满足公寓老年人的养学宗旨,走出了一条"教育惠老、文化养老、快乐享老"的特色发展之路。公寓总面积4万余平方米,有近500多套大、中、小户型精装适老型公寓,满足近1000名老同志入住需求,其中配套5000多平方米的医疗、食堂、棋牌室、理发室、活动中心设施,该项目是全省先进、皖中南一流的创新型医养综合示范项目。在筹备绿源养生公寓教学点阶段,我们就确定了"围绕需求设立课程、方便就近参加学习、营造晚年幸福生活"的办学定位,公司高度重视老年教育并明确由公司党支部书记协助公司主抓教学管理等工作。与此同时,绿源分校作为市老年大学基层民企的有力支撑点,发挥贴近一线群众的优势,努力为附近社区、公寓老年人办实事、办好事,推动了文化养老事业的发展。

体会三

规范管理,服务周边老人,是办好"家门口"老年大学的根本。绿源分校成立之初就确立优质服务、规范办学的方针,全面依托市校资源建校办学。在师资上,市校选派优秀教师担任授课老师,保证了分校教学质量、教学思路、教学进度与市校的一致。目前,在分校任教的7名老师,全部是由市校选派,共享市校的优质资源。分校在满足入住公寓老人的前提下,还尽量满足服务周边社区老年人,实现了老年人在"家门口"也能享受与市校一样的教育资源,体现出了独有的发展优势与较强的基层老年教育特色。尤其是疫情紧张期间,为加强学员纪律和安全健康管理,每个班都设班长和副班长一名,专管课前测温、扫码上课,并加强上课纪律的考核,严格履行请假手续,同时每个学员都需签署安全健康承诺书。为充分利用节假日,分校周六、周日正常开课,满足学员的积极性。

体会四

校企互利,形成校企共赢的"良性循环"局面。公寓业主是分校最主要的受益群体。对于市校而言,绿源分校的设立吸纳了一定的生源,有效缓解了市校的教学管理压力,推动了全市老年教育的发展。对于绿源置业有限公司而言,分校有效丰富了社区居民以及公寓业主的精神文化生活,得到广大老年人的青睐与良好口碑,对于公寓的知名度、美誉度的提升起到了积极作用,入住的业主越来越肯定与支持公寓管理服务工作,越来越多的人知晓养生公寓,成为绿源置业有限公司发展新的潜在客户。

体会五

学员满意,并得到市校和安徽省老年大学协会的认可,也实现了自我社会价值。将老年大学开办到老年人的"家门口",为老年人的晚年生活开拓了更多空间、增添了一抹色彩。绿源分校有一位学员,没来上学时,整天生病、心情不好,子女还要拿出时间、精力陪着她,子女误时误工,老人还处处不满意。来到老年大学后,这位老人结交了朋友,学会了唱歌,心情变得更加愉悦,生活更加充实,逢人便说:"没想到老了足不出楼,还能遇上这么好的事,真是有福啊。"2020年9月19日,分校代表队参加市第七届武术大赛,沈燕老师组织8名学员参赛,获得2个集体项目一等奖、个人金牌4枚、银牌铜牌各1枚;2020年9月30日,分校组织代表队,由谢烈云老师带队参加了铜官区在万达广场组织的"欢度国庆、情满中秋"舞蹈表演。2021年12月,分校代表队参加市第十三届运动会传统武术项目,沈燕老师组织16名学员参赛,荣获铜陵市第五届全民运动会群体部传统武术团体一等奖,太极剑、传统器械以及传统拳类男子项目分别荣获个人第一名的好成绩。几年来通过参加市老年大学组织的期末汇报、志愿公益活动,以及歌颂美好生活、传播党的声音、传播正能量的演出活动,弘扬社会正气,使学员们有了更多展示自身才华、展现精神风貌的机会,学有所成、学以致用,拥有了更多的获得感和幸福感,从而带动更多的老年人走进这个分校大家庭。

体会六

作为企业党建工作负责人,通过在分校开展活动,增强了公司党组织的战斗力。分校学员不少是从市党政机关退休的老同志,他们觉悟高、党性强。我们在教学活动中,采用灵活的形式,做到日常教育学习与加强老年学员思想政治建设相结合,使得教育内容更加丰富、全面,效果更加明显、实在。2021年上半年,由我带头进行了课前十分钟党性教育和学校意识形态教育的宣讲,其他党员同志轮流宣讲,学习了《中国共产党党章》《学员守则》,还加强了疫情防控等知识的学习宣传和教育引导,做到了学员全覆盖,这些思想政治教育与分校的文化艺术教育相结合,从而全面提高了老同志的综合素质,使他们更加自觉关注社会、积极奉献、老有所为,同时也有力加强了企业党建工作。

作为分校负责人,在今后的工作中,还要更进一步把握准确的办学方向。首先,要坚持政治立校,始终把握为党和人民事业增添正能量的价值取向,坚持规范化、制度化,严格按照市校标准开展管理与服务,确保良好的教学质量和较高的学员注册率,把绿源分校打造成在基层的活动阵地与宣传窗口。其次,我作为绿源置业有限公司党组织负责人,要把企业党建、公寓和分校党建与公司发展更紧密地结合起来,激励党员立足岗位创先争优,支持和帮助党员在关键岗位、重大任务中展现作为。最后,要进一步提升分校的教学管理水平,博采众长,不断探索分校管理的新方法、新途径,努力提高老年人的精神文化生活质量,让绿源分校成为老年朋友文化活动的精神家园。

(作者系铜陵老年大学绿源养生公寓分校副校长)

坚持"五聚焦五提升" 推进学校高质量发展

杨义和

池州老年大学作为全市最大的一所公益性老年大学,认真贯彻习近平总书记关于老干部工作、老龄工作和老年教育工作的重要论述精神,紧扣老年教育发展特点,坚持"五聚焦五提升",从容迎接"银发"浪潮(池州市2020年60岁及以上人口占常住人口

134.28万人的22.03%,超全省3.24个百分点),让越来越多的老年人享有开放共享、公平优质的老年教育。

(一)聚焦政治立校,提升向心力

坚持以习近平新时代中国特色社会主义思想为指引,加强党建引领,打造"银辉"系列:开办"银辉"大讲堂、开设"银辉"书吧、开播"银辉"红色影院、开通"银辉之声"校园广播;开展百年党史我来讲、我来读、我来看、我来播、我来展系列活动,讲述红色故事,传承红色基因,汲取智慧力量,庆祝建党百年。成立校学员临时党支部,建强支部班子,完善规章制度,强化经费保障,实现组织覆盖,重视活动开展,教育引导老同志增强"四个意识",坚定"四个自信",做到"两个维护",着力把学校建成思想引领的红色阵地,老同志正能量的集聚地和"发射源"。

(二)聚焦质量强校,提升发展力

锚定高水平有特色目标,推进专业设置多样化、教学管理规范化、教学体系层次化、教学方式现代化的办学体系建设。紧跟时代步伐,适应老年需求,实行分系管理,灵活设置课程,突出主题教学,彰显地域文化。强化教学实施,做到课程管理"四有"(有学制、有教学大纲、有教学计划、有教学督查);完善听、评课及课堂巡查机制,加强教学评估督查,推进学校教育制度、教学大纲、教学计划、教学督查落实落细;开展公开课评比,打造精品课程,推进规范教学。丰富教学内容形式,探索分层教学,拓展公共课程,举办党建、积极老龄观、智能手机应用等专题讲座;举办校园艺术节和元旦联欢会,展示教学成果,促进教学相长。巩固安徽省老年远程教育实验区、全国老年大学信息化建设优秀单位创建成果,进一步推进远程教育和5G智慧校园建设。出台《教师管理办法(试行)》,建好师资库,加强教师管理,强化待遇保障,评选表彰优秀教师。

(三)聚焦文化润校,提升凝聚力

传诵"校训"、传唱"校歌"、佩戴"校徽",陶冶师生情操,激发师生对学校的认同感、使命感、归属感,营造厚德、笃学、有为、尚乐的良好校风。加强意识形态工作,用好学校官网、公众号、《池州老年教育》校刊、宣传栏和校园广播,积极引导学员自觉践行社会主义核心价值观。成立校艺术团,整合学校老年艺术人才资源,由分管副校长任团长,聘请池州学院艺术学院原党委书记、教授担任顾问,设置合唱、舞蹈等6个队,相关专业教师任队长,通过考试遴选优秀学员。编排反映时代主题、格调积极健康、符合老年人特点的精品节目,参演全国绿运会、"全民终身学习活动周"启动仪式等,丰富老年学员的文化生活,提升老年人的生活品位和人生价值。举办20周年校庆"六个一"活动,回顾发展历程,总结办学成就,展示美好前景。

(四)聚焦开门办校,提升影响力

1. 拓展办学方式

充分利用学校优势资源,与安徽广播电视大学池州分校合作开展老年远程教育,同贵池区老年大学合办摄影班,在市光荣院设立教学点,等等,加强办学模式示范、教学业务指导、课程资源共享,推动老年教育事业发展。

2. 拓宽展示平台

组织参加省电视台"梨园徽韵盛世情"戏曲春晚演出、《老爸老妈好声音》节目录制,选送情景剧歌舞《永远跟党走》《共筑中国梦》《我们毕业了》等登上省、市春晚。建好"夕阳红"志愿服务队,参与市"银辉添彩"离退休干部队伍,组织开展"四进"活动(进乡村、进社区、进企业、进校园),发挥优势特长,在文明创建、环境保护、社区服务、治安维稳、关心下一代方面开展志愿服务,用人们喜闻乐见的形式传播正能量。

3. 开拓宣传阵地

制作校情校貌宣传展板,向市直各单位发放招生通知,在市电视台滚动播放招生简章,扩大招生宣传覆盖面,提升社会知晓率。升级改版学校网站,建好学校公众号。编印《池州老年教育》(半年刊),出版抗疫专刊、庆祝建党百年专刊,刊登师生文学、书画摄影作品,弘扬正能量,唱响主旋律。加强与职能部门和主流媒体的沟通联系,《中国老年报》、中国老年大学协会网站、安徽省老年大学协会网站、省市老干部工作网站、池州先锋网、《池州日报》、池州电视台,以及池州老干部公众号等多次刊登学校教学、活动信息,构建起多载体、高频次宣传,关心、支持学校发展的生动格局。

(五)聚焦为民建校,提升服务力

1. 加强队伍建设

市委老干部局统筹安排,学校领导班子进一步年轻化、专业化,通过公开遴选、考录吸收高素质人才,扩充工作队伍。

2. 注重教育培训

扎实开展党史学习教育,推进"两学一做"和"不忘初心、牢记使命"主题教育常态化,强化政治意识、责任意识和奉献意识,用孝心、爱心、耐心做好服务管理。积极参加中国老年大学校长论坛暨游学养大会、信息化建设暨智慧助老行动推进会、全省老年大学办公室主任培训班,赴安徽老年大学和湖北、鄂州及景德镇老年大学等开展学习交流。

3. 开展调查研究

围绕"校园文化""教师队伍建设"等课题,深入教学一线调查研究,每年形成专题调研报告。认真检视问题,召开教师、班长座谈会,广泛征求意见建议,强化整改举措,提升整改质量,确保整改实效。

(作者系池州老年大学常务副校长)

基层老年教育工作思考

檀少杰

前不久,第七次全国人口普查刚刚结束,根据普查所公布的结果显示,全国总人口14.4亿人,60岁及以上人口有2.64亿人,比例达到18.70%,其中65岁及以上人口1.91亿人,比例达到13.50%。2010年至2020年,60岁及以上人口比例上升了5.44个百分点,65岁及以上人口上升了4.63个百分点。与上个十年相比,上升幅度分别提高了2.51和2.72个百分点。

由此可见我们国家目前正在面临人口老龄化问题。对这个问题我们要正确地看待,人口老龄化是现代化进程的必然结果,究其根本原因是社会进步带来的生育意愿下降以及人均寿命延长。人口老龄化问题已涉及政治、经济、文化、社会等领域,所以,开展老年教育是社会发展的必然趋势,必须采取相对应的对策,调动积极因素,减少消极因素。老年教育因人、因地、因时实施教育，注重实用，体现老年特征。通过开展老年教育，可充分发挥老年人的作用，实现全社会和谐发展。

国务院办公厅印发的《老年教育发展规划（2016—2020年）》提到，发展老年教育，是满足老年人多样化学习需求、提升老年人生活品质、促进社会和谐的必然要求。老年教育是我国老龄社会的产物，也是40年改革开放的成果。虽然老年教育服务主体是夕阳人群，但它却是充满希望的朝阳事业。

老年教育为何如此重要？人们都说"青少年是祖国的未来"，这的确不错，但其实老年人是我们每个人的未来。所以加快与大力发展老年教育事业，越来越显得必要与紧迫。它对实施积极老龄化战略、构建学习型和谐社会具有极其重要的意义。

伴随人口老龄化进程的不断加快，广大老年人对于精神文化生活、老年教育的需求与日俱增，对现有公办老年大学有限的承载能力提出了更高的要求；与此同时，伴随着城镇化建设的脚步不断加快，城市的规模、外延也在持续扩大，部分老年人由于受到交通、时间、精力、健康等因素制约，无法到老年大学参加学习。而且近年来，老年大学火爆，入学之难丝毫不亚于"入托难"。这种现象不仅仅出现在省市一级的老年大学，于我们东至县老年大学而言也是如此。为了就读老年大学，老人们"抢"名额，甚至主动当起了"留级生"，总而言之，入学名额"一票难求"。

老年大学火爆背后的主要原因有：

第一，老年人的学习与社交需求多，而老年教育机构数量少。

第二，老年人参与社会的渠道变窄。许多老年人除了在家带孙子、围着灶台转或者自己在空巢家中之外，缺少其他高质量的社交与学习渠道。

第三，老年大学收费不高，公益性鲜明。

鉴于此，为进一步"扩面、增量"，树立"建设没有围墙的老年大学"的工作理念,按照"开门办学、资源共享、面向基层"的定位,需要我们将办学根系延伸到村(镇)、社区、企业,打造"没有围墙的老年大学、家门口的老年教育",努力汇集更多、更广的老年群体。

在近 40 年的进程中,我国老年教育取得了令人瞩目的成就,但随着我国老龄化的迅速发展,老年教育一些深层次的矛盾也逐渐显现出来。就我们东至县而言,它位于长江中下游南岸,地处皖江段南岸之首,是安徽省南部中心县域之一,全县常住人口为 398414 人,其中 60 岁及以上人口为 95446 人,占 23.69%。我们在办学规模和办学质量上还是无法和省市一级相比,而且还存在许多短板。

(一)基层老年教育在规范学校管理等方面还存在问题

1. 在思想认识上,存在对基层老年教育不够重视的问题

近些年来,尽管我们在加强老年教育上做出了许多努力,并逐步构建较为完整的教育体系,但在基层,受根深蒂固的传统思想影响,很多老人退休后的主要工作就是看孙子,大部分时间都要以孙子上学放学的时间来计划自己的生活,这就导致很多老年人没有专门的时间学习知识,不能保证每堂课按时上课,一旦出现缺课现象,就导致以后的课程跟不上节奏,久而久之就失去了来老年大学上课的兴趣。

2. 在投入保障上,存在经费人员紧张、设施建设跟不上的问题

老年大学是老年人充分实现自身晚年人生价值的乐园,要发挥老年大学的作用,首先必须健全软硬件设施。按照规范化老年大学的标准,学校应该拥有最基本的教学楼,拥有实施教学功能的教室,配备相应的器材、器具,有条件的还要开展多媒体教学等。许多县级老年大学并无自身专用的办学场地,且器材设备较为匮乏。由于基层老年教育是老年人的非正规教育,其不同于学校老年教育有正常的财政预算项目,经费不足成为制约基层老年教育发展的瓶颈,缺少资金建设教学大楼、购置相应的保障设施。在基层的工作人员一人多职,没有专职人员,教学承载能力明显不足。

3. 在教学质量上,存在教学资源有限的问题

教学资源有限主要体现在师资力量缺乏、教学形式和内容不丰富等问题上。在师资力量方面,基层老年教育更多的是采取临时聘任制和志愿制,具有较大的不稳定性。在教学形式和内容方面,一方面由于受条件所限,大多数基层老年教育内容不丰富,虽然许多老年人对基层老年教育充满期待,但其离家较近却满足不了学习需求,这也是老年人在选择村(社区)教育还是学校教育时存在矛盾心态的原因之一;另一方面,基层老年教育管理服务人员和教师流动性较大,队伍很不稳定,而且无法对这些人员形成一定的约束机制,随时有人员辞职或者请假,这严重影响了基层老年教育的质量。

(二)基层老年教育规范化管理途径与方法

1. 积极探索老年大学办学新模式,规范基层老年大学的办学方向

一是以基层公共服务资源为载体。二是以本辖区内的可用资源为载体,可以与驻地单位协调,利用辖区内的运动场馆、单位会议室、党员活动室等室内场地办学,利用公园、广场、操场等进行室外场所办学,还可以利用辖区内中小学学校周末和假期办学,实现优势互补、共驻共建。三是以各类协会等民间组织为载体,如戏迷协会、棋迷协会、书画协会、摄影协会等,通过这些协会

组织开展老年教育活动,具有人才聚集、活动经常、气氛活跃等优势,能够起到教学与协会同步发展的双赢效果。四是以文艺活动为载体,采取"以学为主、学乐结合"的教学形式,针对老年人的特长爱好,组织老年学员开展文艺汇演、书画摄影、棋牌比赛等有益身心的活动,让老年人在活动中享受学习的快乐,激发不断学习的动力。五是以党员远程教育等网络媒体为载体,利用社区内的网络资源进行政治思想教育、精神文明教育、农业科技教育、养生保健教育、文艺体育教育等,这样既可以在社区集中学习,也可以分散在家中学习,使学习内容丰富,学习形式灵活,成为现代老年教育的重要组成部分。

2. 规范领导体制和人员机构设置是实现基层老年大学规范化发展的根本

规范老年大学的机构设置和人员编制,是老年大学规模化发展的关键因素。学校管理体制不顺畅,机构设置不健全,是制约当前基层老年教育发展的关键因素。为切实发展基层老年教育,各乡(镇)、社区应建立健全相应的组织机构,成立由副书记任组长,组织委员任副组长,负责老干部工作及相关工作的同志为成员的老年教育工作领导小组,负责区域内老年教育工作的综合协调,明确由老干部办公室主任负责对区域内老年教育开展日常工作指导和业务辅导,形成一级抓一级、层层抓落实的工作网络,强化工作责任的落实,解决老年教育工作因条块分割、多头管理造成的教育资源利用率不高的问题。如何使基层老年大学规范化,目前必须解决两个重点:一是怎么样落实人员机构编制,配置专职工作人员,依靠兼职人员搞工作,很不利于发挥工作的能动性和创造性;二是怎样组建一支专业化的校务班子,专门研究教学管理,一支高效的专业队伍是提升老年大学办学水平的核心。

3. 规范经费来源途径和教学设施更新是实现基层老年大学规范化发展的前提

老年大学是公益性事业单位,财政拨款应是老年大学办学的主要经费来源,各级领导的重视和支持至关重要,应尽快把老年大学教学的教研经费纳入各级财政年度预算,实行专款专用。对于经济好一点的社区,应采用鼓励其独立办学的方式投入资金,建设社区服务中心。对于经济落后的社区,则可采取整合社会资源联合办学的方式,积极争取社区两委的支持,充分整合各种教育资源、文化资源和一切其他社区资源。

4. 规范教学管理制度是老年大学规范化管理的需要

老年大学的学员管理既不能像管大学生一样严格,又不能过于松散。因此必须加强制度建设,让制度上墙,让守则在手,用纪律约束人,规范学员的在校行为。

5. 强化教学管理、创新教学模式、开展人性化服务,是实现基层老年大学规范化管理的必要措施

一是强化教学管理,提升教学质量。首先要选好教材,教材质量和难易程度影响学员上课的积极性,浅了没兴趣,深了学不懂;其次要重视学校的课程设置和课程建设。二是开展人性化服务,提升学校软实力。老年大学的人性化服务十分关键,要对学员坚持"纪律管理人性化、同学相处人情化、校园环境人性化",做事认真细致周密,能充分为学员着想,让学员时刻感受到校园比家还温暖。三是创新教学模式,激发学习兴趣。基层老年大学应结合老年人学习知识的特点,尽量采取直观教学,注意运用启发式、互动式及情景式教学;应该把教学与活动有机结合,适当安排课外健身或联谊活动,提高老年人学习的积极性。

6. 注重教师队伍建设是老年大学规范化管理的重要途径

要科学健康地发展基层老年教育工作,教学是中心。建设一支高素质的基层教师队伍是关键,是提高老年大学生命力、凝聚力和吸引力的决定性因素。一是做好教师的选用工作。选聘那些热爱老年教育事业、教学经验丰富、身体健康、有奉献精神的人担任教师;发挥基层优势,广泛宣传发动,从居住在村(社区)的退休教师、老干部、医务人员、志愿者队伍中发现人才,用好人才。二是建立教师资源库。充分发挥县级老年大学的引领、辐射服务和骨干作用,充分挖掘自身的优势教育资源,邀请部分机关事业单位领导、优秀教师,在加大对教师培训力度的基础上,根据备课情况,设置好"课程超市",方便基层老年学校菜单式选择教师和课程,实现资源共享。三是做好教师的业务培训。可以在各基层学校间开展教学交流和教学互动,互相参观、学习、听课,开展不同形式的联谊活动;在教师中普及老年人的学习特点、老年教育的方法以及老年教学的要求等,使之掌握老年教学的基本规律和要求,不断提高教师的业务素质和教学能力。

总而言之,随着人口老龄化的加剧,基层老年大学已经成为老年教育的中坚力量。要办好老年教育既要武装思想,也要有清醒的头脑。老年教育工作是政治性、政策性很强的工作,也是牵涉面很广的综合性工作。要把精准服务意识落到实处。要深入学习贯彻习近平总书记视察安徽重要讲话精神,牢固树立以人民为中心的发展思想,用心用情服务老年学员,引领老年人愉悦身心、健康体魄,做"有作为、有进步、有快乐"的新时代老人,为建设新阶段现代化"三美东至"贡献力量,以优异的成绩庆祝建党百年。

(作者系池州市东至县老年大学校长)

石台县老年大学建设的实践与思考

徐丽玲

近些年来,在县委、县政府的重视支持和省市老干部和老年教育系统的有力指导下,石台县老年大学立足县情、着眼长远,抢抓机遇、破解难题,着力强基础、补短板,促使老年大学建设与老干部工作同步发展、一体推进。

一、基本情况

石台县是一个九山半水半分田的纯山区县,2020年4月成功摘掉贫困县帽子。县域面积1413平方千米,辖6镇2乡,现常住人口为8万余人,60岁及以上人口为2.1万余人,占比26.39%,其中65岁及以上人口为1.6万余人,占比20.38%。与2010年相比,60岁及以上人口的比例上升8.78个百分点,65岁及以上人口的比例上升8.18个百分点。县城城关人口约2.48万人。

随着社会老龄化的发展,石台县老年大学应运而生,于1999年成立,隶属于县委老干部局,即由县委、县政府依托老干部服务管理部门独立办学。虽然我县财力基础薄弱、交通欠发达,但县委、县政府深谋远虑,切实践行共享理念,十分重视老年大学的建设与发展。教学场所由成立之初的30平方米增加到4176平方米,办学规模由40人增加到现在的300人左右,年参学人数达

1200余人次,设有10个专业、12个班级。学校先后被安徽省老年大学协会授予"先进单位""老年大学省级示范校"荣誉称号;同时,被列为安徽省老年远程教育共建教学点。

二、主要做法与成效

(一)坚持政治立校

以党建为引领,适时成立临时党支部,着力做好"党建+"文章,把思想政治工作贯穿于办学全过程,将中国特色社会主义理论、党章党规、习近平总书记系列讲话等作为学习的重要内容。着力推动党建工作与学校中心工作、日常工作有机融合。创新活动载体,开辟"银辉讲堂",将培育和践行社会主义核心价值观、党史学习教育融入老年大学校园文化建设;打造好文化品牌,每年明确一个主题,定期举办一次校园文化艺术节;鼓励师生利用各自特长,当好文化志愿者,自觉弘扬主旋律,成为正能量集聚地和"发射源"。

(二)坚持质量兴校

教学质量是学校的生命线。在狠抓制度建设、规范学校管理的同时,本着灵活、实用的原则,积极整合特色资源,创新教学手段和教学方法,持续增强学校的凝聚力、吸引力。每学期开学前,深入调研,充分了解学员的想法,按照政治标准和能力要求,从离退休干部、社会有关机构、各行业中选聘有一定文化素养或专业技能、热爱老年教育、具有奉献精神的人员担任教师和班主任。每学期召开教学研讨会两次以上。树立需求导向,因需开设课程。在原来养生保健、书法、戏曲、电脑、舞蹈、英语等传统课程的基础上,酌情予以调整,新设音乐、柔力球、门球、太极拳、手机摄影、养生瑜伽、器乐、时事政治、社会实践等课程,以满足不同层次、不同阶段学员的需求。

根据老同志特点,结合县情,陆续开设老年人心理健康、红色教育、思想道德、消费安全、健康服务、旅游安全、消防知识、食品药品安全等专题讲座,丰富教学内容,拓宽老同志视野。支持学员开展文明健康、形式多样的第二课堂活动,如参加"全民健身日"、各类协会活动等。利用县内旅游资源富集的优势,每年安排学员"走出课堂",就近就地考察游学,拓展第三课堂。积极运用互联网等科技手段开展线上教学,开辟第四课堂。通过系列课堂教学,促使教学质量有效提升,也让学员能够进得来、留得住。

(三)坚持作用发挥

有为才有地位。"学""为"相融一直是学校的努力方向。自创建"老年大学省级示范校"以来,县老年大学的"口碑"日益向好。之前提起老年大学,有的人认为学员素质差、管理混乱,是一群"社会大妈"自娱自乐而已,退休干部不愿意入校学习。学校坚持创示范促提升,主动围绕中心,服务大局,服务社会,积极搭建平台,引领广大老同志发挥作用、展示形象,增强吸引力。2021年退休干部占学员数35%以上,且呈逐年上升趋势。

多年来,旅游扶贫、文化扶贫是我县脱贫攻坚的重要举措。学校创造条件,鼓励支持教师与学员利用特长,自编自创节目,传承和发展本土特色文化,采取文艺演出、志愿服务等形式,参与脱贫攻坚、乡村振兴、环境保护、农村春晚等大型文艺演出活动。组织学员参加市、县"银辉添彩"离退休干部队伍,在文明创建、科学普及、社区服务、治安维稳等方面发挥余热、聚力添彩。如在2020年新冠肺炎疫情防控战中,广大学员以心坚守、以爱助力,参与值勤值守,踊跃捐款。同年3月,学校教师与学员21人,组建首支老年志愿服务队,担任县城建设违建巡查员、文明劝导员,坚持每周工作日街头值勤,持续到12月中旬,示范引领效果明显。

(四)坚持保障优先

学校建立之初,乃至较长一段时期,仅有一间30平方米教室,一直到2013年,县委、县政府将原县文化宣传中心业务用房(建筑面积达1176平方米)无偿划拨给县老年大学使用,并投资42万元予以升级改造,教学活动场所设施得以配全,此后又陆续投资46.5万元,建设户外门球场1个,并对功能教室和室外操场再次重新改造。随着专业的增多、学员的增加,2019年利用新城区新建的3000平方米文化馆,设立县老年大学分校,不断满足学校场所功能化需求,让新、老城区的老年人都能就近学习,解决了"一座难求"的问题。

随着教学规模的扩大,原有的人员编制已不能适应学校的发展。2018年原老干部局机构改革后,拟设立老干部服务中心,以此为契机,学校积极争取县委重视与支持,要求增加人员编制,以解决办学力量不足的难题。2019年底,县老干部服务中心明确为公益一类正科级事业单位,核定事业编制11名,设主任1名(正科级)、副主任2名(副科级)。老年大学办公室作为中心股级内设机构,承担老年教育、老年大学具体工作。聘请1名退休老同志、1名公益性岗位人员负责教务处、总务处工作。

三、存在的主要问题及其原因

1. 思想认识有偏差

长期以来,大家对老年大学的定位,停留在"老有所乐"层面,普遍认为"老年大学就是老年人休闲娱乐的场所"。多数师生也偏向娱乐性、健身性需求,致使抓特色、创品牌等拓展性工作有难度,甚至有的认为是"没事找事"。

2. 创新载体还不足

课堂教学形式较为单一,以教师说教为主,学员互动较少。线上教学覆盖面不够广。受录、直播的客观条件限制,自创线上课程仍是空白点,教师与学员参与度不高。考虑到难以预见的安全风险,学校组织开展活动的范围难以拓宽。老年志愿服务尚未常态化,没有形成特色品牌。

3. 管理体制需理顺

《安徽省老年教育条例》已颁布实施半年多,各级老教委与教体部门、老年大学的关系在实际工作中认识不统一,各有说辞、各执一词,各地做法不一,难以借鉴和吸收。教体部门对老年教育关注度不高,仍是"事不关己、高高挂起"的状态,普遍认为这是老干部部门一家的事情,"单打独斗"的局面一时难以破解。

4. 服务保障有欠缺

随着经济社会的发展,人民群众生活水平日益提升,而老年大学原有的设施略显简陋。受山区县财力基础薄弱的影响,功能教室改造有所延滞,现代科技信息教学设备、空调等短时期内难以配齐,满足不了新时代教学以及老年学员的需求。因地域、经济条件限制,我县人才流失严重、专业人才引进难,老干部服务中心新进人员办学经验不足、专业技能缺乏,还不能适应新时代老年大学的发展。

四、新时代老年大学建设的几点思考

随着社会的发展、城镇化进程的加快、人均寿命的提高,山区留守老年人逐渐增多,离退休干部、社会老年人对美好生活的向往更加迫切。面对新形势、新任务、新要求,个人认为必须在以下四个方面下功夫。

1. 转变观念,切实提高全社会对老年教育的认识

虽然我县老年大学通过"抓示范、促提升",在县域内的影响力逐步增强,但也仅限于老年人或临近退休人员知晓、关注的范围。要进一步做好宣传文章,利用报纸杂志、广播电视、网络媒体等多种形式,充分展示办学成果和学员风貌,让各级领导、社会各界、中青年朋友认知并了解老年大学,形成全社会关心支持老年教育的良好氛围。

2. 丰富载体,以创新理念引领老年大学发展

创新才有活力、有生命力。通过创新教学制度,持续推进规范办学。拓展教师思维,创新教学方式,使得课堂教学引人入胜。利用老年远程教育共建教学点、老年远程教育实验区,扎实推进线上教学,使得"双轮驱动"的教学模式持久落地。建立系列品牌创建机制,积极打造学校党建、校园文化、志愿服务等特色品牌,且"叫得响、过得硬"。

3. 理顺体制,形成内外协调发展的工作格局

切实宣传贯彻《安徽省老年教育条例》,积极争取县委、县政府的高度重视支持,将老年教育(老年大学)工作列入议事日程、摆上重要位置,纳入综合考核的重要内容。定期召开部门联席会议,进一步明确相关部门职责任务,将老年大学建设纳入终身教育体系、康养事业发展大局,建立健全指导、督查、考评机制。争取其他涉老部门、社会企业的支持配合,推动形成党委领导、政府主导、多方参与、社会支持,多渠道、多层次、多形式发展老年大学的良好格局。

4. 强化保障,不断提升精准服务能力水平

针对教体部门项目资金充足,而老年大学经费紧缺,教育资源分配不均衡,欠发达地区财政供给困难等现状,加强调查研究,积极探索与对接,将老年大学建设经费纳入大教育系统,整合现有资源,合作办学,借力发展,持续完善老年大学基础设施,使得办学条件与新时代发展要求相适应。采取专题培训、现场辅导、实践锻炼、考察学习等形式,加强现有服务管理人员、学校教师的培训培养,牢固树立精准服务、转型发展意识,不断更新理念,切实提高服务管理和教育教学能力。

(作者系池州市石台县老年大学校长)

做好老年教育工作的实践与思考

胡南亭

好的教育是好的办学的关键,好的办学必定会有好的教育做铺垫。如何做好老年教育,这是中国社会进入老龄化时代发展下的一个重要的命题,下面我就结合安庆市老年大学老年教育的发展过程,从三个方面谈谈自己的感悟和体会。

一、思想认识是办学成功的前提

当初组织安排我担任安庆市老年大学校长时,说实话,我是缺乏心理准备的。一方面,我对老年大学、老年教育了解不多,怕干不好耽误了老年教育事业的发展;另一方面,退休后也想根据自己的兴趣爱好,享享清闲的时光,做做自己想做的事情。但后来,三股动力驱使了我、激发了我接受这一任务。

1. 领导的信任和看重

市委、市政府领导的看重和认可,让我重新燃起了"誓做革命一块砖,哪里需要哪里搬"的工作热情。不辜负上级领导的殷切期望,努力发挥应有的余热,成了我接手老年教育工作的重要原因。

2. 市老年大学的工作基础和社会认可度

自1985年建校以来,我校始终秉承"增长知识、丰富生活、陶冶情操、促进健康、服务社会"的办学宗旨,积极探索老年教育发展规律,不断总结办学经验,全面提高办学水平。在前几任校长带领指引下,我校成为弘扬社会美德、传播先进文化的精神文明阵地和广大老年朋友们向往的精神家园。这也为我接下来的工作开展提供了扎实的基础和重要的条件。

3. 老年教育的新形势和新前景

在物质生活越来越富足的今天,人口老龄化是21世纪人类共生共享的重要特征,也是人类共同面临的重大挑战。习近平总书记在党的十九大所作的报告中对正在演变为全球趋势的人口老龄化挑战做出回应,他结合中国国情,借鉴老龄化先进发达国家的经验教训,从党和国家基本方略层面提出实施积极应对人口老龄化和老龄社会的重大战略安排。而马斯洛的"需求层次理论"和麦克拉斯基的老年教育"需求理论"也启示我们:老年人也有学习的能力和需求,老年教育不仅是适应人口老龄化的举措之一,也应是国民教育必不可少的组成部分。

近年来,各级领导对老年人的生活高度重视,老年教育的新时代已经到来。在这种形势下,老年大学大有可为,有着无限的发展空间,可以说是夕阳的群体、朝阳的事业。为此,我深感责任在肩,务必顺应大势,明确使命,热情投入,积极作为。

二、敢于担当是办学成功的保证

作为一校之长,要抓的事情很多,但必须总揽全局抓大事、合力攻坚抓难事、求真务实抓实事,我的体会是抓好"三个一"。

(一)第一要义是发挥示范引领作用

作为市级老年学校,对其他县级老年大学起着龙头示范的作用。市老年大学办得如何,对全市老年教育影响很大。因此,我们在研究本地市情的基础上,吸取外地先进老年大学的经验,集中全体教职工人员的智慧,将学校真正办成与时代合拍、与地位相称的老年大学,使其独具特色、充满活力,能够助推改革发展,为和谐社会的构建增砖添瓦,并且得到学员的认可和社会的满意。2018年我校被评为"老年大学省级示范校"。在县(市)区老年学校工作指导方面:一是在任老年大学校长期间,8个县(市)区老年大学我都考察了一遍,指导、协调各个学校争取当地党委、政府的支持,不少学校的校舍问题相继得到解决,取得了不错的效果。二是开展老年大学理论研讨会。每年召开一次全市理论研讨会,参加研讨的论文从不同侧面深入研究和探索如何办好老年大学。论文成果对我市老年教育和老年大学建设具有一定的指导和推动作用。三是借重安徽省老年大学协会的牵头作用。2018在安徽省老年大学协会的努力下,省财政厅发文,明确规定了各级财政对老年大学财政拨款的规定,我们借此机会,一举解决了我市各校教学经费不足的问题。

(二)第一要务是抓牢发展兴校

老年教育与其他教育的区别就在于:有培养的需要,但没有绝对的指标;有能力的提升,但没有就业的压力;有规章制度,但没有清规戒律。根据这一特点,老年大学应该把发展兴校作为第一要务,把老年学员的"满不满意、喜不喜欢"作为工作的出发点和落脚点,为老年朋友们开辟一个更新知识的校园、和谐温馨的家园。

1. 首要的是基础设施建设

没有好的软硬件设施和环境,一切都将是空谈。过去,安庆市的老年教育面临着"一座难求"的现状,老年朋友上学难、求知难、报不上名的现象时常发生,为了解决这一根本难题,我们经过方方面面的努力,使校舍问题得到了解决。2019年市委、市政府批了400多万元用于双莲寺校区的维修工程建设,预计于2021年年底可完成,届时会给更多的老同志们提供一个更舒适、更宽敞的学习环境。

2. 强化教学管理

参加老年大学学习的学员,入学靠自愿,专业靠自选,学习靠自觉,那么是不是意味着就能"放养式"教学呢?显然不是的。教学质量仍然是学校发展的生命线和立校之基。吾生也有涯而学也无涯,越来越多的老年朋友不仅仅将老年大学当成打发退休时光的地方,而是更多地想借助老年大学这一平台跟上时代的步伐,不忘学习的初心。如何提升教学质量,关系到老年大学办学成效。一是坚持因需施教,科学设置贴合老年人需求的专业学科,在尊重法律法规、尊重特性爱好、尊重现实条件的前提下,促使学员们自觉主动地学习。安庆素有中国"黄梅戏之乡"美称,我们开设的黄梅戏专业颇受老年学员的青睐;为适应时代发展,还开设了电脑手机智能班,报名学员络绎不绝。二是抓好教务工作,制订教师制度、班级制度、班委职责,各项制度的完善才能保证教学工作的顺利进行。同时着力突出教学的主体地位,并根据学员的学习需求、学习基础、学习能力实行分层次、分级别教学。

例如,二胡、葫芦丝都开设有初级、中级班。三是为展示学员学习成果,积极开设第二、第三课堂,我校每年都送服务到基层、组织参加各种比赛活动,并鼓励书法绘画、摄影班等学员在安全的基础上进行野外写生、拍摄,极大地丰富了老年学员的课余生活。各项活动的开展,使老年朋友们陶冶了情操,升华了境界,展示了风采。

(三)第一要责是抓强队伍建设

优秀的教师队伍和敬业的服务团队是兴教兴校的根本,也是我作为校长的重要职责。除结构优化外,我们明确要求力行个人形象一面旗、工作激情一团火、谋事布局一盘棋,真正树立不来谋利而来谋事的理念。我们强调管理人员应坚持以人为本的教学理念,充分理解老年学员的身心特点,尊重老年人的自主性,关怀老年人的生命质量,依靠老年人所表现的人性的善,实现群体的高度和谐,尊老敬老,营造健康向上的校园氛围,体现人文关怀。

1. 在教师队伍的建设上发力

虽然我们目前还没有属于自己的专职教师,所有授课教师全部都是从社会上聘请来的,但对教师选聘和管理高度重视。我们严格执行教师的选聘、管理和考评程序,把德才兼备、乐于奉献的教师精挑细选进来。2020年共聘请教师37名,其中科班出身较多,还有一部分为在职人员,我们用感情留人、事业留人、待遇留人,打造了一支高素质、高水平的教师团队。同时我们也正在积极努力,力争将更多更优秀、更专业的人才纳入安庆市老年大学的教师人才库。

2. 老年大学的管理队伍不断吸收新鲜的血液

我们老年大学的管理人员过去主要是以聘请的离退休人员为主,但随着形势的发展需要充实一批专职人员从事这项工作。

2019年,经过努力,市委、市政府拨给我们5个政府购买服务人员编制,并且在年底人员全部招聘到岗。目前我们在校园服务管理方面拥有一支老中青相结合的管理人员队伍,这支队伍与时俱进、积极进取、精诚团结、勇于创新,每位同志都兢兢业业、燃烧着激情为老年教育的建设增砖添瓦。

三、正确理念是办学成功的要诀

近几年,安庆市老年大学发展的态势越来越好,规模也越来越大。2021年春季在校学员4000多人,秋季将突破5000人。双莲寺校区维修完善之后,招生规模也会进一步扩大,学校从校内环境到校外环境,从领导体制到工作机制,从办学经费到办学场地,从教学管理到师资队伍,都在发生着积极的变化。回顾这些变化和取得的成绩,给我们最大的启示是老年大学把握正确的办学理念尤为重要。老年大学的发展壮大靠什么去推动?怎样办好老年大学?应该办成什么样的老年大学?这些都是我们实践探索的课题,为此,我们在工作中坚持做到"三个务必"。

1. 务必争取市委、市政府的重视

老年大学能否取得成效,除了自身积极进取外,更重要的是取决于市委、市政府的重视程度,取决于有关部门的支持力度和配合程度。没有领导的重视和支持,老年大学的工作就会举步维艰。因此,必须在工作中十分注重争取领导和有关职能部门对老年大学的重视和支持,为学校的发展营造环境。几年来,正因为得到市委、市政府的重视,解决了校舍、编制和经费等重大问题,为我市老年教育事业发展提供了强有力的保障,从而使制约学校发展的场地、经费两大瓶颈得到有效解决,更加坚定了我的信心和决心。

2. 务必使老年教育形式丰富多样

目前老年大学是老年教育的一个最主要的形式,但不应成为唯一的形式。2020年是《安徽省人民政府办公厅关于加快"十三五"期间老年教育发展的实施意见》的收官之年,意见中提到,到2020年,以各种形式经常性参与教育活动的老年人占老年人口总数的比例达到20%以上。为扩大老年教育覆盖面,在提高各地老年大学入学率的同时,要大力拓宽老年教育渠道,提高老年人参学比例。当前,积极开展老年远程教育是当务之急,也是一种发展趋势。老年教育不应局限于采取单纯的课堂讲授、培训班或讲座等形式,而应利用新科技手段进行远程培训,建设云课堂,进行视频对话,等等,让主动教育和自我教育充分结合,拓宽老年人的视野,实现老年人自我管理、自我教育、自我监督、自我提升的目标。

3. 务必做好服务的同时要有所作为

老年大学是为老年人服务的地方,我们的管理团队服务每一位学员并让他们满意,让他们在人生晚年的时光中留下最美好的回忆,这也是我们的目标之一。但是,我们不能满足于现有的服务,要着眼于将老年教育做大做好,以服务更多的老年人,我认为最根本的是要进一步加快老年教育的发展,将老年大学办出水平、办出成效。我校从1985建校以来,从小到大、从弱到强,取得了实实在在的发展。发展才是硬道理,迎难而上,积极进取,不懈奋斗,才能将老年大学越办越好。老年大学的发展进步、老年大学的办学成果都会得到社会的认同和赞誉,越来越多的人认识到:老年大学不仅仅是解决老年人的"老有所学"问题,更是事关社会稳定、发展、和谐、进步的重要问题。落实科学发展观,构建社会主义和谐社会,决不能忽视我们老年教育所发挥的作用。

随着人口老龄化的提速,退休老同志逐年增多,老年大学学员必将呈现出年龄低龄化、职业多元化、需求多样化、服务精细化的特征。如何适应发展变化的新形势,保持老年大学旺盛的生命力和创造力,将是我们不断研究和探索的课题。2021年是建党100周年,在两个100年历史目标交汇的关键时期,我们将在中国共产党的英明领导下,认真学习兄弟学校的宝贵经验,不断创新工作思路,创新教学方式,创新课程设置,使老年大学越办越活,越办越好。

(作者系安庆市老年大学校长)

立足"三有"目标　办好新时代老年大学

胡爱国

习近平总书记指出:"老年是人的生命的重要阶段,是仍然可以有作为、有进步、有快乐的重要人生阶段。"据此,培养有作为、有进步、有快乐的新时代"三有"老人,是新时代老年大学的基本目标,是办好老年大学的根本方向,是老年教育教学的基本遵循。多年来,桐城市老年大学秉承这一理念,坚持不断探索、锐意创新,走出了符合自身实际和发展的办学之路。

(一)领会"三有"精神,提升办学理念

老年教育是以老年人为对象,为满足老年人学习需要、提高老年人素质、适应老年人对社会发展的要求而开展的教育活动,

是老年人提高自身生活质量和生命质量、适应时代和社会需求的素质教育活动。老年教育工作,不仅能增强老年人的生活幸福感,更能促进社会和谐与进步。

实践使我们认识到,老年人自觉自愿参与老年大学学习,有"个体目的"和"社会目的"两个主体意识:一个是对生存享受的满足,即给生命以时间,使生活更加丰富、充实和快乐;另一个是对社会发展成果的享受和满足,即给时间以生命,汲取新的知识营养,力所能及地参与社会活动,在再发展、再贡献中得到幸福和满足。

几年来,我校在办学理念上,立足于老年学员的特点,明确老年人学习的目的,紧紧围绕"三有"基本目标,运用开放思维,积极探索老年教育的办学思路。我们提出了"三个适应"的原则:课程设置适应老同志需求,教学内容适应时代发展需要,教学方式适应老年教育特点。在专业课程设置上,每学期学校都发放学员征询意见表格,广泛征询学员对专业和课程设置的意见和建议,实施"订单教学法",适时增减专业和安排课程。近年来,学校每学期新增的二、三门新专业、新课程,都体现了老年人的特点、兴趣和要求,受到老年学员的青睐。目前学校有12个专业、53个教学班,分为知识类、技能类、健身类、娱乐类、地方特色类、综合类等六大类。基本能够满足学员多元化、多样化的学习需求。

在教学方式上,学校根据学员知识基础和学习需求,将专业分为初级、中级和高级班,由低到高安排教学内容。以第一课堂为基本,以第二、第三课堂为补充,教学相长,学有所得。学校与市科协联手,创办了安庆科普大学桐城分校,给学员发放科普资料,定期开展科普讲座,拓宽学员视野。

古人云:"善之本在教,教之本在师。"我们坚持把"有责任心、有教学能力、有奉献精神"作为选聘教师的首要标准,广开渠道,借力发展,建立了我们自己的师资人才库。目前学校聘请了32名任课教师,都具有大专及以上学历。学校所有教室配置了投影仪、电脑,开通了互联网,鼓励教师采用多媒体课件和互联网教学,增强教学效果。学校要求各班建立微信群、QQ群,建议教师把讲义、课件发到群中,方便学员课前预习和课后学习,并提倡师生交流互动。通过丰富学科、拓宽内容、活跃教学形式,促进老年人提升文化品位、扩充精神空间、活跃思想、充实自我,与时代共进步。

理念一新天地宽,开放思维结硕果。桐城市老年大学已从只有书画、唱歌几个简单的专业,发展成集娱乐健身、书画摄影、文学历史、生活健康于一校的综合教学机构,成为"老年大学省级示范校"。2021年春,在校学员800余人、上课2000余人次。通过进校学习和个人努力,摄影班2名学员成为国家级摄影协会会员,2名学员成为省级摄影协会会员;书法班有4名学员加入省书协,15名学员加入市书协。

(二)领会"三有"内涵,探索老年教育发展的新路径

坚持"有作为、有进步、有快乐",必须处理好"教、学、乐、为"的关系。老年大学不仅仅是按照老年学员的诉求安排教学,在新时代更要适应老年人追求生命质量的需求而设置和引导教学,摆脱传统教学的局限,通过办学和教学创新,寻求老年教育新途径。

1. 课堂教学和校外实践相结合

学校在市区外设有多个教学基地,给学员们的研、学、游提供载体,成为学员们走进大自然,开展观赏、写生、采风、游学、学习等活动的良好平台,力求使老年大学成为老年人调整心态、娱乐身心、追求快乐的精神家园。

2. 专业教学与社团活动相结合

学校成立了艺术团,组建了9个表演队;为提升各专业的教学实效,学校还组建了各类学会,如书画、摄影、黄梅戏、太极、二胡、桥牌、葫芦丝、时装秀等8个学会。学员根据自己的特长和爱好自愿加入不同的团队。学会是各教学班的延伸和拓宽,是师生教、学、研活动的载体,是各专业校内外开展活动的窗口。各学会根据自身特点和学员的要求,开展了教学活动和教学成果展示,使老年大学成为求知校园。

3. 校园文化和社会文化相结合

老年大学的校园文化走向社会是老年大学办学目标的自然归宿。让老年教育融入社会、教育成果惠及社会、老年学员服务社会,积极营造"老年大学因我而多彩,我因老年大学而年轻"的校园文化。我校不少学员成为了社区文化骨干,帮助社区组建剧社、文化室、舞蹈队、健身队;成为基层文化、广场文化、社区文化的骨干,是我市刚成立的"老年人体育协会"的主力军。学校和学员取得了社会的好评,赢得了社会各界对老年教育的重视。

4. 秉持开门办学理念,走"老年大学＋"的发展之路

多年来,我们始终坚持开门办学,把校内有限的小课堂拓展到社会的大课堂,把有限办学资源与雄厚社会资源相融合,把师生间的互动交流,拓宽到社会各行业、各阶层,形成广泛的互动交流,实现教育内容、形式和质量全面提升,提出"老年大学＋"的办学思路,就是"老年大学＋部门""老年大学＋学校""老年大学＋社团""老年大学＋社区"等。更新理念,打破传统的闭门办学的观念。广揽资源,借力兴学,积极地依托社会资源为我所用,借助社会之力开门办学。

(三)领会"三有"目标,造就新时代健康老人

"健康老人"的概念不仅仅指身体正常,而是指由思想的健康、身体的健康和心理的健康等多方面的综合。通过"老有所教、老有所学、老有所乐、老有所为"的环节,发挥老年大学的职能,从而实现老年学员的思想健康、身体健康和心理健康。

把老年学员的思想健康放在第一位,学校坚持政治引领,广开教育渠道,引导广大学员始终在立场、方向、原则、道路上同以习近平同志为核心的党中央保持高度一致,做到立场坚定、思想常新、心明眼亮;要求学员围绕中心服务大局,在学校、社会、社区乃至生活圈内发挥正能量作用。

2017年,学校报请市直工委批准,成立了临时党支部。校长和副校长是党支部班子成员,学校学员党员近200人,分设8个党小组,选派了党小组长;制定了《临时党支部职责》《党小组长职责》,制作了"临时党支部公开栏",以制度为标尺,规范党建工作,构建起适合老年大学工作实际的党建工作格局;同时以活动为载体,将丰富多彩的党组织活动贯穿于党建工作的始终。2021年在庆祝建党100周年之际,我校在全校开展"学党史、颂党恩、献余热、有作为"系列活动。开学之初,学校发布了《关于庆祝建党一百周年暨党史学习教育系列活动的通知》,将党史学习教育活动分为主办党史知识讲座、举办摄影和书画展览、组织文艺演出、举办学习论坛四个阶段。校临时党支部举办了"学党史、颂党恩、跟党走"专题讲座。各党小组陆续开展不同形式和内容的活动。葫芦丝专业党小组,前往岳西革命老区,党员重温入党誓词,就地进行教学表演,吹奏革命歌曲,为红色圣地增添一道风景。桥牌班党小组,前往孔城镇参观第一个中共桐城党支部旧址,现场接受党史教育,追寻红色记忆。门球班、二胡班党小组到欧党岭起义

旧址开展党史教育,缅怀革命先烈,在接受革命精神洗礼中传承红色基因。黄梅戏和时装秀专业党小组在市人民广场,举办"展风采、颂党恩"专题演出,在社会上引起较好反响。书画、摄影专业党小组,积极组织党员和学员在市美术馆筹办展览,通过书画和镜头抒发爱党之情。

身体的健康是老年学员实现"三有"目标的基础,学校在求乐、求进中让老年学员实现胸襟宽达、延年益寿的目标。学校把健康知识作为学校教育的重要内容,每学期都邀请专业人士来校专门为学员讲解健康知识,定期邀请专家来校为学员义务检查身体。在校报、校刊上开辟健康养生专栏,形成"科学养生、健康生活"的理念和习惯。为方便学员接种疫苗,学校负责人主动联系市卫健委,争取为老年大学开辟专用通道,安排专场接种,专人守卫,各学员凭专门印制的"桐城市老年大学疫苗接种专场通行证",不用排队,直接进入接种大厅。通过游学、社区活动、联赛活动等形式,开展"健康学员行动",让老年学员融入社会,亲近大自然,享受存在感。在课堂上,开设了太极、瑜伽、门球、舞蹈、时装秀等运动健身类专业,以合适的运动增强老年人的体质。为推动我市老年人体育事业全面持续发展,学校负责人主动领衔,牵头组织成立了"桐城市老年人体育协会",协会组织的主体为老年大学学员,为落实全民健身计划贡献智慧和力量。

心理健康是健康老年的重要内涵,俄国著名生理学家巴甫洛夫的名言"快乐是养生的唯一秘诀"用于老年学员很贴切。为使学员有一个健康的心理,学校将过去的心理健康讲座改为老年心理课程,常规化讲授心理健康知识并开展心理咨询活动。通过规范教学和教学成果展示,使老年学员保持灵活的思维,延缓智力衰老;通过开展志愿活动,营造健康向上的校园文化,使老年学员乐学、乐群;通过办好校刊,刊发学员文章,让学员写学校、学员写自己,弘扬正能量,传播真善美,引导学员保持健康的心理。进入老年大学校园,就能看到醒目的"走进老年大学就年轻"九个大字。老年大学因我而多彩,我因老年大学而年轻,学员感受到走进老年大学就进入了一个健康的乐园。

老年教育任重而道远,我们将始终保持用心、用情、用力的精神状态,坚持多思索、多创新的理念,办好新时代的老年大学,为老年学员搭建终身学习的平台,寻求提升生命质量的途径,营造健康和谐的环境,实现新时代的"三有"目标。

(作者系安庆市桐城市老年大学校长)

桑榆萦怀涵夕晖

王 春

我校始建于1995年,在老县城石牌运行不久,由于县城搬迁而停办。县城迁址后,在县委、县政府高度重视下,2010年开始在新县城建设老年大学教学办公楼,建筑面积7200平方米,于2016年9月正式挂牌复课,至今已有6年时间。现已开设18个专业、20个班,在册学员达1500多人次。

在几年来的办学历程中,行政团队勤奋耕耘,其间充满艰辛,也收获满足,充实快乐。我们的主要做法和体会如下。

（一）硬件建设既适应社会发展，又兼顾老年群体需求

1. 抓投入，重视基础设施建设

学校硬件建设既体现时代风貌，又充分考虑到老年群体实用的特点，简约而不简单。一是各教室，按功能设计要求，全方位确保达到教学要求；每个班级还专设了教师办公室。二是公共空间，让人感觉富余、宽敞、明亮、清爽；尤其是多功能大厅，我们按二层楼房的高度设置，内部空间可容纳500人，在标准和功能设计上，完全达到表演活动的要求。三是回廊通道，专门开辟了一条安全快捷的路径，直达门厅；楼内通道（包括楼梯、走廊等）设计平缓、宽阔，所有通道两侧墙体上，均安置了固定扶手。楼内安装电梯两台，除了一台一般性的商住电梯外，还特地安装了一台医用电梯，以在发生意外情况时应急使用，保证学员能在舒适安全的环境中学习活动。

2. 抓配置，配齐配强教学设备

每一个教室都配置了一套电子教学设备，如投影仪、电视大屏、教学电脑、扩音及移动音箱、教学钢琴等，所有教室都可以直接联网，展开电化教学。多功能大厅的舞台音响设备，不仅能满足日常演出需求，还具备联网卡拉OK功能；舞台多重大幕全部采用电动遥控；舞台灯光按专业演出机构的要求配置；还有大屏幕投影，主席台两侧电视直播大屏等，都采用了较为先进的设备。同时，在消防安全、空调、公共场所监控等公共设施方面也按有关要求高标准配置安装。教师教学、学员学习环境优美，保障有力。

（二）软件建设既符合教学要求，又结合老年大学特点

1. 机构配置和经费保障

我县老年大学内设党支部和办公室、政教处、教务处等；在机构人员配置上采取了聘任与在职相结合的专兼职模式。"一套人马，两块牌子"，学校与老干部活动中心合署办公，共担任务，有效利用各方资源，实现互补式发展，推动老年教育工作不断迈上新台阶。经费保障列入财政预算，学校作为一个相对独立运行的支出单位。学员报名费全额进入财政账户并返还，收支两条线。

2. 教师聘任

教师聘任工作的关键是重点把握他们的专业素质和队伍的稳定性。一是建立了教师预备档案，从社会各方面广罗人才，并从中选拔。二是聘任前先摸底考评，达成意向后，由应聘教师签字确认；正式受聘后，学校在开学典礼上举行聘任仪式，颁发聘任证书。三是逐年提高教师待遇，按时足额发放课时津贴。四是明确教师责任，通过签订聘任合同，界定学校和教师的相关权利、义务和责任。制定了"当堂教师为该班班主任"的制度，要求授课教师切实履行班主任的管理职责，协同班长掌握本班每个学员名单及联络方式，了解学员出勤情况，随机处置偶发事件，重大问题随时向学校领导报告等。

3. 制度建设

5年来，我们先后制定了30多项各种类型的规章制度，汇编成册。这些规章制度除极少数内容是借鉴外地的，绝大部分是我校结合有关法律法规和我县老年教育的实际情况建立的，覆盖了学校工作的方方面面，有很强的操作性。概括起来主要有以下几大类：一是基础类，主要从行政管理角度，包括人员职责及日常行

政、财务、后勤、安全管理、班级联系、教学听课等方面,使各相关环节有了明确职责界定;二是教学类,一方面从教务处到教师、班长、学员,制定了一些常规性制度,另一方面针对开设的各个专业特点,有针对性地制定了具体的硬性制度,从管理的角度去强化教学运行过程中的每一个细节;三是党建类,明确了学校党支部及各班党小组的职责和任务,要求在校党员遵守党员行为准则,保持党员先进性,坚持每周政治学习,期末文字总结汇报。

4. 人性化管理

围绕老年大学学员学习动机多元化的特点和不同年龄层次,我们着力在人性化管理上狠下功夫。一是尊重生命、关注安全。学校为所有学员购买了一份人身意外伤害保险,使他们感到非常心暖。入校报名时就与每个学员签订《安全告知书》,要求他们增强安全意识,还将其家属的电话号码留校备案。二是成立校内志愿服务队,从学员中遴选年龄稍轻、从事过医护工作的人员担任医疗志愿者,并尽量分布于各班级。学员日常上课,学校坚持强调"恶劣天气不提倡风雨无阻,身体不适不提倡带病到校",坚持安全至上的理念。三是组建了"99艳阳志愿服务队",积极开展或参与一些社会公益性志愿活动,送温暖、献爱心、送春联、维护交通秩序等等,为老年学员服务社会提供了机会和平台。四是注重校园文化建设。营造积极健康向上的校园氛围。五是实行电子信息化管理。将所有学员信息纳入电脑系统管理,及时、准确掌握学员相关信息、各种结构及动态变化,对有效管理在册学员起到了很大作用。

(三)党的建设既立足于建,又落实于创

学校恢复办学伊始,我们就高度重视党建工作,以党建工作为龙头,充分发挥老党员的先锋模范作用,充分利用老党员的余

热,满足他们参与组织生活的渴望;增强老同志的组织观念,发挥他们的带头模范作用,激发他们的精神活力,创造健康向上的政治环境。

1. 健全组织结构

2016年10月13日,经县直工委批准,学校成立了"中共怀宁县老年大学党支部",校长任书记;学校内设机构中专门设立了"政工处"。全校12个班均成立了党小组,党小组长由各班党员集中选举产生。通过设立党支部、政工处及各班党小组,健全了学校党组织,实现党组织全覆盖,为贯彻党的路线方针政策和学校教学工作提供了有力的组织保障。

2. 强化政治学习

恢复办学5年来,我们均把政治学习放在首位,要求各班政治学习每周不得少于1次,每次10~20分钟,全体学员一并参加;并做到学习有安排、有记录、有签到,学年结束,学习记录本交学校存档。在2021年建党百年之际,我们党史学习贯穿始终,收效明显。除了政治学习常态化以外,学校还规定必须将政治学习与教学相结合,利用诗词、书画创作、歌曲演唱、舞蹈编排、戏曲演唱、电脑阅览等教学内容,以及学校微信公众号、宣传栏、教室板报等多种形式,寓教于乐。

3. 坚持舆论导向

学校是思想教育、知识交流、信息传播的阵地,政治导向是标杆,老年大学也不例外。通过舆论宣传,树立正气,遏制歪风,正确引导在校学员的思想行为,是学校党建工作的重中之重。一是利用电子大屏、固定宣传栏等多种宣传形式,宣传习近平新时代中国特色社会主义思想、党的十九大精神、社会主义核心价值观等内容,丰富校园政治生活,输出正能量,营造欢乐祥和的氛围。二是及时表彰先进,树立典型,弘扬正气。对党建工作、文明创建、团结合作及班级管理等方面表现出色的班级给予大力表彰，对团结友爱、无私奉献、拾金不昧的好人好事给予大力宣传褒奖。不断鼓励学员在校要当好学员，在家要当好家长，在社会要当好公民；特别是党员同志，要不忘初心，听党的话跟党走，处处以一名共产党员的标准严格要求自己。三是创建定发《怀安河畔》微信公众号，每周1期，设置10个栏目。同时，建立通讯员队伍，开展业务培训，把宣传触角引入课堂及校外，既为学校思想政治工作和学员思想教育工作提供了一个平台，又在学校与社会、学员师生、家人校友、亲戚朋友之间架起了一座相互沟通交流的桥梁，传播正能量，展示新风采，体现社会主义核心价值观，推动了学校内涵发展，提升了学校文化品位。

4. 拓展活动空间

老年大学的特点是学员学习动机多元化，如果一味按部就班地进行教学，就可能因为教学的机械、枯燥，使学员逐渐感觉乏味、沉闷而缺乏活力。因此，要主动引导老年学员积极健康地生活，在增长知识的同时，不断地丰富集体生活，陶冶情操，促进健康，服务社会。一是组建了"99艳阳志愿服务队"，参加一些社会公益性志愿服务活动，送温暖、献爱心、送春联、维护交通秩序等。二是开拓第二课堂，在保证安全的前提下引导学员走出校门，深入社会实践，到独秀陵园、邓稼先故居、海子园、博物馆参观，到田间地头、开发区、社区、景区走走看看，开阔眼界和视野。三是开展一些全校性的综合性汇演、诗书画展览、文体竞赛等。一系列有益身心健康的第二课堂活动，将政治理论学习和课堂教学延伸到实践，融入实际，使每一个学员在实践体验中，深深感受到改革开放的红利，感受到祖国的繁荣昌盛、社会的和谐稳定，感受到党和政府的温暖，同时也感受到他们仍是社会的重要组成部分。

2021年是建党百年，我们抓住历史节点，集中组织好系列活动,让师生员工记历史、铭初心。我们广泛开展"六个一"活动,即学习一本党史、召开一次座谈会、开展一次征文活动、参观一次怀宁成就、举行一次"七一"汇演、举办一期"七一"展览,用自己的方式,表达挚爱喜悦之情。学党史,听讲座,忆往昔,谈亲历;书美好,画巨变,摄美景,写诗篇;唱颂歌,舞激情,弦心音,诵心声……热爱党、感恩党,成为大家共同的表达。退休的这代人,经历了党的艰难探索时期,目睹了国家的发展进步,见证了民族复兴伟大跃升,享受了快乐美好的退休生活。今天又聚集在一起,接受老年教育,找趣学艺,交朋结友,追康逐乐。大家吃过苦,历过难,老来得福,备觉幸运,也最有知足感,最有感恩心,最有发言权。通过集中系列的"七一"活动,使老年学员感同身受,深受教育,深受鼓舞。

如今,走进怀宁县老年大学,让老年人"增长知识、丰富生活、陶冶情操、促进健康、服务社会"的办学宗旨已形成浓厚的氛围。在短短的5年多时间里,老年大学各项工作快步推进。首先是学校领导一班人办学方向目标明确,组织结构健全,保障有力彰显;同时充分发挥老党员、老同志的优良作风和传统,积极引导全校师生弘扬正气、向上向善、乐度夕阳,以正能量占领思想阵地,坚持不忘初心、牢记使命;在管理上规范到位,采取的措施有力且保障有效。参加老年大学学习,已成为怀宁老年人心中的一种时尚与追求,"有作为、有进步、有快乐"的目标已逐步成为现实。

(作者系安庆市怀宁县老年大学校长)

办好老年大学的实践与思考

聂万健

党的十八大以来,为推动老年教育的发展,打通人生教育"最后一公里",党和政府高度重视、加大投入,采取一系列措施确保了老年教育行稳致远。在县委、县政府的正确领导和大力支持下,太湖县老年大学逐步完善老年教育的供给方式,以创新理念打造老年人康乐养老的精神家园,2018年被安徽省老年大学协会授予"老年大学省级示范校"称号。我们在办学实践中,有自己的做法、体会和思考。

(一)坚持政治建校有定力

太湖县老年大学以习近平新时代中国特色社会主义思想为指导,坚持政治建校,成立了学校党组织,常态化开展党建活动,组织党员代表参观新农村建设,瞻仰烈士墓,缅怀先烈,重温入党誓词,发挥老年大学思想政治工作主阵地的作用;编制了思政课教学大纲,聘请县委领导、党校教师开设了思政课,把思想教育贯穿于日常的教学之中,把工作举措落实到更好地实现老同志为党和人民的事业增添正能量的目标上来;组织老年大学学员全面系统地学习习近平新时代中国特色社会主义思想,把新思想作为必修课、把党史国史作为基础课、把初心教育作为常修课、把国内外形势作为研修课,真正把老年大学建设成为老年人的"思想政治高地",使老同志深切感受到党和国家对老年人的关心、关爱和关怀,始终在思想上、政治上、行动上与党中央保持高度一致,退休不褪色,奋进不落伍,更加自觉地做到政治坚定、思想常新、理想永存。

(二)坚持内涵发展有功力

1. 加强师资队伍建设

我们把热爱老年教育、精通教学业务、教学方法好、身体健康、有时间保证作为选聘教师的主要标准,建立了一支由老年大学管理人员、外聘教师、优秀学员三结合的教师队伍,以外聘教师为主体、以管理人员为支撑、以优秀学员为补充,不断充实完善了教师资源库,完善了教师考评、培训和激励机制。组织管理人员、教师、学员参加各级各类理论研讨、参观交流、论文评选、业务进修活动,着重培养和提升教师的教学能力、掌握和运用现代化教学设备的能力、良好的沟通能力、灵活机智的应变能力和善于因人因材施教的能力,按老年教育规律办老年大学。

2. 构建校本课程体系

太湖县老年大学始终坚持"增长知识、丰富生活、陶冶情操、促进健康、服务社会"的办学宗旨,结合县域老年人的需要,编写教学大纲、制订教学计划、合理设置课程和编制选定教材。我们以老年人精神文化需求和学习需求为基础,划分专业,制订专业目录,开设了黄梅戏、京剧、二胡、电子琴、唱歌、葫芦丝、计算机与智能手机、柔力球、太极拳、养生气功、广场舞、形体舞、诗词、书法、绘画、剪纸、卫生保健、桥牌等18个门类的课程。搞活第一课堂(课堂教学、思政专题),让老年学员老有所学,夯实基础;丰富第二课堂(讲座、研讨、展演),每周开展艺术团排练,每学期开展两次思政课讲座,组织学员参加各级文艺汇演,让老年学员老有所乐,课内打基础,课外出成果,充分利用课外时间巩固、发展教学成果;拓展第三课堂(社区活动、社会活动),组织学员开展送戏进社区(村)、春节义务书写春联等活动,让老年学员老有所为、服务社会。课程教学和活动安排力求符合老年人的认知规律和知识间的逻辑联系,注意课程难易的协调、课程和活动的协调及学习理论、培养能力和陶冶情操的协调等;从而让学员的学习兴趣越来越浓厚,学习氛围越来越和谐,学习心情越来越舒畅,真正把老年大学建成老有所学的课堂、老有所乐的舞台、老有所为的阵地、精神文明建设的窗口。

3. 健全规章制度

过去的老年大学侧重于服务,现在我们更侧重于办学规范,依托制度建设来保障老年人都有接受再教育的机会。我们按照"管人""管事""管物"分类建章立制,制定了《校务委员会制度》《校长办公会议制度》《办公室工作制度》《教务处工作制度》《教师管理办法》《财务管理制度》《艺术团工作制度》等教学管理、行政管理、后勤管理一系列规章制度,依靠制度进行规范化管理。

(三) 坚持开放办学有活力

老年大学要办活,必须坚持开放办学,要让更多老年人"足不出户"就能享受到优质的教育资源,通过老年大学的示范引领丰富老年人的生活。

我们充分发挥老年远程教育的作用,依托安徽广播电视大学(安徽开放大学)和老年大学系统建立了太湖县老年远程教育网子站,积极指导学员注册学习,深入乡镇(社区)、村(居委会)推广使用,构建了线上和线下相结合、办班与活动相结合的老年开放教育新格局。

我们坚持开放办学理念,将办学实践向社会延伸,积极探索走出校门的教学活动,通过开放化办学,力争取得广泛而良好的社会效果,为老年人搭建"老有所教、老有所学、老有所乐、老有所为"的平台,聚焦脱贫攻坚、乡村振兴、文明创建、疫情防控等中心工作,组织老年学员以多种形式贡献余热,向中心聚焦,向大局聚力,进一步彰显办学价值。

(四)坚持开拓创新有动力

2020年第七次人口普查数据显示,我国60岁及以上人口已经达到2.64亿人,占总人口的18.7%,其中65岁及以上的人口为1.91亿人,占总人口比例的13.5%。通过这一数据可以看出,我国正在走向老龄化社会,老龄化人口快速增加的趋势已经无可避免。2021年5月31日,习近平总书记主持召开中央政治局会议,听取"十四五"时期积极应对人口老龄化重大政策举措汇报,强调贯彻落实积极应对人口老龄化国家战略,加快建立健全相关政策体系和制度框架。会议从政治高度、战略全局对我国老年工作做出了重大部署、指明了前进方向,为我们办好老年教育提供了根本遵循和不竭动力。

我们按照"党委领导、政府主导、社会参与、全民行动"的老年工作方针和"因地制宜、按需施教"的工作原则,充分发挥老年大学的示范辐射作用,积极调研,优化布局,力争把老年教育办到老年人的家门口,多元化发展乡镇(社区)、村(居委会)基层老年教育,为老年人提供就近便捷的学习环境,满足老年人对健康养老、终身学习和美好生活的需求,实现培育新时代"有作为、有进步、有快乐"老年人的办学目标。

应该看到,目前老年教育发展仍然存在一些亟待解决的问题,诸如对老年教育定位不明确,对老年教育的发展目标、管理体制、运行机制、施教主体、保障措施等尚未做出明确、系统、全面的规划;老年教育机构、编制、人员尚未按照公益教育事业单位配备;老年教育现状与人口老龄化加速发展的趋势严重不相适应,许多地方出现"一座难求"的现象;各地老年大学至今没有统一的教学大纲、全国性教材,学科建设和课程设置缺乏统一性和规范性等等。发展老年教育,办好老年大学,还有很长的路要走,需要我们不断地认真思考、大胆探索和积极推动。我们要以习近平新时代中国特色社会主义思想为指导,践行新时代老年教育发展的新理念,用好政策、找出对策、着力施策,不断提高办学水平,不断彰显办学特色,努力办好人民满意的老年教育。

(作者系安庆市太湖县老年大学校长)

浅谈老年教育与公民道德建设

柴 新

　　加强公民道德建设是一项长期而紧迫的任务。党的十九大专门对老年教育直接所属的继续教育提出要求:"办好继续教育,加快建设学习型社会,大力提高国民素质。"习近平总书记进一步指出:"要把立德树人内化到大学建设和管理各领域、各方面、各环节,做到以树人为核心,以立德为根本。"中共中央颁发的《公民道德实施纲要》提出:"提高公民道德素质,教育是基础。"老年教育作为我国教育事业的重要组成部分,不辱使命,积极作为,在对老年人群体进行思想道德教育方面甚至在全民道德建设领域都发挥了极其重要的作用,并将在中华民族伟大复兴的新征程中愈加显著。

(一)老年教育在全民道德建设中有不可替代的作用

继承和弘扬中华民族优良道德传统是个人人格完善的重要条件,中华民族优良传统道德是中华民族的根,也是每一个中国人的根。因此,在公民道德建设中,老年群体有着特殊的责任和使命。

1. 老年群体的物质精神状况是衡量一个社会文明程度和道德水平高低的重要标尺

在我国古代,"老吾老以及人之老,幼吾幼以及人之幼"是人们所向往的理想道德境界。新中国成立以后,"尊老爱幼"是社会主义道德规范的重要内容。特别是改革开放以来,老年人和老龄工作得到了党和国家的高度重视,《老年人权益保护法》和《安徽省老年教育条例》的颁布标志着我国老龄工作和我省老年教育工作进入法制化轨道。各级老年大学兴办,许多老年朋友吟诗作画,载歌载舞,夕照生辉。不难看出,凡是老年人群体物质精神生活有所保障的时候,社会就稳定,经济就发展。

2. 老年群体本身的道德修养状况对整个社会的道德建设水平有着直接的重要的影响

老年群体是传统和历史的承载者。在社会角色期待里,他们不仅是经验、阅历的拥有者和传播者,还是公正、慈祥的道德楷模。"长者之风"的言传身教对道德、风俗的倡导作用不容忽视。今天,广大老党员、老干部、老知识分子都还在以自己高尚的品质、坚定的信仰和一辈子无私奉献的精神教育、感召着年轻的几代人,他们是带头遵守"爱国守法、明礼诚信、团结友善、勤俭自强、敬业奉献"的典范。在家庭角色中,老年人作为一家之长,其良好的道德修养,给家庭成员传递的是满满的正能量,对子孙产生的影响是直接而深远,不仅使家庭成员融洽相处,形成和谐的代际关系,更使他们身心愉悦、精神饱满,勤勉进取,做有德有作为之人。家庭的和谐必将影响到亲朋家庭和谐氛围,必将给邻里、社区送去和谐的春风。可谓"一人入校,带动一家,影响一片"。

(二)思想道德建设必须始终贯穿于老年教育的目标、任务和宗旨之中

这是历史赋予的使命和时代的要求。新时代中国特色社会主义老年教育与别的体制下的老年教育有本质区别。我们必须坚持以马列主义、毛泽东思想、邓小平理论、"三个代表"重要思想、科学发展观和习近平新时代中国特色社会主义思想作为办学的指导思想,坚持把思想道德教育放在首位。道德,一个古老的话题,历经千年,栉风沐雨,如今以其全新的社会内涵和深刻寓意成为全面建成小康社会历史进程中的中国人崭新实践追求和时代坐标。老年教育将思想道德建设自觉纳入教育实践,正是表明了老年教育对教育的内涵、功能、地位和价值的科学把握,彰显了老年教育对人的建设的主旨目标的重视。随着时代的前进和改革开放的进一步深化,老年群体结构亦趋多元化,对老年群体在精神文化方面提出了更高、更新的要求。应该肯定,老年群体中大多长期接受社会主义道德的熏陶,在世界观、人生观、价值观上有比较规范一致的行为模式的共性,这是当前老年群体思想道德素质上的巨大优势。但同样一个不容忽视的问题是:当前国际形势复杂严峻,国外疫情尚未得到有效控制,国际冲突此起彼伏。在这样的国际形势下,国内工作无疑也会面临一定的困难,社会

矛盾时有突发,在互联网和自媒体时代,各种信息五花八门,观念认识良莠不齐,并且有传播速度快、范围广的特点。人们的思想政治意识受到极大的挑战,一些人思想滑坡,理想信念淡泊,享乐主义、拜金主义、极端个人主义不时沉渣泛起。老年大学有帮助老年人了解形势,应对国际国内复杂形势的教育任务。要加强严守政治纪律和政治规矩教育,牢牢坚持党的思想阵地建设不动摇,广泛开展自尊、自立、自强教育,开展革命传统教育,使老年群体坚定信念、清醒头脑、扬善惩恶、崇真斥伪、存美去丑,自觉抵制错误思想的侵袭,成为主导社会公共道德的楷模,确保与党和国家同频共振。

(三)思想道德教育凸现了老年教育的本质内涵

老年教育要全面贯彻党的教育方针,落实立德树人根本任务,必须正确把握老年教育中"德育"(即思想道德教育)的内容及其本质。

1. 使老年人继续参与社会活动、关心国家大事的思想政治教育

要将培育和践行社会主义核心价值观作为老年教育的重要内容,让老年人关心自己晚年生活的愉悦、关心家庭的和睦、关心下一代的成长、关心国家经济发展和社会和谐,愿意以自己的绵薄之力参与社会发展和为社会服务。

2. 使老年人把握方向、保持晚节的启迪教育

老年人跟着党走过了光荣的革命建设道路,亲自参与了党的伟大文化精神的创造和发扬,对于他们所进行的发扬光荣传统的教育实际上是回忆、重提、再思的教育,老年人要牢记和珍惜,做到老而弥坚,将光荣传统传给后代,实现代代传承。

3. 继承和发扬中华民族优秀文化传统的国学教育

以中华文化为核心的国学博大精深,她的乳汁哺育着一代又一代中华子孙。中国古代的仁人志士早就认识到人生在世不断学习与接受教育的重要性。汉代刘向在《说苑·建木篇》感言:"少而好学,如日出之阳;壮而好学,如日中之光;老而好学,如秉烛之明。"所以树立教育与学习理念,遵守一定的社会道德规范,对任何人来说都是非常有必要的。老年人也要常学常新,做一个有修养之人;在学习中不断提高道德认识,做一个明明白白的有德之人。

4. 提高生活情趣、乐观向上的激励教育

在老年大学接受教育,增长知识技能,结交老年朋友,促进身心健康,是老年人晚年生活的最佳选择,是能够坚持学习的老年人最高级的生活方式。老年大学可以从不同层面和不同角度对老年人进行学习目的和学习兴趣的启发式教育。通过启发引导,使老年人保持自己良好的心态、树立积极的老龄观是十分重要的。在老年大学教学中弘扬主旋律,唱响好声音,激发正能量,提升道德水平,塑造道德情操,完善道德人格,注入心灵活力,让广大学员"境界升华,正气浩然"。老年人的不断学习和率先垂范精神,对于全社会所有成员道德水平的提高,对和谐社会和学习型社会的构建,都具有十分重要的意义。

(四)思想道德建设与老年人的健康需求是统一的、相辅相成的

在老年人的各种需求当中,健康需求应是基础的、第一位的。人们常说"仁者寿","仁"即是思想道德范畴,是精神的东西,"仁者寿"说的就是精神对物质的反作用。所以,身心健康才是真正的健康。现代医学证实,社会心理因素的刺激,可通过中枢神经

系统、内分泌系统以及免疫系统影响全身。重视道德修养、光明磊落、与人为善、注重仁义的人,在心理上处于平衡状态,其良好的精神状态有助于体内分泌有益于健康的激素、酶类,并能把肌体各组织器官的功能调节到最佳状态。相反,有悖于社会道德准则的行为,诸如偷盗、赌博、吸毒、贪污、受贿等,不但会破坏人的心理平衡,而且会影响人的正常生理代谢,降低肌体免疫力,使之罹患和加重多种疾病,催人早衰和早逝。古今中外,百岁老人长寿秘诀都有这么一条,或性格开朗,或精神愉快。由于他们注重道德修养,心胸开阔坦然,保持乐观舒畅的心情,使肌理放松,愁闷驱散,精神松弛,身体健康。由此可见,始终保持一颗爱心,一种平和的心态,一个宽广的胸怀,还有信念和忠诚,对于健康长寿大有裨益。身体健康在于运动锻炼,心理健康在于学习和修养,而思想道德素质又是心理健康的基础和支撑点。因此要保持乐观健康的心态,就要求重视思想道德修养。从这个意义上讲,我们老年大学正在努力为广大老年朋友提供促进身心健康的最为理想的服务。老年教育是一项惠及民生的德政工程。

(作者系安庆市宿松县老年大学校长)

县级老年大学应拓展"休闲教育"

胡春波

老年大学是为满足老年人自我发展需求的再教育基地。老年教育的目的是满足老年人求知、进取、康乐、有为的需求,使老年人更好地学习和生活,以提高老年人思想道德和科学文化素质、增长知识、丰富生活、陶冶情操、增进健康、服务社会。老年教育作为成人教育的重要组成部分,是终身教育的重要环节,也是终身教育的最后一个阶段。老年教育在老年社会化过程中,是增强老年人对生命认知的能力、提高老年人生活质量、实现健康老龄化的重要途径。世界卫生组织对"健康老龄化"这一概念提出了三个标准:一是生理健康,二是心理健康,三是适应社会的状态良好。健康老龄化是指老年个体、老年群体、老年家庭和老年社会都是健康的。老年大学理所当然地要为"健康老龄化"做出努力,要让老年人通过老年大学的学习,达到"有作为、有进步、有快乐"的目标。目前,对老年人的关注更多的是停留在物质层面,对其精神需求的满足研究不多。随着社会转型所催生的空巢家庭越来越多,更多的老年人不能享受天伦之乐,而只能孤独寂寞地打发闲暇时间。其实老年人退休后有学习新知识以适应社会的发展、学习新技能以提高自身生活能力、建立新的人际关系以寻求新的精神寄托等方面的需求。老年大学的老年教育既没有像少年教育那样完成义务教育的必要性,也没有像青年教育那样完成学历教育的重要性,更没有像中年教育那样完成岗位教育的迫切性。古今中外对教育的称谓繁多,有着眼于教育对象的,如幼儿教育、成人教育等,有着眼于教育内容的,如科技教育、职业教育。中国老年教育是以我国老年人为对象的教育,因此就其本质而言,应拓展积极的"休闲教育"。

(一) 什么是老年人的休闲教育

"休闲教育"是着眼于教育内容及目的的一种称谓。"休闲"作为人的一种生存状态,不单是玩一玩,而具有多样化、多层次性，有积极与消极、高雅与低俗、科学与非科学的不同。我们所说的"休闲教育"应是倡导前者而避免后者，提高老年人"休闲才能"的根本目的就是要使老年人过好其最后二三十年的休闲期生活。随着社会文明的发展与进步，老年人的闲暇时间越来越多。闲暇时间是一种资源，闲暇时间越多，越需要理智、越需要教育，然而闲暇时间的增多并不就等于休闲的真正实现。我们首先要界定好什么是休闲教育，弄清老年休闲教育的内涵与特征。简要地说，休闲教育就是让老年人正式或非正式地学习利用自有支配的时间，以获得自我满足，并培养出博大的人格，使自由支配的时间有助于提升人的整体生活质量。老年休闲教育具有其独特性：其一，以休闲活动取代职业性教育，老年休闲教育可以开展一些如太极、舞蹈、戏曲、音乐、诗词、绘画、书法、象棋、乐器等活动，让他们从中愉悦身心、陶冶情操，并在其中寻找友谊与归属感；其二，老年休闲教育应根据老年人不同的文化、生活、教育经历及休闲兴趣偏好来开展，帮助老年人达到文化性休闲，产生创造性休闲的要求，从而进入休闲的新天地。

老年休闲教育的当下价值，首先是帮助老年人合理分配闲暇时间，提升老年人的生活品质，发展老年人的业余爱好和掌握游憩的技能方法，提升对休闲活动价值的判断能力，规避参与不良社会活动的风险，不是局限于"老有所乐"，而是通过休闲教育使老年人在知识、情感及信念等方面得以完善。其次，一方面老年休闲教育能提升老年人的社会参与度，推动社会公共事业可持续发展，让老年人认识到他们对社会和自己的价值不是以挣多少钱来衡量的，而是将自己的兴趣和精力转为满足别人的需要，在愉悦自身的同时实现自我价值；另一方面，老年休闲教育可以把老年人因年龄增长而生理机能衰退及精神孤独所带来的影响降到最低，有利于促进老年人养成健康的休闲习惯。

（二）县级老年大学拓展休闲教育的理由

强调县级老年大学应拓展"休闲教育",是因为县级老年大学与城市老年大学相比,不可能像城市老年大学那样正规、专业,也难以追求教育效果的高、精、尖。县级老年大学的学员,年龄跨度大,从40多岁的下岗工人到80多岁的退休干部都有。这些人当中大部分没有受过高等教育,小知识分子居多,甚至还有半文盲,他们的学习是从基础开始的,带有一定补偿教育的性质。县级老年大学的教师,大都由退休教师和县域内的专业人士兼任,不像大城市的老年大学,教师大多由教授级的高级知识分子担任。办学经费更是差距较大,城市老年大学根本就不用担心办学经费的问题,而县级财政是不可能提供充足办学经费的,大城市学员一般都是收入较高者,可以承担高一点的学费,而县级老年大学的学员大多是基层干部和工人,甚至还有很多下岗工人和家庭妇女,想靠学员多交学费更是不可能的。城市老年大学能办到的事,县级老年大学难以办到,甚至有些根本办不到。因此,笔者认为县级老年大学应因地制宜,突出老年休闲教育。我们调查过很多老年大学学员,问他们为什么来上老年大学,他们几乎异口同声地回答:"没事干,找个地方玩玩呗。"客观地说,许多老年人从紧张的工作到离岗休息,新的环境出现了新的心态,产生了新的矛盾,他们中有对地位、权利和工作环境失落的不适应,有对某些社会现象产生的困惑和焦虑,还有因生活环境迅速变化产生的怀旧情绪,更有因病痛和丧偶带来的心情沮丧、悲观厌世的情绪,开展有目的的休闲教育活动,使老年人掌握休闲知识和应对技能,使其自身的专长和爱好得以发展和延伸,使老年人的思想和言行与现实社会合拍,使其情绪稳定,精神愉悦,生活更加丰富多彩。

（三）怎样开展老年人的休闲教育

开展休闲教育,首先从教学内容上要满足老年人的意愿,并坚持与时俱进,本着与求实求新相结合、与实际相结合的理念,不断丰富教学内容,如老年人比较喜欢的中华传统文化、心理疏导和保健方面的知识,以及诗词、书法、绘画、音乐、二胡、象棋、舞蹈、太极等方面的内容,还可以与时俱进地增设电脑、网购、摄影、盆景栽培等方面的教学内容。教学形式必须符合老年人的特点,少一些固定模式,采取课堂教学与课外活动相结合的方式,多用讨论交流式、讲座式、调研写生式、个别辅导式;多为爱好文艺的学员提供展演的平台,让他们自娱自乐,为书法、绘画的学员提供作品展示的机会。采取开门办学的灵活方式,多与机关、社会、企事业单位联系,为学员开展活动提供空间和条件。同时要积极向党委和政府领导做宣传工作,要让他们认识到老年教育是一项利国利民的公益事业,是老年人享受终身教育的权利,是丰富老年人的晚年生活、实现健康老龄化的主渠道,老年教育既具有一般教育的功能和价值,也具有其他教育没有或不可替代的功能和价值,是确保社会稳定、推进精神文明建设、构建社会主义和谐社会的需要。

县级老年大学拓展老年休闲教育,正好与其自身条件相适应。县级老年大学的学员不是同事就是邻居、不是亲戚就是朋友,彼此之间没有交流障碍,但平时又在各自家中少有交流机会,老年大学正好提供了这样一个交流、活动、学习的平台。在人生的旅途中,最难摆脱的境遇不是贫困,不是厄运,而是精神和心境上处于一种无感受、无知觉、无兴趣的麻木疲惫状态。曾经感动的不再感动,曾经吸引的不再吸引,人生没有了风景,这样毫无生气地活着还有意义吗？我们老年大学的休闲教育,就是要给老年人一剂心灵的药方,成分是交流、知识、运动、快乐,主治孤独、抑郁、自闭、绝望。要通过休闲教育,让许多年龄相近、经历相似的人在一起互诉衷肠,一吐胸中的块垒,通过健康的娱乐活动增强身体的免疫力,通过这种环境"疗伤",让老年人走出自闭的阴影,绽开阳光般的笑容,"玩索而有得"。休闲教育是老年终身学习的内容,不是为了谋求职业或增加谋生的手段,而是为了个性的发展,为了身心的健康,为了提高生活质量,使老年生活更加充实,更加潇洒,更加丰富多彩。通过休闲教育,使我们县级老年大学真正办成学习的校园、交友的花园、运动的乐园、温馨的家园。

(作者系安庆市岳西县老年大学校长)

校长、教师、班长是老年精神教育的"三套马车"

王正光

习近平总书记在党的十九大报告中指出,提高保障和改善民生水平,使人民获得感、幸福感、安全感更加充实、更有保障、更可持续。"提高保障和改善民生水平"涵盖两个层面:一是物质生活,二是精神生活,也就是人们对物质生活和精神生活的享受和满足。当今中国正处于人口老龄化发展的"加速度"时期,提高保障和改善老年人的民生水平尤为突出和重要。首先需满足他们多元化的诉求。不同的老年人个体有不同的需求、选择、目标及其实现路径。随着时代的进步、社会的发展、环境的变化,老年人的物质需求得以满足后,面临的共同问题是精神层面的需求得不到满足。也就是说,老年人"物质养老"水平提高后,"精神养老"则成为刚性需求。精神养老已成为改善老年群体民生水平的一个重要问题。

人迈进60岁,步入老境,到生命尽头,这段时间里的这段路程,既很短暂,也很漫长;这段风景,既很美丽,也很沧桑。在家庭里,陪伴你身边的亲人不多,时间也很少。父辈、祖辈大都已离你而去,晚辈都有自己的事情忙碌,即使是妻子或丈夫也有可能提前"撒手",不少人过的是孤独的空荡荡的日子。在社会上,老年人受到的关注度越来越小。不管以前你的位置多么重要,你的事业多么辉煌,你的名气多么大,一旦退休在家,你就是普通的老头老太。主席台上不再有你,聚光灯不再照你,宴席不再请你,出行不再陪你。在同事中,即使是同辈的同学、同事、战友,他们都有各自的事情,很少有时间和你聊天,如不调整好心态,你就会有失落感和孤独感。要想不过空荡荡的日子,要想没有失落感和孤独感,要想追求精神充实、生活轻松愉快,精神养老何处去?老年大学是个好地方!到老年大学接受教育,就是接受精神教育,就是精神养老。老年人有了充沛的精神、旺盛的精力,就有获得感、幸福感和安全感,就有好心态、好身体,他就健康长寿。

县老年大学是县级老年教育的唯一载体。就我国现状来说,县城是"准"城市和农村的结合部,既是"阳春白雪",又是"下里巴人"。我们岳西地处大别山腹部,是当年刘邓大军战斗过的地方,是一个山区县、老区县、边区县、贫困县。如何办好县老年大学,是我们长期思索、探索的现实问题。我们认真分析了县老年大学学员的现状,得到以下具体情况:① 职业有不同:有退休大军中的工人、教师、一般干部、领导干部,有农民、经商者、无业者、家庭主妇,有在县城陪孙子读书的爷爷奶奶,还有在退休边缘的少数在职者。② 年龄有大小:年龄从 50 岁至 85 岁,跨 35 个年轮。③ 文化有高低:小学,初、高中至大学。④ 性别有悬殊:女性多,男性少,尤其是各舞蹈班只有一两个男学员,全校女性学员占学员总数的 95%。⑤ 性格有差异:性格有外向型、内向型,有稳重型、急躁型,也有温柔型、火辣型等。这些无法统一的客观具体情况,给实施老年教育带来了一定的难度。精神是一个人的"神"和"气"的展示,是无形的,但精神教育必须做到有形、有抓手。我们在制订教学规划时,必须根据不同年龄段、不同文化水平、不同专业背景、不同兴趣爱好等多层次老年人的需求,必须适应老年学员的爱好、激活老年学员的兴趣,让他们获得知识和技能,获得精神愉悦。

老年人,往事易记,近事易忘;有的视力差,有的听力差,大部分记忆力差。针对学员们的这些共性和个性特点,我们力求把对老年人的施教变为对老年人的服务,千方百计地把精神教育贯穿到、融化到各项服务之中。学校制作有一大一小两块活动宣传牌,在二楼楼口处和校办公室挂有高 1 米、宽 2 米的黑板,将工作、教学、活动等安排及开学、放假日期都在宣传牌和二楼黑板上提前告示,一目了然,让学员们看得清、记得住、入脑入心。将课程表板书在黑板上,长期挂在显眼的墙上,便于学员们报名时和平日随时观看。开学时还将课程表印发给学员,人手一张。每学期开学后及时将《老年大学通讯录》印发给教师、班长。为了便捷联系工作,学校分别建立了"校委会"和"校长、教师、班长"两个微信群,各班建立了班级微信群。

我们在实施精神教育中,始终以校长、教师、班长这三个层面为楷模,我们称之为"三套马车"精神教育。校长是火车头,教师和班长是火车的左右轮子。

1. 校长是精神教育的引领者

我们的正、副校长,均是退休人员。他们在职时,分别是县领导干部、县直部门负责人、教师、宣传和文化专业技术人员。大家既有行政管理能力,又有个人特长,充分发挥了在职时积累的丰富经验和主观能动性。学校实行校委会集体领导下的分工负责制,相互团结,不断创新。我们实行两项具体制度:一是"校长值日制",每天有一名校长值班,负责当天的行政事务和教学管理工作;二是"校长联系班级",充分发挥各位校长的特长。如王正光副校长擅长书法和识简谱,就联系书法、国画、音乐三个专业班。而舞蹈专业的7个班,女学员占95%,由擅长歌舞的王华(女)副校长联系。校长联系班级,与教师、班长共谋教学;校长还跟班听课,了解学员呼声和要求,与学员切磋交流,教学相长。就这样让精神教育渗透到各专业、各学科、各课时。

2. 教师是精神教育的传播者

学校共有12个专业、21个班级,由12位教师任教。他们均有中级以上专业职称,大多数是从长期所从事的专业技能工作岗位上退下来,到老年大学任教的。如刘川源同志大学毕业后,一直任中学高中语文教师,退休后来老年大学任副校长兼诗词班教师。他把一生积累的丰富教学经验在古诗词讲坛上尽情发挥,展示得淋漓尽致。许多老同志慕名而来,专心致志听他讲课,学习古诗词,诗词班由原来的10多名学员增加到今天超过50人。音乐班老师孙德胜是乡村中学的专职音乐教师,来县老年大学兼职教老年人。虽然对许多老年学员来说孙老师的年龄与他们的儿孙辈相当,但只要音乐课一开始,学员们都尊重他,聚精会神地听他教唱,人人都伸出大拇指,称赞孙老师教得好、教得活。音乐班有120名学员,是学校最大的班,大家都是看准孙老师来报名学习的。太极班的谢承圣老师、木兰剑(扇)班的程东林老师、书法班的叶万青老师、国画班的王立东老师等,他们是各自任教专业中的佼佼者。范建胜同志原是县黄梅剧团演员,退休后任县老年大学舞蹈专业4个班的教师超过10年,被学校命名为"金牌教师",2018年被安徽省老年大学协会授予"优秀教师"称号。全体教师均具有敬业、奉献精神,都有责任心、进取心、工匠心。他们用自己的光热点亮了学员们的光华,人人是精神教育的传播者。

3. 班长是精神教育的执行者

班长是每个班的领头雁,是教师的"教"和学员的"学"两者之间的联系者和协调者,是有职有责无报酬的奉献者。班长为学校、教师、学员三者之间,搭起了上传下达、相互沟通、传播信息的桥梁。学校对班长的人选尤为重视,重点从德、能、技三个方面挑选。如各舞蹈班的班长,书、画两班的班长,他们言传身带,威信很高;他们技能很强,各自有不少作品在县内外获奖。选好一个班长,全班就有希望,就会事半功倍。班长们是班级的精神形象代言人和精神形象大使。

校长、教师、班长这"三套马车"各施其智、各展其能、各尽其责,三者相互配合、相互促进、相得益彰,在老年教育的路上均留下了深深的辙印。

(作者系安庆市岳西县老年大学副校长)

以不断创新的理念办好老年教育

昝建亮

习近平总书记指出,积极应对人口老龄化,事关国家发展和民生福祉,是实现经济高质量发展、维护国家安全和社会稳定的重要举措。老年教育作为服务老年人的重要载体,应当顺势而为、不断创新,坚持以习近平新时代中国特色社会主义思想为指导,以推动老年教育高质量发展为主题,以扩大老年教育有效供给为重点,以加快推进老年教育现代化为主线,为老年人发挥更大作用做出新的贡献,提供助力,做好服务,不断提高老年人的获得感、幸福感。

一、办好老年教育的重大意义

1. 人口老龄化加剧,需要办好老年教育

"家家都有小,人人都会老。"人口老龄化是世界性问题,对人类社会产生的影响是深刻持久的。我国是世界上人口老龄化程度比较高的国家之一,老年人口数量最多,老龄化速度最快,应对人口老龄化任务最重。根据国家统计局最新统计数据,我国60岁及以上人口达2.64亿人,占总人口的18.70%。根据安庆市第七次人口普查结果,全市60岁及以上人口占总人口比例为

21.50%,其中65岁及以上人口占17.06%。与2010年安庆市第六次全国人口普查相比,60岁及以上人口比例上升5.88个百分点,65岁及以上人口比例上升6.58个百分点。

人口老龄化势必带来老年人精神文化需求的快速增长,老年群体高质量、多元化的学习需求空前旺盛。例如,老年人对现如今流行的各种网上支付、下载文件、App等,不是很熟悉,常常在生活中遭遇障碍。办好老年教育,能够帮助老年人更好地掌握新知识、适应新形势、发挥新作用,是积极应对人口老龄化的务实举措、必由之路。

2. 实现中华民族伟大复兴,需要办好老年教育

实现中华民族伟大复兴的中国梦,需要全体中华儿女的共同奋斗,需要团结一切可以团结的力量,老年群体不可以"缺席",也不会"缺席"。作为占全民族五分之一人口的老年群体,如果没有积极向上、不断奋斗的良好精神状态,而是沉溺在失落感伤、消极颓废当中,这显然是不行的。办好老年教育,就是要把老年人更好地组织起来、团结起来,把老年人的精气神振奋起来、凝聚起来,共同朝着中华民族伟大复兴的宏伟目标前进。只有这样,中华民族伟大复兴的中国梦才是全面的、完整的,才是属于全民族、全人类的。

3. 贯彻中国特色社会主义思想,需要办好老年教育

毛泽东同志曾深刻指出,宣传思想阵地,我们不去占领,别人就会去占领。能否让党的创新理论在老年人中入脑入心、走深走实,关系到占人口五分之一的老年人是否听党话、跟党走的大问题,关系到意识形态安全这项极端重要的工作。办好老年教育,就是要在党的领导下,用中国特色社会主义思想始终牢牢占领老年人这块阵地,使老年教育领域成为党领导的坚强阵地,弘扬主旋律,传递正能量。

4. 培育担当民族复兴大任的时代新人,需要办好老年教育

习近平总书记指出,要发挥老年人优良品行在家庭教育中的潜移默化作用和对社会成员的言传身教作用,发挥老年人对年轻人的传帮带作用。老年人具有丰富的人生阅历、社会经验,在社会、家庭、舆论中掌握着很强的话语权、号召力。特别是当今社会,年轻人大部分都忙于工作,很多老年人承担着帮助照顾孩子的重任。办好老年教育,有利于提升老年人的思想文化素质,更好更积极地、潜移默化地教育和引导好子孙后代。

二、树立不断创新理念的积极作用

习近平总书记指出,创新是引领发展的第一动力,"抓创新就是抓发展,谋创新就是谋未来,不创新就要落后,创新慢了也要落后"。以不断创新的理念办好老年教育,是大势所趋、现实所需、民心所盼。

1. 智能时代需要老年教育顺势而新

当今世界,随着互联网、大数据、区块链等信息技术的发展,正在进行一场以数字化、智能化为特征的技术进步、社会变革。老年教育必须主动适应融媒体、全媒体等发展趋势,对接网络教育、空中课堂等现实需要,才能跟上时代步伐、顺应时代大势。

2. 现实需求需要老年教育因时而变

随着全面建成小康社会的如期实现,我国发展进入新阶段,老年人对精神文化生活的需求更加多元化。特别是当下的老年人相对于过去的老年人,传统的教育理念、教学形式、教学内容已经不能满足他们现代化、高质量的教育服务需求。

3. 人民的期盼需要老年教育应势而为

办好老年教育要坚持以人民为中心的工作导向,老年人幸福不幸福、满意不满意,关系到千家万户,关心到民心向背。只有不断创新、不懈努力,才能不断解决并满足人民群众对美好生活的新需求、新期待。

三、对办好老年教育的几点思考

2021年5月31日的中央政治局会议明确提出,要贯彻落实积极应对人口老龄化国家战略,加快建立健全相关政策体系和制度框架。我认为,办好老年教育的核心是要以不断创新的精神推动高水平有特色老年大学建设,通过创新投入保障机制、学校组织机构、教学形式、教学内容,为推动老年大学不断焕发新的生机活力做出新的更大贡献。

(一)办好老年教育,要不断创新投入保障机制

据国家统计局数据,2020年全国60岁及以上人口有2.64亿人,然而只有800万人在老年大学等相关机构里学习。老年大学作为老年教育的主力,资源供应紧张,群众获得感不强。要改变这一现状,自然离不开党委和政府的高度重视,亟待加大对老年大学人、财、物等方面的支持保障力度。

首先,要选优配强一支不断创新的老年大学班子团队,特别是要有创新思想的校长。目前,大多数老年大学的校长、副校长等往往都是退休老同志,相对而言创新思想、进取意识还不够强。其次,选择班主任和班长一定要选有创新意识的人,使他们的思想走在大家前面。如宜秀区老年大学将班主任和班长融为一体,既是老师管理学生,又是学生管理学生。第三,要统筹加强老年大学建设的资金及硬件设施保障。目前,安庆市老年教育布点不合理,偏重老城区,忽略了新城区。在2019年4月国务院办公厅印发的《关于推进养老服务发展的意见》中,明确提出要大力发展老年教育,建立健全"县(市、区)—乡镇(街道)—村(居委会)"三

级社区老年教育办学网络,方便老年人就近学习;同时,鼓励积极探索部门、行业企业、高校等举办老年大学、服务社会的途径和方法。这启示我们应当整合部门、社区、高校等各方力量,鼓励社会力量参与老年教育,加快推进新城区老年大学建设,增强老年教育供给,改善教学办学条件,为广大老年人提供更加优质的教育教学环境。

(二)办好老年教育,要不断创新学校组织机构

目前,老年大学的内设部门没有很好地围绕中心大局,没有很好地突出教学服务。我认为,应当进一步优化老年大学的组织架构,设置教育处、政教处、办公室以及调研创新处,更好地发挥老年同志的积极作用,围绕党委和政府的中心工作、经济社会发展的热点问题、老百姓关注的焦点问题,深入开展调研,为党委和政府决策提供富有创新性的对策建议。

(三)办好老年教育,要不断创新教学形式

要充分考虑老年学员年龄结构层次多、受教育程度层次多、学习需求层次多等特点,不断创新教育教学方法,打造一批多元化精品课程,既能满足老年人共同的精神文化需要,又能提供个性化的教学服务。如宜秀区老年大学的书法课,虽然形式上还是教师在上面教、学生在下面学,但学生、教师都是书法爱好者,专攻的多,全面的少。课堂上,允许你谈正楷,我谈草书,他谈隶篆,形成正草隶篆各有所长、百家争鸣、百花齐放的生动局面。

同时,应当主动顺应信息化、数字化时代,针对老年人散居各地、出门不便等特点,积极开展线上教学培训,突出"简单明了、快捷贴心"等特点,开发适合老年人学习使用的网络平台、小程序、App,通过移动互联网、数字电视等渠道,为不同特点、不同需求

的老年人提供优质线上学习服务,同时也能推动优质老年学习资源向基层社区、向农村、向边远地区辐射延伸,打通老年教育的"最后一公里"。

(四)办好老年教育,要不断创新教学内容

要把满足广大老年人对美好生活的需要,作为办好老年大学的根本标准,使"增长知识、丰富生活、陶冶情操、促进健康、服务社会"的办学宗旨落地生根。要不断丰富教育内容,开发一批新的课程,使教育教学更加符合新时代的发展趋势,符合安庆市发展的实际,符合老年人的新需要。特别是要针对政府所不能、老年人所需要,有针对性地开设信息技术、养生保健、防诈骗等特色课程。可以组织青年人走进校园,与老年人互动交流,学习使用政府推广的各种 App,让老年人学会网上购票、订宾馆、预约服务,学会甄别保健产品、理财产品,既增进了青年人、老年人的互动交流,又提高了老年人适应新时代的技能,推动实现老年人老有所学、老有所得、老有所乐。

总而言之,以不断创新的理念办好老年教育,有利于不断健全老年教育体制机制,提升老年教育服务能力,完善老年教育办学服务体系,构建特色鲜明的老年教育发展新格局,为新阶段现代化美好安庆建设贡献更大力量。

(作者系安庆市宜秀区老年大学校长)

用"三园"思路办老年大学

姚邦藻

在多年的办学过程中,我们结合老年人的特点,提出了"三园"办学思路:就是把老年大学办成广大老年朋友"终生学习、知识充电的校园,开心学习、快乐健身的乐园,交心交友、互相关爱、和谐温馨的精神家园"。我们黄山市老年大学建于1994年,现在开设7类、44个专业、127个教学班,在校注册学员达到6000多人次。2013年、2018年,我校两次被评为"老年大学省级示范校"。我们用"三园"思路办学的主要做法和体会如下。

(一) 明确思路,确定老年大学办学的定位

黄山市老年大学成立初期,学校开始只接收离退休干部作为学员,逐步过渡到现在的面向广大老年朋友,包括社区居民、城区失地农民,以及在城区随子女生活的老年人和外地候鸟式居住的老年人。现在,只要是居住在中心城区的老年人,都可以来我校报名就读。

我们的"三园"办学思路就是根据在我校学习的老年学员的实际情况和特点提出的。老年教育与普通教育一样,都是教育,但是受教育的对象各不相同,决定了各自授课的目的、方式、方法不相同。因"教育"这个手段将教育与老年人联结起来,就组成了

我国完整的教育平台和网络,因此老年学员也是以学为主。老年大学必须强化第一课堂这个主渠道,夯实教学基础,然后拓宽实践教学的第二课堂和深入社会、服务社会的第三课堂。进入新世纪以来,科技迅猛发展,开创了以电脑、手机等为手段,以视频、QQ、微信、抖音等为主的第四课堂,如果没有第一课堂认真、扎实的教学,没有第一课堂动手能力的培养,后面的三个课堂都无法深入,也难以服务社会。多年来,我们紧扣第一课堂的教学开展工作,把教务处这个学校的核心处室作为重点来建设,牢固树立教学工作在学校的中心地位,凡是教学工作需要的各项经费坚决保障,各项规章制度建设都要保证教学工作,特别是使课堂教学工作正常、科学、规范运行,我们要求学校工作计划、教学、活动的安排以及学员社团的工作都围绕着办"三园"式学校这一目标开展。教学工作和以教学为主体的"四个课堂"步入正轨了,学员安心了,学校也就稳定了,提高教育教学质量也就有了可靠的保证。

(二)抓好教育教学改革,提高教育教学质量

教育教学质量也是老年大学的生命。2013年我校荣获"老年大学省级示范校"称号后,我们就在思考学校发展的下一步应该怎么走?通过调研、参观、学习,我们确定了我校第二次创业的方向——"以内涵发展为主,从学科建设突破,重点抓好、建设一批本校的骨干课程和特色课程,夯实我校老年教育教学基础,努力提高我校的教育教学质量"。2016年秋季学期,我们正式启动"以双创课程为标志"的第二次创业,并辟出专项经费来保证活动的进行。经过5年的努力,"双创活动"的开展已经取得阶段性成果,主要体现在所有参与活动的专业课教学质量有了新的提升。校摄影家协会每年都走上社会举办摄影作品展,数十位学员成为省、市摄影家协会会员。校书画家协会每年除举办展览,还编辑

出版1本学员作品集。诗词班新编纂出版第4、5、6集3本《枫林诗词集》,收录学员作品2000多首。声乐、戏曲、舞蹈类专业学员参加各级各类文艺演出,并年年入选省电视台春晚节目,有的原创作品还在央视频道播出。摄像摄影专业与声乐、舞蹈、器乐专业师生开展跨学科教学实践,在2019年庆祝新中国成立70周年和2021年庆祝党的百年华诞之际,联合摄制了大型MV《我和我的祖国》《党啊亲爱的妈妈》《我的祖国》,获得社会广泛好评。

在第二次创业的路上,我们草拟了第二次创业成果表现方式,我校先后编纂出版了《诗词格律简明读本》《写意山水技法》《数码摄影教法》等8本校本教材。2021年,在安徽省老年大学协会开展的优秀校本教材评选中,我校推荐的《诗词格律简明读本》获得一等奖,《写意山水技法》等4本校本教材获得二等奖,《格律诗的平仄》《摄影后期制作》等4门精品课程参加安徽省老年大学协会系统精品课程评选,2门获得一等奖,还有2门分别获得二、三等奖,并报送参加全国老年大学百门精品课程评选。2021年,我们在巩固完善首批和第二批共20门骨干课程和特色课程的同时,又开始实施第三批10门骨干课程和特色课程创建工作。在第三批"双创"课程创建结束后,再提出建设5~8门精品课程,夯实我校教育教学质量的基础。

(三)建好三支队伍,牢固夯实学校管理和教学工作基础

"一枝一叶总关情,一点一滴见初心。"办好老年大学,关键是靠人,因此,必须抓好三支队伍建设。

1.抓好学校管理服务团队建设

我校领导班子和工作人员是一个团结协作、相互尊重、相互支持、分工不分家的充满生机、和谐融洽的战斗集体,虽然都是退

休以后由市委任命或由学校聘任来到老年大学,但大家捧着一颗为老年人服务的初心而来,认真践行老年大学的办学宗旨,全身心地以"为广大老年学员诚心、精心、全心、热心服务"为己任,对待老年学员像对待父母家人一样,宽容、包容、爱护他们,努力把学校办成广大老年学员向往的"三园"式老年大学。

2. 抓好教师队伍建设

经过多年的努力,我们以热心老年教育事业的情怀感召人,以适当待遇留住人,以真情诚恳温暖人,建立了一支政治和业务素质好、身体比较健康、热爱老年教育、相对比较稳定的教师队伍。他们当中有退休的高校教授、高级工程师,有国家级体育裁判,有徽菜中国烹饪大师,有省、市知名书画家、摄影家,还有全市业内一流的各门类专业指导教练等。我校现有57位聘任老师,其中12人在我校工作13年以上,14人工作8年以上。老年教育是实实在在的素质教育,稳定的教师队伍为我们提升教育教学质量打下了坚实的基础。

3. 抓好班干部和社团组织负责人队伍建设

学校选任一批政治素质好、年纪相对较轻、有奉献精神、有较强工作能力、能团结广大学员的骨干担任班干部和社团组织负责人,班干部依据《班长职责》和《学员守则》对班级进行管理。班级和协会均在学校统一领导下,本着"自我管理、自我教育、自我约束、自我服务"的原则开展工作,学校定期检查评比各班级和协会工作。为鼓励争先进,从2014年开始,每两年举行一次评选"文明班级、优秀班干部、优秀学员"活动,到目前为止,已评选了三届,每届表彰10多个文明班级、50位优秀班干部、近200位优秀学员。我们高度重视发挥党员的作用,2018年以来,通过先试点后推开,在各教学专业班级建立了6个临时党支部,充分发挥党员在班级管理中的作用。班级工作和社团组织工作搞好了,对学校教学工作是一个有力支持,学校活动多了,学员晚年生活也丰富多彩了,学校教学质量也稳步提高了。

三支队伍建设抓好了,学校管理和教学工作的基础就牢固夯实了。2020年因新冠肺炎疫情学校停课,我们采取各种形式,组织教师人人上阵,开展"线上+线下"新模式教学,并推出每周2期的学校简报微信版,指导学员宅家防疫线上学习。秋季学期又结合线上线下教学,举办第八届校园文化艺术节,展出的战疫书画、摄影、诗词作品和表演的45个文艺节目,向社会很好地展示了我校师生疫情期间"停课不停学"的丰硕成果。2021年春季学期,我校在全省市级老年大学中率先恢复线下上课,全体班干部组成志愿服务队,每天轮流和校领导一起做好疫情防护值日工作。全体班干部没有任何怨言,天天如一、按时到位,为全校师生提供了卫生安全的学习环境。

(四)建设校园文化,使学校真正成为广大学员的精神家园

老年教育不同于普通教育,因此衡量教育教学质量主要是看学员通过在校学习后所展现出的精神面貌和各方面的综合素质。我们着力在校园文化建设上下功夫,建成校机关报的"融媒体",充分发挥学校宣传阵地作用,开展思想政治工作。我校现有学校简报、学校网站、学校各微信工作群等,还有一台大型视频播放器。学校简报开办于2006年9月,每月1期,截至2019年底,共出版108期,被评为省老年教育系统优秀期刊。2021年,学校创新校园宣传工作,将原来纸质版学校简报,改为微信版,并将学校网站、视频播放器等融合在一起,充分发挥各自的优势并形成合力,提高宣传效益。简报微信版每周1期,承担了原来简报的功能,但时效更快,学员们点击更方便。原来纸质简报平均每期不

超过 1500 份,而微信版简报每期阅读量平均 1800～2000 人次,最高阅读量近 4000 人次,受到学员们的欢迎。

我们坚持办好每年一届为期一周的校园文化艺术节。校园文化艺术节分两个板块:一是举办学员摄影书画诗词作品展览,二是文艺演出。每届校园文化艺术节,展出摄影、书画、诗词作品近 400 幅(首);周一到周五,每天下午演出 5 场,90 多个文艺节目。师生们都把校园文化艺术节当做一年一度的大考,其间整个校园就像是一团火,一直在熊熊燃烧,校园文化艺术节成为了我们学校的盛大的艺术狂欢节。到现在,我们已经连续成功举办了八届校园文化艺术节,展出的作品和表演的节目,质量水平一届比一届高,社会影响一届比一届大,使广大学员增添了获得感和幸福感。

我们还高度重视校园文化建设的资料和档案的收集和管理,编纂了建校 20 周年、建校 25 周年两本纪念册《青春续章》《流金岁月》,摄制了《桑榆未晚霞满天》《我们的老年大学》两部电视专题片,2021 年,又编纂了《感恩百年——黄山市老年大学庆祝中国共产党成立 100 周年纪念册》,还建立了一个面积 60 平方米的校史陈列室,全面展示我校创业发展历程和校园文化建设成果,成为学校向师生进行爱党爱国爱校教育的校园文化阵地。2018 年 11 月下旬,安徽省老年大学协会会长陈先森来我校指导工作,对我校用"三园"办学的思路和取得的成效,给予充分肯定和高度评价。

"百年奋斗路,起航新征程。"我们要在习近平新时代中国特色社会主义思想指引下,遵循老年教育规律,按照"三园"式办学思路,丰富"四个课堂"教学内容,为把我校办成深受老年学员欢迎的升级版的老年大学省级示范校而努力奋斗!

(作者系黄山市老年大学校长)

用心用情做好老年教育工作

方有功

党和国家历来高度重视老龄工作,积极推动老年教育事业的发展。老年教育作为国家教育事业和建设老龄事业的重要组成部分,是构建终身教育体系的重要环节和学习型社会的重要内容,也是贯彻以人民为中心的发展思想和促进老年人人生价值实现的必然要求。我从县人大常委会领导岗位退休以后,有幸参与老年教育工作,并为老年教育提供服务,这是一个十分难得的学习机会和工作机遇。从事老年教育10年来有些工作体会,希望与大家共同分享。

(一)主动争取党政主要领导支持是做好老年教育的根本保证

老年教育必须坚持"党委领导、政府主导、社会参与、全民行动"的工作方针。我们结合县情,以扩大老年教育供给为重点,以提高老年人的生命和生活质量为目的,努力整合社会资源,激发社会活力,提升老年教育现代化水平,让老年人共享改革发展成果,进一步实现"老有所教、老有所学、老有所为、老有所乐、老有所安"。

(1)抢抓机遇汇报老年教育,让党政领导明确自己在老年教育工作中应承担的责任。只有党政"一把手"认识高、决心大、政策好、措施实,才能把老年教育摆上重要议事日程,才能把老年教育事业发展规划列入当地政府的国民经济发展规划,才能把老年教育经费列入财政预算,并随当地经济社会、老年教育事业发展而逐年增加,才能切实解决老年大学的机构、编制人员和校舍等问题。如我们多年来,在县委、县政府春节慰问老干部团拜会上,向县四大班子领导和全县离退休老干部汇报老年教育成果、亟待解决的校舍等问题。经过多年的争取,终于在2018年年初搬迁到新教学大楼(3000平方米)办学。当时这幢大楼如果转让,可获得转让金3000万元,而用于老年教育,县财政还要追加200万元维修改造资金。由此可见,县委、县政府高度重视老年教育,并为歙县老年大学成功争创"省级示范校"奠定了基础。

(2) 争取把老年教育工作写入县人代会的《县政府工作报告》。如把"歙县老年大学2018年成功创建'省级示范校'"写入2019年1月《县政府工作报告》,由县长亲自宣布老年教育办学成果,进一步加大了老年教育的工作力度、宣传力度,推进了老年教育向乡镇延伸。

(3) 邀请县领导到老年教育第一线调研、讲课,加大领导的亲和力、凝聚力,切实解决老年教育发展中的困难。近年来,先后到老年大学调研的有县委书记、县长、县委副书记、县政府分管县长等。调研中解决的主要问题有:① 把老年大学办学经费列入财政预算,标准按在校学员每年每人次200元;老年大学学费收入专项用于老年教育公共服务支出。② 坚定不移支持老年大学争创"省级示范校",争创经费财政专项拨付。③ 尽快成立县老年教育工作委员会,以加强对老年教育工作的领导与协调。④ 尽快为县老年大学解决2个事业编制,以确保教学管理需要。⑤ 要把老年教育作为德政工程、民生工程来抓。既要从政治上加强领导,又要从财政上给予支持。党政主要领导满怀深情地说:"对老年教育投入再大也是值得的","关爱老年人的今天,就是关爱自己的明天"。

(4)我们积极争取安徽省老年大学协会、黄山市老教委、黄山市老年大学等,在教学管理和业务上给予指导、支持。

(二)强化"老教委"协调服务功能,服务全县老年教育

县老年教育委员会,是专门服务县老年教育事业、具有行政管理职能的协调机构,主要协调落实老年教育事业发展规划、办学方针、办学经费和管理制度等,及时做到上情下达、下情上达、协调各方、服务老年教育。经请示县委、县政府领导同意,以县委办、政府办发文《关于做好乡镇老年学校工作的通知》,重点解决有人办校、有钱办校、有政策制度保障老年学校规范办校问题。

(1)成立老年教育指导服务中心。主要是对县(乡镇)老年大学(学校)的教学计划、课程设置、远程教育、管理制度等给予指导,协调解决相关疑难问题。

(2)争取县财政加大对乡镇老年学校经费支持的力度。如采取"以奖代补"鼓励和引导乡镇兴办老年学校。校牌由县政府统一制作,对已报批并正式开课的乡镇老年学校,由县里划拨几千元经费补助。

(3)抓典型,带一般。选择办学基础比较好的乡镇老年学校,作为争创乡镇老年学校省级示范校的试点,并对有特色、有示范带动作用的村级教学点工作给以指导、支持,尤其是建立健全规章制度和原始档案管理。通过试点取得经验,辐射到面,从而起到"点亮一盏灯,照亮一大片"的作用。

(4)定期召开校长、业务骨干培训班,不断提高教学水平和规

范化管理水平。

(5) 每年举办一次老年大学(学校)经验交流会,互通信息、优势互补、联谊连心。

(6) 每两年组织一次检查评比、评先评优。督促检查领导责任是否落实到位,有哪些办学经验值得总结推广,对先进办学单位给予通报表彰。

(三) 集中力量抓好争创省级示范校工作

1. 坚持政治建校,立德树人

我们的办学宗旨是"增长知识、丰富生活、陶冶情操、促进健康、服务社会",办学理念是"以人为本、以德立校、以质强校、以文兴校、以章治校",校训是"尚德善学、康乐有为",校歌是《胸怀壮志夕阳红》。为确保办学方向,我校设立政教处,主抓党建工作和思想政治工作。学校成立临时党总支和14个临时党支部,有中共党员231名。我们加强党建工作的目的在于充分发挥党支部的战斗堡垒作用和党员的先锋模范作用,进一步强化班级管理,夯实学校规范化管理的基础。坚持以习近平新时代中国特色社会主义思想统帅并指导老年大学各项工作,做到"人在老年大学,心想天下大事"。坚持与时俱进,在思想上、政治上、行动上与党中央保持一致,不断增强"四个意识",坚持"四个自信",做到"两个维护",始终听党的话,跟共产党走。我们倡导每个学员做到"一人上学,全家受益,带动一片,影响一方",当好"政策宣传员""文明创建指导员"和"社情民意调查员",真正做到老有所为。

2. 抓管理,抓规范,促办学管理和教学管理规范化

歙县老年大学现有24个专业、45个教学班,注册学员1978人次(在校学员998人),有校务管理人员5人、任课教师28人。为了维护正常的教学秩序,规范办学、规范管理行为,我们坚持:

(1) 抓管理。培养一支思想过硬、乐于奉献、严于律己的老年教育团队。这个团队包括校领导班子、教职工、班干部。进一步完善党组织、协会组织,并正常开展活动。如校党总支每年上半年上党课,下半年进行革命传统教育。通常,6月份开展庆"七一"系列庆祝活动,出"七一"专刊,唱"红歌",开展文艺联欢活动等。对校内专业协会加强政治领导,如对学校志愿者工作团委派"政治委员"等。

(2) 抓规范。靠制度规范工作运行,规范自身行为,规范管理行为和教学行为。在老年教育实践中,我们逐步建立健全了20多项规章制度,进一步强化了学员的自我教育和自我管理,使规章制度逐步变成每个人的自觉行动。"讲政治、重规矩、作表率","开心过好每一天",努力把学员培养成与党同心、与时代同步、与社会和谐的促进改革发展的正能量,进一步促进老年教育管理规范化。

3. 强化校园文化建设,凝聚办学正能量

(1) 营造良好的政治生态环境和教学环境。校内设立"校园文化墙",宣传社会主义核心价值观和安徽省《关于加快"十三五"期间老年教育发展的实施意见》,以及办学宗旨、办学理念、校训、校歌等;设有文化宣传栏、《学习园地》等公共宣传平台供师生参与,通过全校师生的共同努力,逐步形成了良好的校风、教风和学风。现在学校环境优美,文化氛围浓厚,校园卫生整洁,安全设施齐全,无安全事故发生,学员的综合素质有明显提升。

(2) 有校史陈列室、荣誉室和学员作品展示厅。学员的作业作品通常在展示厅展示一周以上,供教师和学员点评、互相学习、取长补短;待下周完成新作业,就换回老作业,这样常换常新,形成制度,久而久之,形成一种校园文化。

(3) 经常组织学员参加联欢、演出、展览和竞赛活动。一年一

度的校园文化节(2013年创办,已连续举行八届),通过书法绘画展、摄影展、花卉盆景展和文艺展演,展示了学员的才艺技能和教学成果,凝聚了正能量,讴歌了新时尚。

(4) 积极组织学员开展"学为结合、服务社会"的各项活动。我们每年坚持送文化、送节目、送春联到革命老区、贫困山区,到社区、敬老院等,把党的政策、党的关怀和温暖送到人们的心坎里。还围绕县委、县政府中心工作,开展各种宣传活动,鼓舞人心,凝聚力量,如在全县"争创全国文明城市""争创国家卫生县城"等方面的宣传都发挥了积极作用。经过全县人民的共同努力,2020年歙县荣获"全国文明城市"和"国家卫生县城"称号。

(5) 通过校园文化建设,我们培养了一批创作人才和骨干队伍,也出了许多优秀作品。据不完全统计,歙县老年大学荣获各级表彰185项,发表论文160多篇,获全国性音乐创作金银奖30多项。2019年在"我和我的祖国"全国老年人文化艺术大赛中,我校师生获奖作者16人,获奖作品(绘画、书法、摄影)18件等。成绩和荣誉只说明过去,未来我们仍需努力。

发展老年教育任重而道远。我们都是从事"夕阳工程、朝阳事业"的老年教育工作者和志愿者。我们都有一个梦:愿"夕阳和朝阳一样美"。让我们在习近平新时代中国特色社会主义思想指引下,"追梦新时代,奋斗新征程",满怀豪情壮志,去迎接老年教育更加光辉灿烂的明天。

(作者系歙县老年常务副校长)

老年大学课程设置与教学

吴国安

徽州是一个古老而又具丰厚文化沉淀的地方,学风浓厚,终身学习是徽州人的特点。随着社会人口老龄化的趋势,为老年人提供一个学习交流的场所,势必为社会必需之事,更是黄山脚下老年人的祈盼。老年人之所以对老年大学感兴趣,老年教育之所以蒸蒸日上,除了国家重视、社会支持,除了宏观控制、精心组织外,很重要的一条,就是老年大学以人为本,坚持科学发展观,遵循老年大学特点,灵活多样、丰富多彩地搞好课程设置和教学。休宁老年大学多年的教学证明,只有实现课程设置的合理化、教学最优化,才能实现老年教育时代化,永葆老年大学充满着无限的生机。

(一)老年大学课程设置遵循的规则

课程设置是老年大学一项基础又实在的工作。从老年人的特点,从不同层次老年人的需求,从趣味性、实用性、时代性、创新性,从需要兼顾的地方优势、人文优势,从师资来源等方面,来设置合理的课程结构和课程内容,是开办一所学校老年大学非常基础的工作。

1. 趋附老年人的意愿性

老年大学的教学课程不同于学历教育、成人教育、职业教育,没有统一的标准和学习内容。所以现阶段我县老年大学的课程设置依据的是非标准的软指标,没有固定的模式,主要按照老年人的求学需要和我县的条件、师资而开设的,任意性比较大。老年人需要学什么,就开什么课;休宁县的条件、环境适合开什么课,就开什么课;只要老同志愿意学,又有条件,就可随时开课。课目内容也可根据老年人的需要,按照老年人的口味而定。譬如绘画课,是开设国画、油画,还是开设素描、人物、水粉画;舞蹈课,是开设现代交谊舞、国标舞,还是开设民族舞、健身操,随时可以按大多数学员的意愿而改变。

2. 内容涉及面宽广

在校的老年学员,他们来自社会的各个行业,年龄、经历、身体状况、原来的职业、文化层次、爱好特长、兴趣等都不尽相同,学习的目的、要求、接受能力及理解水平也不一样。我县老年大学的课程设置,以适应绝大多数老年人的要求为目的,不仅开设基本课目,而且尽量放宽涉猎面,从书法、绘画到娱乐课,从生活实用课到文学艺术课,从身心保健课到电脑微机课,使老同志很容易找到自己入学学习的位置,提高学习兴趣,也正因为此,近两年来休宁老年大学已成为休宁大多数老年人关注和学习的场所。

3. 贴近生活,学以致用

近年来,休宁老年大学开设的课程做到与老年人的晚年生活息息相关,与老年人的思想、心理、修养、身体、社会、家庭等紧密相连。如养生功法课、老年心理课、太极课等,提高了老年人的心理修养和身体素质。此外,我县老年大学开设的课程,大都比较实在实用、易学易记好掌握,使老年人的学习效果立竿见影,学以致用。一些课学了就能用,甚至有些课能边学边用;有的课,学习后能启迪思路,触类旁通;还有一些课学会后即掌握了一门技术技能,受用不尽。譬如书法、绘画、声乐、舞蹈、摄影、二胡、电脑等,都是老年人喜欢学习、容易学会、学后就有用的好课程。

(二) 老年大学课程设置的主要内容

休宁县老年大学课程内容坚持多样性、广泛性、层次性、变动性等特点,以巩固传统文化课、发展现代知识课、突出文艺特色课、办好保健课等为工作思路,收到了较好的效果。

1. 巩固传统文化课

传统文化是我国宝贵的非物质遗产,巩固传统文化课,对于继承和弘扬中华民族的文化精华,创建和推进有中国特色社会主义文化,具有十分重要的作用。老年大学是老年群体的学习园地,在这个园地里学习的老年人对优秀传统文化情有独钟应在情理之中。因此,传统文化课在老年大学课程设置中,有一定的位置和较大的分量,得到老年人的青睐也是理所当然。回顾我县老年大学传统文化课的设置过程,大体以徽州文化、状元文化为依托,经历了初办、发展和巩固几个阶段。其中的国画班、书法班、山水画班,就是典型新安画派的传承。另外,随着传统文化课门类的逐渐增多和学习内容不断加深,出现了新老学员之间不同水平的学习需求,为了满足这种需求,把传统文化课办得更有生气,我校又按课程和专业开设了不同层次、不同行当的班级,开设了初级、中级班及提高班,学员及社会反响很好。

2. 着重信息技术操作课

随着科学技术和时代的进步,老年人的求知欲望在不断拓宽和更新,反映了老年人与时俱进的要求。贴近时代、贴近中心、贴近老年人需求的"三贴近"方针,也要求老年大学的课程设置,必须体现发展信息技术课的精神。近年来,为了求得信息技术课的进一步发展,通过多方努力,得到了领导的重视和关注,休宁县老年大学配备了30台电脑,开办了电脑班和摄影电脑制作班,受到了各方的好评。许多老同志通过网络了解全球信息,掌握新知识、新理念,老年生活质量得到了很大的提高。

3. 突出文艺课、健身课

在老年大学突出文艺课、健身课,体现了老年大学要以文化艺术和健身养性为主要内容的特色。多年来,休宁县老年大学根据老年人的兴趣爱好,应因地制宜开展生动、活泼、形式多样、健康有益的文体活动和老年健身活动的要求,开设了舞蹈、太极拳、各种乐器等课程,受到很多老年人的喜爱,培养了一大批"大器晚成"的人才,为社会的稳定和谐做出了很大的贡献,这也是老年教育的特色所在,对于老年人陶冶情操、丰富生活、健康身心都具有十分重要的意义。为了突出这一特色,近两年休宁县老年大学应需求又先后新开设的课程有:瑜伽、旗袍秀、经络养生、柔力球等,学员报名与学习的积极性都很高。

(三)老年大学教学的几点思考

对老年大学来说,根据需要和情况选定课程开班之后,如何保障所选课目的顺利施教,就成了关键问题,解决这个问题归纳起来,有以下几个基本要求。

1. 依据课表,编制计划

表面看老年大学的教学要符合老年学员的情况,因而教学进度随意性大,但仍然必须有一个统一的教学计划,使教师在排课、制订教学计划时,容易从宏观上把握,以保证课目实施的完整性。学校要求课目进度表应详细、具体,将每次上课的时间、地点、内容、任课老师等一一列出,使学员对教学内容、教学进度的安排一目了然,心中有数。近几年来,我们每学期不但有一套较详细的教学计划,而且每学期的课表也十分详尽,保证了教学工作顺利而有成效地开展。

2. 配好老师,提升课堂活力

老年大学教学质量的高低,取决于教师队伍质量的高低,因此,老年大学的教师要高标准、严要求,精心选配,决不能敷衍凑合。我校选配教师的标准是:热心老年教育事业,愿为老年人承担教学任务;有较高专业水平和教学经验,教学方法严谨、灵活多样;身体素质好,能保证教学时间;认真负责,有敬业奉献精神;谦虚谨慎,能把学员既当学生又当朋友。这样的教师走上工作岗位能很快和学员真正打成一片、融为一体,并保证教学质量。

3. 把握授课时间,及时总结授课方法

老年大学的教学,要充分照顾老年人体弱、精力有限的特点,授课时间适可而止,每学期不可安排时间过长,每期一般在13周左右,要根据每年季节的变化安排,比普通学校要迟开早收。我们学校春季一般在3月中旬开课,6月底结束;秋季在9月中旬开课,12月中下旬结束,很适合老同志。每周上课2次共4小时,让老同志听课后有充分的时间自练,感到很轻松。针对老年人理解力强、记忆力差的特点,老年大学的教学要避免灌注式,多用渐进式。每位教师在授课时,都有自己的方式方法,但也有一些普遍采用的、共用的方法。从我校教学实践看,有以下几点值得肯定:一是细致;二是耐心;三是不怕反复;四是师生互动,教学相长;五是适当开展课外活动,围绕学习主题进行实践。

总之,老年教育不仅是个新兴事业,而且又是一个具有很大发展潜力的事业,因此,还需要从各方面对老年大学课程的设置进一步总结归纳、研究探讨,并对教学提出更高的要求。只有这样,才能使老年大学坚持正确的办学宗旨,开设适合老年人学习的课程,使老年教育事业日益壮大,逐步实现老年教育教学现代化。

(作者系休宁县老年大学常务副校长)

找准"坐标" 增强"三力"

江赛霞

老年教育是以老年人为对象,为满足老年人实现终身学习、增进身心健康、参与社会发展的需求,由老年大学具体承担的教育活动。为此,县老年大学既非同于学历教育,更区别于各类培训机构。

要办好老年大学,首当其冲就要抓好专业设置、师资配备及教学模式。只有找准适合老年人学习的结合点、切入点和着力点的坐标,方能事半功倍,有效增强老年朋友想学的吸引力、爱学的向心力、乐学的感召力。

通过5年来的摸索,有如下三点体会与大家共同分享。

(一)选好专业、广言纳谏,能够增强吸引力

第一,抓优秀传统专业,逐步剔除不受青睐的过时专业。

第二,每学年期末,在科任教师和班干部中广泛开展问卷调查,与时俱进,补充众多学员期待的新专业。

第三,围绕县委、县政府的文明创建及传承传统文化的需求,逐步补充百姓喜闻乐见的特色专业,如腰鼓、地方戏曲等。

通过对专业设置的动态管理,切实满足老年朋友的期盼愿望,使县老年大学吸引力连年攀增。

（二）选优教师、注重师德，不断增强向心力

办好学校教师为本。教师的政治态度、专业水平和人格魅力固然重要，而老年大学教师的三心（爱心、热心、专心）显得尤为重要，为此我们着重从以下三个方面进行了尝试。

首先，从退休教师中挑选，让愿作为、有热心、乐奉献且专业对口人员优先聘任。

其次，从社会精英中聘请素质较好、有特长、经验足的人员担任教师。

其三，根据实际需要，适当外聘经验丰富的专家型教师，发挥教学引领作用。

5年来的实践证明，教与学的效果很好，而且有利于促进校园"互尊互敬、勤奋好学"良好氛围的形成。

（三）选优模式、丰富内容，有效增强感召力

为充分展示老年大学全体师生的"老有所学、老有所为、老有所乐"的精神风采。我们5年来努力做到：

第一，在抓实课堂教学的前提下，逐步打造高效课堂，千方百计讲求课堂效率。

第二，精心谋划第二课堂，每学期集中精力谋划打造第二课堂，并组织全体师生开展一次有意义、有见识、有促进的社会教学实践活动。

第三，充分调动教师与班干部的主动性、积极性，鼓励支持各班级组织学员走出教室，开辟第三课堂，拓展丰富自己的教学内容。

第四，学校每季度举行一场公共课专题讲座，做到"季季有主题、人人有收获"。公共课主要宣传习近平总书记的重要讲话精

神、党的十九大以来所取得的伟大成就以及县委、县政府的重要决策部署;同时,也适当举行有关公共技能知识集训,如手机的使用、老年人常见疾病预防、心理健康讲座等。

第五,鼓励老年朋友在线开展自主学习和体会分享。

第六,有序举行学习成果展示。结合重大节庆,深入社区、农村、学校开展宣传展演;结合学期工作结束,开展校内教学成果汇报演出;结合扶贫、新农村建设、乡村振兴、民生工程等,分别深入各地结合政策宣传进行展演。通过采取不同模式的教育教学与宣传展演,不仅提升了县老年大学的教育教学水平与质量,而且还进一步发挥了县老年大学在传承红色基因和精神文明建设中的带动和引领作用。

(作者系祁门县老年大学副校长)

拓展第二课堂 激发办学活力

毕玉宝

徽州区是 1988 年成立黄山市时设立的县级区,是古徽州域名的唯一传承地,由于建区时间相对较短,人口不足 10 万人,老年大学成立比较迟。2012 年 4 月,在区委、区政府的重视支持下,区老年大学应运而生,挂牌成立。10 年来,徽州区委、区政府大力支持,学校领导一班人真抓实干,教师队伍日臻成熟,至 2021 年春季学期,学校也已由当年的 4 名教师、5 个专业、6 个教学班、学员 123 人次,发展成现在的 13 名教师、16 个专业、19 个教学班、学员 587 人次,形成了老年人人心向往、学校蓬勃发展的可喜局面。回顾 10 年建设发展、越办越好的历程,有一点感悟尤其深刻:学校在抓好课堂教学的同时,拓展第二课堂,不断展示教学成果,丰富活动内容,不断融入社会,更是激励老年人主动参与学习、激发办学活力的源泉。

学校在做好规范办学、突出抓好课堂教学的同时,把如何开展好第二课堂活动、拓展第二课堂形式、发掘第二课堂内涵,摆上重要议程,作为办好老年大学的重要抓手,努力把第二课堂与课堂教学紧密结合起来,把第二课堂与展示教学成果紧密结合起来,把第二课堂与党委和政府中心工作紧密结合起来,不断加强生动活泼、教学相长、学为融合、相互促进的良好氛围。

(一)以点带面,加强引导,不断展示教学成果

2013 年年初,绘画班班长汪上进向学校提出举办个人画展的愿望,希望得到学校支持。学校经过认真研究,排除了"学校开办不到一年就举办个人画展,不成功怎么办""会不会给学校带来负面效应"等顾虑,针对他酷爱绘画,有一定功底和水平的实际,大胆尝试,不瞻前顾后,决定给予大力支持,并帮助做好筹备和服务工作。学员汪上进百余幅画展如期举办,区四大班子领导和社会名家亲临观赏,并给予首肯和指导。画展取得圆满成功,受到广泛好评。此举不仅对绘画班、对书法班,乃至对全校都产生了鼓舞人心的影响,更重要的是,这次画展给大家带来启示:什么是创新精神?勇气和魄力是改革者的灵魂。学员汪上进成功举办画展后,绘画班乃至全校都呈现出"比、学、赶、帮"和互相学习的热潮。至今,已有 80 岁高龄学员王景松、"农民画家"学员李小明等先后举办个人画展。学员杨培昌、张一清等相继出版画册,2017

年重阳节,徐身豪、朱道毅、王景松、汪上进4位80岁以上学员共同策划创作,以"不老的心态,感恩的心情,迎接党的十九大召开"为主题,"耄耋学员喜迎十九大画展"在徽州人民会堂成功展出,自费出版1000册的4位耄耋学员喜迎十九大画集在区老年大学庆祝重阳节大会上隆重举行发行仪式。学校书法绘画展如火如荼地开展,学校积极组织引导,于2015年顺利出刊凝聚着30位学员书画作品的首届教学成果汇编,同时分送到区直机关单位和兄弟学校,引起较大反响。同时,积极引导学员参加市、省、"中联杯"、庆祝新中国成立70周年和建党100周年等展出活动,均受到好评。

以绘画班的点带动了全校的"比、学、赶、帮",各专业班都积极酝酿怎么创新、怎样出成果。歌咏班在区委宣传部和区总工会举办的"喜迎建党95周年和长征胜利80周年"歌咏大赛中成绩名列前茅。太极班参加"黄山论剑"国际传统武术项目比赛,教师胡建英获个人项目两块金牌,学员姚桃香获二等奖,班级集体项目获一块铜牌,之后代表黄山市参加全省比赛,荣获前三名。瑜伽等专业班纷纷另辟捷径,练就真功,先后赴本区各乡镇和兄弟区县展演,获业内人士好评。学员汪建业发挥个人特长,于2015年8月把自己来校学习后的所见、所闻、所感的30篇文章汇编成书,并将个人出资发行了500册的作品集《圆梦》分送给学友和相关人士。教学成果展从不同侧面记录了学校的发展历程和丰富多彩的校园生活,激发了广大学员老有所学、老有所乐、老有所为的兴致,扩大了社会影响,吸引了更多老年人来校学习。

(二)针对班级专业特点,积极组织开展有意义、有趣味、有特色的班级主题活动

学校除每年举行一次全校性的"庆重阳"和文艺汇演外,应学

员"走出去"学习的需求,综合考虑有利于安全系数、有利于班风建设等因素,精心组织引导班级开展主题活动。学校对如何开展好班级主题活动专题研究,专门发文。一是明确每学期开学稳定一个月后,各专业班陆续开展为期一天的"走出去"主题活动。二是明确活动主题,每学期有侧重,从而达到拓宽视野、"游"而有获的目的。根据形势需要和学员兴趣,学校先后开展了"观光美丽乡村游""徽文化研学游""工业园区研学游""红色景区研学游""百年党史学习教育研学游"等班级主题活动。三是细化活动方案,确保活动顺利进行。要求各专业班活动方案由班长报学校审定后实施,学校提供速效救心丸等急用药品,校办人员和教师分别参加各班级活动,了解情况,指导服务,确保安全有序。四是创造条件,提供保障支持。为鼓励学员积极参加班级集体活动,提升班级向心力、凝聚力,学校给予实际参加活动人员每人补助20元,将就餐、交通、奖品费列入正常支出,由学员签名、班长造册办理。各班学员齐聚一堂,参观学习,演绎节目,交流收获,其乐融融。班级俨然成了开心欢乐、流连忘返的大家庭,老有所学、老有所为、老有所乐的意境得到具体而淋漓尽致的体现。五是落实活动目的,寓教于乐。活动结束后,各班上交小结,学员撰写文章,向学校《简报》投稿。10年来,学校坚持每学期出刊一期质量较高的《简报》,分发给每位学员和相关单位,从未间断。学校的《简报》成了一本书、一项成果、一个平台、一个窗口、一种结晶、一卷校史,记载了校园丰富多彩的生活,反映了学校光辉璀璨的历程。目前,班级主题活动日正成为学员津津乐道、兴致盎然的节日。

（三）主动融入社会,为地方社会进步和经济发展尽绵薄之力

广大学员在学校学习了新知识,展示了新自我,提高了自身

文化艺术修养,心理上得到了快乐,同时也渴望能为家庭、为社会做点什么。学校因势利导,主动协调,充分发挥老年大学学员独特的作用,以班级为主体,先后组织不同类型的志愿者服务队,尽力服务公益事业,服务社会,服务地方党委和政府的中心工作。志愿者们利用空闲时间,进社区、进乡村、进企业、进敬老院,为广大群众演出文艺节目,弘扬社会正能量;送书画、写春联,活跃基层民众文化;宣传所学到的养生保健知识,为弱势群体提供暖心服务;在做好自身防疫的同时,积极投入新冠肺炎疫情防控,2020年3月,学校142名学员累计捐款28860元,弘扬"一方有难、八方支援"的传统美德,省委老干部局网站以"疫情无情人有情 助力抗疫夺全胜——黄山市徽州区老年大学师生助力抗疫显真情"为题,报道了我校抗疫斗争的事迹。学校引导组织各专业班自觉参与黄山市创建全国文明城市和全国卫生城市活动,利用空闲时间到车站、公园、广场等公共场所拾烟头、捡垃圾、发宣传资料,营造浓厚的创建氛围,提升文明素质;引导学员结合班级主题活动,宣传民生政策,宣传防范非法集资等,在《简报》上开辟扶贫攻坚专栏。2020年,汪建业、胡天赐、俞万中3名学员撰写的反映城乡巨变的文章获安徽省老年大学协会好评。广大学员在参与公益、服务社会的过程中,不断增进对社会的了解,不断增强爱党爱国爱家乡的情怀,焕发了老年人的青春和活力。

　　拓展第二课堂,从另一个层面激发了老年学员学习的积极性,促使更多老年人从家里走出来,来老年大学学习。学校开办10年来,开设专业和教学班都"翻了一番,还拐了一个弯",学员增加了4倍多,为徽州区的老年教育事业做出了贡献,得到了社会各界的广泛好评,得到了区委、区政府的充分肯定和大力支持。如何更加规范第二课堂活动,不断创新活动的形式和内容,更加紧密地结合社会发展的实际,是学校今后不断总结提高的新课题。徽州区是八省游击队的集结地,是新四军的成军地和北上抗日的出发地,学校将在习近平新时代中国特色社会主义思想的指引下,弘扬新四军"铁军"精神,不忘初心,牢记使命,力求老年教育更上新台阶,做出新贡献。

(作者系黄山市徽州区老年大学常务副校长)

安徽老年开放教育实践探索和创新发展

朱 彤

2017年《安徽省人民政府办公厅关于加快"十三五"期间老年教育发展的实施意见》提出,支持安徽广播电视大学发挥远程教育和系统办学的优势,举办开放大学,参与老年教育。近年来,安徽开放大学认真落实《实施意见》,与安徽省老年大学协会深度合作,充分利用系统优势、平台优势、资源优势、服务优势,积极探索老年开放教育"三驾马车"创新驱动新路径。"三驾马车"即老年开放大学、老年远程教育、老年教育研究。我们以全省开放大学(电大)系统为依托,形成开放型、服务型的老年开放大学办学系统;发挥现代远程教育技术优势,构建服务老年人学习的老年远程教育网;加强老年教育理论研究,打造老年教育研究基地,更好地服务老年教育事业发展。

一、重要意义

1. 落实《条例》的新任务

2020年底颁布的《安徽省老年教育条例》明确提出"支持开放大学举办老年大学,开展老年远程教育,建设老年教育网络学习平台",赋予我省开放教育新的内涵和法定职责,对安徽开放大学拓展社会服务范围、增强社会服务功能,提出了新要求、新任务。

2. 助力老年人享受智慧生活的新举措

教育部办公厅2021年7月13日印发《关于广泛开展老年人运用智能技术教育培训的通知》,提出"开放大学体系要发挥终身教育重要平台作用,创新线上线下相融合的老年人运用智能技术教育培训模式,鼓励各终身学习(老年教育)平台开设'老年人运用智能技术'专栏,为老年人提供灵活便利的学习平台和优质丰富的学习课程,大力开展教育培训与应用推广",将开放大学开展老年教育作为"智慧助老"的重要举措。

3. 融合社区教育与老年教育的新发展

社区教育和老年教育重点服务人群高度重合,但在实践中由于办学主体不同、管理体制分割等原因,在资源互通方面存在障碍。安徽开放大学从2009年起就在安徽省教育厅指导下成立了安徽省社区教育研究指导中心,承担组织全省社区教育平台、网络建设等任务。不论是从开放大学系统长期以来的实践,还是从政策层面赋予开放大学的责任和使命,开放大学都必然成为社区教育与老年教育融合的有效链接点。

4. 广播电视大学向开放大学转型发展的新需要

2020年9月,教育部印发《国家开放大学综合改革方案》,明确将老年教育纳入开放大学办学范围,提出加强与社区教育、老年教育的对接、融合,办好老年教育,使老年教育成为教育领域新亮点;依托国家开放大学建设老年教育等领域的新型高端智库。发展老年教育不仅是开放大学承担社会服务职能的具体体现,也是开放教育事业转型发展的必然要求。

二、实践探索

(一) 构建老年远程教育"双轮驱动"的"安徽模式"

所谓"双轮",是指安徽省老年大学协会和安徽开放大学两个系统。我校负责线上学习支持服务与管理,与老年大学协会系统线下管理相结合,各负其责,协同推进,发挥两大系统优势,聚合两类资源,形成"齐头并进、分级管理"的管理模式。2018年,在上级部门的推动下,我校即与安徽省老年大学协会签订了《合作开展全省老年远程教育工作协议》,共同举行了全省老年远程教育推进会,明确总体目标,突出六大重点任务。安徽省老年大学协会联系着全省150多所老年大学以及5000多所基层老年学校,安徽开放大学作为全省唯一的一所以服务全民终身学习为使命的新型高校,拥有覆盖全省城乡的远程教育办学系统、支持服务体系和优质的数字化学习资源,两大系统的全面合作,对于形成安徽老年教育新格局具有重要意义。

"双轮驱动"模式建立以来,全省老年远程教育工作取得了明显进展,特别是在服务乡村振兴战略、发展基层老年教育方面成绩突出。2019年全国老年远程教育工作会议在安徽召开,安徽开放大学党委书记、校长郑汉华做主旨报告,介绍"双轮驱动"模式,引起了广泛关注,产生了积极影响。

(二) 搭建"一网一平台"推进线上线下一体化教学

我校将原"安徽老年开放大学网"升级为"安徽老年远程教育

网",与安徽省老年大学协会联合主办。远程教育网由在线学习、资源服务、互动分享和数据统计四大系统功能构成,学员可以完成"注册—选课—学习—学分"一系列完整的线上学习流程,真正实现网上"一站式"学习。同时利用子网衍生功能,为基层老年教育机构开发定制个性化子站。目前全省已建成市级子站16个、县级子站19个、乡镇级子站1个、村(社区)子站3个,远程教育学习点覆盖全省1495个乡镇(街道),基本形成"省—市—县(市、区)—乡镇(街道)"四级老年远程教育网络。网站注册老年学员28.6万余人,总访问量达870万余人次。

"一平台"即"安徽老年开放大学"微信学习平台,支持老年人随时随地学习,首批"老年人智能生活"系列教程广受欢迎,公众号总关注人数4万余人,累计阅读量净增长10万余次。2021年通过远程教育网和微信公众号面向全省开展现场直播课教学活动3场,收看人数逾千。在疫情防控期间,依托远程教育线上教学,全省老年大学实现了"停课不停学"。

将线下教育作为线上教育的有效补充,学校开设了书法、国画、书法研修、国画研修、合唱、舞蹈等多个专业的线下班,面向社会广泛招收学员。同时,启动建设了省级老年远程教育学习体验基地,计划建成具有信息化、远程化特点的老年远程教育示范校,强化引领、服务、指导、培训等功能,为市、县创建老年远程教育示范校提供服务和指导。

(三)建立高质量的数字化老年教育资源库

通过多种形式建设老年教育数字化学习资源,促进资源建设规范化、多样化。目前已经建立成体系的老年教育课程资源593门、12100余讲、总时长达15.5万分钟。2020年围绕服务"三农",开发了种植、养殖、老年慢性病防治、农村医疗卫生等15门课程,深受基层老年学校学员喜爱。目前正在逐步推进课程资源菜单式定制,切实做好基层学习支持服务。

(四)加强老年远程教育基本能力建设

一是推进老年远程教育体系建设,扩大基层老年教育有效供给。2020年首次开展老年远程教育教学点共建活动,全省建立了16家县、乡、村级基层教学点,2021年完成了第二批共建点的申报、初审工作。二是会同安徽省老年大学协会开展全省老年远程教育实验区评比工作,经评选,长丰县老年大学等10家单位为首届安徽省老年远程教育实验区。三是强化队伍建设,联合安徽省老年大学协会组织开展"三员"队伍培训,累计培训老年远程教育骨干500余人次,全省老年远程教育师资队伍业务水平和服务能力有明显提升。

(五)积极探索安徽老年教育研究新篇章

我省老年教育理论研究虽然起步晚,但起点高,发展快。在协会的积极推动下,在省委、省政府的关心下,在省委编办、省财政厅等有关部门的支持下,2020年,在安徽开放大学成立了安徽老年教育研究院,在中国老年大学协会的支持下,同时挂牌成立"中国老年大学协会老年教育研究基地"。研究院的成立与研究基地的挂牌,夯实了我省老年教育的理论研究基础,开创了我省老年教育理论研究的新局面。一年多来,立足本省,融入长三角,放眼全国,老年教育理论性研究和应用性研究取得累累硕果。开展了"安徽省老年教育发展现状与展望"等课题研究,探索出安徽省老年远程教育"双轮驱动"、老年开放教育"三驾马车"等发展模式,参与《全国老年大学示范校标准》《人口老龄化国情教育和积极老龄观教育活动指导手册》研制,参与《安徽省老年教育条例》

《安徽省老年教育机构办学指南》《安徽省"十四五"老年教育事业发展规划》等政策文件调研起草论证工作。

三、路径思考

由于老年开放教育起步晚、业务新、经验少,在事业发展的过程中还存在诸如体系建设尚不完善、平台推广应用不够、研究队伍建设亟待加强、缺少高水平产出、成果转化率有待提升等问题。如何办好老年开放大学、推进全省老年远程教育、建设如安徽老年教育研究院是安徽开放大学转型发展中的一项重要任务。

1. 推进老年开放大学体系建设和内涵式发展

一是抓老年开放大学体系建设。加强对市、县老年开放大学的业务指导和支持服务,推动县级及以下老年开放教育学院、教学点的建设。二是抓工作机制。加强省、市、县级老年开放大学管理体制和运行机制建设,形成左右协同、上下联动的工作机制,老年远程学习指导服务中心体系运转一体、步调一致。三是抓督查落实。制订和推广老年开放教育办学规范和示范校建设、远程教学点建设标准,通过评先评优、督导检查、培训交流等措施,确保老年开放教育高效有序地落到实处。

2. 完善"双轮驱动"的老年远程教育发展模式

依托已基本建成的"省—市—县(市、区)—乡镇(街道)"四级远程老年教育网络,积极向末端延伸,扩大老年远程教育的覆盖面,持续通过共建、评选等方式建设基层教学点,提供经费支持和指导服务。立足需求,将"安徽老年远程教育网"办成辐射农村偏远地区、面向全民终身学习的优质服务平台。深入调研基层远程老年教育课程开设及需求,整合农村社区资源,建设丰富优质的老年教育数字化学习资源库。加强老年远程教育"三员"队伍建设。做好老年教育、远程教育、社区教育的"融合",利用较为完善的五级社区教育大力开展老年教育。

3. 加强老年开放教育教学理论与实践研究

围绕国家和安徽省老年教育发展战略,聚焦老年教育政策法规、乡村社区老年教育、老年远程教育、老年教育保障体系等研究方向,瞄准老年教育发展中的重大理论与实践问题、学科前沿问题,加强队伍建设、抓好课题研究、推动教材建设、开展学术交流、做好咨询服务。探索老年开放教育课程教学模式和支持服务模式,促进老年开放教育教学向人本化、多样化、规范化、专业化方向深入发展。大力培育乡村社区老年学习共同体,立足培养"三自""三有"老人。

(作者系安徽开放大学党委委员、副校长)

安徽高校老年教育发展的几个问题

张树文

2021 年 5 月,第七次全国人口普查基本数据发布,我国 60 岁及以上人口为 2.64 亿人,占全国人口的 18.70%(其中,65 岁及以上人口为 1.91 亿人,占 13.50%)。

安徽省统计局发布的安徽省第七次全国人口普查公报显示,截至 2020 年 11 月 1 日,安徽省 60 岁及以上人口为 1147 万人,占全省总人口的 18.79%,其中 65 岁及以上人口为 916 万人,占 15.01%。芜湖市总人口 364.4 万人,60 岁及以上人口占 20.3%,

其中65岁及以上占16.11%,高于全省平均值。根据国际衡量老龄社会的标准①,我国已经接近老龄社会(65岁及以上人口占14%为老龄社会),安徽省已经进入老龄社会,芜湖市接近超高龄社会(65岁及以上人口占21%为超高龄社会)。

为应对老龄化,《中共中央关于制定国民经济和社会发展第十四个五年规划和二〇三五年远景目标的建议》的第十二部分就明确提出"实施积极应对人口老龄化国家战略"。

老龄社会形势逼人,面对老龄人口越来越多和政府系统老年大学"一桌难求"的窘境,社会各方面必须采取多种途径开办老年教育,让更多老年人老有所学、老有所乐,丰富他们的精神文化生活。高校有责任、有义务、有能力办好老年教育,为老年人增添乐趣,为政府减轻负担,促进社会和谐。

(一) 发展高校老年教育是提升老年教育水平的有效途径

"十三五"期间,国家因应老龄化,解决老年人的学习需求已经采取了很多措施。

2016年,国务院办公厅发布了《老年教育发展规划(2016—2020年)的通知》,提出:到2020年,"老年教育基础能力有较大幅度提升,教育内容不断丰富,形式更加多样……以各种形式经常性参与教育活动的老年人占老年人口总数的比例达到20%以上"。因此,"发展老年教育,是积极应对人口老龄化、实现教育现代化、建设学习型社会的重要举措,是满足老年人多样化学习需求、提升老年人生活品质、促进社会和谐的必然要求"。2017年3月,安徽省人民政府办公厅发布了《关于加快"十三五"期间老年

---

① 参考法国皮撒(B. Pichat)于1957年为联合国经济和社会理事会撰写的《人口老龄化及其社会经济后果》。

教育发展的实施意见》,意见提出了很多明确的措施,以贯彻落实国务院文件精神。

虽然中央和地方共同努力,有规划有行动,但由于老龄人口众多,目前,"现有的老年教育资源已难以满足快速发展的形势需要和广大老年人对精神文化生活的热切期望,城乡之间、区域之间老年教育发展不平衡的状况亟待改善,社会参与的深度和广度有待进一步拓展。"①

为满足老年人的学习需求,高校老年大学应运而生,在满足高校自身需求的前提下,高校老年大学也承担了更多的社会责任。根据全国高校第三年龄大学联盟有关报告介绍,我国很多高校开办的老年大学为地方的老年教育发展做出了积极贡献,特别是上海市的高校老年大学,学员的主体是上海市民,服务地方的成绩凸显。目前我省开办老年大学的高校达到15所,各校办学情况差异较大,少数学校在籍学员1500～2000人,办学质量较好,多数学校在籍学员300～500人,因各种原因,办学质量一般。整体来说,我省高校的老年大学这些年有发展有进步,但整体上规模较小、专业有限,局限于解决本校离退休教职工的学习问题,没有走出校园。这种状况,与社会需求和政府愿景,有很大差距,亟待解决。

(二) 发展高校老年教育需要政府高度重视

人口老龄化加剧与老年教育的问题,是中国社会必然需要面对的紧要问题,尤其是老年教育,高等院校应该尤为正视。近年来,安徽省老年教育依托高校老年大学取得了较大的发展,但总体而言,安徽省高校老年教育的发展存在着一个主要矛盾:老年

---

① 《〈安徽省人民政府办公厅关于加快"十三五"期间老年教育发展的实施意见〉政策解读》。

人精神文化需求的日益增长与老年教育发展不足的矛盾。高校开办老年大学,在管理体制、办学经费、课程体系、师资队伍、学员情况、办学管理人员、场地设备等方面都需要政府和高校的支持。因此,政府和高校党政领导的重视是高校老年大学建设和发展的根本保障。政府主管部门需要在理念认识上提高、在经费上给予支持,要站在实施教育养老战略、构建和谐老龄社会、实现所有老年人全面发展的高度,去进一步深化对老年教育和高校老年大学的认识,把老年教育纳入国家教育计划之中,将老年教育作为分内之事。但在实际施政过程中,政府的工作仍有较大的提升空间。

考察《"十三五"安徽省老龄事业发展和养老体系建设规划》《安徽省人民政府办公厅关于加快"十三五"期间老年教育发展的实施意见》《安徽省"十三五"教育事业发展规划》等几个文件,发现政府在发展高校老年大学的作为上有待进一步加强。

《"十三五"安徽省老龄事业发展和养老体系建设规划》提出:"促进各级各类学校开展老年教育,部门、行业企业、高校等举办的老年大学要逐步从服务本单位、本系统离退休职工向服务社会老年人转变,鼓励支持各类社会力量举办或参与老年教育。"在其附件"部门重点任务分工"里面,指定的牵头部门是省教育厅。整个"十三五"期间,教育厅作为牵头部门,制定的《安徽省"十三五"教育事业发展规划》,只在大力发展终身教育中提到老年教育,文本中的"十三五"目标和保障措施,均没有提到老年教育,国务院规定的"经常性参与教育活动的老年人占老年人口总数的比例达到20%以上"都没有列入发展目标,重视程度可见一斑。

《安徽省人民政府办公厅关于加快"十三五"期间老年教育发展的实施意见》中提出:"加大对老年大学(学校)的经费投入,将全省各级老年大学(学校)办学经费纳入同级财政预算,并结合老年大学在校学生人数,核拨专项办学经费。"这个政策,对政府举办的老年大学有实际作用,但高校举办的老年大学没有得到政府的任何经费支持。这对经费本来就很紧张的高校老年大学来说,既不公平,也挫伤了积极性。

该实施意见的"重点任务分工表"里面,第三项是"促进各级各类学校开展老年教育"。具体任务,据笔者考察,只有安徽老年开放大学建设得比较好,其他任务则完成较次。

该实施意见还提出"各级各类学校要鼓励师生从事志愿服务、参与老年教育相关工作,要在工作考核、工作量计算等方面制定具体政策,支持教师在老年大学(学校)等老年教育机构兼职任教。"几乎所有高校,在这方面都没有任何鼓励和优惠措施。

为了从根本上改变目前高校老年大学被"边缘化"的境地,解决高校老年大学缺乏制度保障和组织保障等问题,首先要尽可能地使老年大学成为一个独立的办学部门,并列入高校的正式编制,其次依据老年教育有关法律条文,完善制度建设,形成一定的管理体制和保障机制。2020年发布的《安徽老年教育条例》,各级政府和高校要加强宣传、学习、贯彻,特别是领导层,要带头学习,带头执行。

(三)发展高校老年教育需要高校主动作为

高校发展老年教育具体有天然优势,高校应该主动积极作为,为老年教育事业做出自己的贡献。

1. 学校领导和中层干部要转变观念

充分认识到老年教育是终身教育的重要组成部分,认真学习《安徽老年教育条例》等文件,学校领导也要及时学习,领会精神,提高认识。通过提升认知,达成共识,制造良好的舆论氛围。在硬件上予以支持,如给予1~2个编制,预算一定的经费,保证充裕的学习场地等。

2. 发挥师资优势，创新教学内容和教学方式

高校师资资源丰富，学校要采取切实可行的、可操作的方式方法，引导教师积极参与老年教育。鼓励教师编写老年教材，在出版上给予关照和足够的经费支持。鼓励和支持教师参与老年大学的教学，在课时费、考核工作量等方面与本科生、研究生保持同一标准。年轻老师有社会服务考核要求，可以鼓励他们到市、街道老年大学、老年学校任课。

3. 发挥教学硬件资源优势，建设更多共享空间

高校教学硬件资源丰富，可以通过科学安排，使教室、电脑房、舞蹈房等资源有效利用，使老年大学能容纳更多的学员，这样高校老年大学就可以接收市民参与学习。

4. 发挥智慧校园优势，发展远程教育和线上教育

高校的数字化程度远远高于一般老年大学，高校可以充分发挥数字化优势，进行数字化教育。如对现有老年教育课程的数字化改造，开发适合老年人远程学习的数字化资源；通过互联网、多媒体平台等渠道，加强老年远程开放大学建设；推动信息技术融入老年教育教学全过程，推进线上线下一体化教学，支持老年人网上学习；运用信息化手段，为老年人提供线上报名、线上选课、线上辅导服务等。

5. 发挥学科优势，开展老年教育的研究和教学人才的培养

高校要紧盯老龄化社会的发展态势，国家统计局李晓超副局长说，（人口老龄化）如果应对得好，可以更加促进经济高质量发展。加强老年教育就是积极的应对措施，培养从事老年教育的老师，一举两得，一方面解决了老年教育师资缺乏的难题，另一方面解决了毕业生就业难的问题。老年教育的研究在我国仍是短板，高校要引导老师加强这方面的研究，在我国老年教育理论体系建设方面发挥主要作用。

6. 加强与地方政府交流合作

高校老年大学的发展离不开地方政府的支持。高校老年大学要走出校门,与地方老年大学和老龄委进行深度交流沟通,在经费、招生上,争取得到地方政策的支持;在专业设置、师资共享等方面,加强合作,互通有无。

7. 加强"长三角"的合作交流

安徽高校要抓住"长三角"一体化的契机,抢抓机遇,加强与江浙沪高校的老年大学交流学习,学习他们的办学理念、办学模式、管理经验等。特别是高校老年大学面向社会招生后,学员人数多,学校规模大,管理方式、教学模式、选课排课、师资储备等都有值得我们学习的地方。上海老年大学的智能化校园建设,有很多值得我们学习的地方。

发展老年教育,是积极应对人口老龄化、实现教育现代化、建设学习型社会的重要举措,是满足老年人多样化学习需求、提升老年人生活品质、促进社会和谐的必然要求。本文认为,在新时代新时期的新机遇下,高校老年大学需要不断研判,探索发展新路径,开创新模式,让更多的老年人获得再教育的机会,为安徽省老年教育事业的建设和发展贡献自己的力量。

(作者系安徽师范大学老年大学校长)

按需施教 量力而行

何玉好

省经信厅老年大学自2002年安徽省老年大学经贸分校成立以来,名称曾改为省经信委老年大学。19年来老年大学得到了省老年大学和省经信厅党组的高度重视与支持,在委(厅)离退休工作局领导下工作,并由局领导分管老年大学。近几年,在人员配备、教学专业设置和教师选聘、教学设备添置上更是得到加强,老年大学作为老干部工作的重要平台、重要阵地、重要窗口,被打造成品牌亮点,获得了赞誉。

(一) 整合资源,就近就便;按需施教,量力而行

1. 结合实际,调整办学原则

因本系统人员太少,物业、水电、人工成本费用太高,2018年秋季按照"整合资源、就近就便、按需施教、量力而行"的原则,调整办学思路和方向,以促进老年大学可持续发展。招生以本系统离退休职工为主,可延伸至委属单位离退休老同志。每班必须要有学员30人以上,机关职工80周岁以下的学员不达50%不得开班。

2. 按照要求,认真做好工作

根据生源统计数据,开设了6个班,即小写意花鸟画班、牡丹

画班、书法班、计算机及智能手机班、摄影班、歌咏班。所有教学点均放在安徽老年大学经信分校本部,办公室同时设在机械小区。如老同志参加学习人数和专业比较集中,要求开设教学点,只要符合办学条件,局里会同老年大学与社区进行协调,尽最大可能方便老同志学习。

（二）主动谋划,积极准备;严密组织,确保实效

1. 组织摄影采风活动

由老年大学摄影班为主体,组织开展"不忘初心·展示风采"采风活动,既是庆祝新中国成立70周年的辉煌时刻,又是"不忘初心、牢记使命"教育的一个摄影练兵的好机会。老年朋友过了一个展示阳光心态下学习教育且充满正能量和静心养心的、安全而又有意义的党员活动日。大家的每一张摄影作品中,都注入了摄影者的思想、爱好和愿望,在活动中进行技艺交流。老年摄影协会临时党支部负责组织,离退休工作四处牵头总协调,各工作处负责根据参加的人数成立党小组,安排工作人员进行活动的安全组织,局办公室负责车辆等相关保障。活动结束后,学员要上交3~5幅摄影作品,以作展览作品等使用。

2. 组织庆祝新中国成立70周年书画展暨《习近平用典》书画作品展

为隆重庆祝中华人民共和国成立70周年,大力弘扬以爱国主义为核心的伟大民族精神,高举中国特色社会主义伟大旗帜,以习近平新时代中国特色社会主义思想为指导,增强"四个意识",坚定"四个自信",做到"两个维护",用实际行动开展"不忘初心、牢记使命"主题教育。举办庆祝新中国成立70周年书画展暨《习近平用典》书画作品展,是对习近平总书记重要讲话(文章)引用典故追根溯源,引导激励广大离退休党员干部深入学习习近平

总书记的重要讲话(文章)精神,准确理解习近平总书记的思想精髓。活动由老干部党建研究会、文化研究会组织,老年大学具体承办。

3. 参加第三届安徽省老年文化艺术节合唱取得圆满成功

省经信厅老干部合唱团(老年大学歌咏班)参加第三届安徽省老年文化艺术节合唱。该团近 80 人,最高年龄 86 岁,平均年龄 71 岁,原党组书记贺凌、原离退休工作局局长夏传友等 6 名退休厅级领导参加合唱,大家以高昂的激情,奋力拼搏进决赛,获第八名。合唱提精神、树形象,是向新中国成立 70 周年献礼的政治活动,作为学党章用党章、过"党员活动日"的必修课。为实现"安全、和谐、喜庆、正能量"的目标,多次开会反复谋划,制定了保障计划,组织拉拉队,并做好与省老年大学的相关对接、保障、彩排等工作。"不忘初心,牢记使命!""爱我中华,祖国万岁!"大家响亮的口号展示了老干部的精气神。成绩来之不易,是老年大学工作人员默默无闻地做着后勤工作,精准精细保障赢得的硕果。

(三)肯定工作,规范程序;提高站位,确保安全

老年大学工作人员在疫情防控的特殊时期,心系老干部、情系老同志,想服务谋服务,为老年大学学习积极收集意见反馈,向各位老领导、学员们发布温馨提示,推荐老年大学网络学习平台。创新为老同志服务,为疫情防控增添力量!为彰显老年大学学员在抗疫期间"停课不停学"的精神风貌,鼓励学员运用所学知识和创作成果,表现抗疫时期的积极心态,抒发爱国爱家的真挚情怀,组织参加了安徽省老年大学协会与安徽老年开放大学联合举办的"乐学抗疫"学习成果才艺秀线上有奖评比活动。在肯定工作、会议讨论后形成会议纪要中的规范程序。

1. 关于课程设置

课程设置以本系统学员需求为牵引,根据师资情况开设大家需要的课程。一是请各工作处统计报名人员,特别是征求所学专业同志的意见。二是根据各工作处活动需要、老同志需要和实在管用的内容,合理设置课程,安排教师进行小场地教学讲座。三是老年大学根据本系统学员的需要,联系教师,制订课程表,做好各项开课准备。四是安排安康码扫录,购置测温仪、口罩、消毒剂,做好应急预案等相关保障工作。

2. 关于地点确定

基本教学点在机械小区。在常态化疫情防控中,根据各处活动需要安排教师进行小场地教学讲座,地点在各处活动室。

3. 关于工作人员聘用

根据课程设置聘请教师,聘请班主任(专业管理人员)兼班长或临时党支部书记,聘请专职教学管理人员,拓展教学服务工作。为加强力量,离退休工作局办公室确定一名同志,负责具体工作的协调推进。把老年大学越办越好、越办越强,办出特色和水平。

4. 关于安全工作认定

疫情防控必须摆在第一位。一要守住安全底线,各工作处加强宣传,提示参加老年大学学习的学员依据个人身体状况,把控好年龄,做好常态化疫情防控工作。二要在学习中注重学习过程的督查,及时予以提醒,特别是对年龄偏大的学员做好行程安全的陪护,确保安全。三要告示家庭凡参加的学员,自身安全由自己和家庭负责,单位及工作人员不承担一切安全责任。老年大学建立安全责任书,由处、家庭、本人共同签字后,方可入学。

5. 发挥临时党支部的作用

充分调动各级人员的积极性,开展好丰富多彩、形式多样的活动。组织主题党日活动,加强思想政治教育,请教师及优秀班长、书记学员参加,围绕教学管理工作中好的方面和存在的问题,研讨创新老年大学教学方法模式,即"1(党委)+N(8个处)+3(养老机构、民办老年大学、协会活动平台)"模式。

6. 开展调研

加强到安徽老年大学、安徽省老年大学协会学习,加强到市老年大学参观,加强到相关机构的学习调研,主动与社区等单位协调,进一步研究常态化疫情防控条件下的教学方法和措施。让厅老年大学成为老同志增长知识、陶冶情操、增进健康、丰富生活的健康乐园和精神家园。

(四)选好人员,做事实在;结合实际,确保效果

1. 选好人员

老年大学开办19年来,先后有9人在老年大学为老同志服务。现仍在服务岗位上的有3人。其中2人的服务时间是17年,1人的服务时间是6年。为老同志服务,要有一颗平常心,不为名,不为利,要相互支持、互相帮助、相互包容才能做好工作。同时,思想工作做在前,发挥思想阵地作用,老师认真负责,学员学习积极。

2. 做事实在

不断加深对老年大学办学方针的理解。老年大学的办学方针是:全面落实"老有所教、老有所学、老有所为、老有所乐"的要求,不断满足老同志精神文化生活需求。对本系统本单位自办的老年大学来说,则是尽量考虑本系统本单位老同志的需求,根据老同志的爱好选择开设专业,把有限的经费用到本系统本单位的老同志身上。不图虚名、不图规模,踏踏实实地为老同志做些事,才是本系统本单位自办老年大学的根本目的。在本系统学员未满员的情况下,可以适量招收一些外系统学员。

3. 结合实际

在纪念改革开放40周年摄影、书画和诗文三部作品集《精彩永恒》《砥砺前行》《枫叶情深》编辑中,老年大学学员发挥主体作用,展示了老同志爱党爱国爱人民、爱新时代、爱经信委大家庭的精品力作。为庆祝中国共产党成立100周年,歌颂党百年筚路蓝缕奠基立业、矢志践行初心使命、创造辉煌开辟未来的卓越历程,在党史学习教育中感悟真理力量、恪守为民情怀、传承红色基因、赓续精神血脉,老年大学的学员们满怀对党、对祖国、对人民的无限忠诚和无比热爱,精心创作了《翰墨丹青》《精彩瞬间》《岁月如歌》《初心如磐》书画、摄影、诗词、文学四部作品集,向党的百年华诞献礼。

4. 确保效果

遵循"按需施教、整合资源,就近就便、量力而行,自我服务、自我管理"的办学原则。2018年秋至今,老年大学开设6个专业招收近2000名学员,得到了社会的肯定与赞誉。老年大学摄影班开办已17年,其间先后有3位教师执教,是开办时间长且很受欢迎的专业。由于物价上涨及教师家事、老年学员的反应水平等多种因素,重新聘用了歌咏教师。在与相关老年大学及工作人员的沟通中了解到,合肥市老年大学等课时费都有增高,原先标准与现今的工资生活存在着较大的差距。为提高教学质量,确保效果,留住人,聘用教师的费用标准已在原先标准上进行了调整。

(作者工作于省经信厅离退休工作四处)

倾情投入　探索前行

李　静

和老年人交朋友,已有19个年头。但是要讲从老年人身上汲取前进的动力,还得从6年前的一次活动说起。2014年10月,我有幸参加了第四届中国老年文化艺术节服饰大赛的一些服务工作。看到来自全国各地的老年朋友,身着各式的华服,浓淡相宜的装扮,挺拔的身姿,灿烂的笑容,我的心被深深地震撼了!比年轻人还淡定从容的步伐,比年轻人还坚定自信的眼神,让我由衷地敬佩!那一刻,我真正地懂得"最美不过夕阳红"的含义。

2015年开始,由安徽省老年基金会主办的两年一届的安徽省老年文化艺术节,我们是唯一连续6年坚持参与支持的赞助单位。走近这群可爱的老年人,靠近他们的现实生活和舞台展演,贴近他们的内心渴望,我被老年朋友的积极阳光、认真热爱、坚持坚韧的精神深深打动。他们对生活的感恩、对学习的渴望、对美好生活的向往,对晚年幸福生活的期盼,演化成歌曲、舞蹈、形体艺术、书画作品、响亮的乐器演奏等,不知不觉中,起心动念的力量让我内心的那颗种子开始萌芽。

(一) 创办初心

"国家鼓励更多的社会力量兴办老年大学"给了我动力和希

望,让埋在我心里几年的种子破土而出,向上萌芽。我要办老年大学!让更多热爱生活的老年朋友能重新走进课堂,让更多的老年朋友实现"老有所学、老有所乐、老有所为、老有所获",与时俱进,成为新时代的新老人!2019年3月,经公司股东会决定,把现有的经营场地直接改建成教室,开办老年大学。从此,在安徽农业大学南大门东侧(位于合肥市长江西路130号),一座民办的老年大学——"健乐老年大学"开启探索之旅。

(二) 办学历程

真正开始办学才发现,困难和复杂远超想象。老师从哪里来?学员在哪里?学员的收费标准非常低,老师的课酬补贴要从企业盈利中支出,人员工资、管理服务费和场地租赁费更是一个巨大的压力。但是,开弓没有回头箭,困难总是暂时的,不管那么多,先办起来。我们以企业中的会员为"酵母",会员成教师。在老会员中动员发掘授课教师开启了起航课程:太极拳、葫芦丝、声乐班。会员变学员:动员会员听课学习,慢慢地3个班、5个班,学校开办起来了。由于交通便利、服务热情周到,附近的老年人纷纷从家里跑来报名上课,当起了"大学生"。

2019年的7月,课程结束时,为了鼓励教师和学员,我们在安徽农业大学礼堂举办了春季教学成果展演,特别邀请国家一级编导王秀琴老师做导演,打造了一台完整的舞台汇报演出。从没上过舞台的学员经过王导专业调教,加上王导精心编排的节目,80岁的工程师成了葫芦丝演员,70多岁的医学专家拉起了二胡,60多岁的银行退休高管走起了模特秀。台上的演出认真,台下的观众热情,共同营造了一个同乐共享的大家园!秋季招生,随着一批优秀教师的加入,老年大学的各项工作也上了一个新台阶。

初次尝试成功,增添了我们的信心。2019年12月24日,我们举办了首届春节文艺展演,观众和演职人员近1200人。专业的舞台和灯光舞美、精彩的节目演绎,台下观众席上学员家属和亲人惊喜地感叹:"从没见过长辈们这样的形象、气质和风采,真是最美不过夕阳红啊!"这也让我不由想起时任安徽省老年基金会会长、原安徽省副省长张润霞语重心长的话:"关爱今天的老人,就是关心明天的自己。"

正当我们准备大干一场的时候,肆虐的新冠肺炎病毒把工作和生活都按了暂停键,平时热闹的教室空荡荡地安静下来。停课不停学!我们紧急行动起来,连夜召开线上会议,调动一切可用资源,开始线上教学,从2020年2月16日开始,用在线直播的方式讲述"科学地认识新冠肺炎病毒""疫情防控的小常识",并和参与的教师、学员在线上分享、互动,缓解大家的紧张、焦虑。到2020年5月,共播出130场直播课。线下,我们积极准备防疫物资,送到能联系上的教师与学员家中。还准备了新鲜的蔬菜,送给那些不方便出门的教师、年龄较大的独居学员,先后为579位教师和学员提供了便利。

2020年7月,生活慢慢回归了正轨,我们启动了秋季正常开课。疫情防控常态下的开课,远超过之前的预期,光是开学前报名填写登记表,要完成手机上的14天行程记录和安康码扫码,就是巨大的工作量。往往一个学员各种资料的填写,就要花费2小时。面对诸多困难,我们还是坚持下来了。每天测体温、扫码、戴口罩、消毒,严格认真做好疫情防控常态化下的复课。

2021年1月9日,是大家心心念念的第二届迎新春文艺展演的日子,各项准备也是紧锣密鼓地进行,节目经过一审、二审,彩排布场也全部结束。可是,因受石家庄疫情的影响,1月8日晚被紧急叫停。为了满足教师和学员的心愿,我们连夜进行部署调整,把二审通过的节目录制素材编辑成在线直播的节目链接,将原来计划的线下展演联欢,转为线上直播展播,让教师和学员们以在线的方式,欣赏和参与到节目展演中来,在线点击率冲破13万多人次。春节放假前,我们还精心准备了春节期间线上7台直播联欢节目,每台节目都90分钟左右,初一到初七每天一个主题,都是学员们平时编排的节目,所以收看率很高,大家答题、抽奖、互动,不亦乐乎。

我们的工作得到了安徽省老年大学协会的指导和支持,陈先森会长也关注关心着我们的办学情况。在冬日的暖阳里,我向陈会长汇报了健乐老年大学的办学情况。陈会长掷地有声地说:"你们办老年大学是好事,是有意义的事","协会就是你的娘家"。我的心无比温暖,一群年轻人不顾一切投入努力探索的"民办老年大学"终于找到了娘家!带着陈会长的谆谆教诲和殷切希望,我们办学的干劲更足了,方向更清晰了。

3年来,我们开设的班级从10个班级到77个班,招收的学员从214人次到2026人次,招聘的教师从10人到63人;租赁场地投入近100万元,人员开支、活动组织等投入近100万元,共服务4735人次。数字虽是枯燥的,但每个跳动的数字背后都有意味深长的故事,都凝结着我们探索创办老年大学的汗水和心血!

(三)办学理念

我们秉承"共建共创、互助共享"的办学理念,按照"趣、学、乐、获、为、识"六字办学方针,打造"游学结合、游养相融、学养并举、养老享老"的综合性的开放老年学习生活服务平台,营造老年人舒心、开心的学习活动空间,努力实现"老有所学、老有所养、老有所乐、老有所为"的目标和梦想。

（四）特点特色

1. 成立小小书院

陈列书刊为老年人和孩子们打造温馨的学习氛围，营建大手牵小手隔代教育平台；让国学经典潜移默化地融入家风家训，创造和谐的家庭氛围。

2. 成立顾问团、志愿者队伍

让更懂自己的老年人提出建设性的意见，集思广益，共同打造共建、共创、共享、共赢的互动平台。

3. 停课不停学

教师居家录制教学视频，线上各班级学习互动，截至2020年12月30日，共发起135场直播学习、22场大型公益联欢会。

4. 开设健康专题

开设中医养生课堂，让健康的身体成为老年人上课学习的基础与保障。

5. 建立健康管理档案

了解每位学员的身体状况，收集体检报告、家族遗传性疾病病史及自身的疾病和健康隐患。

6. 注重人文怀

逢节日有庆祝，遇生日有同乐。

（五）收获与展望

首先，兴办老年大学，我们在服务老年群体、回报社会的过程中，净化了心灵。其次，企业的口碑和美誉度有了新的提升。学员们在学习中的体验与收获、参与中的展示与快乐，影响着身边的人。亲朋好友来了，母女成了同学，妯娌成了同桌，和谐友好的氛围，从老年大学带回到家里，又从家里传向社会。"哪里的老年大学?""健乐的!"好口碑越来越多,好影响也越来越大。这是无形的价值,更是宝贵的企业美誉。

老年大学健康可持续地开办下去,不断提高教学水平和质量是硬道理。下一步,我们将对接和引进优质教学资源和优秀教师,与时俱进,按需设教,增加新的专业;采取大班课和小班提高课相结合的方式,满足不同老年人的需求;培育培训热心老年教育、老年服务的专业人员;争取政府关注和社会支持,规范合理的经营办法,促进规模办学;优化办学的环境和空间,开辟老年人阅读、休闲、健身、娱乐空间和便民服务、中医理疗康养空间;配备活动策划部,实现多媒体、自媒体的有效运用;招募专业性的策划人员(学员中的专业人员),在平时教学学习、班级联欢、户外研学、乐游定制、优质教材分享、优秀学员风采采集、优秀教学成果互动分享等方面继续探索。

响应国家号召,顺应时代需求,打造互助平台,为学为养,实现"老有所学、老有所为、老有所乐、老有所获"。希望在我们的办学过程中,能为更多有志于为老服务、爱心助老的企业和社会力量做一个尝试和探索,让更多的有识之士加入到老年教育的队伍中来,大家一起努力,让所有的老年人都能有一个幸福美满的晚年。

(作者系健乐老年大学校长)